KB049047

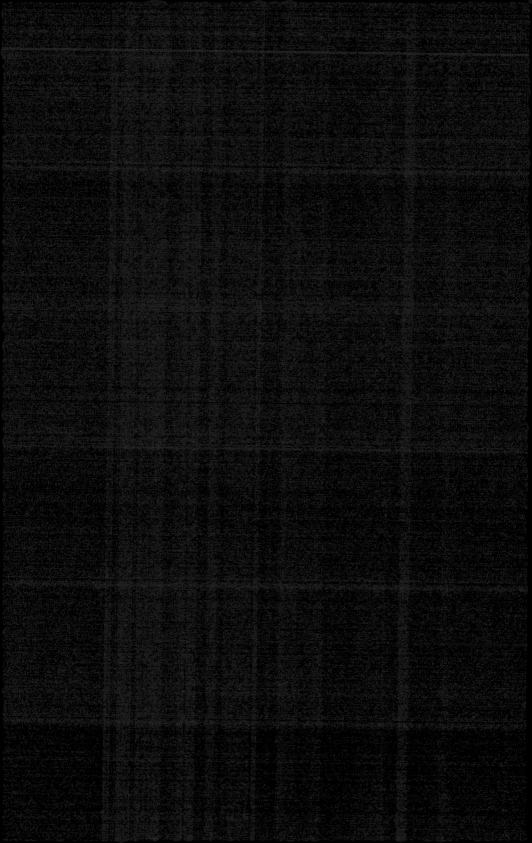

조지 워싱턴

-창업의 거룩한 카리스마적 리더십-

강 성 학

박영사

George Washington

−The Grand, Charismatic Leadership for National Founding−

Sung−Hack Kang

PARK YOUNG
publishing&company

나의 사랑하는 딸

강 영 온 에게

저자 서문

"미국의 제도들이 아무것도 한 일이 없다고 할지라도
세상에 워싱턴의 본보기를 제공한 것만으로도
미국은 인류의 존경을 받을 만할 것이다."
– 다니엘 웹스터(Daniel Webster)

본서는 미합중국이라는 위대한 근대 민주공화국 탄생의 혁명적 드라마 속에서 조용하게 출현한 한 거룩한 카리스마적 지도자의 생애와 리더십에 관한 것이다. 지금까지 정치에 관해 쓴 책들 가운데 세상에서 가장 유명한 <군주론>(*The Prince*)의 저자인 마키아벨리(Machiavelli)는 바로 그 책에서 이렇게 말했다.

"자기가 새로운 질서를 시작하는 우두머리가 되는 것보다도 더 다루기 어렵고, 더욱 성공이 의심스러우며, 관리하기에 보다 더 어려운 일이 없다는 것을 기억해야 한다. 왜냐하면 이 혁신자는 구질서부터 혜택을 본 모든 사람들을 적으로 갖게 되는 반면에 새로운 제도에 의해서 혜택을 볼 것으로 기대하는 사람들은 미온적인 옹호자들에 지나지 않을 것이다. 이런 냉담함은 부분적으로 기존의 법률에 의해서 혜택을 본 적들의 두려움에 기인하고 또 부분적으로는 잘 수립된 경험의 결과가 아닌 새로운 것에 대한 믿음이 없는 사람들의 불신에 기인한다. 그러므로 새 질서의 적들이 그것을 공격할 기회가 있을 때마다 그들은 당파적 열정을 가지고 그렇게 할 것인 반면에 다른 사람들은 그것을 무기력하게 옹호할 뿐이라서 이 후자들에게 의지하는 것은 위험하다."[1]

이처럼 마키아벨리는 그 위험성을 잘 알면서도 "모든 사람들의 공동 혜택을 위해 새로운 법률 제정과 새로운 질서를 확립하기" 위해 새 군주를 위한 비망록을 작성했다.

"비록 인간들의 시기하는 본성이 미지의 바다와 땅을 찾는 것보다 새로운 양식과 질서를 찾는다는 것을 언제나 덜 위험스럽게 만들지는 않지만 모든 사람들의 공동 이익을 위해서 나는 어느 누구도 아직 가보지 않은 길을 가기로 결정했다."[2]

그러나 마키아벨리는 그가 비판한 이전의 모든 철학자들처럼 자신의 정치적 목적지를 상정했을 뿐, 스스로 약속한 땅을 결코 밟지 못했다. 그의 계획은 그만큼 성공하기 어려운 것이었다. 바꾸어 말한다면 그는 "영원히, 영광스러운 새로운 창업자와 수성가"가 되길 염원

---

1) Niccolo Machiavelli, *The Prince,* 2nd Edition, Translated by Harvey C. Mansfield, Chicago and London: The University of Chicago Press, 1998, pp. 23−24, (Chapter, IV); Niccolo Machiavelli, *The Prince,* Translated by George Bull, Harmondsworth, Middlesex, England: Penguin Books, 1792, p. 51; Maurizio Viroli, *The Quotable Machiavelli,* Princeton and Oxford: Princeton University Press, 2017, p. 164.

2) Niccolo Machiavelli, *Discourses on Livy,* Trans., by Harvey C. Mansfield & Nathan Tarcov, Chicago and London: The University of Chicago Press, p. 5 (First Book Preface).

했다. 창업(創業)은 원래 나라를 세운다는 건국을 의미하고 수성(守城)은 건국한 나라를 잘 유지한다는 뜻이다. 마키아벨리는 자기의 계획을 실천에 옮겨보지도 못했지만 세계사에서 18세기 말에 새로운 근대 민주공화국을 신천지 미국 땅에 최초로 세웠을 뿐만 아니라, 더 나아가 이 새로운 민주공화국이 항구적으로 유지될 수 있는 토대를 마련한 아주 탁월한 정치 지도자요 거룩한 영웅이 한 사람 있었다. 그가 바로 미합중국(the United States of America)의 초대 대통령인 조지 워싱턴(George Washington)이다.

마키아벨리는 무장한 예언자들(armed prophets)만이 성공했던 반면에 비무장 예언자들은 모두 실패했다고 주장했다. 그는 성공한 영웅들로 모세(Moses), 사이러스(Cyrus), 테세우스(Theseus) 그리고 로물루스(Romulus)등을 내세웠다.[3] 조지 워싱턴도 독립을 위한 혁명 전쟁을 수행하는 동안에는 아메리카 대륙군의 총사령관으로서 일종의 무장한 예언자였다. 그러나 1783년 전쟁에서 승리한 워싱턴은 대륙군의 총사령관직을 사임하고 로마 공화정의 킨키나투스(Cincinnatus)처럼 마운트 버논의 자기 농장으로 미련없이 돌아갔다. 그리고 6년 후에 신생 독립국 미합중국의 초대 대통령으로 추대되었다. 이때 워싱턴은 마키아벨리가 모두 실패했다고 주장하는 일종의 비무장 예언자(unarmed prophet)였다. 게다가 워싱턴은 8년간의 대통령 임기를 마치고 스스로 다시 농부요 일개 시민으로 돌아갔다. 이것은 마키아벨리가 상상하지 못했던 일이었다.

---

3) Niccolo Machiavelli, *The Prince*, 2nd Edition, Translated by Harvey C. Mansfield, Chicago and London: The University of Chicago Press, 1998, p. 24.

그리고 바로 이런 역사에 전례가 없는 중대한 차이로 인해 워싱턴을 단순히 "위대한"(great) 지도자를 넘어 신의 영역에 한 다리 걸치는 "거룩한"(grand) 지도자가 되었다고 생각된다. 그리고 바로 이러한 이유에서 나는 본서에서 처음으로 조지 워싱턴의 리더십을 "위대함"을 넘어서 "거룩한 리더십"으로 정의한 것이다. 요컨대, 창업 하나만도 매우 지난하고, 나아가서 수성의 발판을 마련한다는 것은 더욱 어렵다. 그런데 워싱턴은 이 어려운 두 가지 과업을 동시에 성취하여 세계 역사상 참으로 위대한 영웅이요 인류의 영원한 스승이 된 것이다.

대한민국도 미국의 영향을 받아 민주공화국을 수립하고 유지해 왔음에도 불구하고, 아마도 우리 한국인들은 거의 모두가 조지 워싱턴의 고결한 생애와 거룩한 정치적 리더십에 대해 아는 것이 별로 없다고 해도 결코 과언이 아닐 것이다. 왜냐하면 우리는 조지 워싱턴에 관해서 학교에서 배운 적이 없고 그렇다고 자율학습을 통해 그를 따로 공부한 적도 없었을 것이기 때문이다. 그러나 우리가 진실로 소중히 생각하는 자유 민주주의의 근대적 뿌리를 역사적으로 찾아가려 한다면 그것은 바로 18세기 말 미합중국의 건국과 미국의 국부인 조지 워싱턴이 아닐 수 없다. 왜냐하면 그가 바로 오늘날 우리가 향유하는 근대 자유 민주주의의 창업자요 민주주의의 위대한 모범이기 때문이다.

따라서 조지 워싱턴 대통령은 오늘날 우리 한국인들에게도 위대한 스승이 될 수 있다. 비록 인류역사의 수많은 위대한 정복자들과 민주정치 지도자들 간에 어떤 공통의 덕목이 존재한다고 할지라도 과거 정복자들은 우리의 스승이 될 수 없다. 왜냐하면 우리 시대는 수단과 방법을 가리지 않는 잔혹한 정복의 시대가 아니기 때문이다. 조지 워싱턴은 미국의 국부로서 미국인들이 사우스 다코다(South Dakoda) 주의 러시모어(Rushmore) 바위 산에 새겨진 4명의 큰 바위 얼굴의 대통령들[4] 중 한 사람일 뿐만 아니라 미국의 저명한 역사가들이 평가한 역대 대통령들 중에서 에이브러햄 링컨[5] 다음으로 가장 위대한 대통령으로 미국인들에 의해서 언제나 변함없이 인정되고 또 칭송을 받아왔다.[6]

조지 워싱턴은 진실로 "조용한 사나이"(The Quiet Man)[7]였다. 그러나 동시에 그는 아주 카리스마적(charismatic) 지도자였다. 그가 살던 18세기엔 "카리스마"(charisma)란 용어가 존재하지 않았다. 그러

4) Charles River Editors, *The Legends of Mount Rushmore: George Washington, Thomas Jefferson, Abraham Lincoln and Theodore Roosevelt.* Made in the USA, Monee, IL, Create Space Independent Publishing Platform, 16 January 2020.

5) 미국의 건국 이후 미합중국의 분열을 막고 노예를 해방시킨 링컨 대통령이 역대 대통령 평가에서 항상 1위를 차지했다. 그러나 에이브러햄 링컨의 전 생애에서 조지 워싱턴 대통령이 그의 유일한 롤모델이었음을 기억할 필요가 있다. 강성학, <한국의 지정학과 링컨의 리더십: 동아시아의 지정학적 변화와 국가통일의 리더십>, 서울: 고려대학교 출판문화원, 2017, p. 293.

6) Brian Lamb, Susan Swain, and C-Span, *The Presidents: Noted Historians Rank America's Best and Worst Chief Executives,* New York: Public Affairs, 2019; James Taranto, The Wall Street Journal and Leonard Leo, The Federal Society, eds., *Presidential Leadership : Rating the Best and the Worst in the White House,* New York: Free Press, 2004.

7) 이 묘사는 존 웨인(John Wayne)과 머린 오하라(Maureen O'Hara)가 주연한 존 포드(John Ford) 감독의 1952년 영화, "조용한 사나이" (*The Quiet Man*)에서 빌려온 것이다. 이 영화가 한국에선 "말없는 사나이"로 번역되었다. 보다 상세한 것은, Wallace Schroeder ed., *Book of Movies: The Esseential 1,000 Films To See,* Selected by Manohla Dargis and A.O. Scott, New York: Universe Publishing, 2019, pp. 887–889.

나 약 2세기 후에 독일의 사회학자 막스 베버(Max Weber)에 의해 카리스마란 용어가 처음 사용되고 리더십의 연구가 보다 다양화되었다.[8] 그러므로 오늘날 리더십 연구의 용어와 분류를 적용한다면 조지 워싱턴은 분명하고 명백하게 아주 두드러진 카리스마적 지도자라고 묘사할 수 있다.

그러나 워싱턴의 시대엔 탁월한 지도자는 전통적인 용어로 "영웅적 지도자"(heroic leader)로 묘사되었다. 간혹 영웅적 절대군주에게 대제(the Great)라는 칭호가 사용되었으나 영국의 군주와 혁명전쟁을 수행하여 민주공화국을 수립한 미국에선 "워싱턴 대제"(Washington-the Great)라고 호칭될 수 없었다. 그래서 그는 당시에 단지 미국의 "대통령"으로, 그리고 동시에 "국부"(the Founding Father)로 불렸던 것이다.

따라서 우리 한국인들도 조지 워싱턴 대통령을 진지하게 연구하고 그로부터 배우는 것이 참으로 필요한 과제라고 말해도 좋을 것이다. 그를 이해하고 배우는 만큼 우리의 민주주의에 대한 생각도 그만큼 고결해지고 강화될 것이다. 그는 최초의 근대 민주국가의 창업자이고 동시에 건국한 국가를 모범적으로 수성까지 할 수 있는 토대를 제공한 최초의 민주정치 지도자이고 근대 민주주의 정치가의 전형이기 때문이다.

한국의 민주주의 발전을 위해서는 위대한 민주주의의 지도자들을 연구해야 한다는 사유와 판단 하에 나는 인류 민주주의의 위대한 스승들인 19세기의 에이브러햄 링컨(Abraham Lincoln)과[9] 20세기의

---

8) 제1장 프롤로그에서 이 문제는 좀더 상세히 논할 것이다.

윈스턴 처칠(Winston S. Churchill)에[10] 관한 각각의 저서들을 출간했다. 이제 그 뒤를 이어 나는 근대 민주주의의 뿌리가 되는 18세기의 조지 워싱턴(George Washington)에 관한 본서를 출간하게 되었다. 이로써 자유민주국가에 관한 "워싱턴의 창업," "링컨의 수성" 그리고 "처칠의 절망에서 구국"으로 구성된 기나긴 3세기에 걸친 위대한 민주주의의 실천적 스승에 관한 나의 연구 3부작을 이루게 된다. 다시 말해서, 그것은 역사상 거룩한 국가수립과 내부분열을 극복한 탁월한 수성 그리고 외부의 적으로 인해 절망적 상황에 빠진 나라의 장엄한 구원이라는 연속적 주제에 관한 연구의 일종의 3위일체를 이루는 셈이다.

그리고 여기에 국제평화의 유지를 위한 리더십에 관해 2013년에 출간한 나의 <평화神과 유엔 사무총장: 국제평화를 위한 리더십의 비극>[11]을 더하면 국내–국제를 망라한 리더십의 4부작을 이룬다. 누가 뭐라고 하든 적어도 나만은 그렇게 간주하고 싶다. 그리고 앞서 출간된 에이브러햄 링컨이나 윈스턴 처칠에 관한 것보다는 내용상 조지 워싱턴에 관한 본서가 건국의 리더십에 관한 것이기 때문에 정치적 리더십 연구의 가장 적절한 출발점이 될 수 있을 것이라고 생각한다. 아니 더 나아가서 우리의 유일한 동맹국이며 세계역사 창조의 주역인 미국이라는 나라를 이해하는데 조지 워싱턴의 이야기가

---

9) 강성학, <한국의 지정학과 링컨의 리더십>, 서울, 고려대학교 출판문화원, 2017; 김동길, 강성학, 공저 <죽어도 사는 사람: 불멸의 링컨 유산>, 충남, 음성: 극동대학교 출판센터, 2018.
10) 강성학, <윈스턴 S. 처칠: 전쟁과 평화의 위대한 리더십>, 서울: 박영사, 2019.
11) 강성학, <평화神과 유엔 사무총장: 국제평화를 위한 리더십의 비극>, 서울: 고려대학교 출판부, 2013.

가장 좋은 출발점이 될 수 있을 것이라고 생각한다. 그리고 그 후에 역사의 시대적 순으로 링컨과 처칠을 그리고 국제평화의 리더십으로 접근하는 것이 좋을 것이다.

반세기가 넘도록 정치학을 연구하고 가르쳐 오면서 늘 나의 마음 속 깊은 곳에 자리잡고 있는 한 가지 생각은 정치의 본질은 결국 리더십에 관한 것이며 따라서 이것이 다른 어떤 것보다도 적어도 대학 교육에서 다루어야 할 주제라고 생각하고 있었다. 최근에 대학 교양 교육의 핵심적 주제는 리더십에 관한 것이 되어야 한다는 주장들이 미국에서도 나오기 시작했다.[12] 정치적 리더십의 교육을 위해서는 다른 어떤 방법보다도 위대한 정치 지도자들에 대한 공부가 우선되어야 한다. 그리하면 우리가 비밀에 쌓인 고결한 정치의 본질에 훨씬 더 쉽게 그리고 보다 더 가까이 접근할 수 있을 것이라고 나는 확신하고 있다. 어쩌면 리더십의 공부는 마치 양파의 껍질을 벗기는 것처럼 궁극적으로는 무망한 일로 판명이 날지도 모른다. 그렇다고 그런 최종적 가능성이 두려워 리더십의 공부를 포기해선 안될 것이다. 양파의 껍질을 벗길 때마다 우리는 그래도 거기에서 무언가를 새롭게 배울 수 있을 것이기 때문이다. 이런 시지프스(Sisyphos) 같이 지칠 줄 모르는 노력이야 말로 마치 소크라테스가 추구했던 정의의 실현이 아직도 이루어지지 않았다고 해서 소크라테스의 길을 포기할 수

---

12) J. Thomas Wren, Ronald E. Riggio, and Michael A. Genovese, eds., *Leadership and the Liberal Arts: Achieving the Promise of a Liberal Education,* New York: Palgrave Macmillan, 2009; George R. Goethals, Scott T. Allison, Roderick M. Kramer, and David M. Messick, eds., *Conceptions of Leadership: Enduring Ideas and Emerging Insights,* New York: Palgrave Macmillan. 2014.

없는 경우에 비견될 수 있을 것이다.

한국 지정학연구원에서 내가 좌장으로 수년간 이끌어온 셋토네 심포지엄의 2021년 심포지엄의 주제를 조지 워싱턴 대통령으로 2019년 여름에 미리 정함과 동시에 조지 워싱턴의 생애에 관한 다양한 전기들 중에서 2011년에 출간된 론 처나우(Ron Chernow)의 "워싱턴: 한 생애"(Washington: A Life)라는 책을 교과서로 정했다. 따라서 본서를 집필하는 과정에서도 워싱턴의 생애에 관한 줄거리는 이 전기에 비교적 많이 의존했음을 밝혀 둔다. 그리고 본서는 조지 워싱턴 대통령의 리더십에 초점을 맞추었기 때문에 미국의 독립 혁명전쟁의 모든 전투를 다루지는 않을 것이다. 수많은 전투들 중에서 워싱턴이 직접 수행하거나 참전한 전투만을 대체로 다룰 것이다. 즉, 본서는 미국 독립혁명 전쟁의 전반적 전쟁사가 아니라는 점을 분명히 해두고자 한다. 만일 전쟁사에 더 관심이 가는 독자는 독립 혁명의 전쟁사를 추가로 구해보길 바란다.

본서는 하나뿐인 나의 사랑하는 딸, 강영온에게 헌정한다. 나의 미국 유학시절에 태어난 영온이는 당시 아주 힘들고 고달픈 유학시절 나와 아내의 유일한 위안이었을 뿐만 아니라 그 후 성장하고 결혼하여 가정을 이루고 자식을 키워가는 긴 세월동안 아버지로서 별다른 실질적 도움을 주지 못한 아주 오랜 미안한 마음을 이렇게 책이라도 한권 헌정하여 달래고 싶기 때문이다.

그리고 본서의 집필 계기가 된 셋토네 심포지엄을 후원해주고 있는 한국지정학연구원 제2대 이사장인 이영석 박사에게 감사한다. 또한 출판 과정에서 꼼꼼하게 원고의 교정작업에 참여해준 고려대학교

정보보호대학원 교수 강찬옥 박사와 한국전략문제연구소의 부소장 주은식 장군, 그리고 동아시아연구원의 전 사무국장이었던 신영환 박사에게 감사한다. 또한 한국지정학연구원의 모준영 박사에게도 깊이 감사한다. 그는 과거 에이브러햄 링컨과 윈스턴 처칠에 관한 원고의 교정작업에 이어 이번에도 최종 교정작업에 자신의 소중한 시간을 무제한 할애하면서 참으로 많은 애를 썼다. 다시 한 번 그에게 감사한다.

끝으로 본서의 긴 집필 과정 내내 언제나 변함없이 최선의 내조를 다해준 아내에게 감사의 마음을 전하고 싶다. 특히 작년말부터 코로나19 바이러스라는 전염병의 창궐로 수개월 동안 언제나 좁은 집안에만 있다 보니 아내는 아주 힘들었겠지만 오히려 나는 무서운 페스트가 펜더믹으로 휩쓸던 중세 유럽을 배경삼아 <데카메론>(Decameron)을 쓴 보카치오(Boccaccio)처럼 본서의 집필에만 몰두할 수 있었다. 아내 신혜경 여사에게 거듭 감사한다. 본서의 집필에 그녀가 직접 도운 것은 아니지만 그녀 없이는 본서가 결코 집필될 수 없었을 것이다.

2020년 8월 26일
구고서실(九皐書室)에서

차례

15

I
프롤로그: 워싱턴의 리더십이란 어떤 것인가?

Prologue

> "리더십은
> 노골적인 권력의 행사와는 달리
> 추종자들의 욕구와 목적으로부터
> 분리될 수 없다."
> – 제임스 맥그리거 번스(James MacGregor Burns)

정의로운 삶과 정의로운 공동체에 관한 서양 최고, 최초의 책은 잘 알려진 대로 플라톤의 <공화정>(*The Republic*)이다. 플라톤은 행복한 삶, 즉 정의로운 삶이 가능하기 위해서는 철인왕(a philosopher-King)이 통치해야 한다고 주장했다. 이것은 플라톤이 정치를 리더십과 동일시했다고 볼 수 있다. 그것은 통치자들이 정당한 왕의 경우처럼 법에 따라서든 아니면 폭군의 경우처럼 임의적이고 전제적이든 권력을 행사한다는 사실을 부인하지 않는다. 그러나 플라톤은 이상적인 정치는 통치자가 본질적으로 권력을 행사하는 시민들의 공동체를 위해 수행하는 긍정적 기능을 갖는다고 믿었다. 그것은 권력 자체를 위한 권력의 행사가 아니며 수사학자가 자신의 설득 기술로 주민들에 아첨하여 생산하는 지도력의 모습도 아니다. 그것은 공동체를 위한 활동, 다시 말해서 특별히 시민들 영혼의 훈련과 향상을 목적으로 그들의 공동업무를 관리하는데 있어서 시민들의 공동체에 방향을 제시하는 활동이다. 국가에서 방향을 제시하는 정치의 이 개념이 플라톤 입장의 핵심이다.[13]

　　우리 시대에 국가의 방향을 제시하는 기능이 시민들 영혼의 도덕적 간호에 있다는 플라톤의 진전된 사상에는 별로 편안할 수가 없다. 그럼에도 불구하고 여전히 그의 위대한 성취는 그가 살던 고대 그리스 세계에서뿐만 아니라 바로 우리 시대, 우리의 세계에서도 역시 널리 수용되고 있는 순전히 저급한 마키아벨리식(Machiavellian) "권력정치"(power politics) 접근법과는 아주 판이하게 다른 정치의 본성에 대한 리더십 접근법을 명료하게 말하거나, 그렇지 않다고 해도 적어도 최소한 예시해 준다.[14] 정치 지도자는 나아갈 방향을 지시하거나 혹은 정치적 공동체의 활동들에 방향을 제시하는데 의미 있게 참가하는 것이다. 이런 의미가 수락될 수 있다면 본서에서 취하는 입장은 플라톤의 전통을 따르는 것이라고 말해도 좋을 것이다. 본서는 권력의 고려가 정치생활에서 아주 큰 비중을 차지한다는 사실을 현실적으로 인정하면서도 정치의 본질은 리더십이거나 시도된 리더십이라는 입장을 취한다. 그래서 본서는 리더십을 당위적인 명제로서보다는 조

---

13) Robert C. Tucker, *Politics as Leadership,* Columbia, Missouri: University of Missouri Press, 1981, p. 3.
14) *Ibid.*

지 워싱턴의 거룩한 국가 건설이라는 창업의 정치력을 서술하기 위한 접근법으로만 활용한다는 점에서 플라톤을 벗어난다고 하겠다.

그렇다. 리더십은 정치의 본질이다.15) 지도자란 공식적 혹은 비공식적 권위의 지위(position)에 있는 사람을 의미한다. 현대 리더십 연구의 선구자인 제임스 맥그리거 번스(James MacGregor Burns)는 지도자들이 사용하는 수단에 초점을 맞추어 리더십을 이렇게 정의했다.

> "리더십은 경쟁과 갈등의 맥락 속에서 지도자들과 추종자들이 갖고 있는 목적들을 독립적으로나 혹은 상호적으로 실현하기 위해서 일정한 동기와 여러 가지 경제적, 정치적 가치들과 다른 자원들을 가진 사람들에 의한 동원(mobilizing)의 상호 호혜적 과정이다."16)

리더십은 권력과 관련된다. 권력이란 자원들을 동원할 수 있는 능력이다. 그래서 번스에게 리더십이란 본질적으로 권력의 현상이다. 리더십이란 정당한 권력의 지위에 오르거나 그 지위를 유지하고 더 나아가 그것을 확장해가는 능력이나 솜씨에 관련된다. 창업과 수성이라는 말로 표현해도 좋을 것이다. 번스는 리더십에 대해 두 가지 접근법을 추구했다. 하나는 "실제적"(positive)이고 또 다른 하나는 몹시 "규범적"(normative)이다.17) 전자는 지도자의 추종자들과 상호

15) *Ibid.*, p. vii and p. 3.
16) James MacGregor Burns, *Leadership,* New York: Harper & Row, 1978, P. 425.
17) Chong-Do Hah and Frederick C. Bartol, "Political Leadership as a Causative Phenomenon: Some Recent Analyses," *World Politics,* Vol. 36, No.1, (October,

작용들이 정치적으로 중요하게 되는 과정, 즉 어떻게 이런 상호작용이 정치적 맥락 속에서 변화를 일으키는가를 이해하려는 것이다. 이 과정은 본질적으로 추종자들의 동기를 정치적 제도에 대한 요구로 끌어 올리는 과정이다. 반면에 두 번째의 규범적 접근법은 추종자들의 도덕적 동기들을 끌어 올리는 과정으로 지도자들과의 상호작용에서 심오한 변화를 일으키는 것이다. 이런 점에서 번스는 추종자들의 관심을 지엽적이고 즉각적인 관심을 국적과 문화를 초월하는 보다 보편적인 가치들로 돌리는 지도자의 능력과 관련된다.

이 두 가지 분석양식을 구별하여 번스는 리더십의 유형(style)을 하나는 지도자들이 각자의 즉각적인 혜택을 위해 추종자들과 상호작용하는 그리하여 오직 정치체제의 운영에서 제한적이고 단기적 변화만을 일으키는 "거래적 리더십"(transactional leadership)과 또 하나는 이와는 달리 물론 거래를 포함하지만 추종자들의 도덕적 기능의 수준을 고결화하고 향상시키는 그리하여 가치유형과 정치체제의 성격에서 심오한 변화를 일으키는 "변환적 리더십"(transforming leadership)의 두 가지로 분류하였다.[18] 그럼에도 불구하고 그에게 모든 리더십은 그 기저에서 거래적이고 또한 그것은 지도자와 추종자의 욕구의 충족에 기인하고 결과적으로 그렇게 된다. 즉 그들은 상호 향상을 향한 동기를 공유하지만 그러나 향상의 정확한 형태는 추종자들에게 있어서 보다는 지도자들에게서 서로 다를 수 있을 것이다.

1983), p. 111.

18) 이것보다 약 20년 앞서 필립 셸즈닉(Philip Selznick)이 그의 저서 *Leadership in Administration* (New York: Harper & Row, 1957)에서 리더십에 관한 비슷한 분류를 제시했었다. *Ibid.,* 각주 6번을 참조.

지도자들이나 혹은 잠재적 지도자들은 "자아실현"의 심리적 발전 과정을 겪는다. 그리하여 그들은 자신들의 동기 기저를 이루는 잠재적 추종자들의 궁핍과 욕구를 발견할 수 있고 또한 욕구들을 충족시키거나 충족을 약속할 수 있다. 그들은 그런 방식으로 추종세력을 일으킬 수 있다. 이런 욕구들을 충족시키는 일은 그것들을 정치적 요구들로 다듬는 제2의 과정을 내포한다. 번스에 따르면 지도자들은 욕구를 희망과 여망으로 변환시킴으로써 그리고 추종자들에게 그들의 욕구가 충족될 수 있다고 믿게 함으로써 이 과정을 시작한다. 그러고 나서 그들은 희망과 여망을 인정된 욕망으로 변환하는 것을 돕는다. 그리하여 그들은 심리적인 힘을 싣고 또한 목적의식을 갖고 집중하며, 애정이 동시에 명시적이고 구체적인 목적들로 나아간다.[19]

그리하여 기대들은 지도자들이 정치적 요구들이나 정부에 대한 구체적인 청구로 전환시킬 수 있는 정도만큼 정치적으로 중요하게 된다. 이러한 요구에 힘을 주는 것은 그것들을 요구하는 추종자들이 여러 가지 형태로 여러 개의 힘의 자원들을 소유하고 있다는 사실이다.[20] 이렇게 동기의 기저와 힘의 토대 같은 심리적 요인들의 통합이 지도자에게 그가 뭔가를 할 수 있는 실질적 권력을 부여하는 것이다. 번스의 변환적 리더십 개념은 그런 요구들을 일으킬 능력을 고려할 때 어떤 지도자들이 자신의 추종자들로 하여금 그런 요구들을 하게 만드는 가에 초점을 맞추고 있다. 여기서 지도자들의 동기를 유발하고 추종자들을 동원하는데 있어서 아이디어의 힘과 도덕적 가치

19) James MacGregor Burns, *op. cit.,* p. 118.
20) *Ibid.,* p. 435.

들이 강조된다.

변환적 리더십의 열쇠는 지도자의 도덕적 발전 수준과 그의 추종
자들의 도덕적 발전 수준의 차이이다. 변환적 지도자는 보다 높고 보
다 고결하고 보편적인 가치들, 즉 정의, 자유와 평등 같은 가치들을
구체적으로 표현하는 반면에 추종자들은 처음에 보다 좁고 보다 낮
은 가치들을 지향한다. 변환적 지도자는 우선 추종자들의 보다 긴급
한 요구들을 충족시킴으로써 자신들의 보다 넓은 도덕적 수준에 그
들의 관심을 끌 수 있다. 거래적 리더십이 추종자들의 욕구를 충족시
키는 능력을 강조하는 반면에 변환적 리더십은 궁극적으로 추종자들
의 희생을 끌어낼 수 있다.[21] 변환적 리더십은 전가치관의 변화와
그에 따른 행동의 변화를 이끌어 낼 수 있을 것이다. 오랜 부정의들
이 도덕적으로 헌신한 개혁운동에 의해 종식될 수 있을 것이며 전
사회 경제적 및 정치적 체제들이 훨씬 더 헌신적인 혁명운동들에 의
해서 전복될 수 있을 것이다.

거래적 리더십의 분류 속에는 우리에게 익숙한 여러 가지 형태가
있다. 여기엔 그룹 리더십이나 정당의 리더십, 입법적 리더십이나 여
론 리더십 그리고 행정의 리더십 등이 있다. 이 모든 것들은 기존의
현실 상태에서 어떤 형태의 변화를 추구하는 데 있어서 추종자들의
동기들이나 목적들 그리고 가치들을 진작하는 것과 관련된다. 그러
나 동기들은 긴급한 욕구들을 반영하는 경향이 있고 가치들은 협소
하고 지역적일 수 있으며, 따라서 변화는 단기적인 것으로 드러날 것
이다. 여기에서도 예를 들어 행정부의 지도자가 오랜 일련의 거래를

---

21) *Ibid.*, p. 455.

통해서 점진적이지만 근본적인 변화를 초래할 수도 있다. 대부분의 경우에 구조적 요인들이 개입한다. 예를 들어서, 직책의 제한된 임기, 자신의 지위를 유지하기 위해서 타협이나 합의를 이룰 필요성, 그리고 정책결정의 고난의 과정이 거래적 리더십이 변환적 리더십이 되는 것을 배제하려 들 것이다. 어떤 형태의 리더십이 구조적 장애들을 초월하거나 빠져나갈 때만이 진실하고 근본적이고 항구적인 변화가 발생할 것이다.

구조적 요인들은 그것들이 타협과 합의 그리고 조화를 요구하는 만큼 변환적 리더십에도 방해가 된다. 따라서 번스는 갈등이 모든 리더십의 본질적 요소이지만 그러나 변환적 리더십에서 특히 그렇다고 믿고 있다. 갈등은 추종자들을 정치적 의식으로 이끌고 가는 수단이 된다. 더구나 그것은 행동을 유발한다. 따라서 갈등은 사람들을 흥분하게 하고, 자극하고 동기를 갖게 한다는 점에서 본질적으로 강압적이라고 번스는 주장한다.[22] 지도자들은 갈등을 여러 가지 방식으로 이용할 수 있다. 어떤 조치의 경쟁적 길을 주장하는 사람들 사이에서 갈등을 심화하여 그들은 이편과 저편에 대한 지지를 강화할 수 있을 것이다. 번스는 그들이 갈등의 건전한 이론들을 그들의 혁명전략에 통합하였기 때문에 성공한 변환적 지도자들의 본보기로서 레닌과 마오쩌둥을 가리켰다. 여기서 개념화된 리더십은 갈등의 온상에 근거하고 있다.[23]

정치적 리더십은 집단적이다. 지도자들과 추종자들 간의 상호작용

---

22) *Ibid.*, p. 35.
23) *Ibid.*, p. 38.

은 지도자와 추종자들을 사회와 정치적 집단으로 결속시키는 공생적 관계를 낳는다.[24] 진정한 변화의 정도가 그 리더십의 척도이다. 리더십은 도덕적인 목적이 있다. 그것은 알아볼 수 있는 목적들과 가치들을 지향한다. 그리하여 변환적 리더십은 도덕적 수준을 향상시킨다. 지도자들이 추종자들과 상호작용하는 도덕성의 수준은 추종자들의 수준보다 오직 한 단계 높은 것이다.[25]

여기서 구체적으로 도덕적 리더십에 대한 번스의 강조는 적어도 두 가지의 왜곡을 낳는다.[26] 하나는 그것이 강제력(coercive force)을 지나치게 배제하는 것이다. 비록 많은 리더십 연구자들이 추종자들의 자발적 복종을 리더십의 검증 각인으로 간주함에도 불구하고 난폭한 강압적 리더십의 영역으로부터 자동적인 거부를 불러 일으켜서는 안 된다는 사실도 분명하다. 예를 들어 번스는 히틀러가 잔인한 무력을 행사했기 때문에 폭군이었지 지도자가 아니었다고 주장한다. 그러나 로버트 터커(Robert C. Tucker)가 올바르게 지적했던 것처럼, 히틀러에 대한 지지의 상당부분은 자발적이었다. 뿐만 아니라 그가 독일에서 권좌에 오르고 또 국가 권력을 행사하는데 있어서 상당한 자발적 지지를 자신에게 집결시켰다는 사실을 부인하기 어렵다.[27] 그는 바이마르 독일의 정치적 맥락에서 잠복해 있던 어떤 강력한 동기들을 이용함으로써 그렇게 했다. 따라서 히틀러가 지도자가 아니었다고 주장하는 것은 엄청난 분석적 오류로 보인다.

---

24) *Ibid.,* p. 452.
25) *Ibid.,* p. 455.
26) Chong-Do Hah and Frederick C. Bartol, *op. cit.,* pp. 115–116.
27) Robert C. Tucker, *op. cit.,* p. 13.

번스의 분석에서 발견되는 또 하나의 왜곡은 카리스마적 리더십, 혹은 번스의 용어로 말하면, 영웅적 리더십의 배제이다. 번스에 의하면, 카리스마적 리더십이란 본질적으로 추종자들이 지도자의 개성에 완전히 굴복하는 것으로 특징되는 관계이다. 그리고 그런 관계는 그 것이 깊이 간직된 동기들, 공유된 목적들, 합리적 갈등, 그리고 무엇보다도 변화의 형식에 있어서 지속적 영향력을 포함하지 않기 때문에 자동적인 리더십이 아니라는 것이다.[28] 그러나 카리스마적 리더십에 대한 많은 학문연구는 그것을 하나의 주된 리더십 현상으로 간주할 뿐만 아니라 그것을 지도자들과 추종자들 사이의 단순한 개인적 동일시보다는 훨씬 더 복잡한 관계를 포함하고 있다고 기술한다.[29] 카리스마가 합리성의 중단을 가정할 필요는 없다. 그것은 여전히 추종자들이 공유한 목적을 실현할 수 있는 수단을 지도자들이 제공한다는 추종자들 측의 인식을 내포한다.

따라서 카리스마는 기본적이고 진정한 변화에 기여하지 않는다는 번스의 주장은 카리스마적 리더십이나 혹은 권위가 비범하고 또 순수한 개인적 관계로부터 수립된 권위구조로의 변화를 특징적으로 수행한다는 막스 베버의 잘 알려진 금언을 간과한다.[30] 카리스마적 지도자는 처음에는 소수집단의 추종자들의 믿음과 행위에 그리고

---

28) James MacGregor Burns, *op. cit.,* p. 224, and p. 248.
29) Robert C, Tucker, "The Theory of Charismatic Leadership," in Dankwart A. Rustow, ed., *Philosophers and Kings: Studies in Leadership,* New York: George Braziller, 1970; and Daniel Katz, "Patterns of Leadership," in Jeane M. Knutson, *Handbook of Political Psychology,* San Francisco: Jossey-Bass, 11973, pp. 203–233.
30) Max Weber, *The Theory of Social and Economic Organization,* New York: Free Press, 1964, pp. 358–392.을 참조.

나중에는 대규모의 추종자들의 믿음과 행위에 혁명적 영향을 미칠 수 있고 또 실제로 미친다. 카리스마적 권위 그 자체가 덧없는 것이라고 할지라도 이런 형식의 리더십에 의해 야기된 변화들이 반드시 일시적이지는 않다. 따라서 정치적 리더십의 연구에서 카리스마적 리더십의 유형을 배제하는 것은 정치적으로 아주 중대한 실족이 될 것이다.

카리스마란 환상과 충성을 일으키는 특별한 힘이다. 카리스마적 지도자는 종종 자신감에 차 있고 강력한 신념과 고도의 에너지와 타인에게 전달하는 열정, 그리고 추종자들의 감정적 유혹을 창조하는 힘과 성공의 상징들을 조작하는 능력이라고 서술된다.[31] "카리스마"란 용어는 원래 "신의 선물"이나 "하늘의 은총"을 뜻하는 고대 그리스어이며 그래서 종교적 언어에서 유래한 것이다. 따라서 그 말은 마법과 신비의 분위기를 남겼다. 따라서 과학적 접근이 불가능한 용어이다. 뿐만 아니라 "카리스마"라는 용어가 "카리스마적 히틀러"의 반인륜적 유산으로 인해 그 용어의 학문적 사용이 한동안 금기시되기도 했다. 그러나 나는 카리스마란 용어가 "평가적"(appraising) 용어로서가 아니라 중립적인 "서술적"(describing) 용어로서 사용하는 것이 여전히 아주 유용하다고 생각한다.[32] 뿐만 아니라, 카리스마란 용어는 최근에 리더십의 연구에서 새롭게 활발하게 사용되고 있다.[33]

---

31) Joseph S. Nye Jr., *The Powers to Lead,* Oxford: Oxford University Press, 2008, p. 55.
32) 이러한 구별에 관해서는, Ernest Nagel, *The Structure of Science: Problems in the Logic of Scientific Explanation,* 2nd ed. Hackett Publishing Company, 1979 를 참조.
33) Ketan H. Mhatre and Ronald E. Riggio, "Charismatic and Transformational

따라서 나는 본서에서 조지 워싱턴의 조용한 리더십을 "거룩한 카리스마적 리더십"으로 규정하려 한다. 18세기 후반의 조지 워싱턴은 결코 20세기의 히틀러처럼 아주 "요란스러운 카리스마적" 지도자가 아니었다.[34] 그는 18세기의 전형적인 귀족들처럼 아주 조용한 지도자였다. 조지 워싱턴의 시대엔 교통과 통신의 수단이 발달하지 못했다. 교통은 육지에서 말과 마차가 주된 교통수단이었으며, 강에선 노를 젓는 배가 있었다. 자동차나 기차, 증기선은 당시에 상상도 못했다. 통신은 며칠만에 배달되는 신문들이 전부였다. 또한 20세기 히틀러가 아주 효과적으로 사용했던 확성기나 라디오와 영화 같은 선전도구도 아직 존재하지 않았다. 그래서 그의 시대엔 정치가 20세기와 같은 대규모의 대중적 집회 자체가 불가능했으며 확성기나 라디오 그리고 영화를 통한 대중 선동과 정치선전이 꿈에서도 가능하지 않았다. 뿐만 아니라, 조지 워싱턴은 성격 자체가 선전이나 선동 같은 요란한 행동을 좋아하지 않았다. 그는 참으로 조용한 귀족적인 기품이 있는 정치가였다.

Leadership: Past, Present, and Future," in David V. Day, ed., *The Oxford Handbook of Leadership and Organizations,* New York: Oxford University Press, 2014, pp. 221－240; R.A.W. Rhodes and Paul 't Hart, eds., *The Oxford Handbook of Political Leadership,* Oxford: Oxford University Press, 2014; David O. Sears, Leonie Huddy and Robert Jervis, eds., *Oxford Handbook of Political Psychology,* New York: Oxford University Press 2003.

34) 히틀러의 카리스마에 관해서는, Laurence Rees, *Hitler's Charisma Leading Million into Abyss,* New York: Vintage Books, 2014; Alan Bullock, *Hitler: A Study in Tyranny,* Abridged Edition, New York: Harper Perennial, 1971: Ben Novak, *Hitler and Abductive Logic: The Strategy of a Tyrant,* Polymouth, U.K.: Lexington Books, 2014; A.J. Nicholls, *Weimar and the Rise of Hitler,* London: The Macmillan Press, 1979; Matthew Holden, *Hitler,* London: Wayland Publishers, 1974 등을 참조.

그러나 무엇보다도 조지 워싱턴은 스스로 어떤 후보자로 나서지 않았다. 그가 대륙의회에 의해서 독립 혁명전쟁을 위한 미대륙군 총사령관으로 임명될 때, 그 후에 헌법의회의 의장이 되었을 때, 그리고 그가 미합중국의 초대 대통령이 되고 또 재선 대통령이 되었을 때, 어느 경우에서나 그는 단 한번도 스스로 후보자로 나선 적이 없었다. 아니 그는 후보자로 나설 필요도 없었다. 그는 이 모든 경우에 의회에서 그리고 선거인단 투표에서 그의 의사표시 없이도 만장일치로 추대되었기 때문이다. 그의 조용한 카리스마가 그의 추대에 거의 결정적으로 작용했다. 그러므로, 나는 오늘의 관점에서 본다면 조지 워싱턴의 거룩한 리더십은 참으로 특이하게 "조용한 카리스마"에 입각했다는 것을 본서에서 워싱턴의 생애와 그의 정치적 리더십에 관한 설명을 통해 밝힐 것이다.

II
버지니아 시민군의
젊은 군 지휘관(commander)이 되다

"그는 특별히 軍史(military history)에 끌렸다."
- 론 처나우(Ron Chernow)

17세기에 접어들어 영국만이 제국을 건설하려는 유일한 유럽의 국가가 아니었다. 1606년에 프랑스는 퀘벡(Quebec)에 식민지를 세웠다. 그리고 후에 뉴욕(New York)이 될 뉴 암스테르담(New Amsterdam)에는 네덜란드인들이 정착하고 있었다. 영국 최초의 영구적인 식민지인 버지니아(Virginia)가 1607년에 수립되었고 1682년에 펜실베니아(Pennsylvania)가 영국의 12번째 식민지가 되었으며, 13번째 식민지인 조지아(Georgia)는 조지 워싱턴이 태어난 해인 1732년에 제임스 오글소프(James Oglethorpe)에 의해 수립되었다. 13개 식민지들은 각자가 영국정부로부터 별도의 합의들을 갖고 있었다. 식민지들은 집단적 설립허가나, 개인적 소유권이나 아니면 왕실의 식민지들로서 모험적 사업으로 시작되었다.

왕실의 식민지들은 왕에 의해서 임명된 관리들에 의해서 운영되었다. 다른 한편으로, 허가된 식민지들은 왕에 의해 어떤 회사나 개인에게 허가되었고 자체적으로 운영되었다. 식민지의 지위는 변경될 수 있었다. 예를 들어 버지니아 회사(the Virginia Company)는 1624년에 허가가 취소되고 영국왕이 임명하는 관리에 의해 통치되는 왕실의 식민지가 되었다.[35] 정착민들은 다양한 곳에서 왔다. 다수는 영국인들이었지만 20만명 정도는 스코틀랜드인과 아일랜드인, 그리고 약 10만명의 독일인들이 펜실베니아 인구의 1/3을 차지했다. 대부분의 식민지 정착민들은 정치적, 사회적, 종교적 아니면 경제적으로 보다 나은 기회를 찾아 미국으로 왔었다.

17세기에 유럽에서 피를 튀기는 30년 간의 종교전쟁이 있었다. 그래서 수천명이 박해를 피해 구세계를 등졌다. 그러나 미국으로 오는 것이 쉬운 선택은 아니었다. 식민지 정착민들은 빈번히 원주민들과 충돌했다. 버지니아의 정착민들은 17세기 내내 포화턴 연합(Powhatan Confederacy)세력과 여러 차례 전쟁을 했다. 그러나 이것은 그들이 직면한 위험들 중 하나에 지나지 않았다. 1609~1610년의 겨울에 제임스타운(Jamestown) 첫 식민지 정착민들은 아사의 시기(a Starving Time)를 경험했는데 그것은 낮은 경작 생산이 영국으로부터 오는 구호가 그들에게 도달하지 못한 실패와 겹쳐 치명적이었다. 다른 정착민들은 그들 나름대로 문제들을 갖고 전쟁을 했다. 1620년 청교도 교부들을 시작으로 수천명에 달하는 청교도들의 "대 이민"을 목격한 매사

---

35) Smithsonian, *The American Revolution: A Visual History,* New York: DK Publishing, 2016, p. 18.

추세츠 만 식민지(Massachusetts Bay Colony)는 1670년대 미국 원주민들에 대한 필립 왕(King Philip)의 전쟁으로 황폐해졌다. 지난 전쟁은 부족간 지도자 메타콤(Metacom)에 의해 주도되었는데 필립 왕의 영어 이름으로도 알려졌다.

캐롤라이나(Carolina) 지역에서 식민지 정착민들은 1711년에서 1717년까지 투스카로라(Tuscarora)와 야마시(Yamasee)족들과 같은 미국의 원주민 부족들과 싸웠다. 이 식민지는 창설 영주들의 비효율적 정부하에서 투쟁도 했다. 수년간의 번영에도 불구하고 식민자들은 결국 이 통치자들의 교체를 영국의회에 탄원하였다 이에 대한 반응으로 영국 왕은 8개의 영지들을 모두 구입했다. 그리고 1729년 사우스 캐롤라이나(South Carolina)와 노스 캐롤라이나(North Carolina)의 분리된 식민지들을 장악했다. 그러나 식민지 정착에서 초기 도전들은 18세기에 목격되는 엄청난 개발과 성장을 멈출 수 없었다. 1700년에 거의 25만명에 달한 인구가 매 25년마다 거의 배가 되었으며 1770년에는 2백만명 이상으로 성장했고 약 1/3이 영국의 주민들이었다. 1770년대까지 아프리카 노예들이 증가했고 약 인구의 20%를 차지했으며 그들 중 약 42%가 버지니아에 있었다.

미국 땅의 각 식민지들은 독특했지만 지리와 기후에 의해서 형성되는 공유된 경제적, 그리고 그에 따른 정치적 이익을 가진 3개의 일반적 그룹이 있었다. 매사추세츠(Massachusetts), 코네티컷(Connecticut), 뉴햄프셔(New Hampshire) 그리고 로드 아일랜드(Rhode Island)로 구성되는 뉴 잉글랜드 식민지들은 길고 혹독한 겨울과 짧은 경작기간에 직면했다. 그 결과로 그들은 해운업과 어업에서 그들의 생계를 위해 바다에 의지했다. 뉴욕(New York), 뉴저지(New Jersey), 펜실베니아(Pennsylvania)와 델라웨어(Delaware)로 구성되는 중부지역 식민지들은 이와는 대조적으로 보다 온화한 날씨와 보다 긴 경작기간을 갖고 있었다. 곡식농사와 낙농업이 그들의 경제적 토대였다. 그리고 버지니아, 노스 캐롤라이나, 사우스 캐롤라이나, 조지아, 그리고 메릴랜드로 구성되는 남부지역 식민지들은 뜨거운 기후와 훨씬 긴 생장기간을 가졌다. 그들의 농장은 담배, 인디고 물감, 그리고 쌀과 같은 환금작물에 집중했다. 이런 환금작물들이 생육할 수 있게 하기 위해서 노예들이 고된 노역에 처해졌다.

18세기의 경제는 중상주의에 의해서 지배되었다. 이 제도는 수출을 극대화하고 수입을 제한함으로써 국부를 늘리는 것이 목표였다. 당시 주요 제국이었던 영국은 미국의 식민지들이 모국의 경제를 지원하길 기대했다. 식민지들은 자연자원과 영국에서 제조되는 완제품과 무역하는 미완성 상품들의 원천이었다. 영국은 통상법과 관세제도를 갖고 있었지만 유럽의 통상 도전들에 우선적으로 집중하느라 13개 미국 식민지들에게 이 법들을 엄격히 집행하지 못했다. 이 일종의 "유익한 태만"(beneficial negligence) 정책은 미국 식민지들로 하여금 그들이 원하는 누구와도 무역을 할 수 있고 또 여전히 영국으로부터 상품을 구입하면서 영국에 자연자원을 제공할 수 있게 허용했다.

당시 영국의 정치는 제어하기 어려웠다. 오래된 파벌들이 종종 귀족 가문들에 의존했기 때문이다. 의회선거구의 재구조화가 오랫동안 지연되었다. 투표권은 소수의 신교 남성들의 재산 자격에 달려 있었다. 그리하여 영국 인구의 3%만이 투표할 수 있었다. 대서양 건너 미국 땅에서는 다른 제도가 발전했다. 모든 식민지에는 보통 왕이 임명하는 총독을 두고 있었다. 엄격히 상원은 아니지만 고위 자문기구인 각 식민지의 위원회도 왕에 의해서 임명되었지만 각 식민지는 또한 주민들에 의해서 선출된 의회가 있었다. 영국과 같이 투표권은 재산 자격에 달려 있었지만 그 문턱이 훨씬 낮았다. 가장 중요한 것은 18세기 중엽까지 영국은 13개 식민지들이 자신들의 일을 스스로 처리하게 내버려 두었다는 사실이다. 식민지 의회들은 대부분 재정적 문제들이었지만 입법을 시작할 수 있었다. 또 1770년대에 이르러서는 13개 식민지들이 잘 발전된 대의제도로 자치사회가 되었다.

이렇게 발전해가고 있던 영국의 식민지인 미국 땅에서 조지 워싱턴은 1732년 2월 22일 버지니아의 웨스트모어랜드(Westmoreland) 카운티에서 아버지 오거스틴 워싱턴(Augustine Washington)과 그의 두 번째 부인인 어머니 메리 볼(Mary Ball) 사이에서 첫째 아들로 태어났다. 당시 버지니아는 13개 식민지들 중에서 가장 크고 또 가장 부유한 곳이었다. 당시 미국 인구는 약 90만명이었으며 꾸준히 증가하고 있었다. 버지니아에 새로 유입되는 사람들은 종종 첫 정착자들의 생존을 도왔던 인디안 영토를 침해해서 블루 리지 마운틴스(Blue Ridge Mountains)와 셰난도어 밸리(Shenandoah Valley)를 가로질러 경계선을 밀고 나아갔다. 과거 첫 식민지인들이 이곳에 도착했을 때에는 사람들이 아사하는 때도 있었다. 그러나 당시에 보통의 미국인들은 세계 어느 곳에 살고 있는 대부분의 사람들보다 더 잘 살았다.[36]

---

36) Lenny Hort, *George Washington*, New York: DK Publishing, 2005, p. 9.

워싱턴의 아버지는 부유한 농부였다. 어린 조지 워싱턴은 자신의 아버지로부터 대부분의 교육을 받았으며 1743년 아버지의 사망 후에는 자신의 이복 형인 로렌스 워싱턴(Lawrence Washington)으로부터 교육받았다. 그는 오늘날 초등학교에 준하는 교육을 받았지만 그래도 고전의 커리큘럼을 접하지는 못했다. 그는 윌리엄 앤 메리(William and Mary) 대학에 다니도록 권유되지도 않았다. 그러나 바로 이 학력의 결핍이 그 후 그의 경력 내내 보다 탄탄한 교육적 배경을 가진 미국의 정치가들 사이에서 그를 항상 괴롭혔다.[37] 정규교육을 충분히 받지 못한 워싱턴은 후에 약간의 동시대인들, 특히 워싱턴을 그의 지위와 명성에 비해 너무 무지하고 배우지 못했으며 읽은 것이 없다고 얕보았던 속물적 인간이었던 존 애덤스(John Adams)로부터 비하에 직면했다.[38] 워싱턴은 다른 창업자들, 즉 건국자들과의 비교로 고통받았다. 그들 가운데 여러 사람들은 유명한 독학자들이었다. 하지만 어떤 평범한 기준으로 봐도 워싱턴은 아이디어들을 재빠르게 흡수하는 능력을 가진 아주 영리한 사람이었다.

조지 워싱턴은 전 생애에 걸쳐 사회의 존경받는 구성원이 되기 위해 자신의 개성을 열심히 형성해 나갔다. 청년기에 워싱턴은 소설, 역사, 철학 그리고 지리에 손을 댔다. 정기 간행물들의 열성적 독자로서 16세에 그는 스펙테이터(*The Spectator*)라는 잡지를 접했다. 그

---

37) Joseph J. Ellis, *His Excellency George Washington,* New York: Vintage Books., 2004, p. 9.

38) Ron Chernow, *Washington: A Life,* London: Penguin Books, pp. 12-13. 워싱턴의 후임으로 미합중국의 제2대 대통령이었던 존 애덤스에 관해서는, David McCullough, *John Adams,* New York: Simon & Schuster Paperbacks, 2001을 참조.

후 소설이 문학의 형태로 되어가자 그는 헨리 필딩(Henry Fielding)
의 <톰 존스>(*Tom Jones*)와 토비어스 스몰렛(Tobias Smollett)의
<페리그린 픽클의 모험>(*The Adventures of Peregrine Pickle*)을
구매했다. 그리고 그는 특별히 군사 역사에 끌렸다. 연극에 대한 변
함없는 열정을 처음 경험함에 따라 그는 자신의 일생동안 거듭해서
인용했던 공화주의의 덕목들에 대한 하나의 옛 시가인 조셉 에디슨
(Joseph Addison)의 <케이토>(*Cato*)를 읽었다.[39] 그는 종종 책이
아니라 행동에서 교훈들을 흡수했다고들 말한다. 그것은 사실이다.
그러나 그는 거대한 서재를 소유했으며 단순히 책의 애호가가 아니
라 진지한 독자인 것처럼 책들에 관해서 얘기하곤 했다.[40]

　조지 워싱턴은 아이디어 자체를 소중히 여기는 지식인은 결코 아
니었다. 그는 실제적 지혜를 위한 책들을 파고들었으며 간결한 잠언
들을 수집하는 것을 좋아했다. 그는 17세에 중요한 <세네카의 대
화록>(*Dialogues of Seneca the Younger*)의 요약본을 소유했으며
그 스토아학파 신념들을 가슴에 새겼다.[41] 또한 자신을 영국식 신사
로 형성하려고 노력하는데 있어서 스스로 창안하는 워싱턴은 외부
인들의 고전적 전략을 구사했다. 즉, 그는 자신보다 사회적으로 나
은 사람들을 면밀히 공부했고 또 점잖은 사회에서 그들의 행위를 모

---

39) 케이토에 관해서는, Rob Goodman and Jimmy Soni, *Rome's Last Citizen: The
    Life and Legacy of Cato, Mortal Enemy of Caesar,* New York: Thomas Dunne
    Books, 2012을 참조.
40) Ron Chernow, *op., cit.,* p. 13.
41) 스토아 학파의 세네카에 관해서는, James Romm, *Dying Every Day: Seneca at the
    Court of Nero,* New York: Vintage Books, 2014; Seneca, *How to Keep Cool,*
    Selected, and introduced by James Roman, Princeton and Oxford: Princeton
    University Press, 2019을 참조.

방하려고 애썼다. 자신의 글솜씨를 향상시키기 위해서였든 혹은 아마도 학교의 숙제였든 간에 워싱턴은 16세기 프랑스 예수교의 작품으로까지 그 기원을 거슬러 올라가는 <예의의 규칙 그리고 동반과 대화의 품위 있는 행위>(*The Rules of Civility and Decent Behavior in Company and Conversation*)라는 간소한 에티켓 지침서를 필사하는 고역을 감수했다. 그러나 그는 결코 책 벌레는 아니었다. 그는 수영을 좋아했고 승마에 탁월했다.[42]

젊은 워싱턴의 성장에 미친 두 가지 주요 영향은 그 보다 14살이 위인 로렌스 이복형과 페어팩스 가문(the Fairfax Family)이었다. 하나는 로렌스가 체사픽(Chesapeake) 사회의 농장주 계급으로 쉽게 진입할 만큼 충분한 토지를 상속할 희망이 거의 없는 어린 동생의 후원자로서 그의 직업선택을 책임지고 있는 아버지의 대리인이었다는 사실이다. 1746년 로렌스는 젊은 조지 워싱턴에게 영국해군의 소위 후보생으로 입대할 것을 제안했다. 영국에 있는 그의 삼촌은 해군이 그를 아주 바보처럼 만들고, 그를 속박할 것이며 그를 흑인이나 아니면 차라리 개처럼 이용할 것이라고 말하면서 부정적 판단을 내렸듯이[43] 그의 어머니가 그 제안에 절대적으로 반대했다. 그래서 그는 영국해군에 입대하는 것을 포기했다. 만일 이때 워싱턴이 자기가 좋아하는 어머니 곁을 떠나 바다로 나갔더라면, 조지 워싱턴의 최초 전기작가인 메이슨 윔즈(Mason Weems)가 주장했듯이, 그는 그 후 그에게 모든 위대성의 길을 열어준 프랑스-인디언 전쟁(the French-Indian War)

---

42) Ron Chernow, *op. cit.*, pp. 13 – 14.
43) Joseph J. Ellis, *op. cit.*, p. 9.

에 결코 적극적으로 참가하지 못했을 것임이 거의 확실했다.[44]

워싱턴의 미래 경력에 대한 로렌스의 또 다른 두 번째의 기여는 매우 아이러니했다. 1751년 그는 자신의 열대성 결핵치료를 위해 바베이도스(Barbados)로 여행을 했는데 이때 워싱턴을 수행원으로 데려 갔다. 이것은 워싱턴의 유일한 해외여행임과 동시에 이때 천연두에 걸리는 계기가 되었다. 그는 일생동안 그의 얼굴에 눈에 띄지 않는 마마자국을 갖게 되었지만 동시에 당시의 가장 두렵고 또 치명적인 질병에 대한 면역력을 갖게 되었다. 그리고 1752년 로렌스가 결핵과의 싸움에서 실패하자 이제 마운트 버논(Mount Vernon)이라는 이름의 2천5백 에이커의 농장이 종국에는 워싱턴이 상속하는 부동산의 일부가 되었다. 로렌스의 때 이른 죽음이 워싱턴의 가장 위대한 유산을 가능하게 했다.

워싱턴의 성장에 영향을 미친 또 하나는 페어팩스 가문의 영향인데 이것도 아이러니 했다. 15살 즈음에 워싱턴은 로렌스와 마운트 버논에서 많은 시간을 보내기 시작했는데, 그때 로렌스는 가까운 벨보어(Velvoir)에 있는 페어팩스 가문의 앤 페어팩스(Ann Fairfax)와 결혼하게 되었다. 그 가문의 가부장은 영국 귀족사회의 기이한 일원인 토마스 페어팩스 경이었다. 그리고 그의 사촌인 윌리엄 페어팩스(William Fairfax)가 그의 5백만 에이커가 넘는 부동산의 관리 책임을 맡았다. 요컨대 페어팩스 가문의 사람들은 유럽의 봉건주의와 영국식 귀족주의의 살아있는 잔재였으며 시골 신사들의 보다 지방적인

---

44) Mason L. Weems, *The Life of Washington,* Cambridge, Massachusetts: The Belknap Press of Harvard University Press, 1962, 176.

버지니아 풍에 깊이 잠겨 있었다. 그것으로써 그들은 특권적 귀족성과 왕실의 후원 그리고 훌륭한 인물들을 부지런히 유혹하는 최고의 모델이었다. 비록 워싱턴은 귀족적 믿음과 가정들의 모든 기라성 같은 집단을 마침내 전복시키는 혁명을 주도할 운명이었지만 처음에 그는 그러한 후원의 힘의 수혜자였다.[45]

1748년 윌리엄 페어팩스가 16세의 워싱턴에게 생애 첫 일자리를 제공했다. 그는 셰난도어 밸리(Shenandoah Valley)에 있는 페어팩스 토지의 측량사업에 종사하게 되었다. 만일 페어팩스 가문이 영국문명의 진수를 대변한다면 블루리지(the Blue Ridge)의 서쪽 땅은 문명발전의 맨 끝자락을 대변했다. 이 끝자락을 넘어서 오하이오 카운티(Ohio Country)가 있는데 그곳에선 유럽인들이 문명이라고 부르는 어떤 것도 존재하지 않았다. 그 후 3년간 워싱턴은 노던 넥(Northern Neck)과 셰난도어 밸리에 있는 페어팩스 토지를 측량하면서 버지니아 경계선의 동쪽 끝에 머물렀다. 그때 그는 190회 이상의 측량을 수행하면서 보통은 별들 아래서 캠핑(camping)했으며 셰난도어의 보다 아래 지역에서 벌스킨 크리크(Bullskin Creek)의 1,459 에이커의 땅을 자신의 첫 토지로 구매할 수 있을 만큼 재정적으로 자신의 일을 잘해냈다. 이 시기에 워싱턴은 당시 평균 남자들보다도 머리 하나만큼 키가 더 큰 6피트 2인치의 아주 키가 큰 젊은 청년이었다. 그는 말의 옆구리를 단단하게 조이고 안장을 아주 쉽게 유지할 수 있게 하는 매우 강한 허벅지와 다리를 가진 체중 175 파운드의 균형이 잘

---

45) Edward D. Neill, *The Fairfaxes of England and America,* Albany, New York: J. Munsell, 1868.

잡힌 야무진 몸을 갖고 있었다. 그는 신체적으로 강하고 정신적으로 불가사의하고 감정적으로 자제된 남자 중의 남자였다.[46] 워싱턴의 탁월한 체격은 후에 그가 발휘하는 강력한 카리스마적 리더십의 중요한 요소가 되었다. 워싱턴은 이때 이미 신체적으로 다가오는 카리스마적 지도자의 요소를 갖추기 시작했다고 해도 과언이 아닐 것이다.

1752년 이복형 로렌스 워싱턴이 마운트 버논에서 죽어갈 때 워싱턴은 로버트 딘위디(Robert Dinwiddi) 버지니아 총독에게 버지니아 시민군의 행정책임 부관(adjunct-general)의 자리를 청원했다. 그는 신체적으로 인상적인 것 외에 군사적 경험이 전혀 없었다. 이때 두 개의 영향력이 그를 도왔다. 로렌스의 죽음으로 수석 군사행정관 직에 공석이 생기고 또 윌리엄 페어팩스가 딘위디 총독에게 워싱턴이 그 일을 감당할 만하다고 확신시키는 영향력을 행사했다. 그리하여 그는 버지니아 남부지역의 수석 군사행정관으로 임명되었다. 다음해인 1753년에 21세의 워싱턴은 소령이 되었고 그에게 첫 군사적 임무가 주어졌다.

캐나다로부터 프랑스 원정군이 오하이오 강(Ohio River)의 강변에 주둔지들을 세우고 있다는 보고들이 버지니아를 놀라게 했다. 이 위협에 대한 대응으로 딘위디 총독은 프랑스 사령관에게 즉각 철수할 것을 요구하는 메시지를 워싱턴에게 전달하라는 임무를 부여했다. 프랑스는 거절했다. 돌아와서 워싱턴은 프랑스인들이 봄에 그 전략적 위치에 돌아오기 전에 오하이오의 분기점에 영국의 요새가 세워져야 한다고 건의했다. 이제 중령으로 승진한 워싱턴이 다시 파견되

---

46) Joseph J. Ellis, *op. sit.,* pp. 11−12.

었고 워싱턴 병력과 프랑스 및 이로쿼이(Iroquois) 인디안 병력 사이에 발생한 충돌들이 프랑스-인디언 전쟁(the French-Indian war)의 개전 대결이 되고 말았다. 종국에는 프랑스가 워싱턴으로 하여금 항복조건을 수용할 밖에 없게 만들었지만 워싱턴은 버지니아의 수도 윌리엄스버그(Williamsburg)에서 그의 용맹과 리더십으로 유명하게 되었다.

그리고 이 때 세상은 젊은 워싱턴에 관해서 처음 알게 되었다. 왜냐하면 딘위디 총독의 권유에 따라, 워싱턴이 자신의 모험에 대한 기록을 <조지 워싱턴 소령의 일지>(*The Journal of Major George Washington*)로 출판했는데 이것이 여러 식민지 신문들에 등장했고 또 더 나아가서 영국과 스코틀랜드에 있는 잡지들에 의해서 재인쇄되었기 때문이었다. 비록 그는 외교사절에 불과했지만 워싱턴의 일지는 독자들에게 산맥들과 난폭한 강들 그리고 대부분 유럽의 지도에서 검고 텅 빈 공간들로 나타나는 내지에 있는 이국적 원주민들에 관한 직접 체험적 보고를 제공했기 때문이었다.[47] 워싱턴은 버지니아의 소규모 시민군의 젊은 장교에 지나지 않았지만 이제 그는 세상에 이름을 알린 유명인사가 되었다. 만일 그가 처음 원했던 대로 해군에 입대했다면 그에게 이런 호의적인 결과를 가져오지는 못했을 것이다. 그가 이복형 로렌스의 죽음으로 공석이 된 버지니아의 수석 군사 행정관에 자원하여 당시 미국 땅에서 13개의 식민지들 중에서 가장 크고 가장 중심적인 버지니아에서 시민군의 장교가 되어 젊은 장교로서 명예로운 주목을 받음으로써 조지 워싱턴은 결국 군인으로

---

47) *Ibid.*, pp. 3-4.

서 삶의 궤도에 진입한 셈이다. 군 장교가 된 이상 그가 세상에 두각을 나타낼 수 있는 기회는 앞으로 있을지 모르는 전쟁에서 그의 능력을 과시하는 것이었다. 그리고 운명의 사나이 조지 워싱턴에게 그런 기회는 곧 찾아오게 된다.

III

프랑스-인디언 전쟁(the French-Indian War)에 참전하다

"자신의 조국을 위한 어떤 중요한 봉사를 위해
하늘의 섭리가 지금까지 그렇게 신호를 보내는 방식으로
영웅적 젊은이, 워싱턴 대령을 보호했다고
나는 대중에게 지적하고자 한다."
– 사뮤엘 데이비스 목사(Reverend Samuel Davies)

1754년 미국 땅에서 영국과 프랑스 사이에 비등하는 긴장들이 마침내 "프랑스-인디언 전쟁"(the French-Indian War)으로 폭발했다. 1756년에 유럽으로 확장된 이 전쟁은 유럽에서 7년 전쟁(the Seven Year's War)으로 알려졌다. 이 전쟁의 주된 원인은 미국 원주민들이 정착한 오하이오 리버 밸리(Ohio River Valley)에 있는 분쟁지역이었다. 영국 식민자들은 일반적으로 정착지를 넓히기 위해 서쪽으로 밀고 나감으로써 국경선들의 안전을 증대시키길 원했던 반면에, 오늘날의 캐나다에 있던 프랑스 영토의 정착자들은 통제의 수단으로 땅이 아니라 무역을 확대하고자 했다.

미국 원주민들은 그들의 충성대상이 통일되지 않았다. 가장 영향력을 행사했던 이로쿼이(Iroquois) 연합세력의 6개 부족국가들은 대부분이 그들의 관계가 17세기 초까지 거슬러 올라가는 영국인들과의 동맹을 유지하길 원했고 이것은 체인 언약(Chain Covenant)이라고 알려진 조약으로 공식화된 동맹이었다. 반면에 대부분이 이로쿼이 원주민들의 적들인 다른 부족들은 프랑스 편에 섰다. 미국 원주민들의 지도자들은 언제, 어느 편과 동맹할지를 결정할 때 조심스럽게 선택했다. 그들은 증가하는 무역상품에 대한 의존성과 자신들의 땅에서 잠식해 오는 것을 제한하려는 그들의 여망 사이에서 균형을 이루어야 했다.[48]

워싱턴의 첫 모험은 1754년 봄에 시작했는데 그때 버지니아의 의회가 오하이오 지역에 있는 정착민들을 점증하는 프랑스의 위협으로부터 보호하기 위해서 300명의 1개 연대를 모집하기 위해 자금을 통과시켰다. 워싱턴은 중령 계급으로 두 번째 지위의 지휘관이 되었다. 4월에 그는 오하이오 회사가 이미 요새를 구축하기 시작한 알레그헤니(Allegheny)와 모논가힐라(Monongahela)의 교차 지점에서 전략적 위치를 확보하기 위한 임무를 띤 160명 병사들의 지휘관으로 알렉산드리아(Alexandria)를 떠났다. 알레그헤니에 대한 어려운 탐험을 완수한 직후에 워싱턴은 1천명이 넘는 프랑스 군대가 반쯤 구축된 요새를 장악하고 그곳을 뒤켄 요새(Fort Duquesne)로 명명하고 그 지역에 있는 여러 인디언 부족들에 대한 영향력을 행사하고 있다는 것을

---

48) Smithsonian, *The American Revolution: A Visual History,* New York: DK Publishing, 2016, p. 24.

알게 되었다. 아주 우월한 적군에 직면한 워싱턴은 과거 그의 외교 사절 임무수행에 동행한 적이 있고 주요 인디안 동맹인 타나차리슨 (Tanacharison)⁴⁹⁾의 야영지 근처에 임시 요새를 세우기로 결정했다. 타나차리슨은 지원을 약속했지만 전망이 불리하다는 경고도 했다.

5월 27일 타나차리슨이 근처에 프랑스 병력의 출현을 보고했고 뒤켄 요새에서 약 40마일 떨어진 그레이트 메도우(Great Meadow)에서 워싱턴의 주둔군에 합류할 일단의 인디언 전사들을 데려왔다. 5월 28일 오전에 워싱턴은 타나차리슨이 낮고 모호한 곳이라고 묘사한 숲의 협곡에서 야영을 한 32명의 프랑스 수색대를 발견했다. 타나차리슨 지휘 하의 인디언 동맹들과 함께 그의 40명의 분견대가 프랑스 야영지를 포위했다. 15분 간의 교전 끝에 워싱턴 분견대는 10명을 사살하고 1명을 부상케 하고 21명을 포로로 잡았다. 죽은 프랑스인들 가운데에는 드 주몽빌(De Jumonville)이라는 프랑스 지휘관도 있었다. 이 조치에 대한 워싱턴의 보고는 "우리는 드 주몽빌 그리고 다른 9명을 같이 사살했고 인디언들은 죽은 자들의 머리가죽을 벗겼다"로 아주 간결했다.⁵⁰⁾ 그러나 주몽빌 글렌(Jumonville Glen)이라고 불리게 된 곳에서 어떤 일이 실제로 발생했는 지의 문제가 곧 프랑스-인디언 전쟁에서 누가 먼저 발포했는가에 관한 국제적인 말썽이 되었다.

그것은 부분적으로 워싱턴의 첫 전투 경험이었기 때문에 그리고 한편으로는 그가 학살을 주도했다고 믿을 만한 이유가 있었기 때문

---

49) 그는 Half-King이라고 불리기도 했다.
50) Joseph J. Ellis, *His Excellency: George Washington,* New York: Vintage Books, 2004, pp. 13 − 14.

에 학술적 논쟁으로 남았다. 교전에서 부상당했지만 프랑스의 지휘관인 조셉 쿨롱 드 빌리어스(Joseph Coulon de Villiers)가 자신의 군주인 루이 15세(Louis XV)를 대신하여 평화사절로 왔다는 것을 설명하려고 애썼다. 그것은 전년도에 워싱턴이 영국의 군주를 대신해서 오하이오 지역에 대한 주권을 주장하면서 수행했던 것과 정확하게 동일한 외교적 임무였다. 그 학살은 놀랍고 불운한 지휘관인 워싱턴 중령의 눈 앞에서 일어났다. 포로들은 워싱턴이 평화적인 외교사절을 공격했고 대사를 암살했다고 주장했다. 상황의 심각성은 워싱턴에 영향을 미치지 않았다. 왜냐하면 그들이 어떤 서류를 지참했던지 간에 프랑스인들은 분명히 적대적인 의도를 가지고 있었다고 주장하면서 경합하는 유럽의 두 강대국들의 수상관저를 크게 흥분케 할 비난을 워싱턴은 간단히 무시해 버렸기 때문이다.[51]

당시 프랑인들은 워싱턴의 소규모 군대를 괴멸시킬 800명의 병사들과 400명의 인디언들을 파견할 충분한 인력을 보유하고 있었다. 따라서 워싱턴은 딘위디 총독에게 노골적인 거짓말을 하지는 않았다. 그러나 그가 그 사건에 대해 모든 진실을 말하지도 않았던 것이다. 사실상 그는 그 학살을 스스로 합리화하고 있었다. 그가 영웅이었든 혹은 허풍쟁이였든, 혹은 살인의 공범이었든 간에 주몽빌 글렌에서의 소규모 접전은 그 지역에서 프랑스 군대에 의해 수적으로 압도당하더라도 그의 분견대가 지원병력이 도착할 때까지 버텨낼 수 있음을 확신시켰다. 워싱턴은 작은 수의 병력으로도 500명의 공격을

---

51) James Thomas Flexner, *Washington: The Indispensable Man*, The Illustrated Edition, New York: Sterling Signature, 1974, p. 16.

두려워하지 않을 말뚝 울타리를 친 작은 요새를 막 완성했다고 딘위디에게 보고했다. 그는 자기가 지키려고 하는 조잡한 둥근 방책을 니세시티 요새(Fort Necessity)라고 명명했다. 6월 초 딘위디는 그 요새의 방어를 결정했다. 그리고 버지니아 연대의 지휘관인 조슈아 프라이(Joshua Fry)가 말에서 떨어져 사망했다는 소식을 전하면서 워싱턴의 계급을 대령으로 승진시키고 그를 새로운 지휘관으로 임명했다. 또한 약 200명의 증원된 민병대 분견대가 그의 부대를 증강하려는 참이었다. 어쨌든, 마침내 워싱턴 대령은 버지니아 시민군의 최고 지휘관이 되었다.

워싱턴은 자신의 운명이 영국의 지원군에 달려있기보다는 그 지역에서 힘의 균형을 계속 통제하는 현지 인디언들의 지원에 달려있다는 것을 깨달았다. 6월 18일 타나차리슨이 "인디언 위원회"를 주선했고 그곳에서 워싱턴은 오하이오 지역에 대한 영국의 의도에 관한 질문에 대응해야 했다. 그는 인디언 추장들에게 영국의 군사적 노력의 유일한 목적은 그들의 권리들을 유지하는 것이고 그 지역 전체를 스스로 확실히 통제하는 것이라고 알려주었다. 워싱턴은 영국이 인디언 부족들에게 프랑스가 그들로부터 탈취한 땅들을 회복시키는 것 외에 전혀 다른 목적이 없다고 주장했다. 이것은 워싱턴이 그들 없이는 아무것도 할 수가 없다는 것을 인정함으로써 필요하게 된 뻔뻔스러운 거짓말이었다.[52] 분명히 인디언 추장들은 그의 주장이 설득력이 없다고 생각했거나 아니면 아마도 단순히 진격해오는 프랑스군 부대의 규모로 보아 워싱턴 부대와의 어떤 동맹도 손해보는 게임

---

52) Joseph J. Ellis, *op. cit.,* p. 15.

으로 알았다. 어쨌든 타나차리슨은 니세시티 요새를 버리고 인디언들을 모두 숲속으로 끌고 가버렸다.

그 후 얼마 뒤에 제임스 맥케이(James McKay) 대위가 지원군을 이끌고 도착했다. 그러자 워싱턴과 맥케이는 지휘권에 관해서 논쟁을 벌이기 시작했다. 맥케이가 영국군의 대위로서의 자기 지위가 대령이라는 식민지 계급에 앞선다고 주장했기 때문이다. 그들은 그러나 오랫동안 논쟁할 수 없었다. 왜냐하면 7월 초에 주몽빌에서 학대받은 동생인 루이 쿨롱 드 빌리어스(Louis Coulon de Villiers)가 약 1만1천명의 프랑스 병력과 인디언들을 이끌고 그들을 공격하려고 한다는 것을 알았기 때문이다. 7월 3일 아침에 프랑스 군인들이 요새로부터 약 600야드 밖에서 출현하기 시작했다. 어두워질 때까지 워싱턴 부대의 1/3이 죽거나 부상당했고 생존자들은 그들의 사기를 북돋우기 위해 럼주를 퍼 마셨다. 400명의 인디언 전사들이 프랑스군에 합류했다. 방어자들은 굴욕적인 패배를 넘어 완전한 괴멸에 직면했다. 그러나 워싱턴은 니세시티 요새의 방어자들이 그 날 적에게 300명 이상의 사살과 부상이라는 막대한 피해를 입혔기 때문에 프랑스 지휘관이 휴전을 결정하고 관대한 항복조건을 제시했다고 주장했다. 오하이오 지역으로부터 1년 동안 철수를 약속하는 대가로 방어자 측은 자신들의 무기와 깃발을 가지고 명예롭게 요새에서 철수하도록 허락되었다.

워싱턴에 의하면, 니세시티 요새에서의 전투는 패배이기보다는 교착상태에 빠진 것이며 거기서 버지니아인들과 영국인들은 우세한 프랑스 병력에도 불구하고 용맹스럽고 냉정하게 행동했다. 적이 오직

5명의 사망자를 낸 데 비하여 그들은 100명의 사상자가 났다. 아주 거북스럽게도 항복조항에 워싱턴의 서명은 영국이 일반적으로 그리고 특히 프랑스 왕의 외교사절의 암살에 책임이 있으며 이것은 영국인들이 프랑스-인디언 전쟁을 시작한 적대적 행위에도 책임이 있다는 것도 결론적으로 인정한다는 것을 의미하는 "주몽빌(de Jumonville)의 암살"을 언급했다. 워싱턴은 항복조항에 "암살"이라는 단어가 포함되어 있다는 것을 깨닫지 못했다고 결사적으로 주장했고 또한 프랑스어로 된 원본의 빈약한 번역문의 오해와 비에 젖은 문서의 상태에 책임을 돌렸다. 그는 자기가 그것들을 충분히 이해했더라면 그런 조건에 결코 동의하지 않았을 것이라고 주장했다. 그러나 아주 절망적인 상황을 고려할 때 그가 어떤 다른 선택안을 갖고 있었을지를 상상하기 어렵다. 어쩌면 바로 그런 이유 때문에 그가 어떤 절망감도 부인할 의무가 있다고 느꼈을 것이다. 7월 4일 그는 자기 연대의 포위된 패잔병들을 자신의 명예를 걸고 니세시티 요새에서 이끌고 나왔다. 워싱턴은 이 날을 그가 기념하리라고는 분명히 결코 생각하지 않았다.[53]

프랑스인들은 워싱턴을 이상적 악마로 선전했다. 그는 적의 사악한 성질을 폭로하기 위해 계획된 프랑스에서 발행된 서사시에서 그렇게 묘사되었다. 그러나 다른 한편으로 버지니아의 윌리엄스버그에서 윌리엄 페어팩스가 니세시티 요새를 버지니아의 서쪽 땅들에 대한 프랑스의 진격을 막기 위한 비록 실패했지만 하나의 고결한 노력으로 묘사하기 위해서 그의 영향력을 행사하고 있었다. 결국 프랑스

---

53) 7월 4일, 이 날은 후에 미국의 독립기념일이 되었기에 하는 말이다.

가 워싱턴을 악마적 인물로 간주한다면 바로 그것이 일종의 추천장이 되지 않겠는가? 페어팩스와 딘위디 총독의 압력을 받아 9월에 버지니아 의회(the House of Burgesses)는 "자신들의 조국의 방어에서 그들이 최근에 보여준 용맹성과 용기 있는 행위에 대해 워싱턴과 니세시티 요새에 있었던 여러 명의 장교들을 인정하는 칙령을 발표하였다. 버지니아는 영웅이 필요했던 것이다.54)

그러나 버지니아 의회는 프랑스에 대항하는 주요 원정을 위한 새로운 세금을 승인하지 않았다. 그것은 버지니아 연대가 여러 독립적 지방 부대로 분산되고, 그 결과 워싱턴은 더 낮은 계급으로 복무해야 한다는 것을 의미했다. 왜냐하면 어느 지방 장교도 대위 이상의 계급을 인정하지 않았기 때문이다. 이것은 그에게 커다란 모욕이었다. 그는 자신의 계급에 관해서 까다로웠다. 강등을 수용하기보다 그는 차라리 사임을 선호했다. 그래서 워싱턴은 군인으로서 자신의 소명을 발견했다고 확신했지만 1754년 11월 군에서 사임했다.55)

다음 해인 1755년 2월에 에드워드 브래독(Edward Braddock) 장군의 지휘 하에 2개 여단의 영국 정규군이 버지니아에 도착했다. 그는 전(全) 북아메리카에서 영국의 군사정책에 대한 포괄적 권한과 특히 뒤켄 요새(Fort Duquesne)를 장악함으로써 프랑스의 위협에 대한 작전을 벌이라는 구체적 명령을 받고 왔다. 35년의 베테랑인 브래독 장군은 수비대를 훈련시키는 일에 관해서 알아야 할 것은 모두 다

---

54) *Ibid.*, p. 18.
55) James Thomas Flexner, *Washington: The Indispensable Man,* The Illustrated Edition, New York: Sterling Signature, 1974, p. 18; Joseph J. Ellis, *op. cit.,* p. 18; Lenny Hort, *op. cit.,* p. 26.

알고 또 유럽의 전장에서 전투를 수행하는 것에 좀 알고 있었다. 그러나 그는 자신이 미국의 내지에서 마주칠 야만적 성격의 조건들과 또 동일하게 야만적 전장에 관해서는 아무것도 알지 못했다. 런던에서 지도를 보고 짐작이나 하는 그의 상급자들은 그의 임무를 오하이오 지역을 휩쓸고 나가서, 뒤켄 요새를 장악하고, 5대호(Great Lakes)에 있는 프랑스 요새들을 일망타진하고, 그리하여 최종적으로 프랑스의 전 캐나다를 장악하는 것으로 기술했다.[56] 그러나 산들과 강들 그리고 이 영토 내에 있는 인디언 부족들을 아주 조금이라도 아는 사람이라면 누구도 그런 명령을 내리지 않았을 것이다. 사실상 브래독의 임무는 원천적으로 불가능한 것이었다.

뿐만 아니라, 브래독 장군은 버지니아, 메릴랜드 그리고 펜실베니아의 각 총독들과 입법부들에 추가적인 자금의 공급명령을 내려 모든 식민정부들을 소외시킴으로써 자신의 임무달성을 더욱 어렵게 만들었다. 그리고 그는 인디언 추장들의 대표자들을 만나서 오하이오 밸리에 있는 땅에 대한 그들의 역사적 주장은 쓸모가 없다고 그들에게 말함으로써, 또 영국군대는 야만인들로부터 어떤 도움도 필요로 하지 않는다고 말하여 그 지역에 있는 대부분의 인디언 부족들을 프랑스 편이 되게 자극함으로써 그의 운명은 완전히 막혀버렸다. 브래독이 보기에는 자기가 북아메리카 대륙에서 지금까지 집결한 최대 및 최상의 병력을 지휘하고 있기에 승리는 불가피했다. 그러나 실제로 그의 군사작전은 처음부터 망할 운명이었다.

1755년 봄에 워싱턴은 마운트 버논에 살면서 자신의 인생에서 무

---

56) Joseph J. Ellis, *op. cit.,* p. 19.

엇을 할지를 결정하려고 노력하고 있었다. 3월에 그는 브래독 장군의 참모장인 로버트 옴(Robert Orme)에게 군사기술에 대해 보다 많은 지식을 얻고 싶다면서 브래독 장군 휘하에서 복무하고 싶다는 편지를 썼다. 워싱턴은 계급에 민감했다. 한때는 대령이었지만 이제는 대위일 뿐이었다. 브래독 장군은 워싱턴에게 적합한 계급을 수여할 수 없었기에 워싱턴은 계급없이 자발적 부관으로 본부에서 복무하기로 동의했다.[57] 그의 계급문제가 그렇게 해결되었다. 그리하여 5월초에 메릴랜드의 프레데릭(Frederick)에서 브래독 장군의 엄청나게 불어나는 말들과 마차들 그리고 병사들과 합류했다.

브래독 장군은 대규모 병참 문제에 직면하고 있었다. 정통적 유럽식의 성공 기준에 따라 뒤켄 요새를 적절히 포위하기 위해서 그는 병력과 대포에서 압도적 우세가 필요했다. 2천명 이상의 그의 주력군은 행군할 때 잘 먹일 필요가 있었고 무거운 대포는 말들이 끌어야 했고 뒤에 따라오는 마부들과 사방에 편재하는 야영지 여자들을 포함하여 그들을 위한 모든 식량은 약 2500마리에 달하는 말들이 끄는 마차로 수송해야 했다. 6마일 이상으로 펼쳐진 이 번거로운 기마행렬은 워싱턴이 알고 있기엔 거의 통과가 불가능하고 브래독 장군마저 그에게 큰 난관을 일으키고 상당히 지연시킬 100마일이 넘는 끝없는 야생지대를 스스로 개척해 나아가야만 한다는 사실을 인지하고 있었다. 브래독의 모든 광범위한 군사적 경험은 오히려 그에게 불리하게 작용했다. 그는 유럽에서 재래식 작전을 어떻게 수행하느냐에 대해서는 아주 상세하게 알고 있었지만 오하이오 지역에선 그가

---

57) James Thomas Flexner, *op. cit.*, p. 21.

알고 있는 모든 것이 관련이 없거나 잘못된 것이었다.

5월 중순에 빠른 속도로 출발한 후에 브래독의 군대는 알레그헤니스(Alleghenies)에 도달하자 6월에 거의 멈추어 섰다. 이때쯤 워싱턴은 재앙의 느낌을 갖기 시작했다. 그리하여 워싱턴은 브래독 장군에게 산에 있는 눈이 진군을 완전히 불가능하게 만들기 시작하면 기다란 행렬의 짐의 무거운 속도가 확실히 그들을 인디언 지역에서 고립시킬 것이라고 통지했다. 워싱턴은 가볍게 무장한 1200명의 신속부대를 주력부대에서 떼어내 뒤켄 요새를 향해 최대한의 속도로 진격해야 한다고 권고했다. 브래독은 이 건의를 수용했다. 신속기동 가능한 부대가 진격하려는 바로 그 때 워싱턴은 이질에 걸려 후방의 마차에 남아야만 했다. 그는 일단 그들이 목표물을 공격할 거리에 접근하면 그도 그 공격에 참가할 것이라는 약속을 브래독으로부터 받았다. 7월 8일 전진부대가 모노가힐라(Monongahela)를 통과할 준비가 되었을 때 워싱턴은 열과 치질로 여전히 고통받았지만 브래독에 합류하기 위해 말을 타고 갔다.

재앙은 다음 날 발생했다. 브래독 장군의 실수는 전술적인 것이 아니라 유럽의 전쟁규칙이 미국 땅에서는 그대로 강요될 수 없다는 것을 이해하지 못한 전략적인 것이었다.[58] 교전은 계획된 복병으로 보다는 우연한 사고로부터 시작되었다. 그들 중 2/3가 인디언들인 거의 900명에 달하는 뒤켄 요새의 거대한 정찰부대가 숲 속의 개간지 어귀에서 브래독의 전진부대와 우연히 마주치자 그들은 즉시 개간지 주변에 반원형의 전투대형을 갖추고 발포하기 시작했다. 버지

58) Joseph J. Ellis, *op. cit.,* p. 21.

니아 군은 급히 숲속으로 들어가 근거리에서 적과 교전에 들어갔다. 훈련받은 대로 복종하는 영국의 정규군은 개활한 지역에서 집중적으로 줄을 서는 전투형태를 이루었다. 첫 10분도 안되어 병사들이 죽어 나가자 공포심에 빠졌다. 그들을 규합하려는 장교들의 영웅적 노력에도 불구하고 영국 정규군은 무너졌다. 버지니아 군은 인디언들과 영국군의 교차사격 사이에 놓이고 말았다. 전 부대들이 영국군의 오발로 궤멸되었다. 완고한 만큼이나 두려움을 몰랐던 브래독 장군 자신은 죽음의 전투 중심지대로 달려갔다가 어깨와 가슴에 총을 맞고 바로 쓰러졌다.

브래독 장군과 그의 다른 부관들이 모두 사상자가 되자 남아 있는 병사들을 결집시키는 일이 워싱턴에게 떨어졌다. 혼돈 속에서 말을 타고 전방과 후방을 오고 가는 사이 워싱턴이 탄 두 마리의 말들이 총을 맞아 쓰러졌고 네 발의 총알이 그의 코트를 뚫었지만 그는 기적적으로 아무런 상처 없이 무사했다.[59] 그날의 전장에서는 소위 운명의 여신뿐만이 아니라 일종의 아이러니도 모습을 드러냈다. 왜냐하면 후에 이 전투에서 영국군은 물론 그가 지휘한 버지니아의 시민군이 거의 다 학살당했지만 워싱턴만은 무사했기 때문이다. 이번의 전투는 완전한 영국 측의 패퇴였다. 총 1천 3백명의 병사들 중에서 영국과 미국의 사상자는 9백명이 넘는 반면에 프랑스와 인디언 측은 23명이 죽고 16명이 부상당했을 뿐이었다. 워싱턴은 여생 동안 당시에 그들의 머리가죽이 벗겨지는 장면과 부상자들의 비명소리를 잊지 않았다. 브래독 장군은 후퇴 도중 3일만에 사망했다. 워싱턴은

59) *Ibid.*, p. 22.

그를 도로 가운데에 묻고나서 인디언들에 의해서 그의 시체가 훼손되거나 하나의 전리품으로서 그의 머리가죽이 벗겨지는 것을 방지하기 위해서 마차들이 그의 무덤 위를 달리게 했다.

그렇게 잘 무장한 대규모의 영국 군대가 그토록 철저히 파괴되었다는 사실이 처음에는 누구에게도 믿기지 않았다. 딘위디 총독도 그것이 그에게는 하나의 꿈만 같다고 고백했다. 워싱턴은 그것에 관해서 생각하면 생각할수록 브래독의 바로 그 대규모 부대가 실제로 재앙을 가져왔다는 것을 더욱 더 깨달았다. 브래독의 전투수행 방식은 인디언들의 숲속 전투 전술이 지배하는 산 넘어 외지에서는 전혀 효과가 없었다. 장교와 병사들 간의 관계도 바뀌어야만 했다. 왜냐하면 이런 종류의 전투에선 모두 각자가 상급장교들의 눈 앞에서 규칙적으로 완전하게 줄을 서기보다는 스스로 상황에 맞게 원하는 대로 행동할 보다 큰 행동의 자유를 필요로 하기 때문이다. 이제 대부분의 인디언 부족들이 프랑스 편에 가담한 엄연한 사실을 고려할 때 오하이오 지역에서 브래독 식의 재래식 작전은 같은 운명을 맞이하게 될 것이다. 모노가힐라에서 발생한 학살로 값비싸고 고통스럽게 이런 교훈을 얻게 되었지만 워싱턴은 이 모든 교훈을 가슴 깊이 새겼다.

워싱턴은 재앙적 패배에도 불구하고 오히려 아이러니하게도 그의 개인적 명성이 상승하는 두 번째 계기를 맞았다. 아무도 그 비극에 대해 워싱턴을 책망하지 않았다. 오히려 그는 생존 병사들을 결집시켜 질서 있게 후퇴시킨 "모노가힐라의 영웅"으로 불리우게 되었다.[60] 그의 특기는 잃어버린 명분에서 용기를 보여준 것으로 보였고, 또한

---

60) *Ibid.*, p. 23.

그가 하는 일에 성공이 항상 따르지는 않았지만 그는 군사기술과 정직성과 용맹에 대한 고도의 명성을 얻었다. 그의 시련을 견디는 탁월한 능력은 그가 "운명의 사나이"임의 표시라는 얘기까지 처음으로 나돌았다.

1755년 워싱턴은 단지 만 23세의 나이에 상승하는 명성에 힘입어 새로 창설된 "버지니아 연대"(Virginia Regiment)를 지휘하는 지휘관이 되었다. 다음 3년 반 동안 워싱턴은 영국 정규군의 갈고 닦는 훈련과 인디언 전사들의 민첩성과 능숙함을 결합한, 당시 1천명이 넘는, 엘리트 부대를 충원하고 훈련하고 지휘했다. 이 기간 동안에 프랑스-인디언 전쟁의 주요 무대는 북쪽으로 뉴 잉글랜드의 5대호(the Great Lakes)와 캐나다로 이동했으며 그렇게 공식적으로 선언되었다. 그리하여 버지니아의 전선은 부차적인 것이 되었고 워싱턴은 잊혀진 전선의 "잊혀진 사나이"가 되었다. 그러나 만일 그가 보다 큰 전략적이고 역사적인 조망에서 볼 때 무명 속에서 번민했다면 버지니아 군대의 지휘관으로서 경험은 20년 후에 그가 미대륙군을 지휘하기에 앞서 군사적 리더십에서 가장 직접적이고 광범위한 교육이었음이 입증되었다. 버지니아 연대 그 자체가 바로 워싱턴 자신의 창조물이었고 그가 그것에 대해 행정적 권위를 행사하고 또 그런 의미에서 장교와 야망을 품은 신사로서 자신의 신념을 개발하는 프로젝트였다.

워싱턴은 브래독의 패배를 통해 우주의 어떤 군대도 인디언들의 간계와 속임수들에 대해 성공적으로 경계할 수 없다는 교훈을 얻었다. 그는 원천적으로 방어할 수 없는 지역에 대한 안전을 제공할 책임을 맡았다. 이 치명적 성질을 바꾸려는 그의 노력이 딘위디에게 보다 많은 인디언들을 동맹으로 만들라는 호소였다. 신출귀몰한 인디언들과는 어떤 정해진 형식의 전투도 있을 수 없으며 종종 오직 학살로 끝나고 마는 야만적 소규모 접전이 있을 뿐이었다. 숲속 전투에서 10명의 인디언들이 100명 이상의 버지니아 병사들의 가치가 있었다. 인디언들은 오직 인디언들만이 필적할 수 있다고 워싱턴은 주장했다. 그는 남북 캐롤라이나에서 카토바(Catawba)와 체로키(Cherokee) 인디안 부족 전사들을 충원할 시도를 강력히 지지했다. 그리하여 그는 자신의 장병들에게 인디언들 앞에서 말하는 것을 조심하라는 명령을 하달했다. 즉 그들 모두가 영어를 알아듣기 때문에 창피를 주어서는 안 된다고 지시했다. 그러나 그의 최선의 노력에도 불구하고 그 지역의 인디언들은 절대적으로 친프랑스로 남았다. 그리하여 그것이 그의 임무를 전적으로 여러 요새들과 방책들을 세우고 경계하는 수세적 지연작전으로 만드는 결정적 요인이었다.[61]

워싱턴은 버지니아 연대에 대해 직업적으로 그리고 개인적으로 대단한 자부심을 가졌다. 그는 이런 종류의 게릴라 전쟁을 수행하는 데 있어서 영국이나 아메리카의 어느 누구 보다도 자기가 더 우수하다고 간주하게 되었다. 그리하여 그는 자신과 자기의 병사들이 영국의 정규군과 동일한 액수의 급여를 받지 못한다는 사실이 가슴에 사무쳤다. 그들이 아메리카인들이기 때문에 영국의 신민들에게 공통적인 수혜를 박탈당하는 것은 생각할 수 없다고 그는 딘위디에게 불평했다. 당시 이 문제에 대한 그의 항의는 이념적이기보다는 개인적인 것이었다.

---

61) *Ibid.*, p. 25.

1756년 봄에 워싱턴은 북부 식민지들에 대한 첫 여행이 된 보스턴(Boston)까지 가서 영국의 장교로서 동일한 급여와 승진을 윌리엄 셜리(William Shirley), 당시 북아메리카의 사령관 대리에게 호소했다. 그는 경청했지만 아무 조치도 취하지 않았다. 그는 자신과 자신의 버지니아 연대를 심각하게 간주하고 또 남들도 그래 주길 기대하는 아주 진지한 젊은이였다. 그는 자기의 버지니아 연대가 단지 민병대로 빈번히 오인되는데 분개했다. 워싱턴은 전시의 위기에 대응하는데 원칙적으로 자유 의지주의(voluntarism)나 대조적 미덕의 자연스런 표현을 믿을 수 있다고 생각하지 않았다. 이것은 그가 결코 포기하지 않은 젊은 날의 신념이었다. 실제로 전 혁명전쟁에 걸쳐서 시민군에 대한 그의 낮은 평가를 예시했다.[62]

1756년 북아메리카의 영국군 총사령관으로 브래독의 후임으로 마침내 루우돈 백작(the Earl of Loudoun)인 존 캠벨(John Campbell)이 왔을 때 워싱턴은 그에게 버지니아 연대를 위한 후원을 정중하게 요청하는 편지를 보냈다. 루우돈 경은 특권적 계급문화를 대변했다. 그는 영국의 정책을 통제했고 그러므로 버지니아 연대와 연대장의 운명을 통제했다. 루우돈은 그의 요청을 무시했을 뿐만 아니라 심지어 사우스 캐롤라이나에서 싸울 여러 부대들을 파견하기 위해 버지니아 연대의 일시적 해산을 결정했다. 그러나 그는 곧 케이프 브레튼(Cape Breton)에서 성공적 작전을 수행하지 못해서 런던으로 소환되었다. 1757년 딘위디와의 관계가 아주 악화되어 공식적 서신마저 기만에 관한 상호비난이 담겼다. 워싱턴은 딘위디가 의회 의원들 사이

---

62) *Ibid.*, p. 28.

에 자기의 전쟁수행에 관해 적대적 가섭을 진작한다고 비난했지만, 실제로 딘위디는 워싱턴이 인디언의 세력에 대한 과대평가를 한다는 의회 내의 가섭 비난에도 불구하고 윌리엄스버그(Wiliamsburg)에서 워싱턴을 절대적으로 지지했다.

워싱턴은 자신의 상급자들보다 자기가 더 우수하다는 자부심을 느꼈고 버지니아 연대를 북아메리카에서 아마도 최고의 전투부대로 간주했다. 그와 그의 군대는 아주 어려운 방법으로 이런 종류의 전쟁을 어떻게 수행하고 승리하는데 무엇이 필요한지를 알게 되었다. 궁극적으로 열쇠는 오하이오의 교차점에 있는 바로 프랑스 힘의 중심이었다. 워싱턴은 그 누구보다도 자신이 뒤켄 요새에 대한 성공적 작전의 수행법을 알고 있다고 믿었다. 그래서 그는 영국 장교들이 제안하는 여러 가지 계획안에 대해 오직 경멸만을 보였다. 1758년 3월에 그런 제안을 받았을 때 그는 자신의 상관들에게 그 계획은 기이하고 또 이론에서는 존재하지만 실제로는 실패할 수밖에 없는 낭만적 기분일 뿐이라고 통보했다. 그럼에도 불구하고 버지니아 전선을 영국 전략의 후방에서 벗어나 오하이오 지역을 다시 한 번 주요 작전의 무대로 만들려고 계획된 뭔가 큰 것이 분명히 꾸며지고 있었다.

1758년 4월에 워싱턴은 영국군에서 30년 이상의 경험을 가진 스코틀랜드 출신의 존 포브스(John Forbes) 장군이 3년 전에 브래독이 지휘했던 병력보다 배가 많은 병력으로 뒤켄 요새를 장악하라는 임무를 부여받고 왔음을 알게 되었다. 포브스 장군과 그의 아주 유능한 부사령관인 헨리 부케(Henry Bouquet)는 부분적으로 그것들이 압도적이었고 또 부분적으로는 전 원정이 브래독 비극의 그림자 아래서 이루어졌기 때문에 그의 실수를 회피할 필요가 있었다. 바로 그런 이유에서 워싱턴의 충고를 환영했다.

첫째로 그들은 워싱턴이 그런 지상에서 인디언들을 당해내는데 유일한 병력인 체로키(Cherokees) 인디언 부족의 대규모 분견대를 척후병으로 보유한다는 데 동의했다. 둘째로 그들은 영국군의 전통적인 붉은 코트 대신에 버지니아 연대의 병사들의 유격병 복장을 채택했다. 포브스 장군은 그것을 인디언 옷이라고 불렀다. 사실상 포브스는 버지니아 연대가 전문적 모델이고 영국의 정규군이 이런 종류의 작전에선 아마추어에 해당한다는 것을 인정했다. 셋째로, 포브스와 부케는 워싱턴이 개발한 숲 속 전투 전술로 그들의 선두 부대들을 훈련시키기로 동의했다. 만일 복병을 만나면 군대는 즉시 숲속 전투대형을 이루는 것으로 그들은 세 갈래의 두 그룹으로 전진하여 좌우에서 적을 협공하고 인디언 척후병들은 후방으로 포위대형을 그린다. 넷째로, 버지니아 연대는 워싱턴이 지적한대로 이 숲과 오랫동안 친숙하게 정찰했으며, 또 그의 병사들은 모든 통행로와 여기에 파견될 어느 군대만큼이나 직면할 어려움에 익숙하기 때문에 선두부대에 포함될 것이다.

한 가지를 제외하고는 이 모든 면에서 워싱턴의 뜻이 수용되었다. 그러나 한 가지 예외가 그와 포브스 사이에 쐐기를 박았으며 이것이 결국 워싱턴으로 하여금 하극상이 될 뻔한 그의 영국 상급자들에 대한 억누르고 있던 경멸을 드러나게 만들었다.[63] 대립된 문제는 뒤켄 요새로 가는 적합한 접근로에 관한 것이었다. 워싱턴은 원정이 북 버

---

63) *Ibid.*, p. 32.

지니아와 남 메릴랜드를 통과하고 북서쪽으로 가서 펜실베니아를 거쳐 오하이오의 교차점으로 가는 브래독의 루트를 따를 것으로 가정했다. 브래독의 루트는 지름길이기에 워싱턴은 그것이 분명한 선택으로 보였다. 그리고 그것은 오하이오 지역의 보상 전망과 연계되었기에 모든 버지니아 인들이 대단히 선호했다. 문제는 포브스의 주력군이 펜실베니아의 칼라일(Carlisle)에 주둔하고 있었고 그래서 영국의 공병들은 브래독의 루트보다 약 30마일이 짧고 세난도어 밸리까지 남쪽으로 처음 돌아갈 필요가 없는 펜실베니아를 가로질러 똑바른 새 루트를 개척할 것을 제안했다는 것이다.

워싱턴은 부케와의 특별 회동을 제안하고 그 결정에 항의했다. 부케는 해소방안이 무엇이든 워싱턴의 그것을 최종적인 것으로 수용할 것으로 동의했다. 부케는 워싱턴이 브래독의 루트를 선호하는 주장을 들었다. 4일 후에 부케는 포브스와 상의한 뒤에 워싱턴에게 그의 충고는 들었고 거부되었다고 알렸다. 워싱턴은 최근에 버지니아의 총독으로 딘위디를 승계한 프란시스 포퀴에르(Francis Fauquier)에게 즉시 펜실베니아 노선을 격렬히 반대한다는 뜻과 또한, 전 작전이 이제 망할 운명이라는 그의 도덕적 확신을 편지로 보냈다. 워싱턴이 비판하길, 포브스와 부케는 둘 다 무능한 바보들이다. 새로운 루트를 개척할 필요성으로는 지연되는 행군의 속도가 눈이 오면 군사작전이 산에서 정체하게 되어 뒤켄 요새에 결코 도달할 수 없을 것이기 때문이라는 사실을 확인하는 것이었다.

실제로는 포브스와 부케 모두가 탁월하고 명예로운 장교였으며 워싱턴의 전문성을 아주 높게 인정했지만 정치적 이유 때문이 아니라 병참지원의 이유에서 그 노선을 결정했다. 워싱턴 부대를 포함하여 포브스의 부대가 11월 초에 뒤켄 요새의 외곽에 도착했다. 워싱턴의 예측은 틀렸다. 그러나 전혀 예상하지 못한 일이 발생했다. 다음 날인 11월 12일에 버지니아 연대는 정면으로 오는 정찰부대를 만났다. 뒤따른 접전에서 워싱턴은 자신의 검으로 그들의 총검들을 쳐올리면서 서로에게 오인 사격하는 자신의 두 부대 사이로 들어갔다.[64] 버지니아 연대는 대부분 오인 사격으로 큰 손실을 입었지만 뒤켄 요새에는 병사들이 별로 없어 취약하다는 정보를 준 3명의 포로들을 붙잡았다. 포브스는 워싱턴과 그의 부대를 선두부대의 일부로 삼아 즉각적인 공격을 명령했다. 그러나 그들이 뒤켄 요새에 도달했을 때 그 요새는 버려졌고 불타고 있었다. 프랑스 군대가 수적으로 불리하다는 것을 인식하고 전날 오하이오를 따라 도주해버렸기에 전투는 없었다. 그것은 공허하고 일종의 용두사미 같은 승리였다.[65]

비록 당시에는 알지 못했지만 그의 군인으로서 복무에 대해 오하이오 지역에서 토지인정의 형식으로 워싱턴이 받았던 보답이 그의 일생에 걸친 개인적 부의 토대가 될 것이다. 그리고 그 때 그는 여전히 발전하고 있었지만 워싱턴의 성숙한 개성의 윤곽은 이미 알아볼 수 있는 형태를 갖추고 있었다. 1758년 12월에 그는 결혼하여 마운트 버논의 농부로 돌아가기로 결심하고 버지니아 연대장 직을 사임했다.[66] 그 때 연대의 장교들이 "그렇게 탁월한 지휘관, 그렇게 진정

---

64) 많은 해가 지난 1786년에 워싱턴은 미국의 독립혁명 기간 동안 모논가헬라에서나 혹은 어느 다른 곳에서보다도 이 순간에 자신의 생명이 큰 위험에 처했다고 회상했다.

65) Joseph J. Ellis, *op. cit.*, p. 34.

66) 뒤켄 요새를 점령한 영국군은 전선을 북쪽의 뉴잉글랜드로 이동하고 영국이 전선의

한 친구, 그리고 또 그렇게 온화한 동료의 상실"을 슬퍼한다는 감동적인 헌사를 작성했다.[67] 그는 마운트 버논으로 돌아가면서 이제 군생활은 영원히 뒤로 할 것이라고 믿었다.[68] 군사적 경력에 대한 젊은 날의 그의 꿈은 식민지의 장교에 대한 뿌리 깊은 편견에 의해서 항상 좌절될 것이고, 따라서 독립 농장주가 되는 것이 더욱 의미 있게 만들었다고 그는 결론을 내렸을 것이다.[69]

프랑스-인디언 전쟁의 참전을 통해 젊은이로서 놀라운 양의 경험을 쌓았으며 이런 조숙한 성취는 그에게 영원한 자신감을 갖게 해주었다. 그는 학살과 패배의 앞에서 강인하고 용기 있었다. 그는 연대 병력을 훈련시키는 방법을 배웠으며 군사전략의 초보적 감각을 개발

이동을 공식적으로 선언하자 버지니아 연대와 워싱턴 사령관은 그곳에서 더 이상의 전투를 전망할 수 없었다. 그래서 워싱턴은 사임했다. 뒤켄 요새는 곧 피츠버그(Pittsburgh)로 이름이 바뀌었다. 아메리카에서 시작된 프랑스-인디언 전쟁은 1756년 유럽에서 7년 전쟁으로 확대되었다. 프레데릭 2세(후에 프레데릭 대왕)의 색소니(Saxony)의 공격으로 촉발된 이 전쟁에서 영국과 프러시아가 동맹을 맺고 프랑스, 오스트리아, 러시아, 스웨덴, 그리고 색소니의 동맹 간에 벌어진 이 7년 전쟁은 유럽과 아메리카 대륙에서 진행되었다. 이 전쟁에서 프러시아가 강대국으로 인정되고 영국은 프랑스를 패배시켜 영국이 제국이 되었다. 프러시아의 군사적 활동이 프랑스 군대를 유럽에 묶어버리는 바람에 프랑스는 식민지에 병력을 추가로 파병하기 어려웠다. 1760년 왕위에 오른 영국의 조지 3세와 그의 내각은 전쟁에 염증을 느끼고 프랑스에 더 이상 굴욕을 주는데도 조심하게 되었다. 그리하여 1763년 파리조약을 통해 7년 전쟁이 종식되었다. 아메리카에서 프랑스는 영국에게 캐나다, 케이프 브레턴 아이랜드(Cape Breton Island), 그리고 미시시피에 이르는 중서부 지역을 할애했다. 이후 프랑스는 영국에 복수의 기회를 기다리다 미국의 독립전쟁에서 미국을 돕는데 성공했지만 그 결과 프랑스의 국가재정이 바닥나면서 1789년 프랑스 대혁명을 맞게 된다. 7년 전쟁에 관해 자세한 얘기는, Fred Anderson, *Crucible of War: The Seven Years' War and the Fate of Empire in British North America, 1754–1766*, New York: Vintage Books, 2001을 참조. Daniel A. Baugh, *The Global Seven Years War 1754–1763*, London: Routledge, 2011.

67) Joseph J. Ellis, *op. cit.,* p. 39.
68) James Thomas Flexner, *op. cit.,* p. 32.
69) Rob Chernow, *Washington: A Life,* New York: Penguin Books, 2011, p. 76.

했다. 그는 지휘하는 진정한 능력과 또한 가장 힘든 임무들을 달성할 책임을 맡는 능력을 보여주었다. 어쩌면 이 전쟁에서 그의 경험은 강력한 중앙정부와 활기찬 집행부에 대한 믿음을 갖게 해주었다. 그에 관한 최근 한 전기 작가인 론 처나우(Ron Chernow)에 의하면, 이 전쟁의 참전을 통해 조지 워싱턴은 미국혁명의 기나긴 시련을 위한 탁월한 마지막 무대연습을 통과했던 셈이다.[70]

---

70) *Ibid.*, p. 93.

IV

마운트 버논(Mount Vernon)의 거대 농장주가 되다

"워싱턴은 새 토지와 노예들을 사고
마운트 버논(Mount Vernon)에 있는 집을 확장했다.
그리고 그는 후에 (그의 이복형) 로렌스의 미망인이 죽은 후에
그것을 상속했다."
— 레니 호트(Lenny Hort)

1757년 26세의 마사 커티스 부인(Mrs. Martha Custis)은 남편이 죽은 후에 부유했고 하얀 집이라고 불리는 농장의 단독 주인이었다. 그녀는 자기 두 아이들의 좋은 의부가 되고 동시에 그녀의 거대한 부동산의 좋은 관리자가 될 사람을 찾고 있었다. 한 살 더 어리고 키가 1피트가 더 큰 조지 워싱턴이 그 조건에 딱 맞았다. 1759년 1월 6일 그들은 결혼했다. 그녀의 막대한 지참금은 워싱턴을 즉시 버지니아에서 농장주 계급의 최고층으로 올려 보냈고 마운트 버논(Mount Vernon)의 주인으로서 그의 두 번째 경력을 위한 경제적 토대를 이루었다.[71]

---

71) Joseph J. Ellis, *His Excellency: George Washington*, New York: Vintage Books,

다시 말해, 마사의 엄청난 재력은 새 남편인 조지 워싱턴을 버지니아의 가장 부유한 사람들 중 한 사람으로 만들어 그가 자기 독립성의 선언을 발할 수 있게 해주었다. 존 애덤스(John Adams)[72])는 나중에 만일 워싱턴이 마사 커티스 부인이라는 부유한 미망인과 결혼하지 않았더라면 그가 혁명군의 사령관이나 미합중국의 대통령이 과연 되었을까 하는 의문을 품었다고 했다.[73])

그러나 직업 군인으로서 그의 첫 경력이 여전히 "워싱턴 대령"(Colonel Washington)이라는 타이틀의 형식으로 그의 명성에 관해 맴돌았다. 그리고 그것은 1759년 그가 전쟁의 영웅들인 알렉산더 대왕, 줄리어스 시저, 스웨덴의 찰스 12세, 그리고 프러시아의 프레데릭 대왕의 커다란 흉상들 4개를 주문한 이래 그 자신의 머리속에서도 여전히 맴돌았다. 일단 결혼하자 워싱턴의 초조한 삶에 만족감의 분위기가 지배했지만 시민적 의무가 신사의 본질적 윤리의 일부를 형성했다. 그래서 결혼 한 달 후 27번째 생일 날에 워싱턴은 버지니아 의회(the House of Burgesses)에서 의석을 차지하게 되었다. 4일 후에 그와 새로운 동료들이 왕과 이 식민지에 대한 충직한 봉사와 그의 용맹과 침착한 행위에 대해 감사하는 결의안을 통과시켰다. 요란한 찬성 소리가 그 결의안을 만장일치로 통과시켰다. 더 이상 그는 젊은 날의 피후원자가 아니라 이들 부유한 농장주들의 사교적 동료로서 앞장섰다.

2004, p. 40.

72) 워싱턴이 대통령일 때 그는 부통령이었으며, 그 후 제2대 미국 대통령이 되었다. 그에 관해서는, David McCullough, *John Adams,* New York: Simon and Schuster Paperbacks, 2001; John Patrick Diggins, *John Adams,* New York: Times Books, 2003.

73) Ron Chernow, *Washington: A Life,* New York: Penguin Books, 2011, p. 98.

워싱턴은 의회에서 통상과 행정 문제들을 다루는 "발의와 불만 처리 위원회"(the Committee on Propositions and Grievances)에 배치되었다. 연말까지 자신의 군사적 경험에 의존하여 그는 병사들과 행상인들의 탄원들을 선별하는 3개의 위원회에 참석했다. 과묵한 워싱턴은 갑자기 일어서서 즉흥적으로 열변을 토하는 입심 좋은 종류의 의원이 아니었다. 그는 어떻게 최소한의 힘으로 최대한의 영향력을 행사하는 지를 배우면서 정치에서 최소주의자(minimalist) 기술을 실천했다.[74] 서부 전선에서 전투 경험 못지않게 철저히 정치에서 스스로를 교육한 의원으로서 워싱턴의 경험은 미래의 군사적 리더십을 위해 그를 단련시켰으며 미국 독립혁명이 분출했을 때에 그에게 이상적 신용을 부여한 드문 재능이 결합했다. 처음부터 워싱턴은 입법자로서 자신의 성실한 본성을 과시했고 4월 초까지 버지니아 연대를 존속하는 법안을 지원하기 위해 회의에 참석했다.

워싱턴과 그의 부인은 행복했으며 그들은 강한 욕망과 상호간 필요성으로 연합된 것처럼 보였다. 워싱턴은 분명히 부드러운 남편이라기보다는 존경받는 인물이었다 그들 사이는 로맨스보다는 우정에 가까웠다. 부부싸움은 없었다. 부인은 워싱턴의 바쁜 경력의 무수한 활동을 위한 안전하고 행복한 기반을 제공했다. 그녀는 친애하는 동료였고 믿는 조언자였으며 육체적 욕망이 시든 오랜 이후에도 극친한 친구였다. 그들은 서로의 동반을 기뻐했다. 그들의 결혼은 워싱턴과 그의 부인 사이에 친자식이 없었음에도 번성했다. 어떤 학자들은 워싱턴에게 친자식이 없는 이유가 일찍이 천연두나 다른 질병 때문

---

74) *Ibid.*, p. 99.

이라고 추측했다. 후에 워싱턴의 무자식 상태는 그가 자기 조국의 아버지라는 타이틀을 갖는데 도움이 되었다. 그가 생물학적인 아버지가 아니라는 사실이 그로 하여금 비유적인 국가의 아버지가 되는 걸 더 쉽게 만들었다.[75]

워싱턴은 부동산 부자였지만 현금이 부족하여 일생동안 돈을 추구했다. 그가 의복을 포함하여 그와 그의 가족이 필요로 하는 물건들은 오랫동안 런던에 있는 그의 대리인인 로버트 캐리(Robert Cary)를 통해 구입했다. 워싱턴은 캐리가 청구서들을 부풀리고 터무니없는 가격들을 매겼다고 속을 태웠다. 로버트 캐리와의 거래는 그가 과거 한때 칭송했던 영국인들에게 환멸을 느끼게 된 계기 중에 하나였다. 오만한 영국의 상인들에게 분노를 느낀 것은 워싱턴을 비롯한 버지니아 고관들이었다. 런던의 주문 상품들이 어떤 것은 본질적 부품이 빠지거나 손상되었지만 비싼 값은 그대로 지불해야 했다. 런던에서 구매한다는 것은 느리고 지루하고 끝없는 배달의 기다림으로 난처했다. 워싱턴과 다른 농장주들이 그들의 런던 대리인들에게 굴복하는 하나의 이유는 그들이 식민지에는 없는 손 쉬운 외상을 제공한다는 것이었다.

역사가들은 종종 왜 부유한 버지니아 농장주들이 나중에 혁명적 발효의 온상이 된 패러독스를 숙고했고 그 설명은 부분적으로 그들의 영국의 대리인들에 대한 오랜 그리고 암울한 의존이었다. 미국 독립혁명이 발단했을 때까지 식민자들이 빌린 4백만 파운드 가운데 절반은 타이드워터 버지니아(Tidewater Virginia)의 호탕한 농부들이 진

---

75) *Ibid.*, p. 104.

빛이었다. 그들이 외상 빚을 마구 늘려감에 따라 그들의 사치스러운 삶은 빚의 위험한 토대에 달려 있었다. 버지니아의 채무자들은 그들 자신의 터무니없는 소비를 조사하기보다는 이 빚에 대해 런던의 대리인들을 정규적으로 책망했다. 과도한 빚을 쌓아 가면서 그들은 방탕한 영국의 상류계급 사이에서 당시에 만연한 패악을 되풀이했다.[76]

1763년 워싱턴은 로버트 캐리 대리인에게 절망적으로 빚지고 있다고 불평했다. 다음 해에 상황은 더욱 악화되었다. 캐리 대리인이 채무의 상환을 독촉하였다. 1764년 8월에 워싱턴은 자기 담배농사의 거듭된 실패로 잘못된 행동보다는 불운을 탓함으로써 더 많은 돈의 요구에 대응했다. 그러나 워싱턴은 많은 빚이 불편했다. 워싱턴은 빚이 눈덩이처럼 불어나고 있다고 말했다. 결혼 후 6년 동안 담배의 경작에 증가하는 자원을 투입했기에 조지 워싱턴은 변덕스러운 농작물의 행운의 포로였다. 또한 그가 군생활에서 마운트 버논으로 돌아왔을 때 그곳은 수치스러운 절망의 상태였다. 그는 수리하고 농장의 동물을 사들이고, 또 새 건물들을 지으면서 부인의 재산을 낭비하고 말았다.

비록 경험이 없는 농장주였지만 워싱턴은 고품질의 담배 생산을 결심했고 그 목적을 위해서 자신의 토지를 확장하고 여러 가지 다른 품목들에 손을 대는 과학적 성향을 보였다. 언제나 혁신을 받아들이는 그는 농업에 관한 서적들을 탐구하고 여러 곳에 있는 자기 땅에서 귀리, 밀, 그리고 보리 경작을 실험했다. 오직 나중에 회고적으로 말했지만 그는 담배농사에 자기의 미래를 거는 것은 어리석은 짓으

---

76) *Ibid.*, 107.

로 인식했다. 돌이켜 보아 담배에 치중했던 그의 잘못을 지적하기는 쉽다. 그러나 담배가 버지니아에선 너무나 만연하여 농장주들은 그 것으로 세금을 내고 우수한 엽초를 생산하기 위해 경쟁을 벌였다.

아마도 담배농사 문화의 가장 해로운 면은 노동집약적 성격으로 노예제도와 자연스럽게 짝을 이루었다. 그의 삶의 어떤 면도 주요 노예 소유자라는 그의 신분만큼 워싱턴과 후손을 곤란하게 하지는 않을 것이다. 그가 담배 재배를 시작하지 않았다면 그가 혐오하기 시작한 비난 받아 마땅한 제도에 결코 말려들지 않았을 것이다. 노예들은 이 부유하고 인구가 많은 식민지에 산재했고 버지니아 인구의 40%를 차지했다. 실제로 노예제도는 이 식민지를 단단히 지배하여 1757년에 어떤 목사는 버지니아에서 노예 없이 산다는 것은 도덕적으로 불가능하다고 주장했다. 노예제도에 대한 워싱턴의 반대는 수십년대에 걸쳐 점진적인 깨달음의 형식을 취했다. 워싱턴은 노예라는 말을 입밖으로 내는 일이 별로 없었으며 "하인"이나 "니그로들"(negroes), "내 사람들(my people)", 혹은 "내 가족"과 같은 점잖은 완곡어법을 선호했다. 그러나 다른 모든 노예의 소유자들처럼 젊은 워싱턴은 단지 다른 형태의 재산으로 노예들에 관해서 말했다.[77]

18세기 당시에 노예의 주인들은 미국의 남북간 내전 전에 일어난 것처럼[78] 노예제도를 신이 허락하신 제도로 합리화하거나 낭만화하는 일이 별로 없었다. 워싱턴, 제퍼슨, 매디슨, 그리고 다른 버지니아 농장주들은 노예제도의 불멸성을 인정하는 반면에 신체 상해와 재정

---

77) Ron Chernow, *Washington: A Life,* New York: Penguin Books, 2011, p. 110.
78) 미국의 남북전쟁 전 남부인들의 노예제도에 대한 합리화에 대해서는, 강성학, <한국의 지정학과 링컨의 리더십>, 서울: 고려대학교 출판문화원, 2017, P. 228을 참조.

적 파탄 없이 그것을 어떻게 폐지할 것인가에 대한 곤혹스러움을 고백했다. 마운트 버논에서 흑인 인구는 워싱턴이 결혼한 후에 그의 넓어지는 경제적 활동과 속도를 맞추기 위해서 노예들을 적극적으로 사들임으로써 급속하게 늘어났다. 그는 결혼 첫해 동안에 13명의 노예들을 손에 넣었고 그리고 그 후 1761년과 1773년 사이에 42명을 획득했다. 21세 이상의 노예들에게는 그가 세금을 지불했기 때문에 우리는 그가 1761년에 일할 나이의 노예들 56명을 개인적으로 소유했고, 1762년에는 62명, 1765년엔 78명, 그리고 1770년엔 87명을 소유했음을 알 수 있다.[79]

워싱턴은 그것이 인간애의 고려에서건 아니면 단지 자기 재산을 위한 고려에서건 노예들의 의학적 치료에 지칠 줄 몰랐다. 그의 일기엔 의사들이 언급되었고 심지어 워싱턴 자신도 아픈 노예들을 보살폈다. 비인간적인 제도의 전반적 맥락 속에서도 워싱턴의 행위가 비교적 인간애적인 또 다른 농장생활의 영역은 노예 가정들의 파괴를 열성적으로 거부했다는 데에 있다. 비록 노예 결혼들이 법적으로 허용되지는 않았지만 워싱턴은 그것을 구속력 있고 신성하게 취급했다. 만일 그것이 노예가족을 분리시키는 것이라면 그는 노예 팔기를 거부했다. 다른 농장의 노예들과 결혼하기를 염원하는 노예들은 워싱턴의 허락이 필요했지만 그가 그것을 거부했다는 흔적을 우리는 발견할 수 없다. 그는 노예들에 대해서 가족주의적 책임을 느꼈다. 워싱턴은 1772년에 노예의 구매를 멈추었지만 노예의 수가 자연적 증가로 부풀어 그가 대륙군을 이끌도록 추대되었을 때 워싱턴은 135

---

79) Ron Chernow, *Washington: A Life,* New York: Penguin Books, 2011, p. 111.

명의 유능한 신체의 노예들을 소유했다. 아이러니하게도, 노예제도에 대한 그의 점증하는 양심의 가책과 그들을 팔아버려 가정들을 깨는 것을 거부하자 결과적으로 빨리 성장하는 노예공동체가 그에게 부담을 지웠다.[80]

워싱턴과 그의 부인은 마운트 버논에서 그칠 줄 모르는 행렬의 손님들을 접대한 사교적 부부였다. 미국혁명 전 7년 동안 그들은 약 2천명의 손님들을 먹이고 종종 저택에서 재웠다. 워싱턴은 나름대로 탁월한 호스트였다. 그는 깊은 사적 관계를 맺지 않고서도 잘 어울렸으며, 친숙하지는 않으나 우호적이었고, 사람들과 거리를 유지하는 차분한 사교성을 완벽하게 해냈다. 그는 사람들에게 깊은 인상을 주려는 충동을 느끼지 않았다. 그는 침묵의 가치를 알았다 그래서 그가 결례를 범하는 일이 별로 없었다. 워싱턴은 일생 동안 우정을 배양하는 반면에 그는 진정으로 가까운 사람들이 많지 않았으며 그의 우정은 솔직하거나 자신의 마음을 활짝 여는 일이 별로 없었다. 그는 습관적으로 새로운 사람들을 조심했으며 그들이 일련의 충성시험을 통과할 때 마음을 열었다. 그는 진정한 우정이란 느리게 성장하는 식물이라고 그의 조카에게 충고했다. 그는 자기가 믿는 사람들 사이에선 말을 아끼지 않았지만 이방인들 앞에서는 과묵했다.[81]

신사다운 추구로서 말의 경주와 사냥에서 영광을 찾던 시대에 워싱턴의 말 타는 솜씨는 그의 일생 동안 칭송을 자아냈다. 순 혈종의 말들은 버지니아에서 특히 소중히 여겨졌다. 그곳에서 사람들은 조

---

80) *Ibid.,* p. 112.
81) *Ibid.,* p. 123.

마사들을 노예들 위에 두었다. 토마스 제퍼슨은 워싱턴이 그 시대에 최고의 기수이며 말 위에서 볼 수 있는 가장 우아한 인물이라고 칭송했는데 그 칭송은 많은 다른 사람들에 의해서 메아리쳤다. 그리고 워싱턴은 열광적인 사냥꾼이었다. 그는 예리하게 여우, 사슴, 오리, 메추라기, 꿩 그리고 심지어 자기 땅에서 이따금 곰들도 추적했다. 사냥하는 날에는 해가 뜨기 전에 일어나서, 촛불을 켜고 아침을 먹고 밖이 여전히 어두울 때 자기 사냥개들과 함께 말을 타고 달리는 것이 그의 의식이었다. 워싱턴 같이 엄격한 근로 윤리를 가진 사람에게 그가 한겨울에도 얼마나 많은 시간을 사냥에 보냈는가를 알면 놀라운 일이다. 그는 낚시도 즐겼지만 그것은 동물들을 추격하는 그의 몰두하는 관심에 결코 필적하지 못했다. 예를 들어, 1769년 1월에 그는 비록 땅이 서리로 단단했음에도 불구하고 12일간 여덟 차례나 여우 사냥을 나갔다.

워싱턴이 비상한 민첩성을 보여준 것은 춤이었다. 식민지의 사교 생활은 화려한 무도회와 집회들 중심으로 돌아갔기 때문에 신사들은 릴(reel, 경쾌한 춤), 지그(jig, 빠르고 변화가 많은 춤), 그리고 미뉴엣(minuet, 우아한 춤)을 마스터하길 기대되었다. 예외적으로 우아한 댄서인 워싱턴은 춤추는 무도장에서 강인함과 각별한 자세의 이미지를 보여주었을 뿐만 아니라 숙녀들과 무해한 상호작용을 허용했기 때문에 그런 사회에서 번성했다. 워싱턴의 사교적 삶에서 주된 오락들 가운데에는 극장이 있었다. 의회에 참석차 수도 윌리엄스버그에 머무는 동안에 그는 어느 것도 좋은 연극을 보는 즐거움을 필적하지는 않았지만 음악회로부터 밀랍인형 그리고 인형극에 이르는 모든 것에 참석했다. 많은 학자들이 그의 글 속에 있는 풍부한 연극적 비유묘사를 지적했다. 그가 고도의 수사학적 정점을 노릴 때 극장의 비유묘사를 사용한다는 사실은 그가 자신을 거대한 서사시의 주인공으로 간주했다는 것을 의미했다. 윌리엄스버그 극장에서 공연했고 또 보통의회의 소집에 맞춰 그들의 방문 시간을 조절한 아메리카 회사와 버지니아 회사라는 2개의 이동 연극회사들이 있었다.

그 두 연극회사들은 셰익스피어로부터 현대 연극에 이르는 놀랍도록 풍부하고 다양한 작품들을 제공했다. 1770년 6월 바쁜 한 주 동안에 워싱턴은 7일 밤 중 5일 밤을 극장에 갔다. 워싱턴이 좋아하는 연극인 조셉 에디슨(Joseph Addison)의 <케이토>(Cato)에 대한 끊임없는 강조로 인해 많은 다른 연극에 대한 그의 애호가 모호하게 되었다. 워싱턴은 셰익스피어를 빈번히 인용했고 그의 편지는 <햄릿>(Hamlet), <오델로>(Othello), <베니스의 상인>(The Merchant of Venice)과 <템페스트>(Tempest)에 대해 지나가는 언급으로 가득했다. 놀랍지 않게도 전시에 워싱턴은 줄리어스 시저(Julius Caesar), 안토니와 클레오파트라(Antony and Cleopatra), 그리고 헨리 5세(Henry V)를 포함하는 로마의 역사극들로부터 많은 인용문들을 적시에 끄집어냈다.[82]

조지 워싱턴이 젊은 날에 과시했던 가장 화려한 무대는 식민 수도인 윌리엄스버그였다. 그 곳은 영국에 대한 충성의 빛나는 상징이었다. 닳고 닳은 유럽인들의 눈에 윌리엄스버그는 작고 지루하게 보였을 것이다 그러나 아름다운 정부청사와 격식을 갖춘 정원들, 그리

---

82) Ron Chernow, *Washington: A Life,* New York: Penguin Books, 2011, p. 126.

고 벽돌 보도를 가진 넓은 공간의 거리들은 버지니아의 농촌에서 본 그 어느 것도 능가했다. 1760년 10월에 워싱턴은 많은 환호 속에 윌리엄스버그에 도착했다. 9월 초에 프랑스가 몬트리올(Montreal)에서 영국에 항복하여 캐나다 정복을 끝냈다 그러나 버지니아 새 총독 포퀴에르(Fauquier)는 아직 다소 시기상조인데도 전쟁이 영광스럽게도 행복한 종식이 되었다고 선언했다. 1760년 10월 25일 조지 워싱턴이 아는 유일한 왕인 영국의 조지 2세(George II)가 서거하고 새 군주의 길을 열었다. 다음 해 2월 11일 포퀴에르 총독이 조지 3세(George III)의 등극을 발표했다. 새 왕에 관한 소식은 워싱턴에게 즉각적인 반향이 미쳤다 왜냐하면 그것은 구 의회가 해산되고 새 선거가 실시된다는 것을 의미했기 때문이다.[83]

1763년 프랑스-인디언 전쟁의 종식은 식민지들에게 평화와 번영의 태평한 계절을 예고하는 것처럼 보였다. 그러나 곤란한 후유증은 12년 후에 갈등의 씨를 심었다. 군사적 비용의 팽창으로 영국의 국가채무가 국가예산의 반 이상을 차지하는 4백 5십만 파운드의 연간 이자 지불과 함께 거대한 1억 3천만 파운드로 늘어났다. 이 세금 부담을 아메리카 신민들에게 전가하기 위해 영국정부가 식민지들에서 반란을 촉발한 인지세와 다른 혐오스러운 조치들을 취했다. 동시에 프랑스를 캐나다에서 추방했기에 그 전쟁은 북쪽으로 제국의 보호에 대한 식민지들의 필요성을 제거해버렸다. 왕의 전후 정책은 식민지들로 하여금 그들이 기여한 승리에 의해서 응징을 받는다고 느끼게 만들었다. 그 정책은 식민지들에 의한 종이 화폐의 인쇄를 불법화 했

---

83) *Ibid.,* p. 128.

고 그 결과로 버지니아에서 화폐의 유통이 부족하게 되었다. 농작물을 외상으로 가져간 채무자들로부터 갑자기 수금할 수 없게 된 워싱턴은 식민지 화폐의 금지가 나라 전체를 화염에 쌓이게 할지도 모른다고 예측했다.[84]

워싱턴의 반영국 열병의 첫 계기는 그가 장교로서 왕의 임명을 받지 못한데서 일어났지만 그러나 지금은 그것에 지갑의 문제에 대한 환멸이 합쳐졌다. 영국은 현지 사업에 단지 나쁘기만 했다. 그리고 이 사실은 풍요롭고 부수적인 지도자들에 의해서 시작된 혁명의 역사적 비정상성을 곧 조장할 것이다. 거대한 부동산의 세도가들로서, 그리고 그들에게 보이는 모든 땅의 영주로서, 워싱턴과 다른 농장주들은 머나먼 보이지 않는 권력에 굴종하려 하지 않았다. 역동적인 인구의 성장과 결합된 버지니아 경제의 자연적 활력은 서부로의 멈출 수 없는 확장을 확실히 했다. 1763년 9월 9일 워싱턴과 19명의 다른 기업가들이 함께 뭉쳐 미시시피 토지회사(the Mississippi Land Company)를 발족했다. 이 토지회사는 오하이오 밸리에 있는 2백 5십만 에이커의 땅에 대한 권리주장을 희망했다. 이 거대한 땅은 후에 오하이오, 인디아나, 일리노이, 켄터키 그리고 테네시가 된 부분들을 포함할 것이다. 단기적으로 영국은 인디언들과의 모피무역을 선호했다 그래서 1763년 10월에 왕의 칙령으로 알레그헤니 산맥(Allegheny Mountains)의 서쪽 지역에 정착자들을 금지시켰다.

국왕은 항구 도시들에 살고 있는 신민들을 보호하기가 더 쉽다고 말함으로써 이 정책을 합리화했지만, 그러나 부동산 투기에 사로잡

---

84) *Ibid.*, p. 136.

힌 식민지에 그것은 동부 해안에 정착을 국한하려는 파멸적인 실수였다. 전쟁의 종식이 유혹적 부를 노출하자마자 런던의 식민지 주인들이 그것을 채간 것이다. 자신의 서쪽 노다지가 증발해버릴 것을 두려워한 워싱턴은 이 조치를 규탄했다. 그 칙령은 인디언들의 마음을 달래려는 일시적인 편의에 지나지 않는다고 그는 말했다. 워싱턴에게 이 악명의 칙령은 그것이 버지니아 연대 출신의 퇴역자들의 보상 주장에 간섭하기 때문에 이중으로 피해를 주고 있었다. 독일, 아일랜드, 그리고 그 밖의 다른 곳으로부터 오는 정착자들은 멈추지 않는 밀물처럼 오하이오 밸리로 스며들었다. 그것은 누구에게도 전혀 놀라운 일이 아니었다.

1764년 5월에 이미 영국 의회가 식민자들에게 전시 비용을 지불하게 하고 또 미래의 보호에 지불할 것을 강요하는 세금을 꾸미고 있다는 보고들이 버지니아에 도착했다. 이것은 식민지 입법부에게 세금 부과 권한을 위임한 오랜 전통을 위반했다. 그들은 이미 무겁게 세금을 내고 있다고 확신한 버지니아의 의회 위원회가 그들의 반대는 신성한 영국인들의 자유에 근거해 탄원을 발한다면서 그해 12월에 왕에게 항의했다. 그들의 내적 정체나 세금 부과를 자기들의 동의에 입각한 것으로 존중하는 그런 법에 의해 그들은 고대의 그리고 귀중한 피통치의 기쁨 속에 보호를 호소한다고 했다. 이 진지한 호소에 귀를 닫은 영국 의회는 1765년에 법률서류, 신문, 연감과 카드에까지 세금을 징수하는 인지세법(the Stamp Act)을 법제화했다. 반응은 즉각적이고 목청이 터질 만큼 호전적이었다. 페트릭 헨리(Patrick Henry)는 인민들 자신에 의해서나 아니면 그들을 대변하도록 그들

자신들에 의해서 선택된 사람들에 의해서 세금을 부과하는 것이 영국인 자유의 두드러진 특징이라고 절규했다.

워싱턴은 의사당을 흔든 페트릭 헨리의 그런 감동적 연설이 있을 때 마운트 버논으로 돌아왔다. 매사추세츠 입법자들이 인지세법에 항의하기 의해 뉴욕에 대표단을 보내자고 버지니아 의원들을 촉구했다는 사실에 놀란 버지니아의 푸퀴에르 총독이 즉시 의회 회의를 종결시킨 것을 알게 된 1765년 7월 하순에 윌리엄스버그를 향해 막 출발하던 참이었다. 포퀴에르는 이 인지세법 의회가 뻔뻔한 반역을 대변하는 의원들의 참석을 허용할 의도가 없었다. 그는 버지니아 의회를 해산한 뒤 새로운 선거를 실시했다. 워싱턴은 이 기회를 이용하여 자신의 선거구를 프레데릭 카운티에서 자기 집에 더 가까운 페어팩스 카운티로 바꾸었다. 이 시점에까지 워싱턴은 대체로 런던에 있는 자기의 왕실 주인들의 마음에 들려고 노력했다. 그리고 그의 동료인 조지 머서(George Mercer)가 경멸 받는 식민지에 대한 인지세 징수관이 되어 영국에서 돌아온 뒤 특히 어떤 윌리엄스 폭도가 그에게 달려들고 그의 인형을 불태울 기회를 잡아 인지들을 태워 없애는 과격분자들에게 그는 여전히 별로 인내력이 없었다. 그럼에도 불구하고 조지 워싱턴의 내면에선 분노의 감정이 그를 괴롭혔다.

영국 군대에서 자기의 상관들과 자신을 통합시키기 위해 그렇게 열심히 일했던 젊은이가 갑자기 불을 내 뿜고 있었다. 워싱턴은 언제나 어떤 명분에 서명하길 꺼려했다. 왜냐하면 일단 그가 서명하면 그의 헌신은 총체적이기 때문이다. 이제 상당 수의 식민지 법원들이 인지세법으로 문을 닫아 영국 채권자들이 분노했다. 인지세법이 일종의 자기 파괴적인 어리석은 일이라고 발견한 것은 워싱턴 혼자만은 아니었다. 영국의 의회에서 새 세금을 강요하기 위해 파견될 군인들이 어떻게 받아들여질 것인가에 관해서 질문을 받자 벤자민 프랭클린(Benjamin Franklin)은 짧게 대답했다. "그들은 반란을 발견할 수 없을 것이다. 실제로는 그들이 반란을 만들 것이다."85) 다음 해 1766년에 인지세법안은 폐기되었지만 그러나 그 폐기는 식민지에서 아무런 효과가 없었다. 왜냐하면 대담해진 식민지들이 스스로 세금을 부과할 배타적 권리를 소유하고 있다는 것을 거부한 신고법안(the Declaratory Act)의 통과와 시간적으로 우연히 일치했기 때문이다. 1767년 봄에 워싱턴이 의회에 참가했을 때 인지세법에 대한 분노는 일시적으로 가라앉았다.

인지세법에서 교훈을 얻지 못한 대영제국은 1767년 다시 영국 재무장관이 발의한 타운센드 법안(Townshend Acts)으로 식민지의 불만을 야기했다. 이 법안은 그림, 유리, 종이, 그리고 차에 관세를 부과하고 돈을 위해 식민지 의회에 대한 왕실 관리들의 의존을 해방시킴으로써 그들의 권한을 강화했다. 다루기 힘든 식민지인들에 대한 입장을 강화하면서 왕은 영국의 군함, 롬니(HMS Romney)호를 보스턴으로 파견했다. 그곳에선 1768년 5월에 과격파들이 50문의 대포에 의해 전해질 정치적 메시지에 관해 숙의할 기회를 가졌다. 9월에 영국의 군함들이 영국군 2개 연대의 병력을 내려놓았다. 이 군인들은

---

85) Ron Chernow, *Washington: A Life,* New York: Penguin Books, 2011, p. 139.에서 재인용. 벤자민 프랭클린에 관해 자세한 것은, H.B. Brands, *The First American: The Life and Times of Benjamin Franklin,* New York: Anchor Books, 2000,을 참조.

파이프와 드럼에 박자를 맞추어 시내로 행군하고 나서 현지 항의자들을 겁주도록 계획된 힘의 과시로 공원에 텐트를 쳤다. 최근에 워싱턴의 윌리엄스버그 의회의 참석은 되는 대로였다 그래서 그는 타운센드 관세의 강렬한 비난을 포함한 의회 내의 논쟁을 놓쳤다. 입법자들은 왕에게 아부성 언어로 그들의 탄원을 위장했다. 런던에 있는 관료들은 단호한 입장을 반영하여 버지니아에 새로운 총독으로 보티토트 경(Lord Botetourt)을 파견했다. 그는 만일 버지니아 의회가 제국의 정책에 계획적 반대를 고집한다면 버지니아 의회를 해체하라는 비밀 지시를 받고 있었다. 타운센드 관세에 대한 그들 모두의 분노에도 불구하고 의원들은 여전히 영국 귀족들의 유혹에 저항할 수 없었다. 그리하여 1768년 11월 2일 워싱턴과 동료 의원들은 왕실의 총독을 위한 축제같은 환영 만찬에 몰려들었다.[86]

1768년부터 1769년까지 겨울의 사건들이 조지 워싱턴을 부유하고 불만스러운 거대 농장주에서 영국의 정책들에 대항하는 격렬한 호전적인 사람으로 전환시켰다. 만일 그가 이 겨울 이전에 사망했더라면 그는 프랑스-인디언 전쟁에서 젊은 용기를 제외하곤 그의 진실로 탁월한 기록을 남기지 못했을 것이다. 그 겨울이 모든 것을 변화시켰다. 그의 젊고 불안한 자아를 장악했던 자신의 승진에 대한 투쟁을 넘어서면서 그는 갑자기 영국의 부정의에 대한 초기의 투쟁에서 보다 큰 인물로 보였다. 전쟁 중 영국의 정규군인으로 임명 받지 못한 것, 그의 런던 대리인 로버트 캐리와 그의 회사에 대한 불만, 그리고 농장주와 부동산 투기자로서 그를 어렵게 한 영국의 정책에 대

---

86) *Ibid.*, p. 144.

한 모든 낙심에 이르는 그의 모든 들끓는 좌절과 불평이 이제 영국 왕에 대한 화려한 분노로 구체화되었다.[87] 이것이 처음으로 워싱턴이 자기 자신의 개성을 형성한 어렵게 얻은 교훈들을 미국 독립이라는 거대한 명분에 연계하는 순간이었다.[88]

그 해 겨울, 영국의회는 세금정책에 대한 식민지의 항의가 너무나 불쾌하여 주동자들을 영국으로 이송하여 헨리 8세의 치세 때까지 거슬러 올라가는 옛 법에 따라 반역으로 심판해야 한다고 제안하였다. 그러나 이 제안은 결코 집행되지 않았다. 그러나 이 제안에 관한 얘기가 퍼져 나가자 모국에 대한 항의도 퍼져 나갔다. 1769년 4월 초 워싱턴은 메릴랜드의 블레이든버그(Bladenburg)의 데이비드 로스(David Ross) 박사로부터 서류 한 보따리를 받았는데 그것은 영국의회가 부당한 세금을 식민지에 떠미는 것을 고집하는 동안에는 불필요한 영국의 수입품들을 불매하기 위해 필라델피아(Philadelphia)와 애나폴리스(Annapolis)에 세워질 협회들에 관한 소식을 포함하고 있었다. 그 보따리는 무명의 작가에 의해 작성된 비교할 만한 버지니아 협회의 계획들도 포함했다. 워싱턴은 그것을 자기의 친구이며 이웃인 조지 메이슨(George Mason)에게 보냈는데 사실은 그가 작성자였다. 법률 분야에서 훈련된 키가 크고 책을 좋아하는 메이슨은 워싱턴보다 학구적이고 덜 사교적이었다.

1769년 4월 5일 워싱턴은 메이슨에게 영국 상품의 불매를 지지하는 자기의 사적이고 또 공적인 이유들을 제시하는 놀라운 편지를 보

---

87) *Ibid.*
88) Joseph J. Ellis, *The Excellency: George Washington,* New York: Vintage Books, 2004, pp. 60-61.

냈다. 의심할 여지없이 자신의 곤경을 생각하면서 그는 불매운동이 그들의 터무니없는 소비를 축출하면서 많은 식민자들의 발목을 잡는 채무의 번거로운 순환을 끊을 것이라고 말했다. 이전의 평균 식민지 채무자들은 이 터무니없는 소비의 습관을 끊기에 너무 약했다. 왜냐하면 그렇고 그런 방식으로 살아온 내가 어떻게 내 방식을 바꿀 수 있겠는가? 워싱턴은 여기에서 부채의 심리학에 핵심적 통찰력을 제시했다. 즉 보다 검소한 생활을 시도하는 것이 그 사람의 실제적 부에 대한 진실을 노정할 두려움 같은 것이었다. 그 편지에서 워싱턴은 임의적 과세에 대한 그의 반대는 더 이상의 해독에 대항하는 전례를 수립하는 것과 관련이 있음을 분명히 했다. 그리고 워싱턴은 보다 호전적인 어조로 탄원들을 넘어서 이제는 아직 무기는 아니지만 직접적 조치를 선호한다고 제시했다. 왕에게 아양을 떠는 탄원서들을 보내는 것은 아무런 쓸모가 없고, 이제 유일한 수단은 영국의 무역과 제조업이 배를 곯게하는 것이라고 그는 말했다.[89]

많은 면에서 메이슨에게 보낸 워싱턴의 편지는 미국 독립혁명의 성공을 예고했다. 즉 그는 법을 준수하려고 노력했고, 점진적 변화를 인정했으며, 그리고 그 밖의 모든 것이 실패했을 경우에만 폭력을 찬성했다. 프랑스 혁명과는 달리 미국의 혁명은 자치정부에서 교육된 사람들에 의해서 일련의 측정된 항의들로 시작해서 공개적 반란으로 가기 전에 길고도 철저한 외교적 해결을 시도했다. 후에 식민자들이 전쟁으로 가기 직전에 비이성적이었다는 생각보다도 더 워싱턴을 화나게 하는 것은 아무것도 없었다.[90] 그들은 최선을 다했다는 뜻이다.

89) Ron Chernow, *Washington: A Life,* New York: Penguin Books, 2011, p. 145.

그 후 워싱턴은 메이슨과 버지니아의 수입 거부를 위한 자신의 제안에 관해 논의했다. 그리고 4월 30일 워싱턴은 의회에 이 계획을 제출하기 위해 윌리엄스버그로 향했다. 이 때까지 워싱턴은 젊고 종종 불출석한 의원이었다. 그는 주요 정치세력으로 등장하기엔 너무 과묵했고 또한 냉담했다. 그러나 이제 새롭게 발견된 리더십 감각으로 불타는 워싱턴은 3개의 상임위원회에서 봉사했으며 이것은 버지니아 정치에서 갑작스러운 부상을 의미했다.

5월 초에 의회의 새 회기를 여는데 있어서 보티토트 경은 눈부신 백마의 팀이 이끄는 아름다운 마차를 타고 수도에 감으로써 사람들에게 자신의 왕실 후원을 상기시켰다. 타운센드 법안에 대한 분노 속에서 개최된 이 봄의 회의는 혼란스러울 것으로 전망되었고 놀라운 수의 새 의원들이 참석했다. 그들 중엔 알비말(Albemarle)에서 온 26세의 토마스 제퍼슨(Thomas Jefferson)[91]도 있었다. 5월 16일 워싱턴의 제안으로 의회는 오직 버지니아 의회만이 버지니아인들에게 과세할 권리가 있다는 것을 주장하는 완전한 버지니아의 결의를 승인했다. 그들은 또한 불만을 호소하고 반역과 기타 다른 범죄에 대한 심판을 식민지 자체에 제한할 권리도 고집했다. 다음 날 이 오만불손한 버지니아인들로부터 선동적인 제안들을 듣고나서 무장한 하사관들로 그들의 회의를 중단시키고 잠시 모임을 위해 그들을 위원회 방으로 소집했다. 그리고 그는 그곳에서 의회를 해산한다는 중대한 메시지

---

90) *Ibid.*

91) Jon Meacham, *Thomas Jefferson: The Art of Power,* New York: Random House, 2012; Joyce Appleby, *Thomas Jefferson,* New York: Times Books, 2003.

를 전달했다.

　이 대담한 선언은 그곳에 모인 의원들로 하여금 그들이 얼마나 빈약한 권위를 갖고 있는 지를 새삼스럽게 깨닫고 놀라게 했다. 그들은 최종적 권력의 원천이 아니었다. 그 권력은 그저 왕의 기분에 따라 인색하게 나누어 준 것에 지나지 않았다. 일단 보티토트 경이 칙령을 발하자 워싱턴과 많은 다른 의원들은 그들의 곤란한 처지를 숙고하기 위해 롤리 태번(the Raleigh Tavern)여관의 아폴로 방으로 다시 모였다. 아주 고도로 감정적인 모임에서 워싱턴은 자기와 메이슨이 애써 작성한 불매계획을 내놓았다. 이 일단의 의원들은 불수입 협회를 위한 계획을 수락한 워싱턴을 포함하여 위원회를 창설했다. 다음 날 아침에 의원들이 아폴로 방에 다시 모여 아메리카에서 과세 대상인 어떤 상품도 불매하는 계획에 서명했다. 이 버지니아 협회는 타운센드 법안이 폐기될 때까지 효력을 유지할 것이었다.

　워싱턴은 가장 될 것 같지 않은 혁명가였다. 1769년 그 해 가을에 워싱턴이 의회에 참석할 때 이 회기의 어조가 봄보다는 덜 대결적이었다. 보티토트 경은 차(tea)에 대한 운명적인 것을 제외하고는 타운센드 관세의 폐기를 지지함으로써 의원들을 달랬다. 그의 연설은 런던에서 노스 경(Lord North)이 주도하는 신 정부에 의한 정책의 변화를 예고했다. 노스 경이 수상이 된 신 정부의 전략은 의회의 권한을 재확인하기 위해 차에 대한 관세를 유지하는 반면에 다른 관세들을 폐기함으로써 반대자들을 도려내는 것이었다. 이런 조치는 1770년 3월 초 영국의 보병들이 보스턴의 무질서한 군중들에게 발포하여 그들 가운데 5명을 죽이는 소위 보스턴 학살(Boston Massacre) 사건 이

후에도 버지니아 협회의 열정을 냉각시키는데 성공했다.[92]

1770년 10월 초에 워싱턴은 자신과 과거 자기 부하들이었던 퇴역 군인들을 위한 땅을 둘러보기 위해 오하이오 지역으로 여행을 시작했다. 이 9주간의 여행에서 워싱턴은 긴급성의 예리한 느낌을 받았다. 왜냐하면 정착자들이 이미 오하이오 강과 그레이트 캐너와(Great Kanawha) 강으로 모여들었다. 그래서 그는 그들이 대부분 생산적인 땅을 선점할 것이라고 두려워했다. 그는 또한 영국의 투자자들이 2백 5십만 에이커의 땅을 획득하여 밴달리아(Vandalia)라는 신 식민지를 시작한다는 거대한 계획에 대한 소문도 들었다. 이 신 식민지의 경계선은 퇴역장병들에게 보상으로 줄 땅을 더욱 줄어들게 할 것이다. 워싱턴의 미시시피 토지회사의 탄원을 무시하고 영국의 내각이 이 계획을 승인했을 때 그는 런던의 아메리카에 대한 사악한 성향을 규탄했다.[93] 1772년까지 워싱턴과 그의 퇴역 군인들은 그들이 오랫동안 기다린 토지의 분배를 받지 못했다. 워싱턴은 오하이오 강과 그레이트 캐너와 강변에서 2만 에이커 이상을 할당 받았다. 그리고 이듬해에 1만 1천 에이커나 더 확장되어 워싱턴은 미국 혁명의 전야에 주요 서부의 지주가 되었다.[94]

차에 대한 것을 제외하고 타운센드 관세들의 철폐 후에 윌리엄스버그의 정치세계는 일시적으로 정상상태로 닮아갔다. 1771년 10월 워싱턴은 페어팩스 카운티를 대표하는 의원으로 재선되었다. 그리고

---

92) Ron Chernow, *Washington: A Life,* New York: Penguin Books, 2011, p. 147.
93) *Ibid.,* p. 149.
94) *Ibid.,* p. 150.

1773년 초에도 여전히 워싱턴은 불타는 모순들의 세계에서 살아가고 있었다. 그는 영국 의회와 노스 정부를 비판하는 조치들을 강력히 지원하는 반면에 그는 또한 던모어 경(Earl of Dunmore)인 존 머레이(John Murray) 신임 버지니아 총독과도 사귀고 있었다. 1773년 12월 6일 사건이 터졌다. 모호크 인디언들(Mohawk Indians)로 위장한 애국적 일단이 매사추세츠 만(Massachusetts Bay)에서 342개 상자의 차를 바다에 던져버렸다.[95] 식민지에서 개인 재산에 대한 본능적 존중이 너무도 강했기에 심지어 보스턴의 선동자 새뮤얼 애덤스(Samuel Adams)마저도 티파티가 선박들이나 다른 어떤 재산에 아무런 손상없이 발생했다고 자랑했다.[96]

차에 부과된 세금은 일반적으로 가정되는 것만큼 징벌적이지 않았지만 그것이 식민지의 밀수업자들과 중간상인을 제거함으로써 현지 상인들을 위협했고 또 동인도회사(the East India Company)의 독점을 확립해 주었다. 그것은 또한 대표 없는 과세라는 혐오스러운 실행을 영구화했다. 보스턴에서 오는 소식이 새해 첫날쯤 마운트 버논에 도달했다. 워싱턴은 차에 대한 세금을 싫어했음에도 불구하고 티파티의 방법을 개탄했다. 허장성세의 행정부인 뚱뚱한 노스가 보스턴은 파괴된 차에 대해 지불해야 한다고 결정하고 또 지금 식민지들에서 발효하기 시작하고 있는 독립의 무모한 계획들을 영국 의회는

---

95) 이 보스턴 티파티 사건에 관해 보다 상세한 얘기를 위해서는, "The Boston Tea Party," in Smithsonian, *The American Revolution: A Visual History,* New York: Penguin Random House, 2016, pp. 38-41.

96) 새뮤얼 애덤스(Samuel Adams)의 애국적 활동에 관해서는, "Samuel Adams", in Smithsonian, *The American Revolution: A Visual History,* New York: Penguin Random House, 2016, pp. 34-35.

주권을 내세워 진압해야 한다고 결정했다. 그리하여 3월에 영국 의회는 보스턴 항구법을 통과시켜 마을 사람들이 잃어버린 차에 대해 동인도회사에 변상할 때까지 보스턴 항구를 폐쇄했다.

매사추세츠 헌장을 뒤집고 보스턴에 군사통치를 강요하는 다른 냉혹한 조치들과 함께 가혹한 새 법들은 "강압적 법안"(the Coercive Acts) 혹은 "참을 수 없는 법안"(the Intolerable Acts)으로 알려졌다. 그런 서투른 보복들은 식민자들 사이에서 새로운 단결을 형성했다. 비슷하게 티파티는 많은 영국측 동조자들에게 식민지 항의자들은 그들의 변명할 수 없는 범죄에 대해 엄격한 대가를 지불해야만 하는 난폭한 오합지졸이 되었다고 확신시켰다. 보스턴에 주둔하고 있던 영국의 토마스 게이지(Thomas Gage) 장군은 런던에 있는 상급자들에게 "우리가 새끼양인 동안에 식민자들은 사자일 것이지만 그러나 우리가 결연한 자세를 취하면 그들은 아주 얌전하게 될 것[97])이라"고 권고했다.

보스턴 항구법안의 천둥소리가 그 식민지에서 폭발할 때 워싱턴은 윌리엄스버그에 있었다. 그도 역시 3천명의 영국 군대가 보스턴에 상륙한 게이지 장군의 입장을 강화했다. 프랑스-인디언 전쟁 동안에 게이지는 워싱턴에게 따뜻한 편지를 쓴 적도 있었지만 제국의 전사들 사이에 그런 우정 어린 감정은 이제 사라졌다. 워싱턴은 보스턴의 군사적 지배를 자유 정부에서 실천된 가장 전제적 폭정제도의 전례 없는 증거라고 공격했다. 6월 1일 그와 그의 동료 의원들은 항구

---

97) Ron Chernow, *Washington: A Life,* New York: Penguin Books, 2011, p. 166.에서 재인용.

폐쇄의 날을 단식과 굴욕, 그리고 기도의 날이 되어야 한다고 선언했다. 이제 던모어 경이 의회를 신속히 해산하는 것은 하나의 의례가 되었다. 다음날 워싱턴과 다른 호의적 의원들이 롤리 테번(Raleigh Tavern)여관에 모여 보스턴 항구법안에 조소를 퍼붓고, 차의 불매를 비준하고, 그리고 그들의 집단적 권리들을 보호하기 위해서 다른 식민지들과 연례회의를 승인했다. 그들은 한 식민지에 대한 공격이 모든 식민지에 대한 공격이라는 결론에 도달했다.[98] 워싱턴은 5월 말에 윌리엄스버그에 여전히 머물고 있던 25명의 의원들 중 한 사람이었는데 그때 버지니아인들에게 영국과의 무역을 중지하라고 촉구하는 새뮤얼 애덤스의 편지가 도착했다. 의원들은 모든 수입을 중단하고 8월 1일에 다시 모이기로 결정했다.[99]

7월 5일 워싱턴은 자신의 알렉산드리아 선거구민들의 집회를 좌장하고 보스턴의 가난한 사람들에게 273 파운드의 구호금과 다량의 구호식량을 보내기로 합의했다. 버지니아 의회를 해산한 던모어 총독은 새로운 선거를 명령했고 워싱턴은 재선되었다. 7월 17일 일요일에 조지 메이슨이 하룻밤을 묵기 위해 마운트 버논에 도착했다. 그리고 워싱턴은 그와 함께 그가 가져온 24개 결의안의 목록을 다듬었다. 다음 날 그 결의안들은 페어팩스 카운티의 위원회에 제출되었고 워싱턴의 좌장 하에 약간 변경하여 채택되었다. 그들은 이것이 영국의 토지 귀족의 견해를 반영한다고 알고 있었다. 그 결의안에서 인간들은 그들이 선택한 대표들에 의해 입법화된 법에만 복종해야 하며

---

98) *Ibid.*, p. 167.
99) *Ibid.*

그렇지 않으면 정부가 절대적이고 전제적인 군주제나 아니면 폭정의 귀족정치로 전락하고 말 것이라고 주장했다. 다른 결의안은 과세와 대표는 본질적으로 분리될 수 없는 것이라고 천명했다.

여전히 또 다른 결의안은 공동방어를 보장하기 위해 식민지간 의회를 요구했다. 워싱턴의 감시 하에 통과된 가장 놀라운 결의안은 아주 사악하고 잔인하고 자연스럽지 않은 무역에 영원히 완전한 중단을 기대하는 열정적 염원과 함께 버지니아로 노예들의 수입을 중단하라는 호소였다. 처음으로 워싱턴은 자기 부유함의 토대를 이룬 제도에 대한 그의 불쾌감을 공식적으로 등록했다. 버지니아에서는 노예가 남아돌았기 때문에 그 결의안은 보기보다 용기 있는 것은 아니었으며 그래서 마운트 버논에서 행위의 즉각적인 변화를 초래하지도 않았다. 7월 18일에 퍼어팩스 카운티의 시민들이 알렉산드리아 법원에서 모였을 때 그들은 페어팩스 결의를 채택하고 워싱턴을 미래의 정책대응을 계획할 25명으로 구성되는 위원회의 의장으로 임명했다. 이 페어팩스 결의로 워싱턴은 대륙군을 지휘하도록 임명되기 정확히 1년 이전에 중요한 정치적 지도자로서 등장했다.[100]

1774년 8월 5일 금요일, 필라델피아에서 개최될 제1차 대륙회의 (The First Continental Congress)라고 알려진 총회에 7인이 버지니아 대표자들 중 한 사람으로 선출되었을 때 조지 워싱턴의 생애는 영원히 변했다. 그는 의회 의장인 페이튼 랜돌프(Peyton Randolph)보다 오직 몇 표를 덜 받았지만 당시 최고의 웅변가였던 패트릭 헨리 (Patrick Henry)보다는 9표를 더 받았다. 윌리엄스버그를 떠나기 전에

---

100) Ron Chernow, *Washington: A Life,* New York: Penguin Books, 2011, p. 168.

워싱턴은 토마스 제퍼슨의 <영국 아메리카의 권리에 관한 요약 견해>(*A Summary View of the Rights of British America*)라는 팜플렛을 획득했다. 그것은 식민지들이 모국을 이롭게 하기 위해 존재한다는 개념을 바로 목표물로 삼았다. 제퍼슨은 여기서 왕들이란 인민들의 봉사자들이지 독점적 지배자가 아니라고 주장하면서 조지 3세의 이름이 역사의 페이지에 오명이 되지 않게 하라고 경고했다.[101]

워싱턴은 1759년 버지니아 연대의 지휘관직을 사임하고 그의 농장인 마운트버논으로 돌아와 결혼한 뒤 거대 농장주가 되었다. 거대 농장주라는 신분의 덕택으로 그는 버지니아의 상류사회에 자연스럽게 진입할 수 있었다. 그리고 바로 그 거대 농장주의 신분 덕택에 또한 버지니아 의회의 의원으로 당선되어 입법활동에도 경험을 쌓았다. 그는 1774년 8월 30일에 제1차 대륙회의(The First Continental Congress)에 버지니아 대표 가운데 한 사람으로 참석하기 위해 필라델피아를 향해 갈 때까지 15년 동안 미국에서 가장 크고 중요한 버지니아 식민지에서 거대 농장주로서 관리와 경영능력도 길렀다. 뿐만 아니라 일찍부터 주목을 받은 그의 남다른 체격과 군 지휘관으로서 경력, 그리고 거대 농장주라는 신분과 그의 정치적 감각을 길러준 버지니아 의회 의원이라는 정치적 경력이 서로 결합하여 워싱턴은 그것들의 상승효과를 과시하면서 이제 조용한 카리스마가 발휘될 기회를 향해 다가가고 있었다.

---

101) *Ibid.*, p. 171.

V
미국의 대륙군 총사령관(Commander-in-Chief)
이 되다

"독립전쟁에서 거의 홀로 워싱턴의 지조가
미국의 식민지들을
그들의 통일된 목적에 붙들었다."[102]
– 윈스턴 처칠(Winston Churchill)

1774년 8월 30일 워싱턴과 함께 필라델피아에서 개최되는 제1차 대륙회의에 참석하러 가기 전날 밤에 버지니아 의회의 영향력 있는 의원들인 패트릭 헨리(Patrick Henry)와 에드먼드 펜들턴(Edmund Pendleton)이 마운트 버논에서 하룻밤을 묵었다. 이 세 사람은 9월 4일에 필라델피아로 마차를 타고 들어갔다. 대표단들은 그곳의 카펜터스 홀(Carpenters' Hall)에서 모이기로 결정한 선술집 시티 테번(the

---

102) Sir Winston Churchill, *The Great Republic: A History of America,* Ed., by Winston S. Churchill, New York: Random House, 2001, p.102. (이 판은 Winston Churchill, *A History of the English-Speaking Peoples,* London: Cassell & Co. Ltd. 에 의해 원래 4권으로 1956, 1957, 그리고 1958년에 출판된 것의 요약본임.)

City Tavern)을 향해 다음날 오전에 출발했다. 뚱보 페이튼 랜돌프가 그 회의의 좌장으로 선택된 것은 워싱턴에게 잠재적 동맹을 제공했다.

42세의 과묵한 워싱턴은 모든 주제에 달관한 화려한 언변가들의 집회에 참가했다. 재능 있는 언변가들 속에서 워싱턴은 노련하게 경청하는 사람이었다. 제어하기 어려운 요란한 집회에서 워싱턴과 같은 건전한 판단의 조용한 인물은 믿음을 자극하고 또 통합하는 인물로 봉사할 수 있었다. 몹시 과열된 수사학 속에서 워싱턴은 엄연하고 명백한 진실들만을 말했다. 표면적으로 워싱턴은 냉정하고 무관심했을지 모르지만 그는 속에서 불이 났고 영국을 사악한 계략자들이라고 공격했다. 군사적 행동의 유령이 워싱턴을 미래의 총사령관으로 가늠해보는 대표들을 사로잡았다. 워싱턴과 자부심에 찬 버지니아인들 사이에선 단결심이 있었다. 버지니아 인들은 그 홀에서 가장 활기가 찼고 보스턴 인들은 단지 겁보들이었다고 한 펜실베니아 인이 비교했다. 대표들은 프랑스-인디언 전쟁에서 젊은 워싱턴의 이야기들을 교환했다. 사람들은 만일 제안이 들어오면 군대의 사령관 직을 수락하라고 그를 붙들고 이야기하고 또 압박했다.[103]

점점 세련된 정치인이 된 워싱턴 대령은 그들 반란의 성격을 고려할 때 권력에 굶주린 지도자들에 대한 고도의 두려움을 갖고 있는 대표자들 사이에서 자기 선전은 오직 역효과 만을 낳을 것이라는 사실을 알고 있는 것처럼 보였다. 그들은 자신을 너무 내세우는 장군을 절대로 원하지 않았다. 자신에 관한 얘기들이 회의장 주변에서 돌고 있을 때 워싱턴은 그들이 말하게 내버려 두었다. 그는 제1차 대륙회

---

103) Ron Chernow, *Washington: A Life,* New York: Penguin Books, 2011, p. 172.

의에서 성숙한 후보자처럼 일했다. 날씨가 계속 좋고 청명했기에 그는 저녁때 열심히 사교했으며 2달 동안에 31명의 사람들과 개인 숙소에서 식사했고 그래서 자기 숙소에 붙어있질 않았다.

제1차 대륙회의는 독립이라는 여전히 과격한 아이디어에 주저했다. 대표자들은 여전히 자애로운 조지 3세가 사악한 관료들에 의해서 손상 받고 있다는 달콤한 허구에 매달렸다. 그래서 그들은 사랑하는 아버지로서 조지 3세가 자신을 일으켜 식민지 신민들을 구원하라고 애원했다. 단순히 말로만 하는 요구를 넘어서, 그들은 영국으로부터 수입을 차단하고 나중에 수출도 막을 하나의 대륙협회(a Continental Association)를 창설했다. 이 합의를 감독하기 위해 대표자들은 필요 시 시민군을 조직할 수 있는 현지 집행위원회의 창설을 요구했다. 그들은 또한 노예무역을 모두 중단하고, 특히 말의 경주나 모든 종류의 사냥과 닭싸움, 쇼들의 전시와 연극 및 온갖 다른 값비싼 오락과 흥행 같은 모든 터무니없는 방탕 생활과 낭비를 저지시킬 것이라고 맹세했다. 도덕적 개혁에 대한 이런 강조는 깨끗하게 살아온 워싱턴이 사령관이 될 가능성을 오직 도울 뿐이었다. 예외적으로 성실한 대표인 워싱턴은 1774년 10월 26일 제1차 대륙회의가 산회했을 때 필라델피아에 여전히 남아 있던 오직 두 사람 중 한 사람이었다. 10월 30일에 조지 워싱턴은 마운트 버논에 돌아왔다.

워싱턴이 필라델피아에 있는 동안 페어팩스 카운티에서는 100명에 달하는 이웃 사람들이 조지 메이슨의 후원 하에 스스로 자발적 시민군을 조직하고 워싱턴을 그들의 사령관으로 선출했다. 이 시민군은 아마도 식민지에서 처음일 것이다. 영국의 휘그당(Whig Party) 깃발을

차용하였다. 페어팩스 독립 중대(the Fairfax Independent Company)
는 담황색의 소매와 하얀 양말을 갖춘 푸른 제복을 입었다. 그들의
군복은 유럽과 아메리카의 전통의 특이한 혼합물이었다. 워싱턴은
필라델피아에 있을 때 이 부대의 조직에 대해 알았다. 왜냐하면 그들
이 워싱턴에게 드럼들과 횡적들 그리고 미늘창(halberd)들을 주문하
도록 요청했기 때문이다. 그 주문 외에 워싱턴은 토마스 웹(Thomas
Webb)의 "군대의 임명에 관한 군사 논문"(A Military Treatise on the
Appointments of the Army)이라는 개별적 주문도 추가했다. 버지니아
전 지역에서 사람들이 스스로 독립 중대들을 조직하고 그들의 장교
들을 선출하고 최악의 사건에 대비하여 무장하고 장비를 갖추고 훈
련하는 것을 기뻐했다. 시민군 집단들이 발생하면 그들의 사령관으
로 워싱턴을 시켰다. 명분이 도처에 존재하자 워싱턴은 4개의 독립
중대의 야전 지휘관직을 수락했다.[104]

1774년부터 1775년까지의 겨울 동안에 워싱턴과 메이슨은 페어
팩스 시민군을 강화할 수 있는 모든 일을 했으며 심지어 탄약구입
선금까지 냈다. 페어팩스 카운티 위원회 의장으로서 워싱턴은 주민
들에게 68명의 중대를 조직하고 군사학을 공부하라고 촉구함으로써
방어 준비를 확대했다. 1775년 3월에 워싱턴은 이번에는 리치몬드
(Richmond)에서 소집된 제2차 버지니아 대회(the Second Virginia
Convention)에 참가하라는 부름을 받았다. 이 대회는 제1차 대륙회
의의 결의안들을 비준하고 또 7명의 버지니아 대표들의 노력을 칭송
했다. 그리고 바로 이 제2차 버지니아 대회에서 패트릭 헨리가 영국

---

104) Ibid., p. 175.

군대들이 식민지들을 노예화하려고 한다고 주장하면서 그 유명한 연설을 했다.[105]

> "쇠사슬과 노예제도의 대가로 사야할 만큼 인생이 그렇게 소중하거나 평화가 그렇게도 달콤합니까? 전능하신 신이시여 그것을 금하소서! 다른 이들이 어떤 길을 택할지 모르지만 나로서는 자유를 달라 아니면 죽음을 달라!"[106]

이런 연설들로 고무된 그 대회는 버지니아가 방어태세에 돌입해야 한다고 동의했다. 패트릭 헨리와 함께 워싱턴은 버지니아의 모든 카운티에서 자발적 군대 양성을 촉구하는 위원회에 추대되었다.

이제 워싱턴은 이 고도의 추상성 반란에 기꺼이 모든 것을 걸려고 한다는 것은 놀라운 일이다. 비록 조지 워싱턴은 영국의 지배를 견디지 못할 정도로 싫어할 더 이상의 이유는 별로 필요로 하지 않음에도 불구하고 버지니아의 총독 던모어 경(Lord Dunmore)이 마지막 일격을 가했다. 마운트 버논에 돌아온 워싱턴은 그가 "1754년 포고령"에 따라 받은 토지특허의 취소를 계획한다는 괴로운 보고를 들었다. 이 모골을 송연하게하는 결정이 확인되면 워싱턴에게서 2만 3천 에이커를 박탈해 갈 것이다. 그러나 워싱턴은 던모어의 압력에 굴하지 않았다. 그해 4월 일시적으로 혁명전쟁의 앞 장이 버지니아에서 쓰여질 것처럼 보였다. 던모어 경은 새 시민군 중대들 가운데

---

105) Joseph J. Ellis, *His Excellency: George Washington,* New York: Vintage Books, 2004, p.66.
106) Ron Chernow, *op. cit.,* p. 176에서 재인용.

하나가 윌리엄스버그의 탄약고에 저장된 화약을 장악하지 않을까 두려워했다. 이 가능성을 막기 위해서 영국의 무장한 범선 맥달렌 (*Magdalen*)에 딸린 해병대를 시켜 그 탄약고에서 15통의 화약을 옮겨서 그것들을 마차에 싣고 노포크(Norfolk) 해안에 정박 중인 군함으로 도피시켰다. 분노한 애국자들이 총독의 저택을 침입하려 위협하자 조지 워싱턴은 신중할 것을 충고하고 자기 휘하의 5개 독립 중대들에게 윌리엄스버그로 행군하지 말라고 권고했다.

이때 24세의 젊은 제임스 매디슨(James Madison)이 그들의 직업이나 혹은 버지니아의 이름에 조금도 어울리지 않는 우유부단함을 발견했다면서 워싱턴과 그의 동료들을 규탄했고 또 내전의 경우에 그들의 재산이 노출될 것이라고 책망했다.107) 군인으로서 워싱턴은 영국의 군대가 얼마나 불굴이고 전면적 혁명이 얼마나 무모한 짓인지를 알고 있었다. 후에 1775년 봄에 미국의 성공 가능성에 관해서 말할 때 워싱턴은 영국의 자원은 끝이 없고 영국의 함대는 대양을 덮고 그리고 영국의 군대는 지구의 도처에서 월계관을 수확했다고 알려졌다. 그러나 영국은 전쟁의 신경인 돈이 궁핍했다. 반면에 식민자들은 정복할 수 없는 시민들의 결의, 의식적으로 옳은 명분, 그리고 하늘이 그들을 버리지 않을 것이라는 자신에 찬 믿음이 있었다고 회고했다.108)

제2차 대륙회의(the Second Continental Congress)를 향해 출발하

---

107) Ron Chernow, *op. cit.,* p. 177; Richard Brookhiser, *James Madison,* New York: Basic Books, 2011; Garry Wills, *James Madison,* New York: Times Books, 2002.
108) Ron Chernow, *op. cit.,* p. 177.

기 전에 새뮤얼 애덤스(Samuel Adams)와 존 핸콕(John Hancock)은 매사추세츠의 렉싱턴(Lexington)에 숨어서 조용한 주말을 보내기로 결정했다. 1775년 4월 14일 게이지 장군(General Gage)은 런던으로부터 이 반란의 주동자들을 체포하라는 지시를 받았다. 그리고 그는 근처 콩코드(Concord)에 있는 탄약고를 장악할 계획이었다. 애국 세력들은 이 소문을 전했고 그에 따라 4월 18일 폴 리비어(Paul Revere)가 황급히 말을 달려 애덤스와 핸콕에게 알렸다. 4월 19일 압도적인 영국군이 렉싱턴 그린(Lexington Green)을 내려왔을 때 그들은 작지만 거친 일단의 자원자들을 만났다. 역사적 발포가 있었고 영국인들은 오직 말 한 마리를 잃고 콩코드로 이동한 반면에 8명의 미국인들이 죽고 10명이 부상을 당했다.

그러나 영국군이 다시 보스턴으로 돌아왔을 때 그들은 나무와 건물과 울타리 뒤에 숨어 아주 정확한 사격을 하는 미니트맨(Minuteman)으로 알려진 무장 농부들에 의해 모든 방향에서 갑자기 포위당했다. 광란의 영국군이 마을로 돌아왔을 때 오직 95명의 식민자들에 비해 273명이 죽거나 부상했다. 존 애덤스(John Adams)가 자명한 진실로 선언했듯이, "4월 19일에 렉싱턴의 전투가 펜에서 검으로 전쟁의 수단을 바꾸었다."[109] 조지 워싱턴은 그 충격적 소식에 슬펐고 또 당황했다. 그의 본성에 유혈을 좋아하는 것은 결코 없었다. 식민지들이 군사적 준비의 열풍에 굴복하자 도처에서 젊은이들이 총검을 움켜쥐고 시민군에 가담했다. 명분에 헌신하는 다른 사람들처럼, 전쟁에 대한 생각을 새롭게 하고 군사문제에 관한 책들을 대충 읽어 보

---

109) Ron Chernow, *op. cit.*, p. 181에서 재인용.

앉다.

1775년 5월 4일 필라델피아의 회의를 향해 마차에 올라 북쪽으로 속도를 냈다. 볼티모어(Baltimore)를 거쳐갈 때 그곳의 시민들은 사태를 예고하면서 워싱턴에게 마을 공원에서 4개의 자발적 중대를 사열하도록 요청했다. 남부의 대표들도 그들이 필라델피아에 접근하자 말을 탄 500명의 사람들에 의해서 환영을 받았다. 그들이 필라델피아에 들어서자 같은 날 존 핸콕, 새뮤얼 애담스, 그리고 존 애담스가 북부로부터 도착했다. 렉싱턴과 콩코드의 즉각적인 후유증과 좋은 봄 날씨 속에서 열린 제2차 대륙회의는 제1차 대륙회의가 졸리게 했던 것과는 대조를 이루는 격렬한 드라마틱한 분위기에 휩싸였다. 많은 대표들은 이미 전쟁 같은 분위기에 젖었다. 이 회의를 위해서 대표들은 오늘날 독립 홀(Independence Hall)이라고 알려진 높은 뾰족탑으로 덮혀 있는 천정이 높게 솟은 1층 회의장에 모였다. 이 우아한 신 고전적 배경 속에서 의장의 의자는 홈을 새긴 기둥들이 측면을 지키고 문들은 박공들로 입혀졌다.

제1차 대륙회의가 외교적 정밀성에 집중했다면 이번의 제2차 대륙회의는 활기차게 전쟁문제를 검토하였다. 비밀회합에서 만난 대표들은 영국이 지난 회의로부터 화해적 제의를 거부했고 또 더 많은 영국군들이 대서양을 건너고 있다는 보고들을 들었다. 그들은 또한 매사추세츠가 1만 3천 6백명의 병사들을 소집할 준비가 되어있고 뉴햄프셔(New Hampshire), 로드 아일랜드(Rhode Island), 그리고 코네티컷(Connecticut)도 같은 비율의 병력을 보낼 것이라는 것도 알았다. 이미 뉴 잉글랜드 전역에서 애국적 시민군과 자원자들이 보스턴 밖

케임브리지 공원에 모였다. 아직까지 총사령관에 관한 논의는 없었다. 왜냐하면 회의는 여전히 그 자체를 주권국가가 아니라 식민지들의 집합을 대표하는 것으로 간주하고 있는 단순한 이유 때문이었다.

이 순전히 민간인들의 비밀 회합에서 조지 워싱턴은 그의 군사적 분위기와 자연스런 위엄 있는 기품이 눈에 띄었다. 즉 마침내 워싱턴의 카리스마가 마력을 발휘하기 시작한 것이다. 자신의 군사적 의무를 극장의 본능적 감각을 가지고 신호를 보내는 것처럼 그는 페어팩스 시민군의 푸른 색과 담황색의 제복을 입고 왔다. 사람들은 워싱턴의 여위고 사나이다움에 사로잡혔다. 워싱턴 대령은 완전히 군사적 지도자의 모습으로 보이는 계산할 수 없는 이점을 갖고 있었다. 그는 갑자기 군사문제에 관한 지혜의 원천으로 보였다. 지난번 제1차 대륙회의에선 별 볼 일 없었던 워싱턴이 9개의 위원회에 차출되고 모든 결정의 틈에 끼어들었다. 워싱턴의 위원회들 중 어떤 것은 어떻게 뉴욕을 방어할 것인가와 같은 순전히 군사적 문제를 다루었던 반면에 다른 위원회들은 어떻게 새로운 아메리카의 화폐를 인쇄할 것인가와 같은 폭넓은 지식을 반영했다. 그는 매일 시티 테번(the City Tavern)에서 식사를 했으며 이것은 그의 칭송자들을 확장하는데 도움을 주었다.110)

갈등을 시작하는 대신에 순전히 방어적 입장을 찬성하면서 대영제국으로부터 독립을 선언하는데 대해 대륙회의는 여전히 합의가 부족했다. 대표들은 이단 앨런(Ethan Allen)과 베네딕트 아놀드(Benedict Arnold)에 의해 선두에 선 식민지 군대들이 북부 뉴욕의 레이크 샴

---

110) Ron Chernow, *op. cit.*, pp. 183-184.

플레인(Lake Champlain)에서 포트 타이콘데로가(Fort Ticonderoga)에서 영국 경비대를 압도하고 대포와 군사 저장품의 거대한 횡재를 했다는 소식에 흥분하면서도 동시에 당황했다. 모호한 입장의 대륙회의는 그렇게 갈망하는 왕년의 조화가 복귀된 후에 그 요새를 영국에게 돌려주겠다고 서약했다. 이에 대해 캐나다로부터 오는 영국의 침공에 대비해 그 요새를 필요한 방벽으로 간주하는 북부 신민지들은 반대했다. 그의 제복에 의해서 명시되었듯이 워싱턴은 화해에 대해서 모호한 태도를 취했지만 그러나 그는 적어도 기록상으론 갈등을 원만하게 해소하는 조치들을 지지했다.111)

5월 24일 페이튼 랜돌프가 버지니아 의회로 돌아가야만 했기에 그의 의장직은 매사추세츠의 존 핸콕에 의해 대치되었다. 6월 초에 회의가 대륙군대를 위해 화약구입에 동의했을 때 보스턴에서 영국인들이 직면하고 있는 무뢰한 병사들은 여전히 뉴 잉글랜드 시민군으로만 이루어지고 있었다. 그리고 6월 14일에 회의는 북으로 행군해서 이들 지역의 병력을 강화하도록 펜실베니아, 메릴랜드 그리고 버지니아로부터 10개의 중대를 승인했다. 그러자 갑자기 별개의 부대들을 지휘하고 그것들을 하나의 효과적인 전투병력으로 만들 사령관의 필요성이 대두되었다. 버지니아가 가장 인구가 많은 식민지였기에 완전한 사령관은 그곳 출신일 것이라는 것이 논리적으로 보였다. 부유하고 야심적인 존 핸콕이 최고 군사직으로 가는 발판으로 회의 의장직을 이용하려 했지만 그러나 심지어 뉴 잉글랜드의 사람들조차도 정치적 단결을 위해 버지니아 인이 크게 의미를 갖는다고 믿었다.

111) *Ibid.*, p. 184.

존 애덤스와 새뮤얼 애덤스는 모두 워싱턴의 임명이 식민지들을 단결시키는데 필요한 정치적 린치핀이라고 간주했다. 많은 남부인들은 뉴 잉글랜드인들이 성급하고 완고하며 극단주의의 성향이 있다고 두려워했으며, 또한 그들은 뉴 잉글랜드 장군이 지휘하는 군대는 언젠가 전제적이 되어 남부를 정복할 것이라고 걱정했다. 조지 워싱턴의 임명은 그런 두려움들을 달래고 남북 사이에 완벽한 정치적 타협을 이룰 것이다.[112]

다른 최고 지위의 경쟁자들과 비교할 때 워싱턴은 그의 본성에 오만함이나 허풍이 전혀 없이 리더십의 완벽한 기질을 갖고 있었다. 그는 또한 본질적으로 중요하게 간주되는 사실로 북 아메리카에서 태어난 사람이었다. 엄청난 책임감을 가진 그는 믿음과 신임을 고무했다. 그는 실수할 것 같지 않았다. 그는 아주 부자여서 영국의 뇌물로부터 면역이 될 것이다. 그는 완벽한 신사였다. 워싱턴 경력의 품질 보증은 그는 권력을 추구하지 않고 권력이 그에게 다가오게 두었다는 것이다. 회의에 책임을 져야할 사람에게 적지 않게 중요한 것은 워싱턴이 버지니아 의회에서 16년간의 경험을 가진 베테랑 정치인이었기에 문민통제(civilian control)에 자신을 복종시킬 것을 확실히 할 인물이라는 점이었다. 이런 것들은 그에게 우연적인 것들이었다. 그러나 워싱턴은 그런 것들을 그것들이 종종 우연적으로 발생한 것처럼 보이게 하는 완벽한 솜씨로 그것들을 관리했다. 1775년까지 그는 권력을 어떻게 얻고, 그것을 어떻게 유지하며, 그것을 어떻게 행사하는지에 대한 날카로운 권력의 감각을 갖고 있었다.[113]

---

112) *Ibid.*, p. 185.

1775년 6월 14일 이제 대륙회의는 사실상의 미국정부가 되었다.114) 마침내 회의는 보스턴 군대를 공식적으로 떠맡아 대륙군(the Continental Army)을 탄생시켜 총사령관의 긴급한 필요성을 얘기했다. 이때까지 대표들은 눈에 띄지 않게 행동하지만 카리스마가 넘치는 워싱턴에 의해 너무도 강렬한 인상을 받아 그의 임명은 사실상 기정사실이 되었다. 유일하게 의미있는 경쟁자는 존 핸콕이었지만 그는 군경력이 없어 난처했다. 존 애덤스가 자리에서 일어나 워싱턴을 언급하자 워싱턴은 문 옆의 좌석에서 벌떡 일어나 평소의 겸손함을 보이며 재빨리 서재로 들어가 버렸다. 자기를 지명해 줄 것으로 기대한 핸콕은 애덤스가 그 대신에 워싱턴의 이름을 말할 때까지 거만한 만족감에 절어 바라보다가 일 순간 그의 얼굴에서 미소가 사라졌다. 대표자들은 다음 날로 투표를 연기했고, 다음 날 그들은 미국의 자유를 방어하기 위해 모집되고 또 모집할 모든 대륙군을 지휘하도록 장군이 임명되어야 한다는 결의안을 통과시켰다.

이어진 논쟁에서 워싱턴에 반대하는 유일하게 믿을 만한 주장은 뉴 잉글랜드 군대는 그 자체의 사령관을 두어야 한다는 것이었다. 그러나 뉴 잉글랜드의 대표자들인 존 애덤스와 샤뮤얼 애덤스가 워싱턴을 지명하자 워싱턴은 이미 타협된 후보자였다. 그 사이에 만장일치를 이루기 위한 힘든 노력이 경주되었고 워싱턴을 지지하는 목소리들이 일반적으로 너무 분명해서 반대하는 대표들은 그들의 반대를 철회하도록 설득되었다. 마침내 워싱턴은 메릴랜드의 대표인 토마스

---

113) *Ibid.*, p. 186.
114) James MacGregor Burns and Susan Dunn, *George Washington*, New York: Times Books, 2004, p. 23.

존슨(Thomas Johnson)에 의해 지명되고 만장일치로 선출되었다. 이것으로 워싱턴의 경력에서 길게 이어지는 만장일치 승리들을 시작했다.[115] 워싱턴은 그날 회의가 산회하고 갑자기 그를 장군으로 인사하는 대표자들을 상봉했을 때까지 자기의 임명을 알지 못했다. 눈 깜박할 사이에 이 조용한 카리스마적 사나이의 세계는 영원히 변해버렸다.

6월 16일 금요일, 존 핸콕 의장은 조지 워싱턴이 식민지 연합군의 장군이요 총사령관으로 선택되었다는 사실을 공식적으로 발표했다. 워싱턴은 답사를 하는 동안 얌전하게 서있었다. 새 사령관으로부터 심장을 울리는 말은 없었다. 그는 모든 선한 공화주의자들이 두려워하는 말을 탄 사나이가 아니었다. 워싱턴은 말했다.

> "의장님, 이 임명에서 나에게 베풀어준 고도의 명예를 진심으로 자각하고 있습니다. 그러나 나의 능력과 군사적 경험이 광범위하고 중요한 신임을 감당하지 못할지도 모른다는 의심에 굉장한 압박을 느낍니다. 그러나 회의가 염원하는 대로 나는 중대한 임무에 들어가 그들의 봉사와 영광스러운 대의를 지원하기 위해 가진 모든 힘을 다 바치겠습니다.[116]

워싱턴의 연설은 겸손으로 가득 찼지만 그는 오래전에 기대를 낮추는 기술을 터득했었다.

> "그러나 나의 명성에 좋지 않을 어떤 불행한 사건이 일어나지

---

115) Ron Chernow, *op. cit.,* p. 187.
116) *Ibid.*에서 재인용.

않는 한, 나에게 명예로운 사령관직을 내 스스로 감당할 수 있다고 생각하지는 않는다고 내가 오늘 최고로 진지하게 선언하는 것을 이 방의 모든 신사분들이 기억해 주길 간청합니다."[117]

이렇게 말하고 나서 워싱턴은 그가 브래독 작전 중에 이미 실천했던 당당하게 귀족적 제스처를 했다. 그리고 그에게 제안된 한달에 500달러의 급여를 사양했다.

"급여에 관해서, 의장님, 나는 내 가정의 편안함과 행복을 대가로 하는 이 고난의 고용을 수락하는데 있어서 어떤 금전적 고려도 개입할 수 없다는 것을 의회에 확실히 하고자 합니다. 나는 이 일로부터 어떤 이윤도 챙기고 싶지 않습니다. 나는 정확한 비용을 기록할 것입니다. 그것들이 지불될 것이라는 데 의심하지 않습니다. 그리고 이것이 내가 바라는 전부입니다."[118]

워싱턴은 자신의 동기들이 결점이 없다는 것과 또 그가 진정한 신사이고 그래서 강력하게 믿을 수 있다는 것을 보여주려고 했다. 대표자들은 모두가 그의 관대함에 박수갈채를 보냈다. 워싱턴의 제스처는 사람들의 상상력을 사로잡았으며 또한 이 혁명이 태양 아래 새로운 어떤 것이라는 것을 확인했다.

워싱턴은 보스턴을 향해 떠나기 전에 최고의 장군으로서 자신의 지휘를 위한 무대 소도구들을 모았다. 그는 다섯 마리의 말들과 네 바퀴의 마차도 샀다. 이것이 그의 비용 계좌의 첫 비용이 될 것이다.

---

117) *Ibid.*
118) *Ibid.,* pp. 187 – 188.

그는 군사전략에 관한 다섯 권의 책들을 수집했다. 그의 군사적 장식들도 모양을 냈다. 워싱턴은 대륙군을 위해 페어팩스 독립 중대의 색깔들을 유지하기로 결정했고 자신의 새 제복도 주문했다. 워싱턴이 총사령관으로 임명되었을 때 그는 자신이 비정상적인 상황에 처해 있음을 발견했다. 그는 공식적으로 대륙군의 명부에 올라있는 유일한 사람이었지만 기술적으로 그는 선포되지도 않은 전쟁을 수행하기 위해 존재하지도 않는 대륙군대의 맨 앞에서 행군하도록 선출되었던 것이다. 그럼에도 불구하고 그가 나중에 자기의 군 가족이라고 부를 개인적 보좌진들을 모으기 시작했다. 전쟁 중에 워싱턴은 여러 명의 활기찬 지성과 감성의 젊은이들에게 아주 가까운 애착을 가졌다.

워싱턴을 지원하기 위해 회의에서 선발된 장군들은 워싱턴 자신이 임명될 수 있었던 지리적 다양성에 따라 동일하게 계산되었다. 정치적 현실에 굴복하여 대륙회의는 매사추세츠의 퉁명스러운 아트머스 워드(Artemas Ward)를 선임 소장(major general)으로 선발했다. 워드는 결코 워싱턴에게 고분고분하지 않았으며 워싱턴이 상급자라는 데 분노했다. 그 다음에는 호레이쇼 게이츠(Horatio Gates)였는데 그는 준장(brigadier)의 계급으로 고급부관(adjutant general)으로 임명되었다. 워싱턴은 게이츠를 칭찬했고 군사문제에 대한 그의 높은 식견을 찬양했다. 회의에서 선발된 차선임 소장은 찰스 리(Charles Lee)였다. 워싱턴은 그를 전 군에서 군사적 지식과 경험에서 첫째 가는 장교라고 인정했지만, 그러나 그의 성품이 변덕스럽고 난폭하다는 것도 알았다. 또 다른 소장은 허드슨 강을 따라 넓은 토지를 가진 부유한 영주인 귀족적인 필립 슈아일러(Philip Schuyler)였다. 마지막으로 코네티컷 출신의 화려하면서도 거친 개척 농부로서 목소리가 굵직한 이스라엘 퍼트넘(Israel Putnam)이 있었다. 필라델피아에서 워싱턴의 마지막 시간들은 길고도 광적이었다. 6월 20일 그가 지휘했던 5개의 버지니아 시민군들의 장교들에게 작별인사를 보냈을 때 그는 다소 스트레스를 받아 쓰러질 뻔했다. 워싱턴은 6월 23일 보스턴으로 출발하기 전에 필라델피아 주민들로부터 축제 같은 환송을 받았다.

워싱턴이 말을 타고 북쪽으로 감에 따라 그에겐 미지의 땅으로 들어갔다. 즉흥연설에 대한 재능이 별로 없는 워싱턴은 자기의 갑작스러운 유명세에 준비가 잘 안되었다. 그럼에도 불구하고 뉴욕 시(the City of New York)에서 대규모 군중과 상봉하자 그는 깃털을 꽂고 자주 빛 끈으로 묶은 모자를 쓰고 순수한 쇼맨십을 보였다. 왕당파들과 애국자들 사이가 난폭하게 갈라진 도시에서 워싱턴의 호스트들은 그가 같은 날 영국을 방문하고 돌아온 충성스러운 총독, 윌리엄 트라이온(William Tryon)과 마주치지 않을까 걱정했다. 이런 충돌을 피하기 위해 워싱턴은 호보켄(Hoboken)에서 허드슨을 통과하여 오후 4시에, 그 땐 마을의 한참 북쪽이었는데, 오늘날의 캐널 스트리트(Canal Street) 가까이에 도착했다. 군 악단, 그리고 9개 중대의 시민군들, 그리고 뉴욕 지방의회의 대표단이 워싱턴을 맞이했다. 그는 해방을 위해 그에게 의존하고 있는 환호하는 대중들을 생생하게 보았다. 마을 사람들 모두가 그를 맞으려 나온 것 같았다. 지역 신문은 주된 주민들이 과거 어느 경우 때보다도 더 많이 등장했다고 말했다. 워싱턴은 레너드 리스페나드(Leonard Lispenard)의 시골 저택으로 들어갔다.

리스페나드 저택에서 워싱턴은 보스턴으로부터 급송 전문 하나를 받았다. 비록 봉합된 코뮈니케가 존 핸콕에게 가는 것이었지만 워싱턴은 그것이 급한 소식을 내포하고 있을 경우를 생각하여 전문을 열어보는 것이 현명하다고 생각했다. 그의 본능은 정확했다. 그 전문은 6월 17일 윌리엄 하우(William Howe) 장군이 지휘하는 2천명 이상의 영국군이 브리드스 힐(Breed's Hill)에서 요새화된 애국자들의 진지들을 습격하여 아메리카인들을 몰아내고 있다는 것이었다.[119] 아마추어 아메리카인들에게 최대한의 테러를 가하기 위해서 영국인들은 찰스타운(Charlestown)을 불지르고 파괴된 마을을 초토화시켜 놓았다. 벙커 힐(Bunker Hill)은 너무 큰 희생을 치른 공허한 승리였다.[120] 왜냐하면 영국인들에게 1천명 이상의 사상자들이 났기 때문이다. 미국인들은 조셉 워렌(Joseph Warren) 장군의 죽음을 포함하여 450명의 사상자가 있었다. 영국의 자신감을 멍들게 했던 반면에 벙커 힐 전투는 애국주의적 정신을 자극했고 영국군에게 첫 균열을 노출시켰다. 그러나 이 전투는 동시에 새파란 아메리카의 시민군이 영국의 직업군인들과 싸워 이길 수 있다는 잘못된 암시를 했다.[121]

워싱턴은 보스턴으로 출발하기를 갈망했지만 뉴욕 지방의회 일원들이 말을 걸고 싶어했다. 그리하여 정치적 에티켓 때문에 그는 좀

---

119) 론 처나우(Ron Chernow)에 의하면 이 전투가 그동안 벙커 힐(Bunker Hill) 전투라고 부정확하게 명명되었다고 한다. Ron Chernow, *Washington: A Life,* New York: Penguin Books, 2011, p. 192. 그렇지만 여기에서는 관례에 따라 벙커 힐이라고 부른다.
120) 보스턴의 포위와 벙커 힐에 관해서 좀더 자세한 얘기는, "Siege of Boston and Bunker Hill" in Smithsonian, *The American Revolution: A Visual History,* New York: Penguin Random House, 2016, pp. 58–61을 참조.
121) Ron Chernow, *op. cit.,* p. 192.

더 지체할 수밖에 없었다. 워싱턴과 그의 일행이 북으로 나아갈 때 그의 마음은 보스턴에서 그를 기다리는 상황에 사로 잡혔다. 그는 이미 그를 "각하"(His Excellency)라고 부르기 시작한 지방 의원들로부터 오는 편지로 함몰되었다. 조지 워싱턴은 이미 단순한 인간 이상이 되어가고 있었다. 그는 하나의 무정형 대의의 얼굴이고 형태였다. 게리 윌스(Garry Wills)가 지적했듯이 국가가 있기 전에, 다시 말해 국가의 상징인 국기나 헌법이나 국가의 문장이 있기 전에 워싱턴이 있었다.[122] 사람들이 그가 말을 탄 모습을 보고 싶어하다는 것을 알고 있던 워싱턴은 마을에 들어가기 전에 자기 마차에서 내려 말에 오르곤 했다. 그는 그것을 하나의 연극적 연기로 바꾸었던 것이다.

7월 2일 일요일, 워싱턴은 대륙군의 지휘권을 맡기 위해서 매사추세츠 케임브리지에 도착했다. 당시 대륙군은 보스턴을 포위하고 마을 안쪽에선 많은 영국군 병사들이 가두어진 상태였다. 뉴 잉글랜드의 삶들은 안식일을 심각하게 생각했다. 그리고 워싱턴은 종교적 행사를 존중했다. 그래서 이 역사적인 날에 이 우람한 버지니아인은 조용하고 눈에 띄지 않게 캠프로 들어갔다. 사열을 받기 위해 연병장에 줄지어 섰던 신출내기 병사들은 하루 종일 내리는 비가 영접을 망쳤을 때 해산되었지만 그러나 워싱턴과 리 장군은 그 날 저녁때 장교단을 만났다. 비로 인해 멀리 있는 영국군 병사들을 선명히 볼 수 없었다. 그럼에도 불구하고 임무에 착수함으로써 조지 워싱턴은 새로운 삶의 문턱을 넘었다. 이제 마운트 버논에서 거대 농장주의 삶은 한 동안 완전히 뒤로 하고 신생 아메리카의 대륙군 총사령관으로서

---

122) *Ibid.*, p. 193.

당시 세계 최강의 대영제국을 상대로 독립 혁명전쟁을 위한 기약 없는 영광과 고난의 삶을 시작한 것이다.

VI

독립을 위한 혁명전쟁(Revolutionary War for Independence)을 수행하다

"워싱턴은 보다 방어적 전략을 채택하고 진지전을 수행해야 한다는 사실을
수락하게 되었다. 그것은 자기 군대의 운명이 위험에 처할 때는 언제든지 철수하여
카르타고(Carthaginians)인들을 패퇴시킨 로마의 파비우스(Fabius) 장군의 이름을
딴 페이비안 전략(Fabian Strategy)이라고도 불리었다. 20세기의 게릴라나
테러주의자들의 전략들처럼 페이비안 전략은 약자가 선호하는 접근법이었다."[123]
— 조셉 J. 엘리스(Joseph J. Ellis)

1775년 7월 3일 43세의 조지 워싱턴은 보스턴 교외에서 1만 6천
명의 지휘봉을 잡고 아메리카 대륙군의 총사령관으로 공식 취임했다.
이날은 워싱턴에겐 니세시티 요새(Fort Necessity)에서 당했던 창피한
패배의 21주년이 되는 날이기도 했다.[124] 그날 워싱턴과 찰스 리 장
군은 연병장에서 전날 비로 치루지 못한 군대의 사열을 했다. 이날
하늘은 맑고 분위기는 활기찬 기분으로 가득했다. 다음 날 대륙회의는

---

123) Joseph J. Ellis, *His Excellency: George Washington,* New York: Vintage Books, 2004, p. 101.
124) *Ibid.,* P. 72.

식민지 국가의 시민군들을 아메리카의 대륙군(the Continental Army)에 공식으로 합병하여 워싱턴으로 하여금 일반명령(general orders)을 발할 수 있도록 하였다.125)

처음부터 총사령관으로서 워싱턴의 공식적 목소리는 높은 이상들로 메아리쳤다. 그는 식민지 국가들의 차이를 하나의 새로운 국가적 동일성으로 용해시키려고 노력했다. 그는 부하들에게 여러 식민지에서 모집된 군대들이 이제는 북아메리카의 연합지역의 군대이다. 그러므로 그는 식민지들의 모든 차이들이 버려지길 희망했다. 우아한 검을 옆에 차고 장화에는 은으로 된 박차를 달고 담황색의 제복을 단정하게 차려 입은 워싱턴은 캠프의 모든 곳을 돌아보았다. 캠프에는 질서와 규정에 대한 전환이 있었다. 워싱턴은 장교들과 병사들을 규율로 고무했다. 그에 관한 온갖 호의적인 평가에도 불구하고 버지니아 출신의 신참인 워싱턴은 만연한 양키들의 의심에 직면했고 그에 따라 그는 케임브리지에서 매일 보는 낯선 세계에 대해 마음 속으로는 저항했다. 실수에 대한 관용이 별로 없고 무질서에 대해 인내심이 부족한 그는 명령에 잘 따르지 않는 거칠고 소란스러운 대규모 부하들에 의해 포위되었다. 이 시점에서 워싱턴은 이런 조잡한 부하들이 언젠가 놀라운 용기를 보여주거나 자기가 그들을 사랑하게 될 것이라고는 결코 꿈도 꾸지 않았다.

1775년 8월에 워싱턴은 화약의 부족이라는 심각한 문제에 부딪쳤다. 자신의 군대를 보호하기 위해서 그는 1,800통의 화약을 보유하고 있다는 허구의 소문을 냈다. 어쩌면 이것이 초기의 성공적인 역

---

125) Ron Chernow, *Washington: A Life,* New York: Penguin Books, 2011, p. 195.

정보 작전의 사례일 것이다. 워싱턴의 자기 군대의 화약 부족을 심오한 비밀로 간주하고 8월 초에 매사추세츠의 전 입법부를 믿지 못해서 오직 매사추세츠 하원 의장에게만 그 소식을 몸소 전달했다. 비밀과 기만이 빠르게 그의 레퍼토리의 본질적 측면이 되고 있었다. 그가 케임브리지의 프로스펙트 힐(Prospect Hill)이라는 고지에 주둔하고 있고 영국의 게이지 장군의 군대가 보스턴 안쪽에 록스베리(Roxbury)라는 낮은 곳에서 꼼짝 못하고 있을 때 그가 겁을 먹고 있다는 비난 이상으로 그를 괴롭히는 것은 없었다. 현실은 보스턴의 포위 동안에 조지 워싱턴은 초조했고 영국군을 덮치고 싶어 안달이 났었다. 간결한 결정을 좋아하는 워싱턴은 이 악마 같은 교착상태를 처리하고 마운트 버논으로 돌아가고 싶었다. 그러나 영국인들이 미국의 캠프 위로 쓸모 없이 폭탄을 발사하기 때문에 워싱턴은 보복할 수 없는 무기력을 느꼈다. 화약의 부족이 너무나 절박하여 탄약을 절약하기 위해 창들이 분배되었다. 그런 상황에서 워싱턴은 그가 갈망하는 크고 대담한 작전을 할 수가 없다고 결론지었다.

병사들의 의복과 담요가 부족한 상황에서 뉴 잉글랜드의 겨울이 도래하는 것을 두려워 한 워싱턴은 가을에 따끔한 일격을 가하길 희망했다. 그렇게 많은 병사들에게 겨울의 막사들을 건설하는 것은 아주 값비쌀 것이고 또 그들을 따뜻하게 하기 위해선 하나의 숲만큼 장작을 만들어야만 할 것이다. 9월 10일 펜실베니아 소총 병사들 사이에 소규모의 반란이 있었기에 워싱턴은 더욱 조바심을 갖게 되었다. 코네티컷과 로드 아일랜드의 모병들은 새해에 소집 기간이 만료되기 때문에 그는 휘하 군대의 완전 해체를 두려워했다. 처음부터 워싱턴은 모든 주요 군사 작전은 전쟁위원회의 승인을 받아야 한다는 대륙회의의 지시를 존중했다. 위원회의 구조는 그의 계획에 보수적 편견을 갖고 그의 보다 담대한 충동을 억제했다. 1775년 9월 11일 전쟁위원회에서 워싱턴은 바닥이 평평한 배들을 이용하여 백배이(Back Bay)를 통과하는 상륙작전을 위한 극적인 계획을 제시했다. 그러나 장군들은 작전지연이 썰물 때 병사들을 학살에 노출시킬 것이라고 반대했다. 워싱턴은 설득력이 있었고 그리하여 그의 부하들이 자기 의지에 따르게 할 수 있었다. 소란스러운 뉴 잉글랜드 장군들은 워싱턴을 배척하는데 아무런 거리낌이 없었다. 그래서 그는 마지못해 그들의 결정에 따랐다.

워싱턴은 강인한 성격에도 불구하고 자기 군대의 연약함의 관점에서 값비싼 실수로 들어가기보다는 주요한 기회를 놓치는 것이 때로는 더 낫다는 것을 깨달았다. 일반적 전략은 대륙군을 보전하는데 중요한 강조점을 두고 싸울 적합한 조건을 기다리면서 지구전으로 끌고가는 것이었다. 워싱턴은 흔히 로마의 파비우스(Fabius) 장군에[126] 비유되었는데 그는 접전을 피하는 신중한 전략을 통해 한니발(Hannibal)을 저지했었다. 그럼에도 불구하고 흔히 인용되는 이 유추는 쉽게 과장되곤 했었다. 왜냐하면 워싱턴은 전시 내내 일격에 갈등을 끝내는 결정적인 전투를 수행하는 환상을 품고 있었기 때문이다.[127]

10월에 워싱턴은 군사적 계획에 관해서 숙의하러 온 벤자민 프랭클린(Benjamin Franklin)[128]이 이끄는 3명의 의원대표단을 영접했다.

---

126) 파비우스 장군에 관해서는, *Jaremiah* McCall, *Clan Fabius, Defenders of Rome,* South Yorkshire, U.K.: Pen & Sword Books, 2018을 참조.
127) Ron Chernow, *Washington: A Life,* New York: Penguin Books, 2011, p. 208.

워싱턴은 단기 복무 뉴 잉글랜드 지원자들에 의존할 수밖에 없는 상황을 개탄했다. 의지할 만한 직업적 군대로 전환하기를 희망하면서 그는 적어도 1년간은 복무하는 모병들로 새로운 2만명의 병력을 요청했다. 그리고 이것은 필라델피아 정치인들에 의해서 비준된 계획이었다. 그는 갇혀 있는 영국군대가 봄에 새로운 병력에 의해서 안심하기 전에 방문자들의 굉장한 승리에 대한 열망을 느꼈다. 바로 10월에 영국의 조지 3세는 신출내기 식민지들이 공개적 반란 상태에 있다는 것을 선언한 뒤에 토마스 게이지 장군을 강력한 윌리엄 하우(William Howe) 소장으로 교체했다. 워싱턴은 영국과 화해의 모든 희망이 사라졌음을 알았다. 그의 방문자들에 의해서 고무된 워싱턴은 1775년 10월 18일에 두 번째 전쟁위원회를 소집하고 보스턴에 대한 공격이 실질적이라면 아주 바람직하다고 예하 장군들에게 알렸다. 8명의 장군들 가운데 오직 나다낼 그린(Nathanael Green) 장군만이 그 공격에 대한 열정을 보였다. 그것도 만일 1만명의 병력이 보스턴에 안전하게 상륙할 수 있다면 이라는 단서를 달았다.

10월 24일 4척의 영국 선박이 매사추세츠의 팔마우스(Falmouth)에 도착했다는 말이 캠프에 도달했을 때 영국인들이 아메리카인들의 애국적 자신감을 깨부수기 위해 강력한 테러를 자행할 준비가 되었다는 것이 자명하게 되었다. 주민들에게 소개하라고 경고한 다음에 그들은 3백채 이상의 가옥을 불태웠다. 크게 흔들린 워싱턴은 가해자들이 아주 잔인하고 야만적으로 행동했다고 말했다. 혁명을 선과

---

128) H.W. Brands, *The First American: The Life and Times of Benjamin Franklin*, New York: Anchor Books, 2000.

악이라는 구식 투쟁으로 보았던 워싱턴에게 팔마우스 대화재는 런던에 있는 지도부가 사악하다는 추가 증거였다. 팔마우스 잔혹성에 대한 반응으로 매사추세츠의 일반법원은 미국의 민간 무장선들로 하여금 해안을 정찰하도록 허락하는 입법을 했다. 워싱턴은 여러 선박들을 민간 무장선들로 무장하는 승인을 의회로부터 획득했다. 민간 무장선들은 나포된 어떤 영국 배든 그것들의 가치 중 1/3을 소유할 수 있게 했다. 곧 "조지 워싱턴의 해군"이라고 명명된 6척의 그런 배들이 동부 해안을 배회하며 미국 해군이 탄생했다. 그들이 무법의 해적 선박으로 운영할지도 모른다고 염려한 워싱턴은 이 민간 무장선들에게 범죄를 저지르지 말라고 요구했다.[129]

자기 부하들에 의해서 당황스럽게 된 워싱턴은 도덕적 개선에 대한 자신의 노력에 결코 지치지 않았다. 그는 단순히 시민-군인이 아니라 자기 병사들이 고도의 행동기준을 지키길 원하는 시민-정치가(a citizen-statesman) 였다. 그는 자기 부하들이 우수한 군인 이상이 되길 바랐다. 즉 그들은 어디에서나 애국자들에게 본보기가 되어야 했다. 휘하 군대에 대한 일반명령에서 그는 거의 매일 같이 그들의 이상을 강조하고 그들의 잘못을 나무랐다. 전쟁의 혼돈 속에서 조차도, 즉 군 캠프의 혼란 속에서도 워싱턴은 문명화된 행동에 대한 지칠 줄 모르는 믿음을 분명히 나타냈다.[130]

1775년 가을에 워싱턴은 리처드 몽고메리(Richard Montgomery) 장군과 베네딕트 아놀드(Benedict Arnold) 대령에 의한 캐나다의 진

---

129) Ron Chernow, *Washington: A Life,* New York: Penguin Books, 2011, p. 209.
130) *Ibid.*

격에 굉장한 희망을 걸었다. 워싱턴은 만일 캐나다가 영국인들 손에 남아 있다면 그것은 북방 국경에 언제나 잠재적 위협을 야기할 것이라고 두려워했다. 아놀드가 메인(Maine) 황무지를 통해 원정군을 이끌었다. 그들은 12월 초에 벽으로 둘러싼 퀘벡(Quebec) 시에 몽고메리 장군과의 만남을 위해 도착했다. 워싱턴은 몽고메리와 아놀드가 퀘벡에서 승리할 것으로 너무나 확신했기에 그들에게 그 정복된 도시에서 탈취한 담요와 의복 그리고 기타 군사적 비축물자를 보내달라는 요청까지 했다. 그러나 몽고메리 장군은 퀘벡에서 비참한 패배 속에 죽음을 맞이했고 아놀드 대령은 무릎 아래 쪽에 부상을 당했다. 퀘벡의 재앙은 그의 첫 전략적 계획이 빗나간 워싱턴에게도 심각한 타격이었다. 그 패배는 또한 전투경험이 부족한 장병들이 용기를 잃고 겁에 질려 도망칠 것이라는 최악의 두려움을 확인해 주었다. 워싱턴에게 그 재앙은 단기간 모병의 병사들에게 의존하는 위험을 강조했다. 몽고메리 장군이 바로 그런 제약 하에서 고통받지 않았다면 그가 퀘벡의 봉쇄를 계속했을 것이며 재앙을 면했을 것이라고 워싱턴은 믿었다. 반면에 아놀드의 용맹은 대의에 헌신하고 주도권을 잡고 용기 있게 행동한다는 이미지를 구축했다.[131]

혁명의 초기 몇 년 동안 워싱턴은 신병들을 훈련시켜 놓으면 그들이 1년 모병기간이 끝나면 사라져버리는 시지프스 같은 악몽에 시달렸다. 인간의 본성을 고려할 때 워싱턴은 전쟁을 이기기 위해 혁명적 열기에만 의존할 수 없었다. 그는 병사들의 경제적 자기 이익도 제공해야 한다는 것을 알고 있었다. 그러나 이 목표는 어떤 식민국가

---

131) *Ibid.*, p. 211.

들이 자신들의 시민군의 모병자들에게 보다 높은 보상을 제공한다는 사실에 의해 복잡 해졌다. 병사들은 이 제도를 악용하여 한 부대에서 탈락하여 다른 부대에 지원해서 새로운 보상금을 받았다. 새 충원자들을 끌어들이기 위해 보상금을 올리는 대신에 워싱턴은 징집제도를 원했지만, 그러나 상비군을 닮은 그 어떤 것에도 저항하는 공화주의와 충돌했다. 11월 말에 눈이 미국의 캠프를 덮자 워싱턴의 사기는 기온과 함께 뚝 떨어졌다. 그는 자신이 결코 탈출할 수 없는 유사(流沙) 속에 가라 앉는 것을 느꼈다. 11월 말까지 3천 5백명만이 감소하는 군대에 머물기로 동의했다. 그의 맹렬한 고뇌는 냉정하고 비감정적인 워싱턴의 이미지와 상반되었다. 이럴 줄 예상했더라면 지상의 어떤 고려도 나로 하여금 이 사령관직을 수락하게 유인하지 않았을 것이라고 멜로드라마식으로 말했다.132)

약세의 군대를 강화하기 위한 여러 가지 계획들을 심사숙고하면서 워싱턴은 사회정책의 도구로서가 아니라 정말로 군사적 필요성의 문제로서 흑인들을 대륙군으로 수용할지 여부의 난처한 문제로 씨름했다. 많은 사람들은 케임브리지에서 산재한 흑인병사들에 의해서 항상 호의적이지는 않았지만 놀랐다. 많은 남부의 농장주들에게 흑인들을 무장하는 것은 노예폭동의 불안한 환상을 일으켰다. 그러나 워싱턴은 뉴 잉글랜드 자기 부하들의 관용을 고려에 넣어야 했다. 그럼에도 불구하고 10월 한 전쟁위원회에서 워싱턴과 예하 장군들은 만장일치로 모든 노예들을 거부했고 또 모든 흑인들을 거부하기로 절대다수가 찬성했다. 한 달 후에 워싱턴은 배타적 정책을 명시했다. 즉 그는 흑인

---

132) *Ibid.*

들, 무기를 들 수 없는 소년들, 그리고 군사작전의 피로를 견딜 수 없는 부적합한 노인들을 배제한다는 것이었다. 워싱턴은 건강한 흑인 병사와 노인 및 소년들을 모두 하나로 묶어서 그들이 열등해서 오직 마지막 수단으로서만 의지할 수 있을 것이라고 말했다.[133]

11월 7일 던모어 경이 그들의 반란자 주인들로부터 도망친 노예들이나 고용된 하인들이 영국의 왕실 에티오피아 여단에 참여할 수 있다고 발표했다. 곧 800명이 그의 깃발 하에 모여들었고 제복에 "노예들에게 자유를"이라고 꿰 멘 모토가 새겨진 영국의 제복을 입었다. 그러나 첫 째번 파도 같은 도망자들에게 그런 자유는 기만임이 드러났다. 왜냐하면 많은 흑인 지원병들이 버지니아 강들을 항해하는 선박들 위에서 천연두로 죽었기 때문이다. 노예 소유주로서 그의 개인적 동요가 무엇이었든지 간에 워싱턴은 비록 그들이 우연히 흑인이라고 할지라도 유능한 신체의 남자들을 떨쳐버릴 수 없었다. 혁명은 그로 하여금 일년 전만 하더라도 상상할 수 없었을 생각들을 명상하게 만들었다.

그리하여 던모어 경에 관해 화가 나서 찌근거렸던 워싱턴이 1775년 12월 말에 존 핸콕 대륙회의 의장에게 편지를 급히 보내서 대륙군에서 복무했던 자유 흑인들이 버려진데 대해 대단히 불만스러워한다는 것이 자기에게 대변되었다고 말했다. 그들이 영국군에서 고용을 추구할지도 모른다고 염려되었기 때문에 결의안에서 벗어나 그들을 존중하고 모병이 될 자격을 주었다고 전했다. 2주 후에 대륙회의는 이 비상한 결정을 비준하고 자유 흑인들이 다시 모병이 될 수

---

133) *Ibid.*, p. 212.

있게 허용했다.[134] 워싱턴의 동기가 무엇이었든 그것은 미국의 역사에서 하나의 분기점이 되었으며 약 5천명의 흑인 병사들이 대륙군에서 복무할 길을 열었다. 여러 시기에 흑인들은 워싱턴 군대의 6~12%를 차지했다. 혁명전쟁은 이미 노예제도의 국한된 지역 밖에서 작용하는 새로운 아이디어들을 위한 실험실이 되고 있었다. 1775년에 필라델피아에서 첫 반노예제도협회가 결성되었다는 것은 시의적절한 일이었다.

1775년 12월 25일 크리스마스 날에 케임브리지는 영하의 날씨와 1피트의 눈이 내려 워싱턴의 마음을 더욱 우울하게 만들었다. 연말에 병사들은 의회가 예상한 수의 반도 안되는 오직 9,650명만이 새 군대에 서명했다. 새로운 명부로 새해를 시작하기 위해 워싱턴은 구 군대의 모든 위법자들을 전부 사면했다. 새해 1월 중순 워싱턴은 자기 군대에 자금이 없고, 화약이 없으며, 은닉한 무기도 없고, 공병들도 없으며, 야전작전에서 사용할 자신의 텐트조차 없다고 불평했다. 실패를 혐오했던 워싱턴은 최고사령관직을 수락한 것이 실수가 아니었나 하고 다시 심사숙고했다. 갈등의 분위기는 1776년 1월 1일 한낮에 던모어 경이 버지니아의 노포크(Norfolk)를 불지르자 갑자기 전면전으로 기울었다. 그의 휘하의 함대가 7시간 동안이나 마을에 포를 퍼부었고 검게 탄 잔해들이 수일 동안 연기를 뿜었다. 이것으로 버지니아에서 가장 인구가 많고 또 가장 번창한 마을이 파괴되었다. 이 대 화재는 워싱턴에게 남아 있던 영국에 대한 호감을 모두 일소해버렸다.

---

134) *Ibid.*, p. 213.

1776년 1월 10일 식민지들이 완전한 독립을 추구하도록 활기를 불어넣는 이정표 같은 토마스 페인(Thomas Paine)의 <상식>(*Common Sense*)의 발간으로 이 갈등은 더욱 심화되었다. 당시 38세의 페인은 2년 전에 영국에서 필라델피아에 도착했다. 많은 식민주의자들이 조지 3세가 사악한 내각에 속박당한 인자한 아버지로 동화같은 이야기에 여전히 매달려 있을 때 페인은 왕을 영국 왕실의 짐승이라고 부르면서 그러한 환상들을 거칠게 분쇄했다. 페인의 이 놀라운 작품은 3개월 내에 오직 3백만의 인구밖에 안되는 미국에서 무려 15만부가 팔렸다.[135] 그 감동적 내용을 넘어 <상식>은 완벽한 타이밍의 덕을 봤던 것이다. 그것은 미국인들이 노포크의 공포에 관한 소식은 물론이고 미국의 반란자들을 반역자들로 비난하고 그들을 분쇄하기 위해 외국 용병들을 파견하겠다는 조지 3세의 10월 달 연설을 소화한 바로 그때 등장했던 것이다. 페인의 작품은 마법적 효과를 낳았다.

<상식>은 사기를 잃은 대륙군이 필요한 바로 그 자극이었다. 워싱턴은 그 팜플렛의 중요성을 즉시 간파했다. 일단 자신의 정체가 밝혀지자 페인은 팜플렛 출판으로 얻은 수익으로 병사들을 위한 모직 장갑을 구매하도록 기증하여 병사들의 사랑을 받았다. 일년도 안되어 그는 나다낼 그린(Nathanael Greene) 장군의 부관으로 여행했고 워싱턴과 긴밀한 관계를 수립했다.

1776년 1월 14일 워싱턴은 존 핸콕에게 미국의 무장 상태가 참으로 걱정스럽다고 알렸다. 보다 많은 화력을 위한 그의 기도가 곧 응답을 받았다. 3일 후에 좋은 소식으로 빛을 발하면서 헨리 녹스

---

135) *Ibid.*, pp. 214-215.

(Henry Knox) 대령이 2달 간의 침묵 후에 캠프에 육중하게 들어섰다. 그는 포트 타이콘데로가(Fort Ticonderoga)로부터 300마일을 실어온 중장비 무기의 즉각 도착을 보고했다. 믿을 수 없을 정도로 녹스는 약 12만 파운드에 달하는 거의 60개의 박격포와 대포를 탈취해서 그것들을 42대의 거대한 썰매에 실었다. 쌓이는 12월의 눈을 통과하여 황소의 팀이 이 무거운 대포들을 산길을 오르내리고 얼어붙은 강들을 지나 구경꾼들이 놀라서 입을 딱 벌린 마을 길을 따라 끌고 왔다. 이 거대한 과정은 거의 기적처럼 보였다.[136] 그리하여 헨리 녹스는 전쟁의 전설적인 뛰어난 솜씨들 가운데 하나를 수행한 그 시간의 영웅이 되었다. 일순간에 전 갈등이 변환되었다. 왜냐하면 워싱턴은 이제 보스턴에 갇혀 있는 영국군에게 공세를 생각할 수 있게 되었기 때문이다. 거대한 타이콘데로가 대포들의 도착은 신의 섭리였다.

공세적 작전을 위해 한 가지 부족한 전제조건은 대륙군과 영국군 사이에 있는 수로를 얼리는 차가운 바람이었다. 1월 말에 기온이 영하로 곤두박질칠 때 워싱턴은 그것을 면밀히 조사했다. 2월 13일 레크미어 포인트(Lechmere Point)에서 워싱턴은 얼음이 충분이 두꺼워서 보스턴까지 가는 채널이 모두 얼었다고 판단했다. 그리하여 2월 16일 전쟁협의회를 소집하고 보스턴에 있는 영국군에게 대담하고 단호한 공격을 위한 계획을 제시했다. 회의적인 장군들은 그들의 화력이 부족하고 사전에 중포격으로 영국군을 무력화할 수 없을 것이기

---

136) "Knox Transports Siege Artillery," in Smithsonian, *The American Revolution: A Visual History,* New York: Penguin Random House, 2016, pp. 102－105.

때문에 그 계획은 결함이 있다고 만장일치로 부결했다. 그들은 또한 워싱턴이 미국 군병력의 규모를 과장하고 영국의 힘을 과소평가했다고 믿었다. 어쩔 수 없이 워싱턴은 그들의 판단을 수용했다.

그의 장군들의 거부는 전쟁의 고취된 작전들 중의 하나가 된 두 번째 계획의 논의에 들어갔다. 남쪽으로부터 보스턴을 내려다보는 도체스터 하이츠(Dorchester Heights)라는 고지대가 요새 속에 있는 영국군을 패배시키는 데 사용될 수 있을 것이라는 점이었다. 1백 피트 이상 높은 이 전략적 절벽은 여러 가지 이유로 무장하지 않은 채로 남아 있었다. 보스턴의 첩자들은 만일 미국의 반란자들이 그것을 점령하려 든다면 힘차게 나가서 궤멸시킬 것이라는 하우(Howe) 장군의 장엄한 맹세를 보고했다. 그리고 고통스러운 병참 문제가 남았다. 어떻게 얼음이 덮인 지상에 요새를 구축할 것인가? 그리고 어떻게 적의 대포들에 대한 충분한 사계와 사정거리 내의 높은 산 등선 위에까지 타이콘데로가 대포들을 이동시킬 수 있을까? 현명한 해결책은 하룻밤 동안에 어둠을 이용하여 대포들을 제자리에 끌어다 놓는 것이었다.

영국 병사들의 시야를 방해하기 위해서 애국자들은 건초더미들로 차단막을 쌓았다. 워싱턴과 휘하 장군들은 다른 곳에서 요새화하는 영리한 기만방책을 착안했다. 그리하여 고지대까지 그것들을 수송했다. 워싱턴은 또한 흉벽 앞에 흙으로 채운 통들을 세워서 기만적으로 세력을 과시했다. 2월 하순에 워싱턴은 마련한 작전이 영국인들을 유인하여 미국인들에게 유리한 조건에서 접전하게 할 것이라고 예상했다. 그가 프랑스-인디언 전쟁에서 배웠던 하나의 교훈은 전투에서는 공포심이, 특히 경험이 없는 병사들 사이에선 전염된다는 사실이었다. 임박한 작전의 정확한 성격에 관해서 노출함이 없이 워싱턴은 만일 작전 중에 어느 병사가 꾀병을 부리거나, 숨거나 혹은 자기를 지휘하는 장교의 명령 없이 적으로부터 후퇴하는 자가 있다면 그자는 겁쟁이의 본보기로서 즉시 처형될 것이라고 퉁명스럽게 경고했다.

4월 2일 한밤중에 애국자들은 영국인들에게 관심을 돌리는 일제 사격을 개시했다. 그러자 영국인들이 귀를 찢는 포사격으로 대응했다. 이 시끄러운 교전은 다음 날 밤까지도 계속되었다. 3월 4일 밤 고지대 아래로 안개가 끼어 언덕 위에서는 달빛 밝은 밤이었지만 미국인들은 눈에 띄지 않을 수 있었다. 워싱턴은 말을 타고 작전을 지휘했는데 이것은 그가 부하들에게 가장 익숙한 실루엣 형태로 보였다. 헨리 녹스 대령의 지휘 하에 미국의 대포들은 보스턴에 연속으로 맹 포격을 퍼부었다. 대포들의 폭음 소리에 숨어서 존 토마스(John Thomas) 장군은 대포들과 무거운 통들을 끄는 3천명의 병사들과 황소마차들을 감독하여 성벽을 사전 조립하여 가파른 경사를 넘었다. 3월 5일 여명에 영국인들은 간밤에 뭔가 이상한 일이 발생했다고 생각했다. 도체스터 하이츠가 완전한 요새로 변했으며 그리하여 영국의 보스턴 점령을 지탱할 수 없게 만들었다. 이 작전에서 단 한 명의 미국인 병사도 잃지 않았다.

집결된 미국의 대포들을 보자마자 믿을 수 없다는 듯이 영국의 하우 장군은 미국인들이 그가 자기 군대를 동원해 3개월이 걸릴 일을 하룻밤 사이에 해치웠다고 탄복했다. 보스턴 학살의 기념일인 이 날 워싱턴은 부하들 사이를 당당히 걸으며 3월 5일을 기억하라고 소리치면서 형제들의 죽음에 복수하라고 말했다. 그러자 부하들도 함성으로 찬동을 표시했다. 워싱턴 전략의 두 번째 단계는 퍼트넘, 설리반 그리고 그린 장군들이 4천명의 병사들로 찰스 강을 신속하게 건너가 만일 하우의 군대를 도체스트 하이츠에서 유혈접전에 끌어들임으로써 보스턴을 연타하는 것을 요구했다. 영국인들은 이 영리하게 친 덫에 덤벼들려는 것처럼 보였다. 몇몇 장교들 사이에서 회의론에도 불구하고 하우 장군은 하이츠에 2천명 이상의 병사들을 투입하기로 했다. 워싱턴은 만일 그가 영국인들을 보스턴에서 몰아낼 수 있다면 그들은 치명적인 화력으로 포격될 것이라고 확신했다. 워싱턴은 자기 방어망들을 마지막으로 꼼꼼히 점검했다. 그러나 그는 예상 못한 날씨의 변화로 좌절되었다. 그의 방문 직후 이미 내리기 시작한 비가 난폭한 폭우와 강풍으로 변해서 적의 상륙 계획을 방해하고 선박들이 서로 충돌하게 만들었다. 전투에 임했던 워싱턴은 슬프게 실망했다. 그는 리 장군에게 폭풍은 그들에게 가장 다행스러운 환경이고 미국인들에겐 일어난 최악의 불행이라고 말했다.[137]

도체스터 하이츠의 성공적 무장의 결과는 영국군이 대체로 무사했음에도 불구하고 보스턴에서 철수하는 영국의 결정이었다. 3월 9일날 밤에 하우 장군은 도체스터 하이츠를 향해 귀를 먹게 할 정도로 연속 포사격을 했다. 700발의 연속 포사격은 보스턴 내에서 그것을 포기하려는 미친 움직임들을 간신히 위장한 조치였다. 워싱턴이 사태 발전을 조사해보니 마을은 소동을 일으키는 무질서로 빠져들었다. 3월 17일 일요일 먼 곳에서 들리는 애국자들의 격려 소리가 귓

---

137) Ron Chernow, *Washington: A Life,* New York: Penguin Books, 2011, p. 226.

가에 맴도는 가운데 빠른 걸음의 9천명의 영국군 병사들로 구성된 수많은 왕당파들이 바다까지 9마일이나 늘어선 120척의 함대에 승선하여 보스턴을 영원히 떠났다.

워싱턴의 점증하는 숙련도를 나타내는 것으로 그는 공개적으로 자랑하지 않았다. 차가운 머리를 유지하는데 자부심을 느끼는 워싱턴은 환호에 일희일비하지 않았다. 특히 영국 선박들이 항해해 가는 데는 10일이나 걸렸기 때문이다. 사령관의 자격증명 가운데 하나는 끊임없는 불침번의 경계였다. 그래서 그는 영국 군인들이 위장하여 해안으로 숨어들어와 기습공격을 하지 않을까 염려했다. 3월 18일 워싱턴 자신이 보스턴에 들어섰을 때 그곳은 광범위한 피해를 입었지만 그가 기대했던 것만큼 나쁘지는 않다고 말했다. 그는 변덕스러운 폭풍에 대해 하늘에 감사했을 것이다. 왜냐하면 그는 영국의 방어진이 놀라울 정도로 강했고 거의 난공불락이었으며 모든 대로가 요새화되었음을 발견했기 때문이다. 그는 존 핸콕의 비콘 힐(Beacon Hill) 저택을 돌아보며 가구들이 여전하고 가족의 유화 초상화들이 벽에 그대로 걸려 있는 것을 발견했다. 성급히 떠나느라 영국인들은 30기의 대포와 3천개의 담요, 5천가마 가량의 밀과 3만 5천개의 널판지들을 포함하여 거대한 보급물품들을 남겼다. 이것은 조지 워싱턴이 대륙군 총사령관이 된 이후 첫 군사작전의 승리였다. 그러나 그것은 워싱턴의 절반정도 완결된 작전이 그 자신에게도 놀라운 승리를 달성한 것이다.[138] 전투의 법칙으로 교육받은 영국인들은 적의 대포의 사정거리 내 위치

138) James Thomas Flexner, *Washington: The Indispensable Man,* The Illustrated Edition, New York: Sterling Signature, 1974, p. 91.

에 머문다는 것은 용서할 수 없이 위험한 것으로 믿었다. 3월 10일 영국 함대는 영국 군대를 대양 너머로 데려가 버렸다.

일반적으로 워싱턴은 첫 승리를 침착하게 다루었다. 그가 핸콕에게 영국인들이 포격을 피해 달아났다는 것을 알렸을 때 그는 자신을 축하하지 않고 핸콕과 "영예로운 회의"를 축하하는 요령을 부렸다. 승리가 수반한 약탈을 용서하는 대신에 워싱턴은 범법자들을 호되게 처벌했다. 그는 질서 있는 풍조를 선호했고 민간인 당국자들에게 위임했다. 하나의 아름다운 상징적 조치로서 워싱턴은 자기에게 주어진 말을 되돌려 주었다. 왜냐하면 워싱턴은 그 말이 미국의 대의를 거부한 미국의 적이었던 어떤 떠나간 토리 당원(a Tory)으로부터 빼앗은 것임을 알았기 때문이다. 다시 한 번 보복적 조치를 반대함으로써 워싱턴은 아메리카 군대의 풍조와 성격을 수립했다.[139] 워싱턴은 첫 전투의 승리라는 아주 감동적인 상황에서 적에게 뭔가 위대한 영웅의 덕목인 장엄함(magnanimity)을 실천했던 것이다.

그의 공적으로 워싱턴은 과거에는 결코 없었던 거물이 되었고 또 여러 명예를 수집하여 역사적 인물로 고양되었다. 하버드(Harvard) 대학은 그에게 명예학위를 수여하여 워싱턴의 교육에서 오랜 결함을 보충해 주었다. 매사추세츠 정치인인 조시아 퀸시(Josiah Quincy)는 워싱턴에게 그의 이름이 조국의 구원자의 인물로서 후세에 전해질 것이라고 보증했다. 그런 넘쳐흐르는 칭송은 영국인들을 추방하는데 있어서 워싱턴의 솜씨만큼이나 절실하게 미국인들의 구심점으로 확실한 영웅에 대한 애국자들의 필요성을 반영했다. 워싱턴을 영광되

---

139) Ron Chernow, *Washington: A Life,* New York: Penguin Books, 2011, p. 228.

게 하는 것은 아직도 여전히 미숙한 형태로만 존재하는 나라를 통일하는 하나의 방법이었다. 어느 정도의 허영심을 보이는 것마저 단호히 억제하면서 워싱턴은 조심스러운 겸양의 자세로 반응했다. 보스턴의 해방을 기념하는 하나의 방법으로 회의는 도체스터 하이츠 꼭대기에 있는 워싱턴과 그의 장군들을 보여주는 첫 메달을 주조했다. 그것은 또한 워싱턴이 승리한 장군의 어떤 자부심도 보이지 않는 화가 찰스 윌슨 필(Charles Wilson Peale)에게 초상화도 주문했다. 그의 생각은 당시 뉴욕에서 자기에게 다가올 어려움에 이미 가 있는 것처럼 워싱턴의 눈동자는 슬프고 걱정스러우며 심지어 약간 초점을 잃은 듯 보였다.

영국인들이 북쪽에 위치한 노바 스코시아(Nova Scotia)로 항해하기 이전에도 워싱턴은 그들이 수많은 수로들이 세계 최강의 영국 해군력에 유리하게 작용할 뉴욕으로 오고 말 것이라고 정확하게 짐작했다. 영국군이 가버린 뒤 워싱턴이 자기는 잔여 병력과 함께 즉시 뉴욕으로 향할 것이라고 회의에 통지했다. 만일 영국인들이 허드슨 강(the Hudson River)을 통제한다면 그들은 북부와 남부 식민지들을 양분하면서 캐나다와 뉴욕 사이에 있는 아주 중요한 회랑지대를 효과적으로 통제하게 될 것이라는 것을 워싱턴은 알았다. 뉴욕 역시 오직 호의적인 기회와 지지를 기다리는 불만에 찬 사람들로 가득한 강렬한 토리 당원들의 본거지였다. 워싱턴에 앞서 뉴욕에 간 리(Lee) 장군은 수로들에 의해서 교차하는 도시의 방어라는 임무에 혼란스럽게 반응했다. 걱정으로 잠을 자지 못하고 통풍으로 무력하게 된 리 장군은 상류 만에 있는 거버너스 아일랜드(Governors Island), 브루클린(Brooklyn)에서 레드 훅(Red Hook), 그리고 허드슨 강의 서쪽 해안에 있는 폴러스 훅(Paulus Hook)에 대포들을 설치함으로써 영국해군으로부터 뉴욕을 방어하기 시작했다. 뉴욕을 장대한 항구로 만든 바로 그 특징들이 방어자들에게는 군사적 악몽으로 전환되었다. 영국 선박들이 포위해서 철저히 포를 날릴 수 없는 땅이 거의 없었다. 돌이켜보면 뉴욕은 분명히 불행한 운명이었지만 워싱턴은 그곳이 무한한 중요성을 갖기에 싸우지 않고 항복한다는 것은 정치적으로 사기를 떨어뜨릴 것이라고 생각했다.

1776년 4월 13일 워싱턴이 뉴욕에 도착했을 때 리 장군은 사우스 캐롤라이나의 찰스턴(Charleston)으로 임지를 옮기고 이스라엘 퍼트넘 장군에게 지휘권을 남겼다. 워싱턴은 낮은 브로드웨이에서 포병대 바로 옆에 있는 본부에서 업무를 시작했다. 영국 군인들이 보스턴에서 숙박할 때 보스턴 시민들에게 만행을 저질렀다는 비난을 받았기 때문에 워싱턴은 맨해튼의 가옥들에서 숙박하는 병사들에 의한 그런 비행을 막기 위해 애를 썼다. 겨울을 넘기자 워싱턴은 케임브리지에서 군대에 대한 자기의 전체적 권위가 뉴욕의 작전에까지 확대되는 지의 여부가 궁금했다. 회의에 본보기의 겸손을 보이면서 그는 존 애덤스와 협의했는데 그는 워싱턴의 임무는 모든 병력의 사령관이며 복무의 선과 복지를 위해 그가 생각하는 대로 행동할 완전한 권한과 권위가 부여되었다고 명백하게 천명했다. 매우 영향력 있는 이 순간은 워싱턴이 대륙적 권한을 행사하고 국가의 군대를 감독하는데 있어서 어떤 의구심도 싹 쓸어버렸다.[140]

---

140) *Ibid.*, p. 230.

과거에 뉴욕을 오직 두 번만 방문했기에 워싱턴은 이 새로운 지형에 익숙해질 필요가 있었다. 그가 야전으로 나가길 원할 때 이 괴로운 장군은 자기의 사무실에서 끝없는 서류들에 파묻혀 있다고 불평했다. 그는 맨해튼 저지대로부터 브루클린(Brooklyn)에 이르는 일련의 주둔지들을 둘러볼 어려운 과업에 직면했다. 리 장군의 계획을 토대로 워싱턴은 워싱턴 요새(Fort Washington)과 리 요새(Fort Lee)로 알려진 한 쌍의 쌍둥이 요새들을 허드슨 강 북쪽 바위의 고지에 건설하기로 하였다. 이것은 영국인들이 강을 캐나다로 가는 통행로로 전환하는 것을 막기 위해 계획된 전초 지점이었다. 바다로부터 공격을 막기 위해 워싱턴은 모든 거리의 끝을 바리케이드로 봉쇄하고 영국 선박들에 대비한 해안 장애물들을 가라 앉혔다. 6월 초까지 대륙군은 맨해튼, 뉴저지 해안, 거버너스 아일랜드, 그리고 브루클린에 121대의 대포들을 포진시켰는데 이것들은 모두가 영국 선박들에게 대포사격을 할 준비가 되어 있었다. 자신의 대비태세에 만족한 워싱턴은 5월에 조지 3세 왕이 북아메리카에서 싸우기 위해 1만 7천명의 독일 용병들을 고용했다는 것을 알고 당황했다. 이 소식은 이 갈등이 길고 유혈 전쟁을 통해서만 해소될 것이라는 것을 확인했다.

5월 말에 워싱턴은 그가 사임하려 한다는 근거 없는 루머가 나도는 가운데 필라델피아로 가서 군사전략에 관해서 회의와 협의했다. 일련의 회담은 애국자들이 아무리 불가능해 보여도 뉴욕의 단 1인치 땅을 위해서도 싸울 것이라는 점을 분명히 했다. 필라델피아는 영국으로부터 독립을 선언하는 것에 관해 열광하고 있었지만 군인으로서 워싱턴은 공개적 언급을 자제했다. 그러나 사적으로 워싱턴은 과거 어느 때보다도 더 호전적이었고 또 고상한 화해의 음식을 여전히 먹고 있는 의원들을 비웃었다. 워싱턴에 진작된 회의는 새로운 병사들을 포섭하기 위해 10달러 보상을 제공하기로 결정했고, 또 존 애덤스가 주재하는 전쟁이사회(a Board of War)를 설립하여 병력충원을 개선하고 보급품을 공급하기로 역시 결정했다.[141]

1776년 여름까지 영국은 반란군들에게 신속한 조치를 취할 것이라고 낙관했다. 이런 허풍은 런던의 관가에서 점점 더 널리 퍼졌다. 미국 식민지 담당 조지 저메인(George Germain) 장관은 필요한 모든 것은 결정적 타격이라는 희망을 간직했다. 영국이 대단한 육군을 보유하고 있지 않은 반면에 유럽에서 필적할 상대가 없는 것은 해군이었다. 그리고 뉴욕 항구는 이 거대한 함대를 흡수할 만큼 충분히 큰 유역이었다. 이 선박들을 기다리면서 워싱턴은 그들의 도착을 감지하기 위해 모든 신경을 곤두세우게 했다. 6월 29일 스테튼 아일랜드(Staten Island)에 주둔하고 있는 애국적 경계병들이 영국 함대의 첫 선두로 40척의 영국 배들이 샌디 훅(Sandy Hook) 연안에서 관측되었고 곧 내로우스(Narrows)를 장대하게 통과할 것이라는 신호를 워싱턴에게 보냈다. 이 소식은 맨해튼에서 광란의 소동을 촉발했다. 워싱턴은 뉴욕을 지키려는 노력으로 값비싼 도박을 하기로 결정했다. 엄밀하게 말하면 회의가 뉴욕을 지키는데 높은 우선순위를 부여했다고 말해야 할 것이다. 하루 전에 워싱턴은 매사추세츠와 코네티컷에 뉴욕으로 시민군을 황급히 파견하라는 긴급한 요구를 했었다. 그리고 그는 이제 부하들에게 모든 곳에 모래주머니를 쌓게 하고 즉각적

---

141) *Ibid.*, p. 231.

인 영국의 공격에 대비한 준비를 가속화했다. 공포에 질린 여자들과 어린아이들의 엄청난 탈출이 들어오는 시민군과 길을 가로지르며 뉴욕을 떠났다.

지원군들이 도착할 때까지 워싱턴은 비참할 정도로 일손이 부족했다. 그는 9천명도 안 되는 병사들을 보유하고 있었지만 그중 2천명은 너무 아파서 전투에 임할 수 없었다. 그 사이에 워싱턴은 18세기에 가장 대규모인 거대한 원정군의 일부가 될 1만 7천명의 독일 용병들의 도착에 마음을 모지게 먹었다. 적의 병력은 총 3만명에 달했다. 이 첫 번째 선박들의 파도가 맨해튼에서 점점 더 잘 보이자 110척의 군함과 수송선의 거대 함대의 장관은 바라보기에 거의 꿈같이 인상적이었다. 이것들은 3월에 보스턴에서 소개했던 동일한 배들이었고 뉴욕으로 항해하기 전에 핼리팩스(Halifax)에서 야단법석을 떨었다. 워싱턴에게는 다행스럽게도 이전 보스턴 포위의 보복자인 윌리엄 하우(William Howe)의 지휘 하에 선두 경비는 그 문제를 강요하지 않기로 결정했다. 몇 척의 영국의 선박들은 롱 아일랜드의 그레이브센드(Gravesend)에서 정박했고 새로 도착한 영국병사들은 스테튼 아일랜드에서 야영했지만 어떤 공세적 행동도 발생하지 않았다. 하우 장군은 자기 형인 제독이자 자작 (Admiral Viscount)인 리처드 하우(Richard Howe)의 지휘 하에 영국으로부터 항해하는 주력함대가 뉴욕에서 자기와 합류할 때까지 시간을 벌고 있었다.

7월 2일 워싱턴은 열정적인 말로 자체의 경험이 없는 부하들을 격려하려고 시도했다. "미국인들이 자유인인지 아니면 노예인지를 아마도 결정해야만 할 시간이 이제 다가왔다. 태어나지 않은 수백만

의 운명이 이제 이 군대의 용기에 달려있다." 같은 날 아침에 5척의
영국 군함들이 좁은 수로(the Narrows)를 통과해서 애국적 요새들을
공격하러 가고 있는 것처럼 보였다. 이 위협에 직면하여 대륙군대는
주목할 만한 단결심으로 반응했다. 그러나 영국 배들은 더 이상 가까
이 다가오지 않았다. 워싱턴은 하우 장군이 자기 형이 도착할 때까지
행동을 연기한 것이라고 생각했다. 지금까지 워싱턴은 1년 내내 단
한차례의 전투도 없이 대륙군을 지휘했지만 그러나 그는 곧 그의 결
정적 시험을 경험할 것이라는 점을 알고 있었다.

　같은 날, 7월 2일 대륙회의는 토마스 제퍼슨이 정리하고 리처드
헨리 리(Richard Henry Lee)가 회의에 발의한 미국의 연합 식민지들
은 자유롭고 독립적인 국가들이며 또 권리상 그래야 한다고 선언하
는 결의안을 승인했다. 그리고 나서 독립선언서의 정확한 단어 사용
에 대해 이틀간 입씨름을 하며 보냈다. 최종안은 7월 4일에 승인되
었다. 회의는 200장의 큰 종이들을 인쇄하여 전 식민지에 유포시켰
다.[142] 7월 6일 핸콕이 워싱턴에게 한 부를 보내고 그것을 자기 장
병들에게 큰소리로 낭독해 줄 것을 요청했다. 독립선언서는 반란자
들의 반역을 공식화했으며 그들에게 영국정부가 이 범죄에 대해 할
당할 말할 수 없는 처벌을 상기시켰다. 패배의 경우에 그 자신도 최
고 범법자로서 교수형을 당할 것이라고 알고 있었다. 그래서 그는 그
의 가장 우아한 왕에게 어떤 호의도 구걸하지 않고 기대하지도 않을
것이라고 결정했다. 그는 필요하다면 그가 소유하고 있는 오하이오
지역의 땅으로 도피할 계획을 꾀했다.[143]

---

142) Ron Chernow, *Washington: A Life,* New York: Penguin Books, 2011, p. 236.

7월 8일 워싱턴은 처음으로 자기 손에 큰 종이의 독립선언서를 들고서 자기 병사들에게 다음날 저녁 6시에 공원에 모여 큰 소리로 낭독하고 경청하도록 명령했다. 7월 9일 일반명령으로 그는 내용을 미리 보았기에 회의가 북아메리카의 연합 식민지들이 자유롭고 독립적인 국가들이라고 선언했음을 알아차렸다. 이것이 추상적 공허한 소리가 되지 않도록 하기 위해서 그는 일반 병사에게 실질적으로 중요한 것을 강조했다. 즉 그는 각자가 이제 그들의 장점을 보상하고, 또 자유 국가의 최고 명예들까지 지불하기에 충분한 힘을 보유한 국가에 봉사하고 있다는 것을 지적했다. 무엇보다도 회의는 이제 화폐를 주조하고 다른 유리한 인센티브들을 마련할 수 있을 것이다. 병사들은 그 문건을 듣고 기뻐했다. 워싱턴은 자기 부하들의 진심 어린 찬성과 독립의 뜨거운 승인에 만족하였다.

7월 12일 오후 5척의 영국 배들이 포대를 향해 출범했다. 그들의 첫 시험에서 미국의 방어진은 비참하게 실패했다. 그것은 아직도 아마추어 대륙군에게는 불길한 징조였다. 알렉산더 해밀턴(Alexander Hamilton)[144] 대위 휘하의 포대에서 그들의 포가 폭발했을 때 6명의 애국자들이 사망했는데 아마도 부족한 훈련이나 흥분한 포병들에 의한 실수 때문이었을 것이다. 맨해튼과 뉴저지 해안으로부터 지속적 발포에도 피해를 입지 않은 두 척의 영국 배들이 허드슨 강 위쪽으로 나아가서 무서운 2시간 연속 포를 뉴욕의 도시 주민들에게 발사

143) *Ibid.,* p. 237.
144) Time, *Alexander Hamilton: A Founding Father's Visionary Genius and His Tragic Fate,* San Bernardino, CA, 12 February 2016; Ron Chernow, *Alexander Hamilton,* New York: Penguin Books, 2005.

하자 그 도시는 연기에 휩싸이고 주민들은 경악했다. 이 얘기는 물에 의해 둘러싸인 마을은 영국 군함에 취약하다는 것을 보여주었다. 워싱턴 자신의 초기 전투 경험이 전선지역에서 있었기에 이 도시의 혼란은 그에게 전적으로 새로운 어떤 것이었다. 그는 특히 마을을 포격하는 영국의 배들에 의해 최면에 걸려 멍청히 서 있었던 군인들에게 화가 났다. 워싱턴이 두려워했던 대로 허드슨 강으로 영국 배들의 침략은 뉴욕과 올버니(Albany), 그리고 전략적으로 위치한 뉴욕주의 북부지방 호수들 사이의 통신을 단절시켰다.

워싱턴은 영국 해양력(sea power)의 잊지 못할 첫 맛을 보았다. 배들의 속도와 기동성 때문에 적의 배들은 사라질 수 있었고 그리고 어디서든지 나타날 수 있었다. 그것들은 다음 수년 동안 워싱턴을 계속 불안하게 했다.[145] 해군제독 리처드 하우가 도착하여 형제끼리 재회했다. 47세의 윌리엄 하우(William Howe) 장군은 프랑스-인디언 전쟁 때 퀘벡에서 용감히 싸웠고 또 벙커 힐에서 위험에 자신을 노출시켰다. 50세의 리처드 하우 제독은 우수한 바다 사람이고 그의 용기, 전투정신 그리고 윤리적 기준으로 잘 알려졌다. 영국제국의 확신에 찬 신봉자요 식민지의 어려움에 동정적인 하우 형제들은 궤멸의 전면전쟁에서 애국자들을 분쇄하고 싶지 않았다. 그들의 오도된 미국의 사촌들이 제정신이 들 수 있기를 여전히 희망하면서 그들은 평화와 검을 들고 북아메리카에 왔다. 앞으로 있을 작전에서 그들은 단지 군사적 고려뿐만 아니라 정치적 고려도 함께 염두에 둔 전략을 기획할 것이었다.

---

145) Ron Chernow, *Washington: A Life,* New York: Penguin Books, 2011, p. 238.

7월 14일 하우 형제들은 평화위원의 자격으로 워싱턴에게 보내는 메시지를 가지고 필립 브라운(Philip Brown) 중위를 보냈다. 위협적인 영국 함대의 지원 속에서 리처드 하우는 정중한 용어로 교섭을 요청 했다. 워싱턴은 평화의 제스처에 회의적이었다. 그러나 워싱턴에게 잘 코치를 받은 워싱턴의 측근들은 그 첫 편지가 누구에게 보낸 것인 지를 브라운이 말할 때까지 손도 대지 않았다. 브라운이 그것은 "조 지 워싱턴님"에게 보낸 것이라고 말하자 그런 사람은 없기 때문에 그 것은 수령할 수 없다고 말했다. 미국인들은 지난 여름 거래 이래 전 세계가 워싱턴 장군이 누구 인지를 안다면서 호칭문제로 거절했다. 7 월 16일 호칭문제로 다시 거절당한 영국의 하우 형제는 7월 17일 "조지 워싱턴 각하"(His Excellency George Washington)라는 호칭으 로 요청이 있자 비로소 워싱턴은 7월 20일 영국 장교를 만나기로 동 의했다. 7월 20일 오후에 제임스 피터슨(James Peterson) 대령이 포대 에 도착하자 워싱턴은 주권국가의 총사령관으로서 그가 모든 당연한 위엄으로 대우받아야 한다는 것을 영국의 사자에게 각인시키길 원했 다. 그의 개인 경호원들이 입구에 줄지어 섰고 워싱턴은 완전한 전투 복장으로 나타났다.

피터슨 대령은 대단히 선하고 자애로운 왕이 불행한 식민지인들 과 화해를 이루도록 하우 형제를 보냈으며 이것이 첫 단계라는 준비 된 연설을 했다. 워싱턴은 자기가 타결을 협상할 권한을 부여 받고 있다는 것을 부인했다. 만일 영국이 워싱턴을 달래길 희망했다면 그 들의 외교적 제스처는 실패했다. 그가 피터슨을 영접한 바로 그날 워 싱턴은 애덤 스티븐(Adam Stephen) 대령에게 편지를 써서 여전히 불쾌한 각료 첩자들의 불쾌한 공작이라고 비난했다. 이틀 후에 워싱턴은 하우 형제들의 평화 노력을 우리나라의 좋은 사람들뿐만 아니라 왕과 내각의 절차들을 싫어하는 영국의 좋은 사람들마저 속이고 경솔하게 하는 명시적으로 계산된 단지 선전에 불과한 것으로 기각했다.[146] 일단 워싱턴이 독립에 대한 자신의 시야를 고정하자 그의 비전은 동요하지 않았고, 또 그의 일관성이 그의 가장 압도적 성질들 가운데 하나임을 입증했다.

7월 하순 워싱턴의 병사들은 뜨거운 태양 아래 찌는 듯이 무더운 도시에서 신음하고 있었다. 질병이 만연하여 어떤 여단들은 단 한 명의 장교도 세울 수 없었다. 만성적으로 장군들이 부족한 워싱턴은 뉴욕에서 자기의 유일한 소장인 이스라엘 퍼트넘(Israel Putnam)에 의존했다. 워싱턴의 호소에 따라서 회의는 윌리엄 히스(Wiliam Heath), 조셉 스펜서(Joseph Spencer), 존 설리번(John Sullivan), 그리고 나다낼 그린스(Nathanael Greens) 소장들을 추가했다. 이들 가운데 워싱턴은 그린스 소장에게 가장 큰 희망을 걸고 그를 롱 아일랜드의 사령관으로 임명했다. 그러나 그가 너무 아파서 그를 존 설리반 장군으로 대치했다. 뉴욕의 요새화를 담당하고 있던, 스털링 경(Lord Sterling)으로 더 잘 알려진, 윌리엄 알렉산더(William Alexander)가 설리반의 사단을 맞도록 임명되었다. 애국자들이 전례없이 시달리자 군사전략의 문제가 워싱턴과 그의 장교들을 사로잡았다. 겨우 2년 간의 군사적 경험을 가진 대륙군의 탁상공론 장군들이 갑자기 진짜 장군들이 되었다.

---

146) *Ibid.*, p. 241.

비관주의가 충만했다. 가라앉는 심정으로 헨리 녹스(Henry Knox)는 대륙군이 아마도 있을 강력한 공격을 저항할 충분한 병력이 없다고 말했다. 워싱턴은 천천히 최선을 다해 살아남기 위해 노력하고 비상한 기회가 출현할 때에만 공격하는 신중한 전략을 선택할 수밖에 없게 되어갔다. 목표는 대륙군이 손상되지 않게 유지하고 그 사이에 적에 치명적 타격을 가할 수 있는 유럽의 동맹국들을 끌어들이길 희망하면서 장기적 소모전을 통해 영국을 꺾는 것이었다.[147] 영국 측으로서는 군사적 승리를 거두어야 만했다. 교착상태는 값비싸고 굴욕적인 패배였다. 바꾸어 말해서, 워싱턴은 견디어 내기만 하면, 즉 생존이 곧 승리였지만, 영국에겐 전쟁의 승리가 필요했던 것이다.[148] 그래서 영국인들은 미국 항구들의 봉쇄를 영국 해군에게조차 너무 겁이나는 일로 거절했다. 하우 형제들은 대서양 항구들에 대한 치고 빠지는 공습을 유지하기 위한 작전의 기지로서 작용할 영국의 성채를 뉴욕에 건설하기를 원했다. 그리하면 그들의 군대가 지상에 묶인 대륙군보다 더 신속하게 이동할 수 있게 될 것이다. 무엇보다도 그들은 허드슨 강을 지배하고 또 뉴 잉글랜드를 다른 이제 독립선언한 대륙의 국가들로부터 고립시키길 원했다.

8월 중순까지 새로 파견된 영국 선박들이 뉴욕에 들어와 8천명의 헤시안(Hessian) 독일 용병들을 포함하여 원정군을 3만 2천명 수준으로 증강시킴에 따라 대륙군에 대한 위협의 심각성을 노정했다. 미

---

147) Ron Chernow, *Washington: A Life,* New York: Penguin Books, 2011, p. 243.
148) 이것은 1960년대 베트남 전쟁의 경우와 아주 비슷한 상황이라고 말해도 좋을 것이다. 1960년대 베트남에서 조지 워싱턴의 나라 미국은 이 당시의 영국의 처지에 놓여 있었다.

국의 반란의 위험에 대해 주요 성명을 발하면서 영국 왕은 미국인들에게 압도적 타격을 가하기 위해 영국해군의 절반인 70척의 전함을 동원했다. 차분한 워싱턴은 주요 대결을 위한 무대가 마련되었음을 알았다. 그래서 그는 어쩌면 미국의 운명을 결정할 공격이 이제는 기대된다고 말했다. 오직 1만 5백명의 병사들, 그것도 그들 가운데 3천명이 환자인 그의 군대는 병력과 대포에서 수적으로 압도당했다. 비록 워싱턴은 용감한 표정을 보였지만 그는 다가오는 대결을 두려움을 갖고 접근했다.[149]

8월 21일 밤에 엄청남 폭풍과 번개가 몰아쳤다. 다음 날 아침에 폭풍이 사라지자 영국의 경 포병과 척탄병들이 롱 아일랜드의 남서쪽 구석에 있는 그레이브센드 베이(Gravesend Bay)의 해안에서 오고 가기 시작했다. 그날 중에 1만 5천명의 영국군 병사들이 유럽 군대의 탁월한 솜씨를 가진 잘 훈련된 기동력으로 굳건한 교두보를 설치했다. 이 침략군은 곧 2만 2천명에 달했지만 워싱턴은 잘못된 정보에 속아 그것은 8~9천명으로 예상했다. 이 오산은 착륙을 맨해튼의 주된 사건으로부터 관심을 돌리기 위한 것으로 잘못 생각하게 만들었다. 그는 더 나아가 영국군이 미국 전선으로부터 3마일이나 떨어진 플랫부시(Flatbush)에서 멈추자 오산했다. 자기 병력의 다수를 맨해튼에 둔 채 워싱턴은 10개 대대를 브루클린으로 이전하여 그곳의 총 병력 수를 빈약한 6천명으로만 증원했다. 돌이켜보면, 이 때 어떻게 워싱턴의 전략적 비전이 90척의 영국 배들이 좁은 수로(Narrows)에서 대규모의 이동을 수행할 때만큼이나 그렇게 흐려질 수 있었는

---

149) Ron Chernow, *Washington: A Life,* New York: Penguin Books, 2011, p. 244.

지 알기 어렵다.

8월 23일 설리번 장군과 함께 롱 아일랜드 방어를 둘러본 뒤 워싱턴은 훨씬 남쪽으로 구아나 고지(Hights of Guana)라고 불리우는 숲과 언덕 지역에 3천 명의 병력을 전개하기로 결정했다. 자기의 부하들이 우월한 병력과 충돌하려 할 때 워싱턴은 용기가 단순한 병력 수를 능가할 수 있다고 제안했다. 이런 고결한 원칙이 작용하지 않을 경우에 워싱턴은 도망치는 어떤 겁쟁이도 총살당할 것이라고 재천명했다. 그러나 상황이 너무나 어두워서 어느 누구도 얼마나 많은 미국의 병사들이 롱 아일랜드에 있는지를 알지 못했다. 44세의 워싱턴은 지금까지 그렇게 대규모의 군대를 지휘한 적이 없는 경험부족을 노출하고 있었다.[150] 8월 25일 롱 아일랜드의 병력을 조사하고 나서 워싱턴은 작은 군사 캠프라기보다 미친 카니발 분위기 같은 것에 분개했다. 좌절한 그는 이스라엘 퍼트넘 장군을 호되게 꾸짖었다. 8월 26일 구아나 고지를 방문한 뒤에도 워싱턴은 위협의 정도를 충분히 간파하지 못했다. 비록 그가 소형 망원경으로 그레이브센드까지 거의 5마일에 걸친 하얀 텐트의 바다를 관찰했음에도 불구하고 그는 여전히 맨해튼에 절반 이상의 병력을 두고 있었다. 그가 핸콕에게 알린 것처럼 적은 그들의 주력군을 롱 아일랜드에 상륙한 뒤 거기서 밀어붙일 것 같았다.

롱 아일랜드의 미군 병력에 대항하여 영국은 환상적 3중 공격을 상정한 전투계획을 마련했다. 제1제대에서 스코틀랜드 출신 제임스 그랜트(James Grant) 장군은 그의 고지인들(Highlanders)을 브루클린

---

150) *Ibid.*, p. 246.

서쪽 해안을 따라 주의를 끌기 작전으로 고와누스 로드(Gowanus Road)까지 이끌 것이다. 제2제대에서는 프라이헤르 폰 하이스터(Freiherr von Heister)인 레오폴드 필립(Leopold Philipp) 장군이 플랫부시(Flatbush)를 통과해 자기의 헤시안 병사들을 행군하게 할 것이고 그 후 북쪽으로 방향을 틀어 중부 브루클린을 통과해 구아나 고지로 행군할 것이다. 제2제대에선 하우, 헨리 클린턴(Henry Clinton), 그리고 찰스 콘월리스(Charles Cornwallis) 장군들이 오른 쪽으로 돌아서 플랫부시까지 거대한 이동을 할 것이다. 일단 설리번과 스털링의 병사들이 통과하면 그들은 자메이카 패스(the Jamaica Pass)를 따라 서쪽으로 대담하게 쓸고 가서 아메리카 방어에 치명적 구멍을 낼 것이다. 이것은 워싱턴과 그의 장군들에 의한 놀라운 간과였다. 이 방어망이 뚫리면 넓은 협공 작전이 곧장 브루클린 고지로 수행될 것이며, 그러면 설리번 병력의 뒤로 그들을 이동시켜 그들을 치명적 덫으로 잡을 것이다.

8월 26일 밤에 워싱턴은 그랜트 장군이 고와누스 로드까지 행군했다는 소식에 잠에서 깨어났다. 이 영리한 영국의 술책은 적이 이 해안 길을 좋아할 것이고 영국해군으로 하여금 엄호하게 할 것이라는 워싱턴의 예견을 확인하는 것처럼 보였다. 워싱턴이 해돋이에 다시 깨어났을 때 영국인들은 적당한 바람과 조수의 도움을 받아 이스트 리버(The East River)를 향해 5척의 배를 보냄으로써 워싱턴의 환상을 더욱 부추겼다. 그 배들이 목적지에 도착하면 그것은 미국군에게 재앙이 될 것이고 그것을 반으로 나누어 브루클린 고지를 뒤에서 위협할 것이다. 다행이 바람의 방향이 바뀌어 그 배들을 항구로 돌려

보냈다. 워싱턴은 중심이 맨해튼으로부터 회복할 수 없이 이동했기에 롱 아일랜드로 더 많은 연대들이 건너가도록 명령했다.

자기 병사들 사이에서 말을 타면서 워싱턴은 모순되는 메시지를 전했다. "사나이들처럼, 군인들처럼, 네 자신을 끝내라. 왜냐하면 살아갈 가치가 있는 모든 것이 여기에 달렸다"라고 훈계했던 워싱턴은 또한 "만일 어떤 병사가 오늘 등을 돌린다면 나는 그에게 총을 쏠 것이다. 나는 장전한 두 자루의 피스톨을 갖고 있다. 그러나 나는 어느 병사에게도 나보다 더 전진하라고 요구하지 않을 것이다. 나는 다리와 팔이 있는 한 싸울 것이다"[151)라는 진실한 위협적 훈계도 했다. 그러나 워싱턴이 자기 군대의 맨 앞장에 섰던 다른 전투들과는 달리 브루클린 하이츠에선 그가 뒤에 머물렀고 망원경을 통해 남쪽의 전투를 관찰했다.

고와누스 크리크(Gowanus Creek)의 남쪽에서 뚱뚱하고 술을 좋아하는 스털링 경(Lord Sterling)이 치열한 전투를 이끌었다. 예외적 용맹으로 미국 병사들은 7천명 이상의 영국과 헤시안 병사들에 의해서 압도당할 때까지 4시간 동안 싸웠다. 보다 많은 적병들과의 싸움에서 전투를 처음 경험하는 윌리엄 스몰우드(William Smallwood) 대령의 지휘 하에 제1메릴랜드 연대는 집요하게 작은 언덕의 항복을 거부했는데 바로 이것이 스털링 병사들을 위한 도피로를 확보해 주었다. 비록 그들은 후퇴하는 수많은 미국인들을 구원했지만 그들의 사상자가 끔찍했다. 전투에 투입된 400명 가운데 오직 144명만이 살아남았다. 워싱턴은 "오 하느님! 오늘 얼마나 많은 용감한 친구들을

---

151) *Ibid.*, p. 247에서 재인용.

잃어야 합니까!"라고 거듭 말했다.[152)

설리번 장군도 그의 3천 5백명의 병사들이 촘촘한 나무 숲의 구 아나 고지를 넘어 영국 병사들이 전진하는 것을 막기 위해 동일하게 지옥 같은 상황을 헤쳐 나가고 있었다. 엄청난 수의 헤시안 병사들이 갑자기 그들을 향해 비탈길을 기어올랐다. 설리번이 후퇴하려고 할 때 그는 영국 군인들이 무서운 대포 소리 속에서 자기 부하들을 포 위했다는 사실을 발견했다. 경악한 수천명의 미국인들이 피로 물든 평지를 가로질러 브루클린 하이츠를 향해 흩어져 돌아가려고 애를 썼다. 헤시안 용병들이 이들을 거침없이 학살했다. 이런 학살의 주된 이유는 자메이카 패스를 따라 동쪽 협공 이동이 성공했기 때문이었 다. 야간에 조용히 행군하면서 하우, 클린턴, 그리고 콘월리스가 애 국자들의 방어에 뚫린 구멍을 통해 1만명의 병력을 종대로 2마일이 나 이끌었다. 브루클린 전투 혹은 롱 아일랜드 전투에서 미국인들의 사망자 수가 참으로 많았다. 즉 300명이 죽고, 일시적이나마 스털링 장군과 설리번 장군을 포함하여 또 다른 1천여 명이 포로가 되었다. 워싱턴에게 그것은 완전한 패배였다.[153)

만일 조지 워싱턴이 전쟁의 어느 한 시점에서 나락의 밑바닥에 빠지기 시작했다면 자기의 군대를 영원히 분쇄하려는 대열로 거대한 영국군이 자기 아래에 도열해 있다고 그가 상상하는 때였을 것임에 틀림없다. 다행히도 하우 장군은 자기의 유리한 상황을 밀어붙이지 않고 포대의 사정거리로부터 자기 병사들을 철수했다. 하우 장군은

---

152) *Ibid.,* p. 248에서 재인용.
153) Ron Chernow, *Washington: A Life,* New York: Penguin Books, 2011, p. 248.

미국의 요새 공격을 정당화하기엔 사상자의 피해가 너무 클 것임을 두려워했다. 하우 형제들은 이스트 리버(the East River)에서 워싱턴 뒤로 전함들을 몰래 보내서 워싱턴에게 이제 최후의 일격을 가할 수 있고 왕의 수병들과 병사들 사이에서 그를 단단히 붙잡을 수 있을 것이라고 상상했다. 그러나 다시 한 번 날씨가 워싱턴을 구했다.

군사적인 관점에서 볼 때 워싱턴은 옹호할 수 없는 입장에 있었다. 그것은 배들이 그를 뒤에서 함정에 빠뜨렸기 때문만은 아니었다. 만일 하우 장군이 허술하게 경계되고 있는 맨해튼을 향해 쳐들어갔다면 워싱턴은 그곳에서 군대를 구원할 수 없었을 것이다. 그는 대담한 뭔가를 해야만 했다. 8월 29일 오후 4시 워싱턴은 뉴욕 항구의 탁월한 전망을 가진 포 침니스(Four Chimneys)라 불리는 브루클린 고지에 있는 집에서 전쟁협의회를 소집했다. 그들은 전쟁의 소강상태를 이용하여 브루클린에서 맨해튼으로 철수하기로 만장일치로 동의했다. 몸서리치는 며칠간을 보낸 뒤 막다른 길목에 선 워싱턴은 이제 아주 결연했다. 병사들의 4명 가운데 1명은 아프기 때문에 그는 9천 5백명의 전 미국군대를 그날 밤에 이스트 리버를 건너 철수하여 여명에 작전을 완수하길 원했다. 그는 이 작전에 기꺼이 모든 것을 걸려고 했다. 왜냐하면 아마도 그는 다른 선택이 없었기 때문이다. 아무 것도 우연에 맡기지 않고, 워싱턴은 자기의 병사들도 모르고 오직 그들은 방향을 바꾸고 있다는 말만 들을 것이라고 워싱턴은 결정했다. 곧 어두워지자마자 대륙군은 강을 건너 조용히 후퇴를 시작하기 위해 줄을 섰다.

8월 30일 아침에 태양이 떠오를 때 자기는 마지막 보트로 강을 건너겠다고 맹세한 워싱턴을 포함하여 몇 명의 미국인 병사들이 여전히 브루클린 해안에서 꾸물거리고 있었다. 그 때 불가사의한 행운으로 짙은 안개가 브루클린 해안을 덮어 활발한 영국인들로부터 피난민들을 가려주었다. 안개가 너무 짙어서 6 야드 거리의 사람도 구별하기 어려운 정도였다. 약속대로 워싱턴은 간발의 차이로 마지막 보트에 승선했다.[154] 그는 보트가 물 속으로 나아갈 때 영국군의 발포소리를 들을 수 있었다. 적은 잠에서 깨어났을 때 9천명의 병사들이 이스트 리버를 이미 건넜다는 것을 발견했다. 단 한 명의 미국인도 사실상 무결점의 이 작전에서 사망하지 않았다. 워싱턴에게는 다행스럽게도 하우 장군은 부하들에게 즉시 뒤쫓도록 명령하지 않았고, 또 더 나아가 포로인 설리번 장군을 석방한 9월 2일 대륙회의에 평화의 제의를 보냈다. 워싱턴은 이 외교적 제의를 비웃었다. 그러면서 하우 경은 만일 우리가 굴복한다면 그의 왕이 우리를 교수형에 처할 것인가의 여부를 고려할 것이라는 것 이상은 아무것도 제안할 것이 없을 것이라고 빈정거렸다.[155]

맨해튼 애국자들은 패배주의적 분위기가 도시를 감싸고 돌 때 그들의 해안에 지쳐 빠진 군인들의 가엾은 상태에 경악했다. 일반적으로 모든 것이 혼란 상태였다. 군인들의 오직 2/3만이 텐트에서 피난처를 찾았다. 절망 속에서 어떤 군인들은 가정집을 약탈했고 심지어 스털링 경의 저택도 약탈했다. 워싱턴은 이런 약탈과 습격 그리고 가옥들을 불지르는 행위에 너무나 화가 나서 지상에서 한 차례 배낭을

---

154) *Ibid.*, p. 251.
155) *Ibid.*

수색했다. 자기 병사들을 침착하도록 독려하면서 워싱턴은 이스트 리버를 따라 말을 타고 적이 완전히 보는 앞에서 사열을 했다. 헤시안 용병의 칼 레오폴드 바우어마이스터(Carl Leopold Baurmeister) 소령은 포병대의 크루그(Krug) 대위가 워싱턴과 그의 수행원들에게 두 발을 발사했는데 만일 그들의 말들이 계속 움직이지 않았다면 세 번째 포를 발사했을 것이라고 말했다. 프랑스-인디언 전쟁 때처럼 워싱턴은 총알들에 대해서는 초자연적 회피로 축복을 받은 것 같았다.[156]

이 시점에서 업무에 복귀한 나다넬 그린 장군이 워싱턴에게 영국 토리들(Tories)로 득실거리는 뉴욕을 불태우고 포기할 것을 촉구했다. 그는 영국이 브루클린 하이츠에서 효과적으로 했던 것처럼 남부 맨해튼에서 미국 병사들을 고립시킬 수 있을 것이라고 두려워했다. 9월 7일 전쟁 협의회에서 워싱턴은 뉴욕을 사수하길 원하는 다수의 장군들 편에 섰다. 뉴욕의 상실이 병사들의 사기를 저하시키고 미국인들의 대의를 약화시키지 않도록 하기 위해 취한 조치였다. 다음 날 단련된 워싱턴은 핸콕에게 도시에 5천명을 잔류시키는 한편 나머지 병력은 섬의 북쪽 지점으로 이동한다는 절충된 결정을 알렸다. 이것은 과거 보스턴 포위시에 보였던 자신만만한 태도와는 아주 딴판이었다. 경험에 의해 겸손해진 워싱턴은 자신과 예하 장군들이 방어적 전쟁을 수행하기로 결심했다고 말했다. 그는 다시 한 번 젊은 병사들을 수적인 면과 기강에서 우월한 자들에 대항하여 개활한 전장으로 보내지 않겠다고 다짐했다. 이 전략은 화려하거나 특히 워싱턴의 개성에 맞지 않았지만 그것이 더 확실하고 효과적일 것으로 믿었다. 워

---

156) *Ibid.*

싱턴이 자신의 전략적 교리를 또 다시 조정할 수 있었다는 것은 성장을 위한 그의 능력과 그의 현실주의적 본성을 보여주었다.[157]

9월 12일, 할렘 리버(Harlem River)에서 영국이 취한 조치들에 경각심을 갖고 워싱턴은 전쟁 협의회를 열어 뉴욕을 방어한다는 지난번 결정을 폐기했다. 이틀 후에 워싱턴은 지휘 본부를 할렘 고지의 북쪽 지형의 언덕 위에 세워진 이탈리아식 저택으로 옮겼다. 많은 병사들이 뒤에 남았기에 영국인들은 미국인들이 그 도시를 포기한다는 것을 알지 못했다. 9월 14 – 15일 밤에 5척의 영국 배들이 킵스 베이(Kip's Bay)에 정박했고, 곧 롱 아일랜드에 있는 뉴타운 크리크(Newtown Creek)에 숨겨둔 84척의 바지선들이 동반했다. 여기에는 4천명의 영국인과 헤시안 병사들이 타고 있었다. 오전 11시에 군함들의 대포들이 맨해튼을 향해 선회하여 미국의 흉벽을 산산조각 내면서 끔찍하고 지속적인 포성으로 아우성을 일으키기 시작했다. 일단 미국의 방어선이 분쇄되자 영국과 헤시안 병사들이 창검을 번쩍이며 해안으로 나왔다. 브루클린 전투에서처럼 헤시안들은 포로를 잡지 않고 집단처형을 자행했다. 그들은 항복하려는 젊은 미국 병사들의 머리에 총을 쏘고 어떤 헤시안은 미국인 포로의 목을 잘라서 창에 그의 머리를 꽂았다. 이들의 잔혹성은 미국병사들 사이에서 전염병처럼 퍼졌고 장교들도 용기를 잃고 자기 부하들을 포기했다.

4마일 북쪽으로 할렘의 네덜란드 마을에서 조지 워싱턴은 맹렬한 연속적 대포의 발사 소리를 듣고 킵스 베이로부터 솟아오르는 연기를 보았다. 그는 가능한 한 빨리 남쪽으로 달렸다. 그는 자신의 안전

---

157) *Ibid.*, p. 252.

에 신경 쓰지 않고 행동에 뛰어들었다. 킵스 베이에서 반 마일 떨어
진 머레이 힐(Murray Hill)에 있는 옥수수 밭에 다다랐을 때, 그는 아
무 방향으로나 날뛰고 극도로 큰 혼란에 빠져 아주 다급하게 후퇴하
는 병사들과 마주치고서 경악했다. 무너진 기강을 보고 워싱턴은 분
개했다. 그는 순간, 매사추세츠 시민군과 코네티컷 대륙군의 출현으
로 안도했지만 그들에게 다양한 지점을 가리키면서 "은폐하라" 아니
면 "옥수수 밭으로 가라"고 외쳤다. 그는 자신의 모자를 땅바닥에 집
어 던지면서 "이들이 나와 함께 미국을 방어할 병사들이란 말인가?"
하고 소리쳤다. 그는 핸콕 대륙회의 의장에게 "내가 가진 모든 수단
을 다해 그들을 집결시키고 질서를 잡으려 했지만 나의 시도는 소용
없고 비효율적이었다"고 전했다.[158]

하우 장군은 또 다시 미국인들을 추격하지 않아 워싱턴으로 하여
금 자기의 거의 모든 병사들을 할렘 하이츠로 소개할 수 있게 하였
다. 그럼에도 불구하고 하우는 전쟁기간 동안 완벽한 영국의 본부로
봉사하게 될 도시를 큰 상으로 손에 넣었다. 그의 모든 용기에도 불
구하고 워싱턴은 방심하여 쓰디쓴 패배에 상심했다. 그는 그 후 전
쟁기간 내내 뉴욕의 상실을 복수하려고 애를 쓰고 뉴욕의 회복을 꿈
꾸면서 보냈다.[159] 다음 날 워싱턴의 사기는 토마스 놀턴(Thomas
Knowlton) 중령의 지휘 하에 유격부대가 영국군의 상태를 시험했다.
영국 군인들이 그들을 비웃었다. 워싱턴은 총 1천 8백명에 달하는
버지니아 소총 병사들과 놀턴의 유격대원들을 투입했다. 비록 양측

---

158) Ron Chernow, *Washington: A Life,* New York: Penguin Books, 2011, p. 254.
159) *Ibid.*

이 약 150명의 사상자들을 냈지만 워싱턴은 작지만 시기적절한 승리를 거두었다. 부활한 자신의 군대를 축하하는 반면에 워싱턴은 킵스베이에서 그들의 영광스럽지 못한 행동을 질타하고 싶은 것을 저항할 수 없었다.

9월 20일 바람부는 밤에 맨해튼 남쪽 끝에서 자정쯤에 알 수 없는 화재가 발생하여 브로드웨이와 허드슨 강 사이의 거의 모든 것을 태우면서 새벽까지 탔다. 트리니티 교회도 불이 붙어 무너졌다. 다음 날 아침까지 그 화재는 마을의 1/4에 해당하는 5백채의 가옥들을 파괴했다. 영국인들은 미국인들의 개입에 관한 그들의 의심을 확증할 설득력 있는 증거를 결코 발견하지 못했다. 할렘 하이츠 전투후에 잠들지 못하는 어느 날 밤에 워싱턴은 존 핸콕에게 장기적 모병을 위한 그의 호소를 재개했다. 워싱턴 못지않게 헨리 녹스(Henry Knox)도 오직 상비군만이 영국군을 패배시킬 수 있을 것이라고 믿었다. 워싱턴의 재촉을 받아 대륙회의는 전쟁기간 동안 내내 복무하는 사람에게는 누구에게나 20달러와 1백 에이커의 땅을 주기로 동의했다.160) 9월이 끝나면서 완고하고, 화나고, 분개하고, 그리고 또 잠을 빼앗긴 워싱턴은 비참한 상태에 빠졌다.

10월 12일 오전에 하우 장군은 150척의 영국 배들이 안개를 통해 이스트 리버로 항해하고 4천 명의 병력을 웨스트체스터(Westchester) 해안에 있는 반도인 트로그스 넥(Throg's Neck)의 수렁이 있는 풀밭에 주둔시켰다. 이 습지는 할렘 고지의 바로 동쪽에 있었다. 그래서 워싱턴은 교활한 영국인들이 배후에서 접근하는 그들의 과거 계획의

---

160) *Ibid.,* p. 256.

일환으로 자신의 갇혀 있는 군대에 덫을 놓을지 모른다고 다시 곰곰이 생각했다. 워싱턴은 모험을 할 수가 없었다. 이 우울한 패배의 계절에 그는 위험에 처한 자기 병사들을 화이트 플레인스(White Plains) 마을까지 북쪽으로 18마일의 행군을 시켰다. 이 때쯤 워싱턴은 영국의 사우스 캐롤라이나 원정군을 패배시킨 영광을 획득한 찰스 리(Charles Lee) 장군의 복귀를 환영했다. 회의에서 리 장군의 칭송이 그의 허영심을 부추겨서 그가 워싱턴의 후임자가 될 것이라는 환상을 불러일으켰다. 이런 우쭐대는 경쟁자를 몰라보고 워싱턴은 허드슨에 있는 22개의 요새들 중 하나를 리 요새(Fort Lee)라고 재명명까지 했다. 일단 화이트 플레인스에 온 대륙군은 브롱스 리버(Bronx River) 위의 높은 지상에서 피난처를 발견했다.

10월 28일 아침에 워싱턴은 채터턴스 힐(Chatterton's Hill)을 조사하고 그곳의 전략적 중요성을 뒤늦게 인정하고 그곳을 요새화하기로 결정했다. 미국인들은 곧 1만 3천명에 달하는 영국과 헤시안 병사들을 직면했다. 채터턴스 힐에서 유혈 전투가 벌어졌다. 첫 번째 공격의 파도에서 알렉산더 해밀턴 대위는 치명적 화력으로 침공군을 물리쳤다. 재집결 후 영국의 척탄병들과 헤시안 병사들이 브롱스 리버를 건너서 반격했다. 결국 적군들은 미국 시민군들이 용기를 잃고 도망치는 바람에 미국의 병력을 격퇴하는데 성공했다. 영국과 헤시안들은 276명의 사상자를 냈고 미국인들은 배나 많은 사상자를 냈다. 또 다시 하우 장군은 승리 후 꾸물거렸고 그 결과 중요한 기회를 망쳤다. 아마도 그는 여전히 대륙군의 정복을 위한 불필요한 전투의 손실 보다는 협상을 통한 해결을 선호했었다.

미국과 영국 양측은 모두 허드슨 강을 지배하는 것을 우선으로 했다. 워싱턴 요새와 리 요새의 미국 쌍둥이 전초기지는 강에 빠뜨린 장애물과 함께 영국 선박들을 막을 예정이었다. 10월 9일 워싱턴이 지켜보는 가운데 영국인들은 3척의 전함을 허드슨 강 위쪽으로 보내 미국인들의 방어를 시험했다. 미국의 대포들이 9명의 영국 수병들을 죽이면서 양쪽 해안에 포격을 가했지만 영국 선박들은 대체로 손상 없이 해안을 따라갔다. 두 개의 허드슨 강 방책들 가운데 워싱턴 요새가 보다 더 인상적이었다. 그것은 맨해튼 섬의 가장 높은 지점에까지 이르는 거대한 8각형 흙으로 만든 요새였다. 그러나 그 요새는 몇 가지 중대한 결함이 있었다. 요새 내에 수원이 없어서 그것은 수백 피트 아래 허드슨 강에 의지해야만 했다. 11월 5일 3척의 영국 배들이 아무런 해도 입지 않고 2개의 허드슨 요새들의 방어를 또 다시 조롱했다. 3일 후에 워싱턴은 요새를 담당하고 있는 나다낼 그린 장근에게 편지를 써 워싱턴 요새의 유지에 대한 지혜에 의문을 제기했다. 그린 장군은 워싱턴 요새를 난공불락의 거점으로 간주했다. 최악의 상황에서 그는 병력을 쉽게 리 요새로 이동할 수 있을 것이라고 생각하여 워싱턴 요새에 저장된 많은 군수품을 비우라는 워싱턴의 충고를 무시했다.

미국의 지휘관들은 모르고 있었지만 윌리엄 데몬트(William Demont) 라는 탈영병이 11월 2일 영국 측으로 도망가서 워싱턴 요새의 청사진을 넘겨주었을 뿐만 아니라 반란군 내의 큰 불화와 낮은 사기에 대하여 알려주었다. 워싱턴은 그의 군대가 스스로 녹아버릴지 모른다고 염려했다. 병사들은 추위에 떨었고 몹시 굶주렸으며 하나 둘씩

병에 걸렸다. 11월 말에 복무기간이 만료될 예정인 많은 모집병들을 보유하고 있던 워싱턴은 장교들에게 어떤 장교나 사병에게도 제대를 허용하거나 또 어떤 이유에서도 캠프를 떠나는 허가를 하지 않도록 금지시켰다. 대륙군 내에 많은 희망적 사유자들은 하우 장군이 뉴욕에서 겨울 야영지로 후퇴할지 모른다고 생각했지만 워싱턴은 그가 워싱턴 요새를 포위할 것임을 알았다. 그는 하우 장군이 뉴저지를 휩쓸고 지나가 필라델피아를 급습할 가능성이 더 높다고 믿었다.

11월 13일 저녁에 워싱턴은 리 요새(Fort Lee) 본부에서 그린 장군과 상봉했다. 워싱턴 요새를 축소시키라는 워싱턴의 암시를 취하기는커녕 그린 장군은 정반대로 더 많은 병력과 군수물자를 워싱턴 요새에 투입했다. 조셉 리드(Joseph Reed) 주도 하에 참모 장교들은 다 같이 그린 장군의 이러한 명령을 뒤집도록 워싱턴에 호소했다. 그러나 워싱턴은 그렇게 하지 않았다. 그는 워싱턴 요새를 목표로 하는 영국 측의 증강을 계속해서 오해했다. 워싱턴 요새가 영국 측의 입장에서 하나의 공격목표이지만 그러나 영국은 그들 병력의 작은 일부만 전개할 것이라고 워싱턴은 믿었다. 그러나 윌리엄 하우 장군이 뉴욕에서 끝장을 내겠다는 것은 11월 15일 분명해졌는데 그 때 그는 자신의 심복인 제임스 패터슨(James Paterson)대령을 보내 워싱턴 요새의 고위급 장교인 로버트 매고우(Robert Magow) 대령에게 최후의 통첩을 전달했다. 영국은 무서운 선택을 제안했다. 그것은 2시간 내에 그 요새를 포기하거나 아니면 파괴를 감수하라는 것이었다. 워싱턴은 이 임무를 위해 동원될 영국의 병력을 과소평가했다. 하우 장군은 이 작전에 1만 3천 명의 병력을 투입했다. 워싱턴은 뉴저지의 해큰색(Hackensack)에 머무는 동안에 이 최후의 통첩에 관해 알았다. 그리고 그는 즉시 리 요새로 말을 달려 석양에 도착했다.

나다낼 그린 과 이스라엘 퍼트넘 장군들은 워싱턴 요새로 달려갔고 워싱턴은 그들을 따라가기 위해 보트에 뛰어 들었다. 그는 그들이 뉴저지 해안으로 노를 저어 돌아가던 중에 어두운 강 가운데에서 그들을 만났다. 그린과 퍼트넘 장군들은 워싱턴 요새의 병사들이 사기가 높고 따라서 방어를 잘할 것이라고 흥분한 워싱턴을 안심시켰다. 그리하여 세 사람은 리 요새에서 그날 밤을 보냈다. 다음날 아침 장군들의 달래던 말들은 반박되었다. 그린 장군과 휴 머서(Hugh Mercer) 준장과 함께 워싱턴은 번 제방에서 터지는 폭발음을 들었을 때 워싱턴 요새로 가기 위해 노로 젖는 배에 오르고 있었다. 영국인들이 그 요새에 대해 여러 측면에서 공격을 시작했고 대포 소리는 허드슨 강의 바위 절벽에 의해 더 크게 울렸다. 위험에도 불구하고 워싱턴과 장군들은 강을 신속하게 건너 반대편 제방에 착륙했다. 그리고 그들은 포위된 요새의 강 아래 쪽에 있는 할렘 하이츠에 올랐다. 그들은 워싱턴 요새에서 1마일 남쪽으로 떨어진 로저 모리스(Roger Morris)의 집에서 애국자들의 방어 전투장면을 목격할 수 있었다.

워싱턴은 그의 노출된 부하들과 같이 있고 싶어했지만 그의 수행원들은 그가 극히 위험에 처해있다고 확신시켰다. 세 장군들이 그를 수행할 것을 고집한 후에 워싱턴은 노를 저어 허드슨 강을 건너 위험에서 벗어났다. 그는 아슬아슬하게 피했다.161) 영국인들이 15분도 채 못되어 로저 모리스 집에 도착했다. 워싱턴은 리 요새의 바위 지

---

161) Ron Chernow, *Washington: A Life,* New York: Penguin Books, 2011, p. 262.

형으로부터 강 건너 편에서 벌어지는 재앙을 목격했다. 하우 장군은 워싱턴 요새에 충분히 무서운 병기들을 발사했고 오후 1시까지 거의 모든 미국인 병사들을 이제는 확실한 죽음의 덫이 된 비좁은 요새 안에서 압착되었다. 1시간 후에 빌헬름 폰 크니프하우젠(Wilhelm von Knyphausen) 남작인 헤시안 장군이 불행한 요새의 항복을 요구했다. 오후 4시에 230명의 장교들을 포함하여 2,837명이 항복했고 그들을 발로차고 주먹질을 하는 헤시안 군인들의 장갑 낀 손이 가리키는 곳을 따라 행군했다. 그들 가운데 많은 사람들이 15세 이하의 청년이거나 늙은이들이었으며 오직 소수 만이 군인의 모습을 보였다. 미국 포로들은 뉴욕 항구에 있는 영국의 포로선들(prison ships)의 음산한 감금장소로 보내졌다. 이 엄청난 손실에 대해 체면을 세울 구성을 내놓은 방법은 없었다.

워싱턴 요새의 몰락은 미친 나다낼 장군의 경력을 침몰시킬 수 있었을 것이다. 그러나 얇은 층의 재능 있는 장교들에 의지하고 있는 워싱턴은 자기 장군들 사이에서 수많은 실패를 어쩔 수 없이 관용할 수밖에 없었다. 그는 자기의 실수를 용서받은 사람의 헌신적 충성을 암암리에 알고 있는 것처럼 보였다. 이와는 대조적으로 찰스 리(Charles Lee) 장군은 워싱턴 요새에서 워싱턴의 엄청난 과오를 이용하려고 노력했다. 11월 20일 오전에 어둡고 비 내리는 밤에 수천 명의 적군들이 대담한 습격으로 허드슨 강을 건너 리 요새 상부 6마일 지점에 착륙했다는 말이 해큰색(Hackensack)에 있는 워싱턴에게 도달했다. 워싱턴 요새의 몰락 이후에 리 요새는 그것의 전략적 중요성을 상실했다. 왜냐하면 허드슨 강의 오직 한쪽으로부터 영국 선박들을 저지하는 것은 불가능했기 때문이다. 위협에 즉시 대응하는 중요성을 내다본 워싱턴은 45분 만에 6마일의 속력으로 리 요새로 달려갔다. 요새에 도착하자마자 그는 군수품을 포기하고 2천명의 즉각 철수를 명령했다.[162] 후퇴하는 미국인들은 적들이 방해하기 전에 해큰색 강의 유일한 다리를 건넜다. 찰스 콘윌리스 지휘 하의 영국 기마병들은 그들을 추격하지 않았다. 하우 장군은 또 다시 적들을 파괴하기보다는 겁주길 원했고 그는 반란자들을 협공하여 그들을 영원히 질식시키기를 원하는 헨리 클린턴(Henry Clinton) 장군의 판단을 무시했다. 왕이 하우 장군에게 바스 기사(A Knight of the Bath)의 작위를 수여하여 하우의 편을 드는 것으로 보였으며 그 결과 그는 윌리엄 하우 경(Sir William Howe)이라 불리었다.

워싱턴에게 이것은 끝없는 일련의 좌절, 즉 폭포처럼 떨어지는 일련의 커다란 패배들 속에 또 하나의 좌절로 다가왔다. 그러나 워싱턴 요새와 리 요새에서 재앙에도 불구하고 영국은 워싱턴에게 하나의 생각지도 않은 혜택을 베풀었다. 그들은 워싱턴에게 해안을 따라 중요새화한 진지를 방어하려고 노력하는 것의 무용성을 보여주어 그로 하여금 기동력을 갖고 또 영국 군대가 해군 없이 불리하게 작전하는 산골로 들어가게 만들었다. 정치적인 이유에서 워싱턴은 뉴욕시와 허드슨 강을 방어하라는 대륙회의의 결정을 취소할 수는 없었지만 그러나 이제 그가 그렇게 했고 또 예측할 만한 패배를 당한 이상 워싱턴은 자신의 목표물들을 고르고 선택할 더 많은 행동의 자유를 갖게 될 것이다. 그의 극적으로 줄어든 군대와 군수품을 날려버린 이상

---

162) *Ibid.*, p. 263.

그들의 엄청나게 우월한 병력과 화력을 가진 영국인들에게 맞서고 대결한다는 것은 더 이상 불가능했다.163)

워싱턴과 그의 흙투성이의 병사들은 최근의 굴욕을 생생히 기억한 채 뉴저지(New Jersey)의 평탄하고 개활한 지형을 가로질러 황량한 후퇴를 시작했다. 영국인들은 그들의 연속적 승리를 기뻐했다. 워싱턴의 유일한 관심은 자기의 군대를 구하는 것이었다. 많은 모집병들의 계약이 12월 1일에 끝나기 때문에 그는 병사들의 재앙적 감소를 예상했다. 그날 워싱턴은 뉴저지와 메릴랜드에서 온 2천명의 시민군들이 떠나버리고 토리당 지지자들이 득실거리는 뉴욕에 오직 3천 8백명만 남을 것이라고 두려워했다. 비슷한 시간에 하우 장군은 왕에게 충성을 서약하는 자들에게는 사면 제안을 천명했고 낙심한 수천명의 미국인들이 그 제안을 받아들였다. 후퇴하는 동안 워싱턴은 적을 저지하기 위해 교량의 파괴를 감독하면서 위험스러운 군대의 후미에서 말을 타고 갔다. "나는 작은 부대의 진두에서 혹은 후미에서 그를 보았다. 그는 언제나 적과 가까이 있었기에 그의 표정과 태도는 내가 결코 지울 수 없는 인상을 나에게 주었다"고 후에 제5대 미국 대통령이 되는 당시 18세의 중위 제임스 먼로(James Monroe)164)는 썼다. 토마스 페인(Thomas Pain)도 뉴저지의 후퇴를 워싱턴의 대단한 용기를 보여준 가장 멋진 시간이었다고 칭송했다.165)

몇 개의 고무적인 일도 뉴 브런스윅(New Brunswick) 근처의 래리

---

163) *Ibid.,* p. 264.

164) Garry Hart, *James Monroe,* New York: Times Books, 2005.

165) Ron Chernow, *Washington: A Life,* New York: Penguin Books, 2011, p. 264.

턴 리버(Raritan River)에서 발생했다. 12월의 오후에 영국 군인들이 나타나 미국인들이 그 강을 건널 때 미국 군인들을 막으려고 위협했다. 다시 한 번 알렉산더 해밀턴 대위와 그의 포대가 후퇴하는 병사들에게 지속적으로 경계를 제공했다. 이 때 그를 칭송하는 워싱턴이 자기의 미래 부관과 재무장관을 강의 제방으로부터 주시하고 있었다. 워싱턴의 경력은 사람을 잘못 믿은 경우들이 있었는데 그 가운데 하나가 이 외롭고 취약한 때에 발생했다. 6월에 워싱턴이 신임하는 행정 부관인 조셉 리드(Joseph Reed)가 불행하게도 워싱턴의 능력에 대해 점증하는 의구심을 품었다. 그리고 그 의구심은 워싱턴 요새에서 나다낼 그린 장군의 명령을 그가 뒤집지 못한 데에서 더욱 강화되었다. 리드는 이런 의구심을 찰스 리 장군에게 말하기로 결심했다.

11월 21일 워싱턴은 리 장군에게 긴급 비밀 편지를 보내 그의 연대병력을 뉴욕으로부터 뉴저지의 방어를 지원하기 위해 데려오라고 촉구했다. 그는 하우 장군이 필라델피아를 장악하려고 들지 않을까 하고 특히 걱정했다. 이 편지를 보내는데 조셉 리드가 리 장군에게 자기 자신의 비밀 노트를 집어넣는 무모함을 저질렀다. 이 비밀 노트는 노골적으로 워싱턴의 개인적 참모가 그에 대한 신임을 잃고 워싱턴을 우왕좌왕하는 지도자로 제시했다. 그러면서 리 장군과 다른 이들이 회의에 가서 새로운 군대의 계획을 수립할 것을 제안했다. 11월 말에 워싱턴은 리 장군이 리드에게 보낸 비밀 편지를 열었을 때 뉴 브런스윅에서 바쁘게 일하고 있었다.

이 편지는 그를 두 가지 점에서 경악하게 했다. 주제넘은 리 장군이 자기 부대를 뉴저지로 데려오라는 워싱턴의 명령을 불복하고 있음을 폭로했고, 또 더 나아가 그는 히드(Heath) 장군 지휘 하에 있는 2천명의 병사들을 보내서 허드슨 하이츠(Hudson Heights)를 보호하게 했다. 그리고 그는 리드의 비밀 편지를 흉내내면서 워싱턴의 치명적 우유부단 관해서 리드에 동의한다고 천명했다. 10월 30일 워싱턴은 크게 상처받고 조셉 리드에게 노트를 써 보냈다. 그는 리드에게 온 편지를 다른 경우처럼 열어 보았음을 밝히고 리드의 하는 일이 성공하기를 바란다고 했지만 그러나 이 발견된 비밀 공작을 언급하지 않았다. 워싱턴은 어떻게 침묵을 무기로 휘두르는 지를 완벽하게 알고 있었다. 그의 반응은 그가 신사적인 명예코드를 얼마나 높게 간주하는 지를 보여주었다.166)

이 워싱턴의 편지를 받자마자 리드는 대륙회의에 사직서를 제출했지만 워싱턴이 그로 하여금 그것을 취소하게 했다. 워싱턴은 자기 편지에 대한 직접 반응도 요구하지 않았다. 대화도 요구하지 않았다. 그 대신에 그는 조심스럽지만 리드와 공손한 관계를 재개했다. 워싱턴은 리 장군에게도 그의 리드와의 비밀 서신교환에 관해 알고 있음을 내비치지 않았고 워싱턴에 대한 리 장군의 태도는 더욱 더 거만해졌다. 뉴욕의 피크스킬(Peekskill)에 본부를 둔 그는 워싱턴에게 뉴저지로 행군하라는 그의 명령들을 무시했다고 11월 말에 인정했다. 리 장군을 질책하는 대신에 워싱턴은 그에게 5천명의 병사들을 데려오라고 간청했다. 그러나 리 장군은 그의 요청을 성난 무사같은 태도로 계속 무시했다. 마침내 워싱턴은 자신의 줄어드는 병력을 델라웨어 강(the Delaware River)을 건너 펜실베니아로 이끄는 수밖에 없었

---

166) *Ibid.*, p. 266.

다. 그는 또한 대륙회의에서 리 장군을 믿지 못하게 하는 조용한 작전도 시작했다. 그는 12월 초에 존 핸콕 회의 의장에게 지난 달 26일 이후 리 장군으로부터 단 한마디도 듣지 못했다고 말했다. 마침내 리와 그의 병사들이 허드슨 강을 건너서 빙산의 속도이긴 하지만 뉴저지를 통해 남쪽으로 이동하기 시작했다.

12월 13일 아침에 찰스 리 장군은 그의 거만한 허영심에 당연한 책망을 받았다. 그는 전날 밤에 값싼 여자를 끼고 즐기면서 뉴저지의 배스킹 리지(Basking Ridge) 근처의 여인숙에서 보냈다. 아주 기본적인 실수로 그는 군대의 안전으로부터 3마일이나 떨어진 이 만남의 장소를 정했다. 70명의 영국 용기병의 팀을 지휘하는 영국의 기병장교 윌리엄 하코트(William Harcourt) 대령이 현지 토리당 지지자들로부터 리 장군의 장소를 알게 되어 그 여인숙을 포위했다. 남부에서 유혈전술로 나중에 잘 알려진 22세의 배내스터 탈턴(Banastre Tarleton)이 이 여인숙에 불을 지르겠다고 위협한 뒤에 리 장군은 슬리퍼를 신고 더러운 셔츠를 입은 채 항복했다. 그의 몰락을 완전하게 하기 위해 영국인들은 겨울 날씨에도 그에게 코트를 입거나 모자를 쓰도록 허용하지 않았다. 워싱턴에 대한 그의 모멸적인 강의들에도 불구하고 찰스 리 장군은 자기를 보호하는 방법을 몰랐던 것이다. 그는 영국의 포로로 16개월을 보내게 되었다.

찰스 리 장군에 대한 그의 의혹에도 불구하고 워싱턴은 그의 불행을 기뻐할 시간이 없었다. 그는 오직 경험 있는 장군의 상실을 유감으로 간주할 뿐이었다. 어쩌면 그의 한 측면은 오랫동안 신경을 거슬린 자의 제거에 안심이 되었을 것이다. 조셉 리드가 주장했던 것처럼 워싱턴이 어떤 때는 군사 지도자로서 우유부단했을 지는 몰라도 그는 항상 정치인으로서 완벽한 기술을 보였다.[167] 수천명에 달하는 뉴저지 주민들이 서둘러 영국이 제안한 충성서약을 하고 독립의 대의를 어리석은 공상으로 폐기했다. 뉴저지 시민군의 강력한 유입을 기대하면서 워싱턴은 해큰색이나 뉴 번스윅에서 영국군에 용맹하게 대적할 희망을 품었다. 그러나 뉴저지의 주민들은 두려워서든 아니면 불만스러워서든 거의 단 한 사람도 나타나지 않았다. 덥수룩하고 발병이 난 미국인들이 트렌턴(Trenton) 근처에서 델라웨어 강을 건너 필라델피아로 들어갔는데 이것은 근처의 필라델피아를 보호하기 위해 계획된 후방작전 조치였다. 자신의 병력을 안전으로 이끌기에 열성인 워싱턴은 육상에서 대규모 모닥불을 피워서 보트들이 밤에 강물을 잘 헤쳐 나갈 수 있게 했다. 그는 후에 이 초조했던 시간을 미국의 운명을 위해 전율했던 한 순간으로 회상했다.[168]

11월 8일 하우 장군과 그의 군대가 트렌턴에 도착하여 델라웨어 강에서 미국 병사들과 사격을 교환했다. 1만 2천명의 병력을 가진 하우 장군은 필라델피아를 낚아채고 싶은 유혹을 받았지만 진정 귀족적인 스타일로 그는 겨울을 위해 뉴욕시의 보다 부드러운 단골장소로 신사적으로 후퇴하길 선호했다. 하우 장군은 조류가 자기에게 유리하게 결정적으로 바뀌면 뉴욕, 뉴저지 그리고 로드 아일랜드의 3개 전 식민지들에 대한 통치권을 재수립할 생각이었다. 공포가 필라델피아를 휘몰아쳐서 많은 마을 사람들이 그들의 집을 자물쇠로

---

167) *Ibid.*, p. 268.
168) *Ibid.*, p. 269.

잠그고 도망쳤다. 12월 13일 회의는 이제 방어할 수 없는 도시를 포기하고 볼티모어(Baltimore)로 급히 도피했다. 워싱턴은 자신의 비참한 상황에 단순히 안주하지 않고 영국인들의 안심 속에서 가능한 기회를 탐색했다. 12월 중순의 차가운 날씨의 일시적 급변이 델라웨어 강을 얼어붙게 하여 영국이 강을 건너 공격을 유인할지 모른다는 두려움을 진작시켰다. 하우가 필라델피아를 낚아챌지 모르는 어떤 전망도 기선을 제압하기 위해서 워싱턴은 창조적으로 생각하기 시작했다.

워싱턴은 비정통적 전술을 생각하고 있었다. 12월 14일 자기 머리 속에 떠오르는 신선한 계획을 가지고 워싱턴은 호레이쇼 게이츠(Horatio Gates) 장군에게 지금 델라웨어 강 넘어 북부 뉴저지에 야영중인 그의 여단들을 데려오라고 명령했다. 너무나 많은 병사들이 연말까지 복무 계약이 소멸되어 공세적 조치를 위한 효과적인 데드라인을 정했다. 12월 22일까지 워싱턴의 군대는 상당한 새로운 시민군 부대들뿐만 아니라 전에 찰스 리와 호레이쇼 게이츠 지휘 하에 행군했던 여단들에 의해서 강화되어 그의 병력이 7천 6백명 이상으로 불어났다. 짧은 모병들의 복무기간 때문에 워싱턴은 영국에게 치명적 타격을 가할 시간은 10일에 지나지 않았다. 이 시간을 이용하지 않으면 그의 병력은 숲속으로 사라져버릴 것이다. 트렌턴 주민들이 헤시안들에게 다가올 반란군의 공격 소문을 보고했을 때 이 외국군인들은 믿지 않는 것 같았다. 그들은 반란군이 그렇게 할 수 없을 것이라고 생각했다.

애국적 정신에 시의적절한 자극제는 토마스 페인(Thomas Paine)의 영혼을 자극하는 성명의 출간이었다. 그는 대륙군 병사들이 뉴저지를 지나가는 놀라운 1백마일을 행군한 그들의 용기에 놀랐다. 13개 국가들을 기리기 위해 그는 <위기>(*The Crisis*)라는 제목의 13개 에세이들을 모아 출판했다. 이 에세이들은 12월 23일 팜플렛 형태로 등장했는데 워싱턴은 델라웨어 강의 위 아래에서 소규모 병사들의 모임에 그것들을 큰 소리로 읽어주게 했다. 떨던 병사들이 이 말들에 분명히 자부심으로 얼굴이 빛났다. 토마스 페인은 이런 말로 영국에 대한 미국의 싸움에서 미국인들의 결의를 북돋우었다.

"지금은 인간의 영혼을 시험할 때이다. 여름의 군인과 빛나는 애국자들이 이 위기 속에서 조국의 봉사에 움츠릴 것이다. 그러나 이제 그것을 견디는 자는 남녀의 사랑과 감사를 받을 만하다. 폭정은 지옥처럼 쉽게 정복되지 않는다. 그러나 갈등이 어려우면 어려울수록 승리는 더욱 더 영광스럽다는 위안이 우리에게 있다. 우리가 쉽게 얻는 것은 너무 가볍게 생각한다. 모든 것이 그 가치를 부여하는 것은 소중함이다. 하늘은 그것의 물품들에 적절한 가격을 매기는 방법을 알고 있다. 그래서 자유와 같은 그렇게 천국의 품목이 높게 평가되지 않는다면 참으로 이상할 것이다. 군대로 자기의 폭정을 강요하는 영국은 징세뿐만 아니라 무엇이든 모든 경우에 우리의 눈을 멀게 할 권리가 있다고 선언했다. 그렇다면 이런 식으로 속박되는 것이 노예제도가 아니라면 지구상에 노예제도는 존재하지 않는다. 그런 표현조차 불경스럽다. 왜냐하면 그렇게 무제한 권력은 신에게만 속할 수 있기 때문이다."[169]

---

169) James Thomas Flexner, *Washington: The Indispensable Man,* The Illustrated Edition, New York: Sterling Signature, 1974, p. 64. 전문을 위해서는, pp. 64－69를 참조.

워싱턴은 뉴저지에서 후퇴할 때 이 급진적 열정가와 친구가 되었고 페인은 워싱턴의 금욕주의적 용기를 찬양했다.[170] 워싱턴과 그의 장군들은 성탄절 날 밤에 델라웨어 강을 건너 그들이 주사위의 마지막 굴림에 모든 것을 다 걸면서 휴일 술잔치 후에 잠자고 있을 여명한 시간 전에 헤시안 수비대를 급습하기로 결정했다. 워싱턴의 병사들은 굶주림, 피로, 질병, 그리고 그에 대한 개인적 충성에서 패배에 용감히 맞섰다. 12월 24일 윌리엄 튜더(William Tudor) 대령은 보스턴에 있는 자기 약혼자에게 왜 그가 델라웨어에 집결한 오합지졸의 패거리들과 머물러 있는지를 설명했다. "나는 이 사람을 저버릴 수 없다…자신의 조국을 방어하기 위해 모든 것을 버렸고 그의 주된 불행이…그것의 대부분은 스스로 방어할 정신이 부족한."[171] 워싱턴은 델라웨어 강을 건너는 것이 역사적 승리 아니면 처절한 재앙을 가져올 것이라는 것을 알고 있었으며 그리고 그는 그 대가를 지불할 준비가 되어 있는 것처럼 보였다. 워싱턴이 끄적거린 종이들 중 한 장 위에는 "승리 아니면 죽음"이라고 적혀 있었다.[172]

미국의 역사적 독립선언이 나온 1776년 혹한의 성탄절 전야에 워싱턴은 사무엘 메릭(Samuel Merrick)의 집에서 다음날 밤 그들이 수행할 작전을 계획하기 위해 장교들의 저녁모임을 소집했다. 고무된 말이 많은 자들의 집단 속에서 워싱턴은 필적할 수 없는 경청자였다. 그래서 그는 장군들과 탁월한 업무관계를 발전시켰다. 델라웨어 강

---

170) Ron Chernow, *Washington: A Life,* New York: Penguin Books, 2011, p. 271.
171) *Ibid.,* p. 272에서 재인용.
172) *Ibid.*

을 건너 펜실베니아로 들어오는 5일간의 시련 뒤에 회의론자들은 전군이 하룻밤 사이에 노를 저어 강을 건널 수 있을 지의 여부를 의문시했다. 면밀히 구성된 계획들은 그 계획에서 실수나 어긋남의 여지를 거의 남기지 않았다. 이스트 리버 후퇴 뒤에서 바다의 귀재였던 존 글로버(John Glover) 대령이 그 모임에서 병사들이 해낼 것이니 걱정하지 말라는 확약을 했다. 상세하게 작성된 이 대계획은 2천 4백명의 주력군과 헨리 녹스와 그의 포병부대가 트렌턴 상부 9마일 지점인 맥콩키스 페리(McConkey's Ferry)에서 델라웨어의 도강을 상정했다.

델라웨어 강을 일단 건너면 이 병력은 2열 종대로 나뉘어져 하나는 설리번(Sullivan) 장군의 지휘 하에 강에 접한 길로 행군할 것이고 다른 하나는 보다 높은 페닝턴(Pennington) 길을 따라 훨씬 내지로 워싱턴과 그린 장군이 안내할 것이다. 이 2열 종대는 이론상으로 트렌턴 외곽에서 상봉할 것이다. 그 사이에 강의 한참 아래쪽에선 제임스 이윙(James Ewing) 장군이 지휘하는 700명의 시민군이 강을 건너 바로 트렌턴으로 향할 것이며 존 캐드윌래더(John Cadwalader) 장군의 지휘 하에 1천 5백명의 병력이 브리스톨(Bristol)에서 도강할 것이다. 워싱턴은 병을 핑계 대는 호레이쇼 게이츠를 제외한 모든 장군들의 전폭적 지지를 받았다.

1776년 성탄절 날, 동이 트면서 날씨는 춥고 화창했다. 그들의 목적지를 모르는 군인들이 강을 향해 행진하기 시작한 늦은 오후에는 구름으로 덮였다. 일단 병사들이 델라웨어 강을 건너자 그들은 칠흑 같은 어둠 속에서 9마일을 걸어가 오전 5시까지 도착할 필요가 있었다. 모든 것이 작전 보안과 오류 없는 정확성에 달렸다. 워싱턴은 그의 일반 명령에서 어느 병사도 죽을 것 같은 고통에도 자신의 위치를 이탈할 수 없다고 경고하면서 작전중 완전한 침묵을 요구했다. 석양의 가벼운 비가 내리기 시작했다. 병사들에 앞서 도강한 워싱턴은 강의 위험한 쪽인 뉴저지 해안에 상륙했다. 그날 밤은 달이 구름에 가려서 어두워졌다. 2천 4백명이 더햄 보트들(the Durham boats)을 타고 강을 건너는 800피트의 여행을 시작했다. 40명이 한 배에 서서 가기도 했다. 델라웨어 보트들로 겁 많은 말들과 거의 400톤에 달하는 다루기 어려운 18개의 대포를 수송하는 일은 터무니없는 작업이었다. 대부분의 병사들이 수영을 할 줄 몰랐기 때문에 그들은 보트가 뒤집힌다는 생각에 틀림없이 무서운 공포를 느꼈을 것이다. 그것은 완전한 절망과 결합된 탁월하고 대담한 작전이었다.

군대가 자정까지 도강할 것으로 예상되었음에도 불구하고 마지막 보트가 새벽 3시까지 강을 건너지 않았다. 단 한 명의 병사도 죽지 않았다. 뉴저지 해안에서 워싱턴은 조용히 결의에 차 병력을 집중시켰다. 4시가 되어서야 집결한 병사들이 트렌턴으로 가기 위해 9마일의 행군을 시작할 준비가 되었다. 워싱턴은 트렌턴과 브리스톨에서 흐르는 강물을 통과하기로 한 자신의 2개 진격부대들이 강의 거대한 얼음 조각들을 관통할 능력의 부재로 인해 취소된 것을 알지 못했다. 긴 종대병력이 마침내 뉴저지에 접어들자 숲 속을 지나가는 길이 가파르고 험준해서 사람이나 동물 모두에게 미끄러웠다. 비스듬히 내리는 눈과 진눈개비 그리고 싸락눈이 칠흑같은 어둠 속에서 전진하는 병사들의 얼굴을 때렸다. 적어도 2명의 탈진한 병사들이 길옆 눈더미에 쓰러져 동사했다. 말 위에서 워싱턴은 말의 뒷다리가 구부러져 얼음으로 덮인 경사지에서 미끄러지기 시작할 때 부대의 행군을 지휘하고 있었다. 그 때 그의 병사들은 그의 나이에 가장 위대한 기수의 아슬아슬한 묘기를 보았다. 말의 갈기를 손가락으로 잡고 워싱턴은 말의 큰 머리를 온 힘을 다해 똑바로 휙 잡아당겼다. 그리고 동시에 말이 균형을 회복할 때까지 안장에서 자신의 몸을 흔들고 앞뒤로 전환시켰다.[173) 이 놀라운 묘기는 눈 깜짝할 사이에 발생했고 대포들의 이동이 계속되었다.

새벽 6시에 첫 햇빛이 하늘을 희미하게 물들일 때 워싱턴의 군대는 트렌턴에 겨우 절반쯤 와 있었다. 이 희미한 여명의 빛 속에서 말을 탄 채 음식을 먹고 물을 마신 워싱턴은 장군들과 즉석 회의를 열고 종대부대를 둘로 나누어 높고 낮은 길을 따라 트렌턴으로 행군하게 하면서 원래 계획대로 진행하기로 결정했다. 시간엄수에 대한 그의 선천적 집념으로 워싱턴은 시계를 꺼내서 장군들에게 그들의 시계를 맞추도록 요구했다. 그린 장군과 위쪽 페닝턴 길을 택함으로써 워싱턴은 보다 더 고난의 길을 선택했다. 트렌턴 전투의 신화에 의하면 헤시안 용병들은 밤 늦게까지 성탄절 술을 마시고 술에 취해 무감각한 상태로 잠을 자고 있었다. 실제로, 요한 고트리브 랄(Johann Gottlieb Rall) 대령은 자기 부하들에게 고도의 경계를 유지했지만 그들은 계속되는 훈련과 정찰로 매우 지치고 탈진한 상태였다.

그날 아침에 헤시안 용병들이 기습을 당한다면 그것은 오직 그들이 험악한 날씨로 인해 공격이 없을 것이라고 생각했기 때문이었다.

---

173) *Ibid.*, p. 274.

그러나 미국인들에 대한 거만한 견해에 의해 불리해진 그들은 워싱턴이 시도한 그런 규모와 대담한 어떤 것도 생각할 수 없었다. 기습 공격에 대해 여러 경고들을 받았던 랄(Rall) 대령은 자기 병사들의 우월성을 확신한 나머지 "올 테면 와 봐라"라고 말하면서 그런 보고들을 분별없는 허장성세로 일축했다. 워싱턴이 트렌턴에 접근하자 그는 밤새도록 행군을 하고서도 여전히 공격하고 싶어 안달이난 자기 병사들의 용맹에 경악했다. 비록 눈발의 험악한 날씨가 여전히 그들을 휘감았지만 그들이 기운찬 속도로 나아갈 때 돌풍이 이제 그들의 등 뒤에서 불었다. 기습의 요인을 이용할 의도로 워싱턴은 자기 병사들이 헤시안들을 놀라게 하기를 원했다. 오전 8시 직후에 트렌턴 숲 속에서 등장한 그는 자기 군대를 3열 종대로 나누고 중간 종대를 자신이 이끌었다. 워싱턴은 리버 로드(the River Road)에서 대포가 사격하는 소리를 듣고 두 개의 미국 측방 부대들이 그들의 도착을 조정했음을 확인했다.

트렌턴은 1백여 가옥들로 구성되었으며 집주인들이 떠난 지 오래되었다. 녹스의 포들이 킹과 퀸이라는 2개 주요 거리에 정확하게 발사하기 시작했고 알렉산더 해밀턴이 또 다시 그 공격의 한가운데 있었다. 랄 대령은 일개 그룹의 병사들을 사과밭에서 동원하고 워싱턴을 향해 나아가려고 애를 썼다. 이 움직임에 대응하여 워싱턴은 능숙하게 자기 병사들을 근처 고지대에 전개했다. 워싱턴의 재빠른 조치가 헤시안의 진격을 저지했다. 총알 세례를 받은 랄 대령은 자기 말에서 구조되어 교회로 이송되기 전에 자기 말 안장에서 휘청거렸다. 워싱턴은 죽어가는 랄 대령과 대화를 했으며 모든 헤시안 포로들을 명예롭게 다루라고 명령했다. 한 시간도 안 되어 미국의 승리가 달성되었다. 조지 트리벨얀(George Trevelyan)은 "세계의 역사에 그렇게 적은 수의 병사들이 그렇게 짧은 시간에 더 크고 보다 지속적인 영향을 미쳤다는 것이 의심스러울 것"이라고 썼다.174)

전투의 희생은 헤시안들에게 유혈극이었다. 22명이 죽고 84명이 부상했으며 거의 900명이 포로가 되었다. 오직 500명만이 안전한 곳으로 도주했다. 반면에 미국인들에게는 오직 2명만이 전투 중에 죽고 4~5명이 동사했다. 총들과 총검들, 대포 그리고 검들의 거대한 노다지가 미국인들의 손에 들어왔다. 애국자들은 40통의 럼주도 손에 넣었다. 맑은 정신을 유지하려는 노력으로 워싱턴은 럼주들을 땅에 쏟아버리라고 했지만 몸을 덥게 해주는 술의 안락을 저항할 수 없어서 많은 사병들이 사납게 취했다. 트렌턴의 승리는 경이적인 전환을 낳았다. 워싱턴과 그의 장군들의 마음에는 새롭게 발견된 자신감으로 가득 찼다. 12월 28일 눈발이 날리는 가운데 워싱턴은 북부 뉴저지에 있는 시민군들에게 적을 방해하고 측방과 후방을 교란하라고 명령했다. 그리고 12월 29일 워싱턴은 장군들에 의해서 승인된 굉장한 도박을 했는데 그것은 자기 병력을 트렌턴으로 되돌려 보내는 것이었다. 첫 번째보다 더 야심적인 두 번째도강 작전은 배가 많은 대포들을 이송하는 것이었다. 새로 언 얼음이 보트들을 방해했고 작전을 지연시켰다. 워싱턴은 12월 30일에야 델라웨어 강을 건넜고 트렌턴의 남쪽 끝에 있는 좁고 빠른 시내인 아순핑크 크리크(Assunpink Creek) 뒤에

---

174) Ron Chernow, *Washington: A Life,* New York: Penguin Books, 2011, p. 276 에서 재인용.

있는 안전한 경사지에 병사들을 주둔 시켰다.

첫 델라웨어 도강은 군사적전을 수립하는데 있어서 속도와 융통성의 생생한 이점을 제공했다. 많은 사병들의 복무기간이 끝나가는 상황에서 그린 장군이 회의에 로비를 하여 워싱턴에게 추가적 권한을 부여하게 했다. 그린은 워싱턴이 폭넓은 새 권위의 인정을 결코 남용하지 않을 것이라고 거듭 주장했다. 그는 보다 안전하게 신임할 수 있는 사람은 결코 없다고 천명했다. 12월 27일 과거에 트집잡고 간섭하기 좋아하던 회의가 워싱턴에게 비상 권한들을 인정하여 그로 하여금 보상금을 지불하여 새 병사들을 모으고 식량을 징발하고 그리고 심지어 대륙의 화폐를 거부하는 장사꾼들을 체포할 수 있게 하였다.[175] 범주가 넓은 이 권한들은 독재자를 만들고 있다는 두려움을 야기했는데 워싱턴은 이 두려움을 재빨리 불식시켰다. 그는 자유들이란 그것들이 일시적으로 빼앗기는 경우에조차도 확인되어야 한다고 이해했으며 그는 그것들이 더 이상 필요하지 않는 순간에 비상 권한들을 폐기할 계획이었다. 그는 대륙 회의에 이렇게 알렸다.

> "나는 검이란 우리의 자유들을 보존하기 위한 마지막 수단이기
> 에 이러한 자유들이 확고하게 수립될 때 맨 먼저 치워져야 한다는
> 것을 끊임없이 마음 속에 간직할 것이다."[176]

이런 방식으로 워싱턴은 군부에 대한 시민들의 권위를 강화했다. 그러나 당장 눈 앞의 과제는 그들의 복무기간이 새해 첫날에 끝나는

---

175) *Ibid.*, p. 277–278.
176) *Ibid.*

병사들이 더 머물도록 설득하는 일이었다. 자기 병사들을 트렌턴으로 불러 그들이 급히 떠나는 것을 더욱 어렵게 만들었다. 그리고 그는 그들을 붙잡기 위해서 그의 모든 권장하는 권한들을 총동원했다. 12월 30일 그는 반항적인 뉴 잉글랜드 여단을 자기 앞에 줄 세웠다. 자기의 말 위에 똑바로 앉아서 그들에게 그들의 복무를 6주간 연장할 것을 요구하고 그들에게 10 달러의 보상을 제안함으로써 열정적인 호소를 했다. 드럼 소리가 점호를 위해 울리면서 처음에는 아무도 나서지 않았다. 요란한 병사 하나가 소리를 지르면서 그들이 공유한 희생들과 그들이 얼마나 집으로 가는 꿈을 꾸었는지에 관해서 의견을 말했다. 그의 말의 줄을 당기면서 워싱턴은 한 바퀴 돌고나서 사병들의 전 줄을 따라 말을 타고 갔다. 그리고 그의 절제된 태도와 엄숙한 행동규범으로 그는 빈번하게 자신의 감정을 표현하지 않았기에 그가 그렇게 할 때엔 더욱 인상적이었다.

> "나의 용감한 친구들이여, 자네들은 내가 하라고 요구한 모든 일을 했으며 합리적으로 기대할 수 있는 이상을 했다. 그러나 자네들의 조국과 자네들의 처, 자네들의 집, 그리고 자네들이 소중히 여기는 모든 것이 달려있다… 만일 자네들이 한 달만 더 머물겠다고 동의한다면 자네들이 아마도 다른 어떤 상황에서도 결코 할 수 없는 자유의 대의와 자네의 조국에 그런 봉사를 하게 될 것이다.[177]

드럼치는 소리가 다시 울리기 시작하자 병사들은 그들 사이에서

---

177) *Ibid.,* p. 278에서 재인용.

밀담하고 상의했다. "네가 머물면 나도 머물 거야." 또 다른 병사는 자기 동료들에게 "이런 상황에서 우리는 집에 갈수 없다"는 소리가 들렸다. 몇 사람이 마지못해 앞으로 나섰고 여러 사람들이 뒤따랐다. 그리고 종국에는 200명 모두가 참여했다. 워싱턴에게 이 전쟁은 극단적 압박감에서 수행한 끊임없는 고도의 작전 게임이었다. 이 200명의 병사들에게 추가적 6주는 적지 않은 헌신을 수반했다. 왜냐하면 절반은 전투나 부상 혹은 질병으로 사라질 것이기 때문이다. 같은 장면들이 다른 여단에서도 곧 재연되어 결국 3천명 이상이 머물기로 했다. 워싱턴은 부하들에게 머물기로 동의한 사람들은 공식으로 등록할 필요가 없고 구두 선언으로 충분하다고 말함으로써 또 하나의 멋진 제스처를 했다. 워싱턴은 그들을 평민들로 취급하지 않고 믿을 수 있는 진정한 신사들로 간주한 것이다.[178]

적의 의도를 탐색하기 위해서 워싱턴은 프린스턴(Princeton)주변에 기마 순찰대를 보내 정찰했다. 붙잡힌 영국의 여러 기병들은 영국이 프린스턴에 8천명을 집결시켰고 콘월리스(Cornwallis) 장군 지휘 하에 트렌턴에서 워싱턴을 공격할 태세를 갖추고 있다고 폭로했다. 이 제2의 트렌턴 전투가 임박하자 굴욕을 당한 헤시안들은 특별히 복수심에 불타고 있었으며 그들의 지도자인 폰 도노프(von Donop) 대령은 포로를 잡지 말라는 피에 굶주린 정책을 발했다. 1777년 1월 2일 워싱턴은 5천 5백명의 군대를 끌고 온 콘월리스의 선발대를 알아차렸다. 워싱턴은 아순핑크 크리크(Assunpink Creek) 뒤에 3개 수평적 부대로 나누어 경사지에 병사들을 주둔시켰다. 이것은 산비탈

---

178) *Ibid.*, p. 279.

을 모두 커버했다. 헤시안 병사들이 킹과 퀸 거리로 돌진하자 미국의 저격병들이 그들에게 발사했다. 대륙군인들의 진두부대가 비로 불어난 시냇물을 뚫고 나가는 동안 다른 병사들은 돌다리를 건너 뒤따랐다. 마치 후퇴하는 미국인들이 헤시안들의 총검에 의해 난도질당할 것이라는 바로 그 때 워싱턴이 행동을 취했다. 다리의 먼 끝에서 말을 타고 앉아 병사들을 동원했다. 분명히 그는 신과 같은 견고한 이미지로 보였을 뿐만 아니라 그렇게 느꼈다. 그에게 부딪친 군인들은 그의 화강암 같은 자세를 흔들 수 없었다.

영국인들은 다리를 탈취하기 위해 세 번에 걸쳐 용맹한 시도를 했지만 그 때마다 미국의 대포가 그들을 물리쳤다. 그 다리는 죽거나 부상당한 영국군의 피로 붉게 물들었다. 수백명의 영국과 헤시안의 군인들이 미국의 진지를 덮치려고 시도하다 헛되이 죽었다. 그럼에도 불구하고 애국자들은 수적으로 콘월리스의 군대에 크게 압도되었으며 분명한 탈출전략도 없었다. 워싱턴은 자기 병사들이 우월한 영국군에 의해서 포위될까 두려웠다. 그리고 그는 얼음으로 가득한 델라웨어 강을 건너는 후퇴가 값비쌀 것이라고 알고 있었다. 얼어붙은 밤에 자기 장군들을 소집하여 그는 그가 지휘하는 군단의 상실이 조국에 치명적일 것이라고 말했다. 그래서 그는 그런 상황에서 충고를 요청했다. 다시 한 번 한발의 실족도 재앙적일 수 있을 것이다. 전쟁협의회는 이스트 리버(the East River)를 건넜던 것처럼 야간에 군대가 빠져나가기로 결정했다. 훨씬 더 좋은 방안으로는 그것이 방어적 조치에서 공격적 조치로 전환할 것이며, 그것은 콘월리스 군대의 왼쪽 측면을 돌고 그리고 북쪽을 향해 잘 사용되지 않는 뒷길을 통해 프린스턴에 있는 영국군과 맞서는 것이었다. 또 다시 워싱턴은 자기의 군사 전략에 정치 전략을 숨겼다. 그가 확신한 한 가지는 그것이 후퇴의 모습을 피할 것이라는 점이었다. 아주 모험적인 이 전략은 적의 영토 내로 깊숙이 침투하는 것으로 덫에 걸릴 수도 있다는 것을 의미했다. 그럼에도 불구하고 워싱턴과 이제 과거와 다른 단결로 운영되는 그의 장군들은 이 길을 만장일치로 채택했다.[179]

자정 이후에 시작할 악몽의 후퇴를 위장하기 위해서 워싱턴은 롱아일랜드에서 그가 적용했던 동일한 속임수를 반복했다. 대포의 바퀴들이 소리가 나지 않도록 천조각으로 감쌌다. 모닥불들을 계속 타게 해서 밤에 야영에 들어간 환상을 조장했다. 그리고 마치 다음 날 치열한 보복을 위해 땅을 파는 것처럼 땅 파는 도구들로 소란을 피웠다. 또 다시 군대는 그들의 목적지를 알지 못했다. 야간을 이용하여 프린스턴을 향해 12마일을 행군하는데 워싱턴은 오랫동안 고통에 시달린 병사들을 거의 인간의 한계를 넘어 밀어붙였다. 그것은 얼음으로 뒤덮인 어두운 시골길을 따라 길고도 고통스러운 행군이었다. 지쳐버린 병사들은 감각을 잃고 비몽사몽간을 헤맸고 상당수는 간신히 깨어 있었으며 찌르는 바람을 맞으며 터벅터벅 걸었다. 많은 병사들은 종대가 멈출 때마다 선채로 잠이 들었다.

부대는 아주 맑고 아름다운 여명 직후에 계획보다는 늦게 프린스턴 대학 마을에 도착했다. 프린스턴 전투는 워싱턴에게 그가 고풍스런 의미에서 군대의 최고 전사라는 것을 보여주는 또 하나의 기회를 주었다. 18세기 전장은 좁은 공간이었다. 실탄의 사정거리와 총검 공

---

179) *Ibid.*, p. 280.

격의 가능 거리에 의해 정의된 그것의 비좁은 윤곽은 장군들에게 그들의 가까운 위치로 사병들을 격려할 기회를 주었다. 영국인들이 산비탈 방벽을 넘어 침공하자 워싱턴은 정찰선을 늘리고 강화하였으며 부하들에게 발포명령이 있을 때까지 사격하지 말라고 지시했다. 그리고 그는 몸소 병사들을 이끌고 언덕까지 올라가서 적들이 30야드 안에 들어올 때 멈추었다. 그리고 그가 발포명령을 내렸다. 하얀 군마를 타고 있는 워싱턴은 너무나 과시적 목표물이어서 그의 부관인 존 피처럴드(John Fitzerald) 대령은 워싱턴이 총에 맞는 것을 차마 볼 수가 없었기 때문에 자기 모자로 자기 눈을 가렸다. 총알들의 연속세례가 끝나고 적이 흩어졌을 때 피처럴드 대령은 마침내 워싱턴이 회오리치는 연기로 꼴이 말이 아니지만 말짱하게 자기 말 위에 자랑스럽게 앉아있는 것을 슬그머니 엿보고 나서 또 보았다. "하나님 감사합니다. 각하께서 안전하시군요"라고 안도감에 거의 울면서 워싱턴에게 말했다. "우리가 승리한 거야"라고 워싱턴은 말했다.[180]

이 전투 결과 200명의 영국 병사들이 대학 본부 건물인 나소 홀(Nassau Hall)에서 도피처를 구했다. 전설에 따르면 알렉산더 해밀턴이 그 빌딩에 대포들을 전개하고 영국 왕 조지 2세(George II)의 초상화에 대포알을 먹였다. 항복의 하얀 깃발이 창문에서 불쑥 나올 때까지 승리한 미국인들은 500명 이상의 사상자를 냈고 200~300명 사이의 포로를 잡았다. 미국 측에겐 오직 36명만이 일방적 전투에서 죽었다. 트렌턴과 프린스턴에서 이어진 연승은 특히 미국의 대륙군이 영국의 정규군에게 명백한 승리를 거두었기 때문에 미국의 정신

---

180) *Ibid.*, p. 282.

을 부활시켰다. 전쟁의 심리가 극적으로 반전되었다. 뉴저지에서 한때 지배적이었던 영국의 존재가 몇 마일의 구역으로 축소되었다. 영국의 획득을 되돌림으로써 워싱턴은 영토를 확보하고 사면을 해주려던 왕의 새로운 전략을 도려내 버렸다. 나다낼 그린 장군은 미국인들이 2주 동안에 3천명의 적군을 죽이거나 붙잡았다고 추산했다. 등을 맞댄 승리들은 전쟁의 계산도 변경시켰다. 이제부터 영국인들은 식민지인들을 단순히 겁주어 굴복시키는 것이 아니라 그들을 정복해야만 할 것이다. 반면에 미국인들은 거의 절망에서 반전하여 이제는 억제할 수 없는 단결을 보여주었다.[181]

연속적 전투들은 조지 워싱턴을 유명세의 새로운 꼭대기에 올려놓았다. 지친 나머지 발을 질질 끌면서 뉴저지를 지나간 사기가 바닥인 사병들을 맞아 그들을 용맹한 영웅들로 변모시켰다. 많은 신문들을 통해 이 사건들은 곧바로 미국의 전설로 통했다. 펜실베니아 저널(Pennsylvania Journal)의 한 광상적인 언사는 만일 워싱턴이 우상들의 시대에 살았더라면 그는 신으로 추앙되었을 것이라고 말했다. 전투의 반향은 세계적이었고 아마추어 지원자들이 잘 훈련된 유럽의 군대를 결코 패배시킬 수 없으리라는 가정을 뒤집었다. 심지어 프러시아의 프레데릭 대왕(Frederick the Great)마저도 이렇게 자신의 축하를 추가했다.

"12월 25일부터 1월 4일까지 오직 10일 동안에 워싱턴과 그의 작은 동포들의 부대가 이룬 성취는 군사적 업적의 연대기들에

---

181) *Ibid.*, p. 283.

기록된 것들 중에서 가장 빛나는 것이었다.”[182]

조지 워싱턴이 자신의 삶에서 보여준 많은 덕목들에도 불구하고 그가 방금 보여준 지혜, 용기, 불굴의 정신과 결의를 예시하는 것은 아무 것도 없었다.[183]

승리의 환희는 짧았다. 애국자들 군대의 영웅주의는 비록 진실이었지만 전 전쟁을 통해 간헐적임이 입증될 것이다. 그들이 받은 보상금에도 불구하고 사병들은 매일 같이 숲 속으로 계속해서 사라졌다. 새로운 16개 여단을 조직하기 위해서 워싱턴은 20달러의 보상금과 100에이커의 땅 그리고 17세 이상 50세 미만인 사람들에게는 새 옷 한 벌을 제안해야만 했다. 워싱턴은 자신의 장군들을 임명할 권한을 부여하는 일에 대륙회의가 그와 협의하는 걸 주저해 좌절하였다. 상당한 정치적 저항은 임의적 권한에 대한 두려움에 기인했지만 그러나 역시 영웅숭배 밑에 도사린 시기심을 말해주고 있었다. 프린스턴 전투 이후 지칠 대로 지친 워싱턴은 펜실베니아로 돌아가는 대신에 뉴저지의 모리스타운(Morristown)에 있는 겨울 사령부로 자신의 줄어든 군대를 데려 갔다. 이 결정은 그로 하여금 영국의 공급선들을 교란하고 또 적을 뉴저지의 많은 곳으로부터 추방했다. 그럼에도 불구하고 그 결정은 중대한 모험을 수반했다. 워싱턴은 이제 위험할 정도로 병력이 부족했고 또 후에 그가 인정했듯이 영국인들이 드문드문 경비하는 이 캠프를 쉽게 정복할 수 있었을 것이다. 뉴욕시에서 24마일 떨

---

182) *Ibid.*에서 재인용.

183) *Ibid.*

어진 모리스타운은 굶주린 병사들을 먹일 수 있는 농장들이 풍부했으며 평안한 겨울 휴양지를 제공했다. 워싱턴은 한때 여인숙이었던 마을의 초지에 있는 한 건물을 자신의 본부로 정했다.

모리스타운에서 보낸 긴 겨울 동안에 워싱턴은 자기의 개인적 감독하에 첩보망을 조직하는데 현저한 진전을 이루었다. 이 작전은 그가 1775년 케임브리지에 도착하는 순간부터 최우선 순위를 차지했다. 그의 타고난 과묵함과 불가해한 개성으로 워싱턴은 첩보활동의 타고난 요원이었다. 정보의 원천인 뉴욕을 정탐하는 것이 그의 주된 목적이었고 그래서 그는 곧 그 마을을 정탐꾼들로 덮었다. 프린스턴 전투 직전에 워싱턴은 대륙회의를 지나쳐야 할 때가 많아서 필라델피아의 재정가인 로버트 모리스(Robert Morris)를 통해 자금을 공급했다. 그가 회의에 책임을 지지 않고 첩보 활동을 위한 예산을 감독할 수 있다는 것은 총사령관에게 부여한 특별한 믿음을 대변해준다. 정기적으로 워싱턴은 회의에 간첩에게 줄 액수의 금을 요청했고 안전을 위해 개인적 소유물들과 함께 돈가방들을 간직했다. 그는 이중 첩자와 잘못된 정보를 흘리는 첩자들을 포함하여 전 첩보활동 전술을 실행했다.184)

끝이 없는 우편물 가방들에 의해 지쳐버린 워싱턴은 자기 앞에 오는 다양한 문제들을 한 눈에 이해할 수 있는 누군가를 필요로 했다.185) 1777년 3월 1일 바로 그런 사람이 알렉산더 해밀턴(Alexander Hamilton)이라는 이름으로 등장했다. 그는 22세 소년으로 포병 대위

---

184) Ron Chernow, *Washington: A Life,* New York: Penguin Books, 2011, p. 289.
185) Ron Chernow, *Alexander Hamilton,* New York: Penguin Books, 2005, p. 89.

였다. 요컨대 워싱턴은 자신의 젊은 시절을 상기시키는 야심적 인물은 만났던 것이다. 해밀턴은 신속하게 워싱턴의 가장 재능 있는 필경사가 되었고 그의 주요하고 가장 신임하는 부관이 되었으며 종종 전쟁협의회에도 참석하여 전쟁의 포괄적 견해를 즐겼다. 해밀턴은 워싱턴을 위해 생각하고 글을 썼다. 해밀턴은 워싱턴의 용기와 애국심, 그리고 순수함을 존경했다. 그래서 그는 워싱턴이 전쟁 노력에서 불가결한 인물이라는 사실을 결코 의심하지 않았다. 그럼에도 불구하고, 시종에게는 어느 누구도 영웅이 아닌 법이다.[186]

1777년 늦은 봄에서 초여름까지 워싱턴은 뉴욕에서 영국의 움직임을 열심히 추적했다. 하우 장군은 그의 병력의 2~3배를 보유하고 있었다. 이 영국 장군이 그 때 캐나다에서 남쪽으로 행군하고 있는 버고인(Burgoyne) 장군과 북쪽에서 접속하려고 갑작스럽게 돌진하지 않을까, 아니면 그 도시에서 대륙군을 추방하는 승리의 선전을 이용하기 위해서 해로나 육로로 필라델피아로 그가 향하지 않을까 하고 고심했다. 허드슨 강에서의 어떤 시도도 경계하기 위해서 워싱턴은 허드슨 하이랜즈(the Hudson Highlands)에 병력을 유지했다. 이것은 필라델피아를 보호하기 위한 조치였다. 그리고 그는 뉴저지의 침공을 격퇴하기 위해서 자기 군대의 또 다른 부대를 뉴저지의 미들브룩(Middlebrook)에 주둔시켰다. 늘 그랬던 것처럼 하우 장군은 뉴저지를 여러 차례 공격하는 척하는 기만술로 악마같은 영리함을 입증했다. 그가 모리스타운에 야영하고 있는 미국인들을 공개적 전투로 끌어들이려고 노력했을 때 워싱턴은 그 미끼를 물지 않았다.[187] 이 기

---

186) Ron Chernow, *Washington: A Life,* New York: Penguin Books, 2011, p. 292.

간 동안에 워싱턴은 병사들을 훈련시키면서 겨울 야영장의 안락함을 희생했다.

7월 23일 북아메리카의 바다를 항해한 최대의 함대인 하우 장군의 뉴욕에 정박한 함대가 샌디 훅(Sandy Hook)을 출항하여 워싱턴을 계속 당황하게 했다. 하우가 필라델피아로 향하고 있다고 올바르게 짐작한 워싱턴은 병사들을 남쪽으로 전개하기 시작했다. 7월 31일 새로운 조류와 함께 메시지가 도착했다. 228척의 영국 선박들이 델라웨어 강의 곳들 앞에 등장했다. 하우는 필라델피아를 점령하여 중부 대서양 국가들에 잠복하고 있는 친영국 감정을 일으키고 미국인들의 사기를 깨뜨리길 원했다. 미칠 듯한 방법으로 하우는 함대를 끌고 다시 사라져 워싱턴을 새롭게 불안하게 만들었다. 8월 말에 교활한 하우가 필라델피아를 장악하려는 비정통적 전략으로 치사피크 베이(the Chesapeake Bay)에까지 들이닥쳤다. 강으로부터 필라델피아를 장악하려고 시도하는 대신에 그는 북쪽 만에 있는 헤드 오브 엘크(Head of Elk)에 착륙해서 필라델피아를 향해 북쪽으로 행군할 계획이었다. 사실은 하우가 자기의 적을 주요 대결로 유인하고 있었다. 워싱턴도 그런 전투를 원했다. 그가 필라델피아를 서둘러 방어하려고 할 때 워싱턴은 영국군과 마주치기 전에 그 도시를 통해 자기 병사들을 행군시키기로 결정했다. 타고난 쇼맨으로 워싱턴은 대륙군의 규모와 사기를 광고하길 원했다.

8월 24일 조지 워싱턴은 필라델피아를 통과해 1만 2천명의 자기 군대를 행군시켰다. 백마를 타고 워싱턴은 행군의 맨 앞에서 빛나는

---

187) *Ibid.*, p. 300.

모습을 제시했다. 행군하는 병사들은 흥분한 군중들로부터 요란한 환영을 받았다. 하우는 필라델피아를 향해 이동했다. 워싱턴은 건너기 어려운 물살이 흐르는 브랜디와인 크리크(Brandywine Creek)라는 곳에서 그의 접근을 멈추기로 결정했다. 그는 부하들에게 이번 전투가 결정적이 될 수 있다고 알렸다. 영국인들이 패배한다면 그들은 완전히 끝난다고 그는 천명했다. 단지 애국심을 믿을 수 없었던 워싱턴은 도망병의 처벌은 다른 병사들에 대한 본보기로 즉시 처형될 것이라고 부하들에게 상기시켰다. 전투에서 알코올의 이점을 재발견한 워싱턴은 흔들리는 사기를 강화하기 위해 9월 9일 각 병사들에게 추가적인 양의 럼주를 보급했다.

브랜디와인 크리크는 필라델피아의 남서쪽 방어선이었다. 워싱턴은 자기 병력의 주력을 주요 도로가 교차하는 여울의 동쪽에, 즉 채드스 포드(Chadds Ford) 뒤에 숲이 우거진 고지에 집중시켰다. 9월 10일 밤에 한 첩자가 하우에게 먼 북쪽에 2개의 추가적 여울의 존재를 알려주었다. 하우는 그와 콘월리스가 8천 2백명을 거느리고 비밀리에 북쪽으로 대담한 이동을 결정했다. 거기서 그들은 동쪽으로 돌아 새로 발견된 여울들을 건너고 남쪽으로 다시 회전하여 워싱턴 군대의 우측 측면의 뒤로 파고들 것이다. 그러는 사이에 빌헬름 폰 크니프하우센(Wihelm von Knyphausen) 남작의 휘하 5천명의 주력 종대가 미국인들의 주의를 빼앗고 이것이 적의 중심 공세로 미국인들이 생각하도록 채드스 포드에 있는 워싱턴의 군대로 돌진할 것이다. 워싱턴은 군사적 직관으로는 하우가 그의 우측 측면 뒤로 숨어들 것이라고 생각했지만 그는 이 가능성을 조사하는데 고도의 우선순위를 두지 않았다. 결국 하우는 오류 없는 정보를 가지고 작전을 수행하는 반면에 미국인들은 자신들의 고향 지형에 대해서 무지한 것으로 입증되었다.

　1777년 9월 11일 하우 장군이 그의 기동을 시작했다. 이른 아침에 크니프하우센의 부대들이 계획대로 채드스 포드에 있는 미국의 주력군과 충돌했다. 워싱턴은 거기서 군대를 지휘했다. 그리고 여느 때와 다름없이 한 포수의 목이 옆에서 날아가는 데도 적의 화력에 자신이 노출되어도 아무런 주저함이 없었다. 영국군의 오직 일부만 본 것을 깨닫고 워싱턴은 적의 주력군에 무슨 일이 있는 것일까 하는 끝없는 의문에 시달렸다. 정오 경에 펜실베니아의 제임스 로스(James Ross) 중령이 정찰 원정 결과 그가 브랜디와인 크리크의 서쪽 측면에서 5천명의 영국군과 충돌했으며 그는 이 군대가 하우 장군이 지휘하는 것으로 생각했다고 알려주었다. 채드스 포드에서 치열한 충돌의 가운데에서 설리번(Sullivan) 장군도 그레이트 밸리 로드(Great Valley Road)에는 하우 군대의 흔적이 없다는 보고를 전달했다. 여러 번 하우에게 속았던 워싱턴은 다시 속을지 모른다고 두려워했다. 실제로 그는 하우가 남쪽으로 돌고 있다고 상상했지만 하우는 북을 향해가고 있었다. 오후 4시경에 드럼의 박자에 맞추어 영국과 독일 군대가 3열 종대로 진격했다. 미국의 전선들에 넓은 구멍을 뚫고 그들은 총을 쏘고 총검을 휘두르며 치명적 공격을 수행했다. 미국인들에 대한 협공작전을 완수하기 위해 크니프하우센과 그의 병사들은 브랜드와인 크리크를 휩쓸고 치열한 총검 공격으로 미국인들을 공격하여 붉은 피로 물든 강물을 남겼다. 워싱턴은 완벽하게 하우에

게 속고 말았다.188)

브랜드와인 크리크에서 재앙을 맞은 후에 워싱턴은 난타당한 그의 군대를 북쪽으로 행군시켜 수쿠컬(Schuylkill River) 강을 건너 페니패커스밀(Pennypacker's Mill)로 갔다. 이제 그는 당시 미국의 수도의 안전을 보장할 수 없었다. 9월 18일 밤에 해밀턴은 핸콕에게 영국이 날이 새면 도시에 진입할 지 모른다고 경계했다. 그리하여 그날 밤에 회의 의원들의 탈출을 야기했다. 필라델피아에서 트렌턴으로 그리고 그곳에서 다시 랭카스터(Lancaster)로 피신했다. 그러나 실제로 영국군은 워싱턴에게 중대한 보급품들을 모을 기회를 주면서 다음 일주일 동안 수도의 소유를 주장하지 않았다. 그는 비상 권한들을 발동시켜 100명의 병사들과 함께 해밀턴을 도시에 보내 보급품을 획득했다. 많은 병사들이 담요와 옷을 포기했고 1천명은 맨발이었다. 날씨가 추워지고 있어 이 물품들은 해밀턴이 이틀 간의 광란 동안에 주민들에게 요구한 물품의 항목들 중에서 높게 평가되었다. 자유를 위해 싸우는 전쟁에서 독재적 권한의 행사에 대해 항상 겁이 많은 워싱턴은 해밀턴에게 그들이 언젠가 보상받을 것이라는 희망에서 주민들에게 영수증을 발급하게 했다.189)

이 즈음에 워싱턴은 또 하나의 넌더리나게 하는 소식을 받았다. 9월 20 − 21일 밤에 영국의 보병이 파올리(Paoli) 근처 숲을 통해 몰래 들어와 앤소니 웨인(Anthony Wayne) 장군 휘하의 미군들을 학살했다는 것이다. 그들은 잠자는 300명의 미군들을 죽이고 부상을 입혔

---

188) Ron Chernow, *Washington: A Life,* New York: Penguin Books, 2011, p. 304.
189) *Ibid.,* p. 307.

다. 9월 26일 영국 군대가 필라델피아에 입성했고 미국의 수도와 주요 도시를 통제한다는 선전에서 승리를 이루었다. 이들을 환영하는 군중들은 대부분 여자들과 아이들이었으며 많은 남자들은 이미 도피했다. 이 시점에 이르러 워싱턴은 소모전을 치르고 있다는 것을 알았다. 따라서 마을들을 지키는 것이 이런 기동 형태의 전쟁에서는 덜 중요하다는 것을 깨달았다.[190) 비록 콘월리스가 영국과 헤시안 병사들의 분견대를 필라델피아로 데려갔지만 하우 장군은 자기의 주력군을 저먼타운(Germantown)에 유지했는데 이곳은 수쿠컬 강 가까이 있는 도시의 북쪽으로 단지 6마일 떨어진 마을이었다. 그는 워싱턴 군대와 수도 사이에 하나의 방벽으로 그곳에 명시적으로 주둔시킨 것이다.

너무도 많은 비참한 소식들 뒤에 8천명의 대륙군과 3천명의 병력으로 워싱턴은 하우의 9천명 병력에 대하여 기습공격을 할 수 있다고 생각했다. 이것은 하우가 델라웨어에 있는 작은 미국 요새를 공격기 위해서 2개 여단을 파견했다는 것을 알았을 때 그에게 떠오른 아이디어였다. 10월 3일 전쟁협의회에서 워싱턴은 하우의 이동이 작전을 위한 좋은 순간이 되고 있다고 수용적 장군들에게 말했다. 자기 병사들의 심리상태에 항상 신경 쓰는 워싱턴은 이것이 겨울이 오기 전에 마지막 기회가 될 것임을 알고 있었다. 뭔가 극적인 것만이 자기 동포들의 저하된 사기를 부활시킬 수 있을 것이다. 그가 장군들에게 말했듯이, 영국인들에게 미군이 여전히 존재한다는 것을 상기시킬 시간이었다. 다시 한 번 워싱턴의 저돌적 본능이 그로 하여금 용

---

190) *Ibid.*

기 있지만 어리석은 행동으로 몰아넣었다. 이것은 그가 미국의 파비우스(Fabius)라는 조심스러운 이미지와는 판이한 것이다.

언제나처럼 하우는 저먼타운에 민첩하게 자기 군대를 주둔시켰다. 이 곳은 시내와 계곡과 협곡이 교차하는 장소였다. 그 마을의 주요 거리인 저먼타운 로드(Germantown Road)는 숨을 곳과 돌집들이 있고 이것들 중 많은 것들은 미군의 진격을 지연시킬 수 있는 벽과 울타리들로 보호받았다. 의심할 여지없이 델라웨어 기습을 기억하면서 워싱턴은 야간 행군을 위한 또 하나의 복잡한 계획을 마련했다. 10월 3일 네 개의 비슷하게 평행을 이루는 종대들이 야간에 남쪽으로 이동하기 시작했고 새벽에 저먼타운에서 합류할 것이다. 설리번 장군과 함께 워싱턴은 3천명의 종대를 이끌고 저먼타운 로드로 나아갔다. 북동쪽으로 그린 장군이 5천명의 병사들을 평행을 이루는 길인 라임 킬른 로드(Lime Kiln Road)로 이끌 것이다. 더 먼 북쪽에선 윌리엄 스몰우드 장군과 또 다른 1천명의 시민군이 올드 요크 로드(the Old York Road)라고 불리는 구부러진 옛 인디안 길을 따라 갈 것이다. 남쪽으로는 존 암사트롱 장군이 수쿠컬 강을 따라 2천명의 펜실베니아 시민군을 안내할 것이다. 모든 것이 계획대로 진행된다면 워싱턴의 중앙 종대가 예상 못한 영국인들을 덮치는 반면에 그린 장군의 종대는 돌아서 수쿠컬 강을 배경으로 그들의 군대를 꼼짝 못하게 묶을 것이다.

10월 3일 새벽 해가 뜨기 전에 그의 병력이 집결하자 워싱턴은 다가올 문제들을 예감하는 여러 가지 주의 조치를 취했다. 대륙군은 공통의 제복이 부족했기에 그들이 실제로 서로 총질하지 않도록 모자에 빛을 발하는 하얀 종이를 꽂도록 하였다. 15일의 야간 행군은 4개의 종대들이 서로로부터 봉합해버리는 짙은 안개에 의해서 더욱 복잡해 질 것이다. 델라웨어 도강 때처럼 이 작전도 계획보다 수시간 지연되어서 한 왕정주의자가 영국인들에게 접근하는 미군을 경고했을 때 기습의 요소가 희생되었다. 마운트 애어리(Mount Airy)에서 전투는 미국인들이 파올리의 말할 수 없는 학살을 복수하려고 했기에 야만적 전투가 되었다. 양측에 상당한 사상자들이 발생한 후에 영국인들이 마침내 후퇴했다. 워싱턴이 버려진 영국의 텐트와 대포가 길가에 놓여있는 것을 보고 이 작전의 첫 단계는 승리하고 있다고 결론지었다.

그러나 그와 그의 병사들이 저먼타운 로드로 나아가자 그들은 실탄 세례에 깜짝 놀랐다. 영국인들은 벤자민 츄(Benjamin Chew)가 소유했던 3층짜리 가옥을 요새화했다. 이 가옥을 장악하려는 길어진 시도가 워싱턴의 종대를 반시간이나 지연시켰고 하우의 병사들에게 재집결할 기회를 주었다. 뒤늦게 워싱턴은 장교들의 말을 듣고 작은 분대를 남긴 채 그의 군대를 이동시켰다. 불행하게도 이상한 조건들이 그의 아주 복잡한 계획을 혼란케 했다. 안개와 떠다니는 연기에 휩싸여 4개의 종대들이 그들의 조치를 상호 조정하기 어려웠다. 미국인들은 서로에게 총을 발사했고 대포들이 보병들 위로 굴렀다. 워싱턴이 병사들에게 소리치고 심지어 그들을 검으로 때리기까지 했지만 아무 효과가 없었다. 동시에 북쪽으로 간 그린 장군의 병사들도 무질서하게 흩어졌다. 모든 전투가 세 시간도 계속되지 않았다. 오후 9시까지 미국군은 20마일 떨어진 페니패커스 밀에서 다시 결집했다.

모든 점들을 고려할 때 그들은 굴복하거나 의기소침하지 않았다. 그들은 저먼타운에서 후퇴한 것이 불쾌했고 패배는 아니지만 실망감이 가득했다. 그러나 이 전투의 최종 사상자는 150명의 미국인이 죽고 520명이 부상하고 400명이 포로가 된 반면에 영국인들은 70명이 죽고 450명이 부상하고 15명이 포로가 되었다.

저먼타운이 결국 패배로 종결되었지만 워싱턴은 비상한 담대함을 보여주었다. 이 사건들을 핸콕에게 기술하면서 워싱턴은 영국군의 2배나 많은 미국인들이 죽었다는 사실을 감추었다. 전체적으로 그날은 불행했다고 워싱턴은 적었다.[191] 회의는 이런 관대한 평가에 동의하는 것처럼 보였다. 그들은 워싱턴의 용기를 치하했을 뿐만 아니라 그를 명예롭게 메달까지 주조했다. 필라델피아에서 굴욕적인 도피를 한 뒤에 저먼타운의 전투는 비록 괴롭기는 하지만 그래도 애국적 대의가 결코 소멸하지는 않았다는 것을 입증했다.

---

191) *Ibid.*, p. 311.

VII
총사령관직의 도전을 물리치다

"대륙회의를 가능한 예외로 하고 대륙군은
새로운, 여전히 미완성 나라의 가장 순수한 표현이었다.
워싱턴은 바로 그 군대를 상징했고
그리하여 전쟁에서 주된 통일화의 인물이었다.
이것은 바로 사람들이 그의 패전들을 관용하고
그의 실수들을 지나치는 주된 이유이다."
-존 애덤스(John Adams)

고대 그리스 역사가 투키디데스(Thucydides)의 <펠로폰네소스
전쟁사>(*History of the Peloponnesian War*)에서 아테네의 야심적 장
군인 알키비아데스(Alcibiades)가 이렇게 말했다.

"인간은 누구나 원래 시기한다. 그리하여 탁월한 인간은 살아
있는 동안에 특히 비슷한 인간들과 타인들에게 고통을 유발한다.
바로 이 고통으로 인해 탁월한 인간, 그리고 인간의 탁월성을 알
아보지 못한다."192)

---

192) Thucydides, *History of the Peloponnesian War,* Translated by Rex Warner,
New York: Penguin Books, 1982, Book 6, Chapter 16; Robert B. Strassler,

187

시기하는 것은 인간 모두의 본성이다. 미 대륙군의 총사령관인 조지 워싱턴도 당연히 그런 시기에 직면하게 되었다. 그 때가 마침내 도래한 것이다. 미국 혁명군인 대륙군 총사령관으로서 워싱턴의 탁월한 리더십이 대규모 승전을 통해 만천하에 입증되기 전에, 아니 그가 소규모 전투의 패전으로 고심할 때 그를 시기하여 그의 사령관직에 도전하는 세력이 있었다.

저먼타운의 치욕적 패배 2주 후에 워싱턴은 새로운 승리에 대한 갈망 속에서 새로운 도전에 직면했던 것이다. 워싱턴 총사령관은 호레이쇼 게이츠(Horatio Gates) 장군[193])이 사라토가(Saratoga)에서 영국의 존 버고인(John Burgoyne) 장군을 참패시키고 5천명에 달하는 그의 병사들을 포로로 잡았다는 달콤하고도 쓴 소식을 접했다. 워싱턴이 패배를 곱씹으며 승리를 열망할 때 그의 경쟁자가 어안이 벙벙하게 하는 승리를 거둔 것이다. 그 승리는 너무도 명백해서 게이츠 장군은 워싱턴 비판자들의 총아가 되었다. 사라토가 승리의 후광 속에서 게이츠 장군의 명성은 빛날 것이고 그 자신의 최근 패배들은 워싱턴을 어둡게 할 것이다. 워싱턴은 상황이 자기에게 아주 불리하다는 것을 알고 있었다. 그동안 워싱턴에 대한 모든 찬양에도 불구하고 요란하고 끈질긴 워싱턴 거부자들은 그의 리더십을 문제삼았다.

ed., *The Landmark Thucydides: A Comprehensive Guide to the Peloponnesian War*, New York: The Free Press, 1996, p. 370; Steven Forde, *The Ambition to Rule: Alcibiades and the Politics of Imperialism in Thucydides*. Ithaca and London: Cornell University Press, 1989, p. 78; Christopher Bruell, "Thucydides' View of Athenian Imperialism," *American Political Science Review*, Vol. 68, 1974, p. 17.

193) "Horatio Gates," in Smithsonian, *The American Revolution: A Visual History*, New York: Penguin Random House, 2016, pp. 278–279.

이들의 불만에 찬 목소리들은 대륙회의에 반영되었고 이런 논의는 비밀리에 진행되었다.

경쟁자들에 대한 탁월한 감지 능력으로 워싱턴은 게이츠 장군이 자기의 리더십에 대한 경쟁적 위협을 제기한다는 것도 알았다. 8월에 회의는 대륙군의 상설 북군관구(northern department)의 통제를 위해 필립 슈일러(Philip Schuyler)와 게이츠 사이의 다툼을 중재했다. 워싱턴은 항상 뉴욕 사람들의 명백한 총아인 슈일러 장군에게 따뜻한 우정을 느꼈다. 그러나 종종 에티켓을 무시하는 거친 게이츠는 뉴잉글랜드 사람들의 거칠고 평등주의적 본능에 호소력을 가졌고 그의 야심은 성공으로 증대하기만 했다. 전술적이지 못한 여러 편지에서 게이츠는 대륙에서 모든 텐트들을 독점하려 든다는 것으로부터 자기 자신의 여단들을 위한 제복에 관련된 것에 이르기까지 모든 것을 비난했다. 여름 중반에 슈일러 장군은 타이콘데로가(Ticonderoga) 패배에 대해 책망을 당했다. 8월 초 회의는 워싱턴에게 북군관구의 책임자를 선택하도록 요청했다. 그러나 워싱턴은 치하할 만한 자제력으로 그 일을 사양했다. 그는 결정에 개입함으로써 벌집을 건드리고 싶지 않았고 군의 문민통제를 강조하고자 했다.

그러나 이번의 경우에 워싱턴의 이런 중립성은 회의가 호레이쇼 게이츠 장군을 선출하는 길을 내주었다. 자기의 권한을 회의에 양보함으로써 워싱턴은 자기의 계획을 꾸미는 경쟁자로 하여금 그가 균등하고 독립적인 사령부를 갖고 오직 회의에만 책임을 진다는 환상을 품게 허용했다. 그 여름에 워싱턴은 게이츠에게 또 하나의 신호를 보내는 일을 했다. 캐나다로부터 버고니의 꾸준한 남진을 경계한 워싱턴은 오직 적극적이고 활기찬 장교만이 그를 정지시킬 수 있을 것이라고 확신하게 되어 베네딕트 아놀드(Benedict Arnold) 장군이 게이츠 장군을 돕도록 권고했다. 워싱턴은 또한 다니엘 모건(Daniel Morgan)과 500명의 저격병들을 게이츠에게 보내주었다. 많은 사람들은 사라토가의 승리를 한 쪽 다리에 실탄의 심각한 상처로 고통받으면서도 악마의 분노로 고무되어 싸웠던 성급한 성격의 아놀드에게 돌렸다. 아놀드의 기여에도 불구하고 게이츠는 승리 후 자기 권력에만 신경을 썼다.

　10월 15일 워싱턴은 자신의 군대에게 사라토가, 즉 베미스 하이츠 전투(the Battle of Bemis Heights)에서 게이츠 장군의 이른 승리를 발표했다. 그의 일반명령은 그가 자신이 업적과의 가능한 비교를 의식하고 있다는 것을 암시했다. 그가 게이츠의 지휘 하에 있는 병사들을 환호하는 반면에 그는 자신의 병력이 용감하고 대담한 노력에 있어서 북방 형제들에게 적어도 균등하기를 바라는 표현도 했다. 불길한 함의를 잉태한 제스처로 게이츠 장군은 자신의 승리에 대해 총사령관인 워싱턴에게 알리지 않았다. 그 대신에 그는 자기의 현란한 젊은 부관인 제임스 윌킨슨(James Wilkinson) 대령을 파견하여 대륙회의에 자신의 승리를 알렸다. 10월 18일 워싱턴은 뉴욕의 총독 조지 클린턴(George Clinton)의 간단한 메시지에 의해서 버고인 장군의 항복에 관해서 알게 되었다. 찰스 윌슨 필(Charles Wilson Peale)이 그 뉴스가 왔을 때 워싱턴의 초상화를 그리고 있었다. 그는 침대 끝에 앉아서 무표정한 얼굴로 그 전보를 읽으면서 "버고인이 패배했군"이라고 단조롭게 말했다.[194] 그리고 나서 워싱턴은 아무 일도 없었다는 듯이 초상화를 위해 동요하지 않고 앉아 있었다. 그는 참으로 놀라운 자제력을 보여주었다. 공적으로 그는 미소 지으려 노력했고 승리를 축하하기 위해 13발의 예포까지 발사시켰다. 워싱턴이 조용히 있는 동안 게이츠는 그에게 편지를 쓰지 않았다.

10월 24일 신발과 담요의 부족에 관해서 존 핸콕에게 편지를 쓸 때 워싱턴은 버고인의 항복의 확인을 애타게 기다리고 있다고 고백했다. 특징적으로 그는 가장 폭발적인 내용을 맨 끝에 적어 넣어 그 문제가 마치 나중에 생각난 듯이 보이려고 노력했다. 또한 이것도 특징적인데 그는 거의 일주일을 기다렸다가 불평했고 게이츠의 이름을 언급하지 않았다. 당시에 회의 의장직을 사임하려는 핸콕은 답장에서 그도 게이츠 장군과 그의 군대로부터 아직 단 한마디도 듣지 못했다고 말했다. 그가 마을을 떠나기 전에 좋은 소식이 들어오면 그것은 워싱턴에게 전하겠다고 약속했다. 1주일 후에 대륙회의 의장직을 떠나는 의장과 총사령관이 여전히 전쟁의 유일하게 가장 중요한 발전에 관해 호레이쇼 게이츠 장군으로부터 아무런 소식을 듣지 못한 아주 기이한 상황이었다. 워싱턴이 버고인 장군이 서명한 항복 문서들을 받았을 때 그것들은 이스라엘 퍼트넘을 통해서였다. 이틀 후에 워싱턴은 리처드 헨리(Richard Henry) 장군에게 게이츠의 냉대에 대한 그의 비통함에 대해 표현했고 그리고 당분간 그는 실제로 사라토가 승리가 있었는지 의심하기 시작했다. 이 기간 동안에 워싱턴은 펜실베니아의 화이트마쉬(Whitemarsh)에 있는 한 농장에서 야영을 했다. 이곳은 너무 비좁아서 그의 부관들은 벽난로 앞에서 잤고 하나의

---

194) Ron Chernow, *Washington: A Life,* New York: Penguin Books, 2011, p. 313.

주석접시를 같이 사용했다.

　12월 2일 게이츠 장군은 마침내 그에게 짧은 노트를 보낼 계획이 있었는데 그는 모간 대령과 그의 저격부대를 돌려준다고 말했다. 분명히 게이츠는 워싱턴이 그로부터 아무런 소식을 듣지 못한데 대해 흥분하고 있다는 것을 정부망을 통해 들었었다. 워싱턴은 호레이쇼 게이츠에게 복수할 시간을 기다렸다.[195] 만일 워싱턴이 버고인의 체포로 사기가 진작되었다면 그는 또한 많은 환경이 게이츠에 유리했다고 믿었다. 워싱턴이 작전 중인 중부대서양의 국가들은 토리당 지지자들이 만연한 반면에 버고인의 숙명적 병사들이 허드슨 계곡을 타고 내려올 때 뉴욕의 신민 민병들이 버고인을 교란했다. 워싱턴은 또한 공급선으로부터 위험스럽게 단절된 버고인의 취약한 상황에 처한 적을 결코 직면한 적이 없었다. 하우 장군은 뉴욕에 있는 자기의 기지나 영국 해군의 우월성에 의존할 수 있는 다른 해안의 항구들로부터 결코 멀리 벗어나지 않아 워싱턴이 치명적 타격을 가할 수 있는 기회를 주지 않았다. 여전히 자신의 상처를 달래면서 워싱턴은 패트릭 헨리(Patrick Henry)에게 자기는 적의 병력보다도 적은 병력으로 필라델피아를 방어해야만 했다고 말했다.

　사라토가의 승리는 유럽의 궁전에서 강력한 반향을 낳았다. 호레이스 월폴(Horace Walpole)은 조지 3세가 그 무서운 소식을 들었을 때 고민에 빠졌다고 말했다. 의회내 야당 가운데에서는 그 패배가 값비싸고 먼 곳의 전쟁을 위해 돈과 병력을 승인하는데 대한 저항을 굳건히 했다. 반향은 프랑스에서도 그에 못지않게 중요했다. 파리에서 버고인

---

195) *Ibid.*, p. 314.

의 체포 소식에 황홀해진 벤자민 프랭클린(Benjamin Franklin)은 이 놀라운 소식을 전쟁에서 프랑스를 미국편으로 유인하는데 가장 강력한 주장으로 사용했다.

워싱턴은 필라델피아에서 자기 병력과 뉴욕에서 게이츠의 병력 사이에는 중대한 수적인 불균형이 있었기 때문이라고 믿었기 때문에 그는 자신의 군대를 강화하기 위해 게이츠가 자기 병력의 일부를 남쪽으로 파견해 달라고 요청하거나 필요하면 요구하기 위해서 알렉산더 해밀턴을 올버니(Albany)에 급파했다. 워싱턴은 이제 하우의 군대에게 손쉬운 먹이가 될지 모르는 델라웨어에 있는 요새들을 강화하기 위해서 이 병력이 필요했다. 그는 또한 버고인이 굴복했으니 게이츠가 보다 적은 병력을 필요로 할 것이라고도 추론했다. 해밀턴의 임무는 민감한 것이었다. 왜냐하면 이 때가 허영심에 들뜬 게이츠에겐 흥분 속의 나날이었다. 그는 워싱턴이 자기의 명성을 훔치려 한다고 의심했으며 대륙군의 통제권을 위해 워싱턴과 겨루는 것이 더 낫다고 생각했다. 특사로 해밀턴의 선택은 이 젊은이에 대한 워싱턴의 신뢰를 증언하는 것이었고, 해밀턴은 올버니까지 3백 마일을 5일 만에 질주했다. 워싱턴은 게이츠와 맞서기 위해 그가 가용할 모든 재치와 단호함 그리고 확신을 필요로 했다. 워싱턴은 게이츠에게 규칙을 정하기 위해 아마도 20살의 젊은 부관을 특사로 보냄으로써 게이츠의 허영심을 꼬집고 싶었을 것이다.[196]

해밀턴이 올버니에 도착했을 때 게이츠는 예상한대로 젊은 부관과 협상해야 한다는데 분노했다. 해밀턴이 게이츠를 비열하고 어리

---

196) *Ibid.*, p. 315.

석다고 간주하는 것이 문제해결에 도움이 되지 않았다. 게이츠는 심술궂게 해밀턴에게 헨리 클린턴 경이 허드슨 강 상부로 이동할 경우 모든 자기의 병력이 필요하다고 고집했다. 그는 새롭게 얻은 명성에 의해 대담하게 된 것처럼 보였다. 그러나 노련한 임무 수행으로 그리고 많은 언쟁 후에 해밀턴은 못마땅해 하는 게이츠로부터 2개 여단을 받아냈다. 게이츠의 승리와 워싱턴의 패배의 병치는 워싱턴의 리더십에 대한 대륙회의의 불만을 선명하게 했다. 그곳에선 언제나 워싱턴의 군사적 능력에 대해 속삭이는 불평이 있었지만 이제 그가 그 일을 해낼 수 있을지에 대한 심각한 의문들이 제기되었다. 라파예트 (Lafayette)는[197] 워싱턴에게 회의에서 전쟁에 관해서는 단어 하나 모르는 어리석은 자들이 그를 판단하려 하고 웃기지도 않는 비교를 한다고 경고했다. 그들은 게이츠에 도취되었다는 것이다. 불만은 워싱턴이 10월에 토머스 콘웨이(Thomas Conway) 준장이 소장으로 승진한다는 소문을 들었을 때 극에 달했다. 아일랜드 출신인 콘웨이 장군은 프랑스 군대의 장교였지만 라파예트와는 달리 출세를 위해 행운을 쫓는 사냥꾼이었다. 나다널 그린 장군은 그를 음모꾼이고 판단력이 별로 없는 사람으로 간주했다. 워싱턴의 능력에 회의적인 몇 사람들이 콘웨이 장군에게 몰렸다.

워싱턴은 임박한 콘웨이의 승진에 대해 알고 발끈했다. 왜냐하면 특별히 그의 승진은 20명의 보다 상급 준장들을 뛰어 넘기 때문이었다. 그는 저먼타운 전투에서 콘웨이의 행위에 당황했고 그래서 그가 부하들을 저버린다고 비난했었다. 그런데 이번에 바로 그런 그가 회

---

197) "Marquis de Lafayette," in Smithsonian, *op. cit.,* pp. 146–147.

의의 심의에서 벗어나는 평상시의 실행과는 달리 행동했다. 워싱턴은 콘웨이의 승진이 불행한 조치이며 장교로서 그의 장점은 현실이 아니라 그의 상상 속에 존재한다고 퉁명스럽게 말했다. 가장 놀라운 것은 워싱턴이 이렇게 말함으로써 자신의 사임을 제출할 준비가 되어 있는 것처럼 보였다.

> "요컨대 나는 복무의 노예였다. 그러나 만일 그런 극복하기 어려운 문제들이 내 앞에 쏟아진다면 내가 더 이상 복무하기는 불가능할 것이다."[198]

워싱턴은 그가 싸움에 얼마나 능란할 수 있는지, 자신의 최상부에 대한 숨은 도전을 얼마나 기술적으로 막아내는 지를 보여주고 있었다. 여러 가지 방식으로 그는 군사적인 위협들보다 정치적 위협과 싸우는데 보다 더 확실했다. 그는 단호하게 보다 마지못해 사용되는 유보적 권력이 언제나 가장 효과적인 형식이라는 것을 알고 있었다.

10월 20일 리처드 헨리 리(Richard Henry Lee)가 워싱턴에게 콘웨이는 결코 소장으로 승진되지 않을 것이라고 확약했지만 그 자신이 워싱턴의 감추어진 비판자였던 리는 불안하게 하는 다른 소식을 노정했다. 즉 회의가 군사문제를 감독할 장군들로 구성되는 전쟁이사회(the Board of War)를 신설하여 그것을 입법위원회로부터 행정기관으로 변경한다는 것이었다. 이 소식은 워싱턴에게 계시처럼 날아들었고 그는 그것을 하나의 강력한 질책으로 간주할 수밖에 없었다.

---

198) Ron Chernow, *Washington: A Life,* New York: Penguin Books, 2011, p. 317.

만연한 의심의 분위기 속에서 워싱턴은 고위직에 있는 적들이 그에 대항하여 음모를 꾸미는 새로운 증거를 받았다. 게이츠 장군이 그의 젊은 부관인 제임스 윌킨스에게 사라토가의 소식을 회의에 전달하는 임무를 부여했다. 회의에 가는 도중에 이 분별없는 젊은 부관은 펜실베니아의 리딩(Reading)에서 잠시 쉬었는데 이곳에서 그는 스털링 경(Lord Sterling)을 만났고 그에게 브랜디와인 크리스에서 워싱턴의 행동들에 관한 게이츠의 야만적 언급들의 이야기를 떠들어댔다. 그는 또한 워싱턴의 리더십을 비난하면서 콘웨이 장군이 게이츠 장군에게 썼던 격노케 하는 편지내용을 보여주었다. 콘웨이는 "하늘은 당신의 조국을 구하라고 결정했다. 그렇지 않으면 약한 장군과 나쁜 대륙회의 의원들이 조국을 망칠 것이다."[199]

워싱턴에 충성했던 스털링 경이 이 공격적인 언급을 워싱턴에게 전달했다. 워싱턴은 그런 언급을 보고 경악했다. 그것은 두 장군들의 뻔뻔스러운 야합이 그의 명성에 먹칠하는 것을 의미했다. 이 위협에 맞서면서 워싱턴은 일찍이 조셉 리드에게 사용했던 그가 좋아하는 테크닉을 부활시켰다. 그것은 아무런 언급없이 그 무차별적 문건을 그것의 필자에게 돌려보내는 것이었다. 그것은 그가 알고 있는 것에 대해 가능한 한 적게 노출하면서 죄를 지은 자들이 그를 고발하게 내버려 두는 것이었다. 콘웨이는 빈틈없는 기록으로 응수하면서 워싱턴에게 게이츠 장군에게 보낸 자기의 원래 편지가 워싱턴에게 전달되길 원했다고 말했다. 11월 16일 콘웨이는 워싱턴에게 그들 사이의 싸움을 전혀 언급하지 않은 채 프랑스의 전쟁 양상과 다른 이유

---

199) *Ibid.*

들로 인해 대륙회의에 사직서를 제출한다고 무뚝뚝한 입장문을 보냈다. 그러나 그의 사직서가 수락되지 않았기 때문에 두 사람 사이의 살인적인 전쟁은 계속되었다.

워싱턴이 이 편지에 관해서 게이츠를 마주했을 때 게이츠는 자기의 부주의한 부관이 기밀을 누설한 것을 알지 못했다. 그는 오히려 워싱턴에게 알렉산더 해밀턴이 그의 최근 특사 임무 중에 그의 파일에서 그 문건들을 훔쳐갔다는 엉뚱한 비난으로 맞섰다. 게이츠는 이 문건들이 훔친 모사본이기 때문에 오히려 자기가 피해자라고 말했다. 워싱턴은 이런 중대한 범죄는 처벌되지 않을 수 없다면서 게이츠에게 굴욕적이게도 그의 개인적 부관인 말 많은 제임스 윌킨슨(James Wilkinson)이 죄인임을 폭로했다. 워싱턴을 대치하려는 움직임에서 주된 선동자는 전 부관이었지만 지금은 장군인 토마스 미플린(Thomas Mifflin)이었다. 워싱턴은 그의 배신을 알고 경악했다.

11월 말에 회의는 전쟁이사회(the Board of War)를 설립하고 리처드 헨리 리는 미플린 장군이 거기에 임명되기를 기대했다. 그러자 미플린은 전쟁이사회의 이사장으로 호레이쇼 게이츠 장군의 임명을 확보함으로써 워싱턴의 최악의 두려움을 확인했다. 게이츠는 소장으로서 계급을 유지할 것이고 또 워싱턴에 대한 감독자 역할을 확보할 것이다. 미플린은 게이츠가 워싱턴의 권위를 침해하기를 원하고 있다는 의심을 별로 남기지 않으면서 로벨(Lovell) 의원은 그가 저먼타운 근처에 있기를 바란다고 말했다. 회의는 워싱턴에게 추가적인 징벌을 했다. 워싱턴이 병사들이 굶주리고 있다고 항의했을 때 회의는 워싱턴이 현지 시민들로부터 물품을 얻어내기 위해서 군사적 권위를 행사하는데 있어서 과도하게 민감하다고 워싱턴을 징벌하는 결의안을 통과시켰다. 로벨이 새뮤얼 애덤스에게 싱글벙글하며 말했듯이 "그 결의안은 숭배자를 비난하는 것이었다."[200] 그러나 훨씬 더 무거운 타격이 멀지 않은 곳에 있었다.

12월 13일, 전쟁이사회는 탈영을 줄이고, 공적 재산의 효과적 사용을 확보하며 또한 군대훈련을 제도화하기 위한 하나의 감독체제를 수립했다. 그것은 다름 아닌 토마스 콘웨이를 감찰관으로 임명했는데 워싱턴의 호소를 직접 보류시키고 그의 계급을 소장으로 진급시켰다. 콘웨이는 광범위한 권한을 부여받았을 뿐만 아니라 그는 워싱턴의 직접적인 감독으로부터 면제되었다. 총사령관에게 이보다 더 계산된 모욕을 상상하기는 어려웠다. 워싱턴은 이 결정을 2주 후에 알게 되었는데 그 때 콘웨이가 밸리 포지(Valley Forge)에 나타나서 자신의 임명을 발표했다. 그러나 콘웨이가 놀라게도 워싱턴은 콘웨이에게 그의 임명은 군대에서 보다 상급의 준장들을 분노케 할 것이고 따라서 그는 회의에서 명시적 지시를 받아올 때까지 아무것도 조사할 수 없다고 말했다. 콘웨이는 그가 베리 포지에서 냉대를 받았다고 항의하고 워싱턴의 인사받는 태도에 대해 불평했다. 워싱턴은 대륙회의의 신임 의장인 헨리 로렌스(Henry Laurens)에게 시치미를 떼는 기술을 발휘할 수 있을 때까지 콘웨이를 따뜻하고 정중한 말로 맞이하지 않았고 또 앞으로도 그렇게는 맞이하지 않을 것이라고 말했다.[201]

---

200) *Ibid.,* p. 319.
201) *Ibid.,* p. 320.

콘웨이는 그가 게이츠 장군에게 보낸 악명 높은 편지에 대해 워싱턴을 진실로 응대한 적이 없었다. 벨리 포지에서 냉대를 받은 가운데 그는 워싱턴에게 자신의 진정한 마음가짐을 보여주는 무례한 편지를 보냈다. 콘웨이는 그에 대한 워싱턴의 혐오가 게이츠 장군에게 쓴 편지 때문이라는 것을 이해한다면서 유럽의 군대에서는 부하들이 자유롭게 장군들에 관한 의견을 피력한다면서 그런 추악하고 폭군적인 조사가 미국에서 시작해야만 하는가를 따져 물었다. 그러면서 결론적으로 콘웨이는 워싱턴이 캠프에서 자기가 눈에 띄는 것을 못 견디어 하기 때문에 자기는 회의가 적당하다고 생각하는 어느 곳이라도 심지어 프랑스에도 갈 준비가 잘 되어있다고 말했다. 보통은 과묵한 워싱턴이 콘웨이의 행위에 의해 너무 화가 나서 워싱턴이 결투(duel)를 고려할지도 모른다고 생각될 정도였다. 그러나 워싱턴은 결투가 낡은 형태의 기사도라고 생각했다. 결국 전쟁이사회는 콘웨이의 인사이동을 워싱턴에게 강요하려는 시도를 그만 두었다. 콘웨이 장군은 뉴욕에 있는 맥두걸(McDougall) 장군에 합류하라는 명령을 받았다.

조지 워싱턴 총사령관을 불명예스럽게 만들고 심지어 그를 면직시키려는 게이츠, 콘웨이 그리고 미플린 일당의 여러 가지 노력은 역사에서 콘웨이 도당(Conway Cabal)으로 알려졌다. 도당이라는 말은 이렇게 헐렁하게 조직된 파벌에게는 너무 지나치게 강력한 말이다.[202] 이 사건은 군인으로서 워싱턴의 단점이 무엇이었든지 간에 그는 정치적으로 완벽한 선수였다는 것을 보여주었다. 자신의 입과

---

202) *Ibid.*

성격을 다스리면서 워싱턴은 그의 음모적 경쟁자들과 비교하여 리더십을 위한 최고의 기질을 보유하고 있었다. 그의 모든 경쟁자들을 압도해버린 것은 그의 군사적 기술보다는 그의 인격이었다. 소위 콘웨이 음모 사건은 워싱턴이 자기의 지형을 방어하는데 강인하고 솜씨가 뛰어나다는 것을 사람들에게 가르쳤다. 그 이후 조지 워싱턴을 과소 평가하는 사람은 누구나 자신의 실수를 살아서 후회했다. 음모에 대한 그의 기술적 처리는 그의 가혹한 비난자들을 침묵시켰고 그를 대륙군의 의문의 여지가 없는 총사령관으로 남게 했다.

최종 회의에서 그를 괴롭힌 게이츠, 미플린 그리고 콘웨이에 대한 워싱턴의 승리는 완전했다. 그러나 단결을 위해서 워싱턴은 게이츠에게 변함없이 정중했다. 장군으로서 게이츠의 단점은 시간이 가면서 너무도 명백했다. 토마스 미플린은 부실관리의 죄목으로 병참감 직을 사임했다. 가장 완벽한 승리는 토마스 콘웨이 대한 것이었다. 그는 회의에 너무나 많은 독설의 편지들을 보내고 너무 자주 사임 협박을 했기 때문에 회의 대표들이 1778년 4월 마침내 그의 사임을 기꺼이 받아들였다. 그러나 콘웨이는 워싱턴에 대한 비판의 입을 다물지 못해서 바로 그것 때문에 7월에 워싱턴의 충실한 방어자인 존 캐드월래더(John Cadwalader)와 결투를 하게 되었다. 캐드월래더는 콘 웨이의 입과 목을 쏘았고 그는 피를 흘리는 적을 빤히 쳐다보면서 "어쨌든 빌어먹을 악당의 거짓말을 멈추게 했다"고 자랑스럽게 말한 것으로 알려졌다. 믿을 수 없는 회복력으로 콘웨이는 이 상처에서 회복했고 그가 프랑스로 돌아가기 전에 워싱턴에게 다음과 같은 세련된 편지를 보냈다.

"저는 오직 몇 분 동안만 펜을 잡을 수 있습니다. 그리고 이 기회를 이용하여 행동하거나 글을 쓰거나 각하에게 불쾌한 것을 말한데 대해 저의 진정 어린 후회를 표하고자 합니다. 저의 경력은 곧 끝날 것입니다. 그러므로 정의와 진실이 저의 마지막 감정을 선언하게 합니다. 제가 보기에 당신은 위대하고 좋은 사람입니다. 당신의 미덕으로 그들의 자유들을 내세운 이 국가들의 사랑과 존경 그리고 존중을 당신이 오랫동안 누리길 기원합니다."[203]

미국의 대륙군 총사령관직에 대한 도전은 이렇게 막이 내렸다. 그리고 그 후엔 감히 누구도 워싱턴의 직위와 카리스마에 도전하는 인물이나 세력은 없었다. 그는 독립을 위한 혁명전쟁에만 전념할 수 있는 기회를 되찾은 것이다.

---

203) *Ibid.*, p. 322.

VIII
프랑스의 개입과 미국-프랑스 동맹으로
승리를 거두다

> "워싱턴의 협상은 모든 미국의 대사들 보다도
> 유럽에서 더 많은 것을 이루었다."
> – 존 애덤스(John Adams), 1779

영국과 프랑스 사이의 세기에 걸친 경합이 미국의 독립을 위한 투쟁에 긴 그림자를 던졌다. 13개 식민지들과 그들의 모국 사이에 3년간의 공개전쟁에도 불구하고 영국의 역사가 에드워드 기번(Edward Gibbon)이 자기는 여전히 영국과 프랑스가 미국의 호의를 얻기 위해 분명히 경주하고 있다고 생각한다고 썼다.[204] 1777년 12월 영국의 윌리엄 하우 장군은 필라델피아에서 편안한 겨울 야영에 들어갔다. 조지 워싱턴은 혹한의 수개월 동안 자기의 떠도는 초라한 군대를 어디에서 수용하느냐는 참으로 당황스러운 문제와 씨름했다. 워싱턴은 필라델피아의 북서쪽으로 20마일 거리에 있는 바람받이 고원인 벨리

---

204) Smithsonian, *The American Revolution: A Visual History,* New York: DK
Publishing, 2016, p. 188.

포지(Valley Forge)를 선택했다. 개활지와 숲을 가진 그 야영지는 하우의 군대와 1일의 행군 거리만큼 떨어져 있어서 기습공격으로부터 안전했다.

그러나 대륙 군대가 밸리포지에서 붕괴하거나 폭동을 일으키지 않은 것은 아주 놀라운 일이었다. 밸리포지에서의 야영생활은 참으로 고난의 행군이 아닐 수 없었다. 벨리포지에서 아마도 가장 무서웠던 것은 언제든 사병들의 30% 수준에 이르는 만연한 질병이었다. 12월 23일 워싱턴은 회의의 신임의장인 헨리 로렌스(Henry Laurens)에게 대륙군이 보다 많은 식량이 없이는 아사하거나 붕괴하거나 아니면 흩어져버릴 것이라고 경고했다. 전쟁이 시작된 이래 워싱턴은 실제로 많은 권한이 각 국가들에게 있었음에도 불구하고 회의를 비탄해 하지 않았다. 그는 국가들에게 직접 호소하는 걸 꺼려했다. 그 것은 그가 회의를 우회하여 민간통제에 대한 군의 복종을 위반하는 것으로 보일 것이기 때문이었다. 워싱턴에게 밸리포지를 그렇게 쓰라린 환멸로 만든 것은 시민들 사이의 이기심이 애국적 열정을 능가하는 것으로 보인 것이다. 밸리포지를 겨울 야영지로 선택한 것은 주변 지역이 많은 식량 공급원을 보유하고 있었기 때문이었다. 그러나 그가 미처 내다보지 못한 것은 현지 농부들이 그들의 생산품을 추위에 떨고 있는 애국자들에게보다는 필라델피아에 있는 영국군대에 팔려고 할 것이라는 점이었다. 1778년 1월 말이 되자 워싱턴은 적과 거래하는 농부들에게 너무도 화가 나서 그들이 적들과 거래를 지속한다면 몇 명의 죄인들을 본보기로 만들라는 일반명령을 내리기까지 하였다.[205]

1777년부터 1778년까지 밸리포지에서 보낸 겨울 동안에 워싱턴은 라파예트에 대한 초기의 의혹을 불식하고 자신의 가장 가까운 부관으로 그를 포용했다. 워싱턴은 이 프랑스인의 허세부리는 용기를 칭송했다. 마르퀴 드 라파예트(Marquis de Lafayette)[206]는 이미 1777년에 미국의 애국자들에 합류했다. 라파예트는 이제 사단병력의 지휘권을 부여받았다.

대륙군이 밸리포지의 잿더미에서 일어날 수 있었던 것은 신입 폰 슈토이벤 남작(Baron von Steuben)의 기여가 컸다. 슈토이벤은 7년 전쟁에 프러시아의 대위로서 참전했고 프레데릭 대왕의 군사 참모였다는 전시경험을 정당하게 주장할 수 있었지만 남작 타이틀은 위조였다. 1777년 여름에 파리에서 미국의 외교관들인 벤자민 프랭클린과 실라스 딘(Silas Deane)이 그를 미국에 보내면서 워싱턴에게 보다 수용적인 인물로 만들기 위해서 그의 신용장을 부풀린 것이다. 워싱턴은 슈토이벤 같은 기강을 불어넣고 자기 군대를 전투 준비시킬 강인한 훈련교관이 필요했다. 기운찬 보조로 행군하는 영국군과는 달리 대륙군은 통일된 방법이 없었다. 워싱턴은 프레데릭 대왕(Frederick the Great)이 쓴 "휘하 장군들에 대한 지시들"(*Instructions to His Generals*)이라는 군 매뉴얼을 오랫동안 찬양했기에 슈토이벤의 충고를 소중하게 생각하도록 했을 것이다. 그는 이 오합지졸의 군대에 전문성을 도입하면서 이 빈틈없는 프러시아인은 기적을 이루었다. 워싱턴은 그의 본부 경비를 위해 100명의 병사들을 훈련시키도

205) Ron Chernow, *Washington: A Life,* New York: Penguin Books, 2011, p. 329.
206) Smithsonian, *The American Revolution: A Visual History,* New York: DK Publishing, 2016, pp. 146－147.

록 그에게 맡기는 것으로 시작했는데 그는 그것을 너무나 전문적으로 달성하여 그에게 더 많은 병사들을 보냈다. 슈토이벤은 병사들에게 총검을 휘두른 방법을 포함하여 새로운 기술들을 가르쳤다. 존 로렌스와 알렉산더의 편집 도움을 받아서 슈토이벤은 보병에게 새로운 정확성을 주는 훈련과 행군을 위한 하나의 교범인 그의 유명한 "청서"(*Blue Book*)를 편찬하기 시작했다. 이 소책자는 너무도 잘 만들어져 미국의 남북전쟁 때까지 사용되었다.

그 해 겨울에 예상되는 병사들의 부족으로 워싱턴은 중대한 정책의 변화를 시도했다. 1788년 1월 로드 아일랜드의 제임스 미첼 (James Mitchell) 준장은 흑인 병사들을 충원함으로써 자기 국가의 병력을 증강시킬 권한을 워싱턴에게 요청했다. 그는 워싱턴에게 1개 대대는 쉽게 일으킬 수 있다고 보장했다. 워싱턴은 이것이 많은 남부인들에게 불을 댕기는 아이디어임을 알고 있었다. 그럼에도 불구하고 보다 많은 인력을 충원하기 위해 절망적인 로드 아일랜드 통치자에게 승인했다. 이 국가는 완전 흑인 대대에 참가하는, 곧 130명에 달하는 모든 노예들을 해방하기로 약속했다. 매사추세츠도 로드 아일랜드의 선례를 따라 흑인병사들을 모집했다. 코네티컷에서는 노예의 주인들 대신에 노예를 보낸다면 군목부에서 면제해 주었다. 8월에 755명이 대륙군의 일부가 되었고 그것은 전체병력의 거의 5%에 이르게 되었다.[207]

폰 슈토이벤 남작이 대륙군의 기술을 아무리 많이 갈고 다듬었다고 해도 영국의 해군력을 무력화할 수 있는 외국의 동맹 없이 적을

---

207) Ron Chernow, *Washington: A Life,* New York: Penguin Books, 2011, p. 334.

패배 시킬 수 있을 것 같지는 않았다. 워싱턴은 오랫동안 프랑스에서 오는 비밀 원조 외에 그 어떤 것도 의심했다. 그는 프랑스 원조가 영국의 목을 메는 동아줄일까 아니면 미국인들을 견제하는 밧줄일까에 대해 결코 결정하지 못했다. 프랑스 장교들과 직접 접촉하는 워싱턴과 해밀턴과 같은 미국인들은 중대하게 그들의 동기에 대해 아주 깊은 의구심을 간직했다. 프랑스로부터 탄약의 수급을 보장하기 위해서 워싱턴은 프랑스 장교들의 꾸준한 유입의 구실을 관용했다. 라파예트는 전략적 동맹을 증진시킬 가장 좋은 위치에 있는 인물이었다. 대륙군이 밸리포지에서 모닥불 옆에 웅크리고 있을 때 벤자민 프랭클린이 파리의 부유한 내각에서 중대한 외교적 위업을 달성했다.

1777년 사라토가(Saratoga) 전투에서 미국인들의 극적인 승리가 그들의 행운의 변화를 약속했다. 사라토가의 소식은 다른 두 요인과 함께 프랑스로 하여금 미국과의 동맹을 체결하고 군사적 개입을 하게 만들었다. 첫째, 프랑스 함대의 정비가 1778년 봄까지 완결되었다. 둘째, 벤자민 프랭클린을 포함하여 프랑스에 있는 미국의 외교관들이 영국정부의 비밀 외교특사들을 만나서 평화와 미국의 독립, 그리고 영국과 13개 식민지들 사이에 공식적 동맹을 논의했다. 그러한 동맹에 대한 두려움이 프랑스 외무장관 콩트 드 베르겐느(Comte de Vergennes)로 하여금 영제국이 여전히 정신이 산만하고 분열되어 있을 때 조치를 취하게 했다. 그는 프랑스 왕 루이 16세(Louis XVI)를 밀어붙여 미국의 제의를 수락하고 전쟁을 선포하는 쪽으로 나아갔다. 1778년 2월 6일 프랑스는 쌍무 조약을 통해 미국의 독립을 인정했다. 하나는 미국에서 프랑스 상품에게 최혜국 대우를 인정하는 것이고, 또 하나는 프랑스가 군사적 동맹을 약속하는 것이었다. 베르사유 궁전의 화려한 방들에서 벤자민 프랭클린은 이제 13개 식민지들의 대표가 아니라 미국의 대표로서 불리우게 되었다. 프랑스 왕이 새로운 공화국에 축복을 내리게 함으로써 그는 놀라운 성과를 거두었다.

5월 6일 워싱턴은 오전 9시에 점호하는 여단들을 시작으로 프랑스와의 조약을 축하했다. 그 조약의 내용은 13발의 예포 발사 후에 경건하게 낭독되었다. 그리고 보병들은 "프랑스 왕 만세"를 외치며 자신들의 총을 축포로 삼아 연속으로 발사했다. 어디서나 프랑스 장교들은 포옹을 받았다. 슈토이벤은 미소 짓는 워싱턴의 앞에서 뽐내며 걷는 정확성을 과시했다. 대륙군 병사들이 그렇게 할 수 있도록 훈련시킨 보상으로 슈토이벤은 소장이라는 계급으로 감찰관으로 임명되었다. 사물의 어두운 측면을 깊이 숙고하는 것이 워싱턴의 본성이었다. 그리하여 그날 밤에 그는 워싱턴 자신이 1776년 성탄절 밤에 헤시안들에게 했던 것처럼 적이 그들의 축제를 이용하지 못하도록 캠프를 경비하기 위한 정찰을 내보냈다. 사건들의 갑작스러운 전환은 그를 대범하게 만들기도 했지만 동시에 그를 주의깊게 만들었다. 그는 프랑스와 동맹이 힘의 균형을 변화시키고 사태가 이제 바야흐로 호의적인 상황으로 갈 것임에도 불구하고 이 횡재가 과신을 낳지 않을까하고 조바심을 가졌다.[208] 비록 그것이 즉각적인 이점을 낳지는 않았음에도 불구하고 프랑스와 동맹은 미국인들의 사기에 엄청난 자극제였다. 8월 중순에 가서야 프랑스는 공식적으로 영국과

---

208) *Ibid.*, p. 336.

전쟁상태에 들어갈 것이다. 그리고 그 사이에 대륙군은 새롭게 경계하는 영국제국에 대항하여 할 수 있는 최선을 다해 저항할 것이다.

프랑스 동맹이 주장하는 첫 사상자는 윌리엄 하우 장군이었다. 그는 필라델피아에서 재미와 흥청거림으로 겨울을 보낸 뒤 봄에 영국으로 곧 떠난다고 자기 군대에게 알렸다. 그는 헨리 클린턴(Henry Clinton) 장군[209]에 의해 대치되었다. 그는 첫눈에 영웅적 이미지를 보여주지 않았다. 1776년 뉴욕에서 그의 대담한 리더십에 대해 나이트 오브 바스(Knight of the Bath)로 포상을 받았다. 프랑스의 전쟁개입은 영국의 전략에서 급격한 변화를 촉발했다. 두 제국은 서인도(West Indies)에서 수지 맞는 섬들을 통제했다. 그들의 거대한 설탕과 목화 농장들은 엄청난 이윤을 낳았다. 봄에 클린턴이 자기 병력의 1/3인 8천명의 병사들을 서인도와 플로리다(Florida)를 강화하는데 파견하라는 명령을 받았을 때 그는 나머지 병력으로는 필라델피아에 주둔하는 것이 지키기 어렵다는 결론을 내리고 자기 군대를 뉴저지를 지나 뉴욕시로 철수하기로 결정했다.

영국인들은 여전히 전쟁을 결정적으로 자기들에게 유리하게 뒤집을 영국의 충성분자들의 대규모 폭동을 꿈꾸었지만 적과 친하게 교제하는 많은 미국인들은 단지 수지 맞는 사업을 추구했을 뿐이었다. 영국인들에 호감을 샀던 필라델피아의 많은 충성분자들은 필라델피아를 떠난다는 영국인들의 결정에 의해 경악에 빠졌다. 그리고 그들은 영국군대와 함께 북쪽으로 여행할 소용없는 시도를 했다. 이 변절

---

209) "Henry Clinton," in Smithsonian, *The American Revolution: A Visual History*, New York: DK Publishing, 2016, pp. 108–109.

자들을 보호하지 못함으로써 영국은 중대한 선전 실수를 범했다. 탁월한 정치적 판단으로 워싱턴은 애국자들이 필라델피아를 되찾을 때 부유한 영국의 동조자들에게 징벌적 징세 계획에 반대했다.[210] 그는 수복된 필라델피아의 사령관으로 베니딕트 아놀드(Benedict Arnold) 장군을 임명했다.

영국인들의 의도에 의해 당혹스러웠던 워싱턴은 5월 말에 영국인들이 필라델피아를 떠나서 그들의 보다 안전한 기지인 뉴욕으로 향할 것이라는 정확한 정보를 가졌다. 그는 클린턴이 뉴저지를 거쳐 육로로 갈지 아니면 해로로 갈지를 알지 못했다. 3천명의 병사들이 여전히 병가 중이고 보급품이 부족한 워싱턴은 육로로 후퇴하는 것을 이용할 수 있다는데 의구심을 품었다. 그러나 발생할 일의 관점에서 보면 아이러니하게도 워싱턴은 뉴저지를 속보로 지나가는 번개같은 행군을 상정했지만 그는 그렇게 발이 빠른 부대들을 교란할 수 있다고 생각하지 않았다. 4월에 워싱턴은 뉴욕에서 6개월간 포로생활 후에 포로교환으로 석방된 찰스 리 장군과 합류했었다. 영국은 그가 포로일 때 좋은 음식과 포도주 그리고 매일 밤 여자를 낀 따뜻한 침대로 그를 만족시켜 리 장군이 하우 장군을 위해 애국주의적 저항을 분쇄하고 전쟁을 끝내는데 대한 포괄적 계획을 그려준 것으로 후에 알려졌다. 그러나 4월에 워싱턴은 밸리포지 외곽 도로에서 말을 타고 부사령관이 될 리 장군을 우호적으로 맞이할 때 이것에 관해서 아무 것도 몰랐다.

6월 16일 워싱턴은 영국인들이 필라델피아를 막 떠나려 한다는

---

210) Ron Chernow, *Washington: A Life*, New York: Penguin Books, 2011, p. 338.

신호를 받았다. 그것은 조지 3세가 필라델피아에 보낸 평화 사절단들이 세탁소에서 그들의 의복을 즉각 반환하도록 요청했다는 것이었다. 이틀 후에 1만명에 달하는 영국군과 헤시안 병사들이 뉴욕을 향해 뉴저지를 발을 질질 끌며 통과하기 시작했다. 그들은 그들의 짐보따리들을 싣고 가는 12마일에 걸친 1천 5백 대의 마차들에 의해서 지연되었다. 워싱턴은 이 후퇴하는 군대를 기습할 지 여부를 판단하기 위해서 전쟁협의회를 소집했다. 대부분의 장군들이 반대했다. 보통 대범한 헨리 녹스(Henry Knox) 장군도 이번에 그런 행동을 가장 범죄적 광기가 될 것이라고 경고했다. 찰스 리 장군은 열정적으로 어떤 조치에도 반대했다. 전반적으로 회의론적 분위기에도 불구하고 워싱턴의 몇 명의 장군들은 영국인들에게 저돌적으로 달려들길 원했다. 6월 18일 영국인들이 필라델피아를 떠나고 있다는 확실한 말을 들었을 때 워싱턴은 그들을 추격하라고 6개 연대를 파견했다. 대륙군의 마지막 병사들이 델라웨어 강을 건너 6월 22일에 뉴저지로 들어갔다.

6월 24일 전쟁협의회에서 찰스 리 장군은 영국인들이 필라델피아로부터 철수하게 하는 것이 애국자들의 이익이라는 견해를 재천명하고 이런 목적을 위해 그들은 뉴욕으로 가는 황금의 다리를 놓아서 영국인들이 그것을 통과하게 해야 한다고 주장했다. 다시 한 번 장군들은 주요 작전을 반대하고 찰스 스콧(Charles Scott) 준장 지휘하의 1천 5백명의 병사들로 영국군을 교란하는 보다 제한된 작전을 선호했다. 6월 25일 워싱턴은 영국군대가 몬마우스 코트 하우스(Monmouth Court House)의 작은 교차로에 접근하고 있다는 것을 알고 찰스 리에게 공세작전을 이끌도록 명령하였다. 6월 27일 영국인들이 몬마우스 코트 하우스의 근방에 접근하자 미국의 선발군이 그들 종대의 끝을 6마일 이내로 좁혔다. 장군들과 만나서 워싱턴은 리장군에게 다음 날 아침에 그것이 움직이자마자 영국의 종대를 공격하도록 명령했다. 워싱턴 자신은 6천명의 병사들로 후미에서 지켜볼것이며 군대의 주력 부대로 전진할 준비가 되어 있었다. 돌이켜 볼때 워싱턴은 리 장군에게 너무 많은 자율권을 부여했고 이 전투계획에 대해 넓은 해석의 여지를 남긴 것이 다음 날 치명적 혼란을 야기했다.

여명이 다가오는 즈음에 워싱턴은 영국군이 일찍 기상하여 이미샌디 훅(Sandy Hook)을 향해 행군하고 있다는 것을 알았다. 그는 리장군에게 정반대의 아주 강력한 이유들이 있지 않는 한 전진해서 그들을 공격하라는 명령서를 보냈고 자신은 병사들과 몬마우스 코트하우스를 향해 출발했다. 정오 즈음에 워싱턴의 주력군이 몬마우스코트 하우스를 향해서 전진할 때 그는 앞에서 일어나는 일을 알 수없어서 모든 것이 계획대로 진행되고 있다고 가정했다.211) 그러나실제로는 리 장군이 오직 혼란스럽고 마음에 내키지 않는 공격만을클린턴과 콘월리스에게 가하였는데 그들은 가능한 공격을 예상하고자신들의 최고의 병사들을 후방에 집중했다. 그들은 입장을 뒤집고6천명의 병력을 집결하여 압도당해 공포에 떠는 미국인들을 추격했다. 워싱턴은 어떤 농부가 미국군들이 후퇴하고 있다고 말해줌으로써 재앙에 대해 처음 어렴풋이 알아차렸다. 리 장군으로부터 아무런

---

211) *Ibid.*, p. 342.

보고를 받지 못했기 때문에 워싱턴은 처음에 믿을 수가 없었다. 그때 기겁을 한 젊은 고적대원이 선발대 대륙군이 후퇴하고 있다고 확인해 주었다. 워싱턴은 놀랐다. 오보가 혼란을 야기할지 모른다고 두려워한 워싱턴은 그 고적대원 소년에게 이 사실을 입 밖에 내면 채찍을 가하겠다고 경고했다.

위험을 무릅쓸 수 없는 워싱턴은 말에 박차를 가해 전선으로 향했다. 그는 50야드도 못 가서 여러 명의 병사들을 만났는데 그들은 모든 선발대가 혼란 속에 후퇴하고 있다고 입증했다. 곧 워싱턴은 점증하는 병사들이 숨막히는 더위로 지친 나머지 그를 향해 쓰러지는 것을 보았다. 그 때 워싱턴은 죄인이 말을 타고 그를 향해 오는 것을 보았다. 워싱턴이 이게 어찌된 일이냐고 날카롭게 물었다. 리 장군은 자기 중심적 견해로서 그는 자기의 압도당한 군대를 위험에서 구출하고 질서 있는 후퇴를 하여 굉장한 위업을 수행하고 있다고 믿었다. 그는 미국의 군대가 영국의 총검들을 견디지 못할 것이라고 워싱턴에게 말했다. 워싱턴은 "빌어먹을 겁쟁이"라고 받아 치면서 그는 그들을 시험해보지도 않았다고 말했다. 일관성 없게 지껄이면서 리 장군은 영국의 기마병에 손쉬운 먹이가 되게 할 탁 트인 개황지에서 영국군을 직면하였다고 워싱턴에게 설명하려고 했다. 리 장군은 처음부터 이 공격을 반대했다는 것을 상기시켰지만 워싱턴은 그를 퉁명스럽게 돌려보냈다.

이제 워싱턴은 전선을 향해 나아갔고 적 병력의 맹공이 15분이면 도착할 것임을 알았다. 워싱턴은 논란의 여지가 없는 직감력과 확실한 통찰력으로 반응했다. 용기와 분노로 열이 난 그는 앤소니 웨인

(Anthony Wayne) 장군에게 적을 가까이에 있는 2개 여단으로 막도록 지시하고 자기는 흩어진 병사들을 모았다.[212] 언제나 말을 타고 지휘하는 워싱턴은 순전히 의지를 통해 겁먹은 상태를 진정시키는데 성공했다.[213] 미국의 포병부대가 가까운 산능선에서 영국인들에게 포를 쏘아 대는 동안에 워싱턴의 존재가 후퇴를 멈추게 했다. 비록 워싱턴은 앤소니 웨인 준장을 위해 최고의 찬사를 유보했지만 스털링과 그린 장군도 이 조치에서 특별히 중요한 기여를 했다.

그 날 오후의 혈투는 양편에 많은 사상자들 낸 막상막하의 전투였다. 찌는 더위 속에서 2시간 동안 영국과 대륙군은 대포공격을 주고받았다. 과거 전투에서처럼 워싱턴은 간신히 죽음을 피하는 경험을 했다. 그가 한 장교와 대화에 전념하는 동안 대포 포탄 하나가 그의 말 발 아래서 폭발했을 때 그는 자기 얼굴에 묻은 흙을 털어내면서 그는 아무 일도 없었다는 듯이 말을 계속했다.[214] 그는 말을 타고서 방어선을 돌아보며 병사들을 격려하고 또 그들에게 슈토이벤 하에서 밸리포지에서 습득한 행군 기술을 과시할 기회를 주면서 여기저기를 둘러보았다. 애국병사들의 대열들도 전에는 본적이 없는 기강으로 소총들을 발사했다. 여러 번에 걸쳐서 잘 훈련된 미국인들이 영국 정규군의 강인한 공격을 견디어냈다. 이 마라톤같은 하루 종일 계속된 전투에서 싸움은 오후 6시가 되어서야 잦아들었다. 영국군을 추격할 충동을 느꼈지만 워싱턴은 사병들의 지친 상태를 고려

---

212) *Ibid.*, p. 343.
213) *Ibid.*
214) *Ibid.*

하여 다음 날 아침까지 적의 위치를 공격하는 것을 기다리기로 결정했다. 클린턴은 자기 병력을 반 마일 정도 후퇴시켜 미국 포병의 사정거리를 벗어났다.

그날 밤에 미국인들은 영국군 쪽에서 타고 있는 모닥불을 볼 수 있었다. 그러나 그들은 그것이 영국군이 자정에 몰래 빠져나가는 것을 위장하기 위해 클린턴이 사용한 계략이었다는 것을 알아차리지 못했다. 날이 밝자 워싱턴은 깨어나서 영국인들이 뉴욕을 향해서 은밀하게 사라진 것을 깨달았다. 그는 자기가 브루클린과 트렌턴에서 사용했던 동일한 방법으로 속았다. 워싱턴은 도망치는 영국인들을 뒤쫓는 것은 무의미하다는 것을 알고 있었다. 전투 후에 양편은 다 같이 승리를 주장했다. 그리고 최선의 사상자 추산은 거의 비겼다는 걸 보여주었다. 362명이 죽거나 부상당했고 행방불명이 된 반면에 영국의 사상자들은 380~500명에 달했다. 브랜디와인 크리크와 저먼타운에서 세차게 공격한 다음에 워싱턴은 몬마우스를 영광되고 행복한 날로 함성을 지르는 것을 용서받을 수 있을지도 모른다. 밸리포지에서 끔찍스러운 겨울을 견디어냈으니 새로운 활력으로 최선의 영국 직업군인들과 자신들이 균등하다는 것을 입증했다. 10월 29일 일반명령에서 워싱턴은 그 전투가 순수한 승리라고 퍼트렸다. 결과에 대한 워싱턴의 기쁨은 형성되고 있던 재앙에서 군대를 구했다는 사실에 많은 덕을 보았다.

몬마우스에서 워싱턴의 역할은 아주 특별한 생생함으로 우뚝 섰다. 왜냐하면 그것이 전쟁 동안 북부에서 마지막 전투였기 때문이다.[215]

---

215) *Ibid.*, p. 344.

지금부터 영국의 고위 사령부는 그것의 초점을 광범위한 충성분자들을 이용하길 바라는 남부로 전환할 것이다. 이 조치는 워싱턴을 남부의 먼 곳에서 벌어지는 전투의 종종 할 일 없는 방관자라는 옛 상황으로 밀어 넣을 것이다. 3년 후에 요크타운(Yorktown) 전투 때까지 그는 전면 전투의 소동에 직접 다시 참여하지 않을 것이다. 몬마우스의 전투는 워싱턴이 마을들을 구원할 필요가 없으며 대륙군을 보존하고 신성한 반란의 불꽃을 살아 있도록 유지하는 것이라는 점을 분명히 해주었다.216) 지구전(a war of attrition)이 아무리 영웅적 화려함은 부족할지라도 여전히 성공으로 가는 가장 확실한 길인 것처럼 보였다.217)

몬마우스 이전에는 조지 워싱턴이 찰스 리 장군의 무례하고 자화자찬의 수사학을 보통 관용했지만 그러나 그 인내가 이제 소멸해버렸다. 리는 워싱턴이 나타나 모든 것을 망칠 때까지는 자기의 병사들을 모으고 있었다고 큰소리 쳤다. 리는 워싱턴이 승리가 보장되었을 때 자기를 전장에서 몰아냈다고 말했다. 리는 워싱턴과의 한계선을 넘었다는 것을 깨닫지 못했다. 워싱턴의 위엄을 손상한 자는 누구나 무서운 대가를 지불했다. 리는 희생자임을 자처하고 워싱턴의 사과를 기다렸다. 그리고 그는 자기에 불리하게 워싱턴의 마음에 독약을 탄, 뒤를 캐기 좋아하는 "더러운 집게벌레들"을 책망하는 무례한 편지를 워싱턴에게 보냈다. 그리고 뻔뻔스러운 리는 그날의 성공이 전적으로 자기의 기동전술의 덕택이라고 덧붙였다. 이 무절제한 편지

---

216) *Ibid.*
217) *Ibid.*, p. 345.

가 그의 운명을 막아버렸다. 이제 그는 리의 편지가 아주 부적절하고 몬마우스에서 그의 분노는 의무에 따른 것이고 상황이 요구한 것이라는 신랄한 답장을 보냈다. 그는 리를 명령 불복종과 비행으로 비난했다.

리는 자신의 명예를 위해 군사재판을 요구했고 워싱턴은 즉시 알렉산더 스캐멀(Alexander Scammell) 고급 부관을 보내서 그를 체포하고 법정에 세웠다. 리에게 명령불복종과 무질서한 후퇴 그리고 총사령관에 대한 무례의 죄를 물었다. 12명의 장교들에 의해 진행된 군사재판은 6주 동안 증언을 듣고 리에게 유죄판결을 내리고 12개월 동안 그를 군대로부터 정직시켰다. 그 판결은 그의 군경력을 효과적으로 종식시켰다. 12월 초에 리는 워싱턴이 몬마우스 코트 하우스에서 자기에게 명확한 명령을 내리지 못했다고 주장하면서 자신의 행위를 옹호하는 팜플렛을 출판했다. 만일 워싱턴이 그 비난에 짜증을 낸다면 그것은 공적 싸움을 하는 그의 스타일이 아니었다. 동시에 만일 그가 리의 비난을 반박하지 않는다면 리의 주장의 정당성을 묵시적으로 인정하는 셈이 될 것이다. 비록 회의가 군사재판의 판결을 확인하고 1778년 12월에 리를 중지시켰지만 워싱턴은 리의 비난이 자신의 명예를 훼손했다고 여전히 염려했다.[218]

12월 말에 워싱턴 총사령관의 신임하는 부관인 존 로렌스(John Laurens)가 알렉산더 해밀턴을 그의 보조인으로 하고 리 장군과의 결투에 도전했다. 로렌스는 리에게 품위와 진실을 무시하고 워싱턴 장군을 가장 상스러운 용어로 비난한 것을 알고 자기가 그에 대해

---

218) *Ibid.*, p. 346.

갖는 관계는 그런 행동을 묵과할 수 없게 한다고 리에게 통보했다. 결투에서 로렌스는 리의 옆구리에 상처를 입혔지만 리는 살아남았다. 그 결투를 워싱턴이 묵시적으로 승인했는 지의 여부는 불분명하다.[219] 그러나 로렌스와 해밀턴이 워싱턴의 명시적 바람을 거부했을 것이라고 상상하기는 어렵다. 리는 워싱턴을 매도하는 작전을 계속했다. 1782년 죽기 전에 리는 그가 이 나라에 거주한 이래 살아 있는 동안 너무나 나쁜 동료를 가졌기에 죽을 때 그것을 계속하지 않겠다고 말하면서 자기는 교회의 부속묘지가 아닌 다른 곳에 묻어 달라고 요청했다.

대륙군이 몬마우스 코트 하우스에서 모래같이 껄끄러운 여름의 열기 속에서 싸우고 나서 허드슨 강을 향해 지쳐서 행진했음에도 불구하고 축복의 안도감을 갖게 되었는데, 그것은 프랑스 함대가 1778년 7월 8일 델라웨어 만에 정박했기 때문이다. 4천명의 병사들을 실은 12척의 거대한 선박들과 4척의 프리깃 군함으로 구성된 이 웅장한 함대는 전쟁에서 영국의 명백한 해군력의 지배를 종식시켰다. 몇 주 전에 영국과 프랑스 배들이 영국해협에서 서로 발포하여 프랑스를 회복할 수 없는 적대관계로 끌어들였다. 이 때부터 미국의 독립을 위한 혁명전쟁은 점차 세계적 갈등으로 진화하여 전투현장이 서인도에서 인도양으로 확장되었다.

프랑스 함대는 48세의 프랑스 귀족이며 해군 중장(vice admiral)인 데스탱(D'Estaing)이 지휘했다. 그의 참전에는 개인적인 이유가 있었다. 그는 과거에 동인도에서 영국과 충돌하였고 영국인들에게 두 번

---

219) Ibid.

이나 포로가 되었다. 육군의 경력으로 인해 그는 회의적인 해군장교들의 신임을 결코 전적으로 받지는 못했다. 그가 체사픽(Chesapeake)에 도착하던 날 데스탱은 워싱턴에게 "워싱턴 장군의 재능과 위대한 행동들은 모든 유럽의 눈에 미국의 구조자로서 진정으로 탁월한 타이틀을 그에게 보증했다"[220]는 다소 열광적인 소개장을 보냈다. 만일 프랑스 함대가 1주일만 더 일찍 나타났다면 필라델피아에 있는 영국군에게 치명적 타격을 입혔을 것이고 그랬었더라면 헨리 클린턴 경은 버고인(Burgoyne)의 운명을 공유했을 것이라고 상상하는 워싱턴에게 그것은 달콤하고도 씁쓸한 순간이었다.[221] 운명은 조지 워싱턴에게 사라토가의 호레이쇼 게이츠 장군의 전승을 압도하는 장엄한 기회를 박탈했다.

워싱턴의 유감이 무엇이었던 간에 그는 자신의 충실한 부관인 존 로렌스를 파견하여 프랑스 제독과 계획을 조정하고 뉴욕을 다시 장악하려는 백일몽에 되돌아갔다. 화이트 플레인스(White Plains)에 있는 그의 캠프에서 그는 이제 전쟁이 어떻게 완전히 한바퀴 돌아서 그에게 과거의 실수들을 회복할, 기대하지 못한 기회를 다시 주고 있다는 명상에 잠겼다. 일순간이나마 데스탱이 기적을 일으킬 것처럼 보였다. 그의 함대가 샌디 훅(Sandy Hook)에 정박 중이라서 그가 뉴욕 만에서 영국 해군에게 덫을 놓을 수 있을 것이라는 전망이 일어났다. 그러나 항구의 통로가 그의 거대한 선박의 깊은 배수기관에는 너무 얕다는 것이 발견되었다. 워싱턴은 전쟁을 단축시킬 또 하나의

---

220) Ron Chernow, *Washington: A Life,* New York: Penguin Books, 2011, p. 347.
221) *Ibid.*

절묘한 기회를 놓쳤다고 믿었다. 프랑스 소함대와 협력에 대한 초기의 노력은 상호비난으로 끝이 났다. 새 동맹국들은 존 설리번 소장지휘 하의 미국군과 데스탱 지휘 하의 프랑스 함대의 합동 노력을 통해 로드 아일랜드의 뉴 포트(Newport)에서 영국의 주둔군을 분쇄하기로 결정했다.

예상 못한 폭풍과 영국 함대의 등장이 뉴포트 공격을 방해하자 데스탱은 합동작전을 버리고 보스턴에 피신했다. 워싱턴에게 그것은 거대한 기회를 세 번째로 망치게 되었다. 8월 23일 워싱턴과 나다널 장군은 그에게 폭발적인 편지를 보내 그를 겁 많은 배신자라고 비난했다. 그러나 워싱턴이 그들의 비판에 아무리 동조적이라고 할지라도 프랑스 동맹국과 말다툼할 여지가 있다고 믿지 않았다. 그래서 그는 그 편지를 쉬쉬해 버리고 정중한 그린 장군을 보내서 데스탱과 화해하려고 노력했다. 데스탱과의 관계에서 워싱턴은 자신의 자부심을 누르고 프랑스인의 자부심을 염치없이 추켜세웠다.222) 워싱턴에게 프랑스 동맹은 결코 매끄럽게 흘러가지 않았다. 프랑스 함대의 대부분은 합동작전들을 방해하는 카리브해(the Caribbean)의 기지에 머물렀고 그리고 막강한 강대국과의 동맹은 워싱턴을 불편하게 종속적인 지위에 놓았다. 이제 그는 지휘하는데 익숙했고 이런 주니어 파트너십(a junior partnership)은 그의 강인한 의지의 성격에 맞지 않았다.223) 그는 프랑스의 군사적 지식을 찬양했지만 냉정하고 과묵한 개성의 소유자인 워싱턴은 프랑스의 연기를 부리는 자들에게는 제한

---

222) *Ibid.*, pp. 348－349.
223) *Ibid.*, p. 349.

된 인내력을 갖고 있었다.

프랑스와 미국의 파트너십은 곧 상호간에 환멸을 낳았다. 프랑스
인들은 워싱턴이 그들이 알고 있는 것의 배나 되는 군대를 지휘한다
고 상상했던 반면에 워싱턴은 4천명 이상의 프랑스 병력을 희망했었
다. 프랑스의 동기에 대한 워싱턴의 회의는 그의 외교정책의 초석으
로 굳어질 것이다.[224] 그의 동료 시민들은 미국인들을 돕기 위해서
가 아니라 영국에 손상을 입히기 위해 참전한 프랑스를 너무 미화한
다고 생각했다.[225] 존 애덤스는 그 상황을 "프랑스 외무장관은 미국
이 익사하지 않도록 우리의 턱밑에 손을 넣고 있지만 미국의 머리를
물 밖으로 꺼내주지는 않는다"[226]고 말했을 때 이것은 그 상황을 기
가 막히게 요약했다. 또 다른 그의 성장하는 정치적 통찰력으로, 워
싱턴은 어떤 나라도 자기의 이익에 의해 묶이는 것 이상으로 믿어서
는 안 된다는 것은 인류의 보편적 경험에 근거한 금언이라고 지적하
면서 이 개념을 외교정책의 영원한 진리라고 일반화했다.[227] 워싱턴
에게 대륙군은 버지니아에서 첫 세금 문제로 시작된 교육을 완성하
면서 그가 통치술에서 신속과정을 밟은 실질적 학교였다.

그해 가을에 영국이 뉴욕에서 철수할지 모른다는 루머가 짙어가
는 분위기 속에서 그리고 많은 수의 영국배들이 알려지지 않은 목적
지를 향해 남쪽으로 항해함에도 불구하고 헨리 클린턴 경은 그 도시
에 눌러앉자 있었다. 다가오는 겨울 야영에 대해서 워싱턴은 스태튼

---

224) *Ibid.*
225) *Ibid.*
226) *Ibid.*에서 재인용.
227) Ron Chernow, *Washington: A Life,* New York: Penguin Books, 2011, p. 350.

아일랜드(Staten Island)의 서쪽인 뉴저지의 미들브룩(Middlebrook)에 병력의 주력을 수용하기로 결정했는데 이곳은 밸리포지보다 훨씬 아름다운 시골에 있었다. 대륙군이 밸리포지에서보다 복장이 좋았지만 그 전 해의 모든 문제들을 해결하지 못했다. 그는 밸리포지에서 병사들을 좁은 공간에 밀집했던 실수로부터 중요한 교훈을 배웠다. 그래서 이번에는 자신의 병력을 넓은 지역에 분산시키면서 북쪽으로는 허드슨 계곡과 먼 코네티컷까지 확장했다. 이것은 말먹이와 보급품을 위한 사냥을 촉진하는 전략적 분산이었다. 그는 또한 캠프에서 보다 위생적인 방법들의 적용을 명령했다.[228]

워싱턴은 대륙회의를 다루는데 있어서 가는 줄타기를 하고 있었다. 그는 자기가 본질적으로 모순적 권한들을 가지고 있다는 것을 알고 있었다. 그는 회의의 어떤 대표자보다도 훨씬 더 많은 권한들을 갖고 있어서 자기의 견해를 알리는 것이 의무라고 느꼈지만 이념적으로 군사 지도자는 회의의 목적에 복종해야 했고 민간인 통제를 인정했다. 그래서 상황은 그의 명성을 오직 어느 정도까지만 이용하는 워싱턴의 절묘한 솜씨가 요구되었다. 이 균형 잡는 행동이 왜 그가 아주 강력하게 행동하고 싶은 충동을 느끼다가도 전쟁 중에 어느 순간에 완전히 무력하게 느끼는 이유를 설명해 준다.[229] 국가의 문제들을 바로잡으려고 노력함으로써 워싱턴은 대륙회의의 새 의장인 존 제이(John Jay)와 좋은 소통관계를 발전시켰는데 그는 제1차 대륙회의 때부터 알던 사이였다.

---

228) *Ibid.*, p. 351.
229) *Ibid.*, p. 352.

워싱턴은 밸리포지에서처럼 일반 병사들의 전반적 탈영을 막기 위해서 땅과 의복 그리고 그의 취약한 군대를 함께 단합시키기 위해서 200달러까지 보상금을 올렸다. 줄어드는 병력에 대한 이런 두려움 가운데에서 워싱턴의 24세 부관인 존 로렌스(John Laurens)가 전쟁이 끝나면 그들의 자유를 얻게 될 3천명의 노예들의 흑인 여단을 사우스 캐롤라이나와 조지아에서 모집하는 대담한 계획을 내놓았다. 1778년 12월 조지아의 사바나(Savannah)에서 압도적인 영국 승리의 후유증 속에서 존 로렌스는 사우스 캐롤라이나가 임박한 재앙을 피하기 위해서는 흑인 병력이 긴급히 필요하다고 경고했다. 이 때까지 뉴 잉글랜드로부터 흑인 병사들의 많은 유입으로 대륙군은 고도로 통합된 병력을 갖고 있었다. 그러나 워싱턴은 북부 국가들로부터 오는 흑인들을 훈련시키고 무장하는 것과 남부 국가들로부터 오는 흑인들을 그렇게 하는 것은 완전히 별개의 문제임을 알고 있었다. 원칙적으로 노예제도에 불편해 하던 많은 남부의 노예 주인들처럼 워싱턴은 노예제도가 약간 막연한 먼 훗날에 사라지길 희망했다.

3월 20일 워싱턴은 중대한 역사적 기회를 던져버린 편지를 헨리 로렌스에게 보냈다. 로렌스, 해밀턴 그리고 라파예트와 같은 강력한 노예 폐지론자들에 의해 둘러싸여 있음에도 불구하고 그는 자기 행운을 형성한 제도와 단절할 수 없었다.[230] 3월 29일 남부 대표자들의 의심을 극복하면서 회의는 남부 노예제도의 폐지를 위한 길을 닦을 지도 모르는 결의안을 승인했다. 그것은 사우스 캐롤라이나와 조지아 국가들이 편리하다고 생각한다면 3천명의 신체적 능력이 있는

---

230) *Ibid.*, p. 355.

흑인들을 모병할 조치들을 즉각 취하도록 권유한 것이다. 이 결의안은 무장한 노예들은 전쟁이 종식될 때 해방될 것인 반면에 노예 소유주들은 노예 당 1천 달러의 보상을 받을 것이라고 제안했다. 존 로렌스는 사우스 캐롤라이나 입법부의 의원이었기에 워싱턴은 그가 고향으로 가서 자기의 주장을 몸소 피력하도록 허용했다. 그러나 노예 소유주들이 지배하는 의회는 로렌스의 계획에 분개했고 그것을 울려 퍼지도록 거부했다. 워싱턴이 인정할 수 없었던 것은 그 자신이 이기적인 이유에서 그 계획에 대해 미온적이었다는 사실이었다. 노예제도에 대한 그의 유보적 태도가 무엇이든지 간에 자신의 의구심을 사적인 편지에 국한시키면서 그는 그 문제에 관해 공개적 입장을 천명할 용기를 결코 보이지 않았다.[231]

1780년 봄에 워싱턴의 가장 시급한 관심은 사우스 캐롤라이나의 찰스턴(Charleston)에서 위협받고 있는 미주둔군의 불확실한 운명이었다. 헨리 클린턴 경과 콘월리스 경은 뉴욕으로부터 거대한 소함대를 이끌고 출항했다. 그리고 그들은 전쟁의 주 전장이 남부로 회복할 수 없이 이동함에 따라 찰스턴을 포위했다. 미국군은 매사추세츠의 전 농부인 벤자민 링컨(Benjamin Lincoln) 소장에 의해 지휘되었다. 링컨은 인기가 있었고 널리 존경받았으며 워싱턴은 그가 적극적이고 사기가 높으며 지각 있는 사람이라고 믿었다. 그러나 총사령관인 워싱턴은 찰스턴 교착상태의 먼 관찰자에 머물렀다. 왜냐하면 대륙회의의 전쟁이사회가 남부 군관구에 관한 관할권을 박탈했기 때문이었다. 그는 이 엄연한 정치적 결정에 대해 다툴 생각이 전혀 없

---

231) *Ibid.*, p. 356.

었다.232)

주요 항구의 손실이 무엇을 의미하는 지에 대해 불쾌하게 알고 있는 워싱턴은 찰스턴의 함락이 아마도 사우스 캐롤라이나 전 국가에 가장 재앙적 결과가 될 것이며 심지어 그 이상이 될 것이라고 예상했다. 최소한 그것은 두 남북 캐롤라이나를 영국의 무자비한 습격에 노출할 것이다. 자기 병사들을 해안 도시에 집결시킴으로써 링컨 장군은 내지를 상당히 방어할 수 없게 남겨 놓았다. 1780년 5월 12일 찰스턴은 영국에 항복했다. 2,571명의 대륙군 병사들과 343문의 대포들 그리고 거의 6천정의 소총이 적의 수중에 떨어졌다. 항복한 병사들은 전쟁 포로가 되든가 아니면 더 이상 전쟁에 참여하지 않고 충성스런 영국의 신민으로 되돌아가겠다는 엄숙한 맹세를 하고 집으로 돌아가는 불쾌한 선택에 직면했다. 워싱턴은 영국이 찰스턴을 두 캐롤라이나와 버지니아를 공격하는 발판으로 사용할 것이라고 예상했다. 그의 예상에 맞게 클린턴은 자기 병력의 상당부분을 뉴욕으로 되돌리는 반면에 남부를 공포스럽게 할 상당한 규모의 병력을 콘월리스에게 남겼다. 동시에 워싱턴은 영국인들이 이제 너무 얇게 확장되어 이 먼 곳의 전초지점을 유지하기 위해서는 그들에게 피와 금전으로 엄청난 대가를 지불하게 만들지 않을까 하고 의아해했다.

미국의 재정이 비어 있기에 워싱턴은 프랑스의 선불지원이 없이는 강력한 공세적 작전을 생각할 수 없었다. 그 겨울에 프랑스는 미국에 드 로샹보 백작(the Count de Rochambeau)의 지휘 하에 대규모 원정군을 미국에 파견하기로 결정했었다. 그것은 처음으로 프랑스인

232) *Ibid.*, p. 371.

들이 함대에 대규모 군대로 보완한 것이다. 프랑스는 유명한 로샹보를 중장의 높은 계급으로 올렸지만 그러나 미국에 대한 외교적 양보로서 그가 적어도 명목상으로는 워싱턴의 명령 하에 둘 것에 동의했다.[233] 슈발리에 드 테르네(Chevalier de Ternay) 소장의 지휘 하에 있는 프랑스 함대도 역시 워싱턴의 통제에 순응할 것이지만 그러나 변덕스런 데스탱과의 좌절 후에 워싱턴은 어떤 실질적 영향력을 행사하는 것에 관해서 아무런 환상도 갖지 않았다.[234]

이 임박한 병력의 도래를 전할 임무를 맡은 인물은 이 임무에 당연한 선택이었다. 3월 초 라파예트는 미국으로 출항했고 소장으로서 자기 직위에 재임할 준비가 되었으며 워싱턴과 로샹보의 중재자로 행동할 것이다. 그가 4월 말에 매사추세츠에 입항하자마자 미국의 드라마에서 그의 주역 역할을 결코 부끄러워하지 않는 라파예트는 워싱턴에게 전형적으로 연극조의 편지를 급히 보냈다. 그는 워싱턴에게만 직접 전할 극도로 중요한 일이 있다고 말했던 것이다. 워싱턴도 그의 메시지를 읽으면서 감정이 고무되었다. 5월 10일 마침내 두 사람은 열정적으로 서로 손을 꼭 잡았다. 워싱턴은 곧 뉴욕에 대한 프랑스-미국의 반격을 위해 라파예트를 로비스트로 활용했다. 뉴욕의 반격은 남부 국가들에 대한 영국군의 압력을 완화하는 부차적인 이점을 갖게 될 것이다.

프랑스로부터 멋진 소식에 의해 사기가 올라간 워싱턴은 그들의 동맹국과 협력할 적어도 2만명의 병력이 확장된 대륙군을 확보하기

---

233) Ron Chernow, *Washington: A Life,* New York: Penguin Books, 2011, p. 372.
234) *Ibid.*

226 조지 워싱턴 -창업의 거룩한 카리스마적 리더십-

위해 회의에 압력을 가했다. 7월 초에 프랑스 함대의 도착이 임박한 가운데 워싱턴은 국가들의 신병 모집 실패로 인해 상심했다. 7월 10일 프랑스 함대가 뉴포트에 도착했을 때 그것은 거의 용두사미였다. 오직 5천명의 병사들만이 건너왔고 그들 중 상당 수는 전투에 부적합했다. 워싱턴은 라파예트를 로샹보와 테르네에게 파견하여 협의하게 했고 프랑스 장군들에게 자기는 그에게 아무것도 숨기지 않는 친구라고 소개했다. 비록 워싱턴은 뉴욕을 포위 공격할 자기 계획을 부활시켰지만 라파예트는 그들의 병력을 전개하기 전에 보다 많은 프랑스 병력을 기다리겠다는 로샹보와 테르네의 결심을 움직일 수 없었다.

프랑스는 그들의 미국 동맹국들에게 의지하는 것을 주저했다. 로샹보는 워싱턴 군대의 예상보다 작은 규모와 미국 신용의 파산에 남몰래 경악했다. 그는 개인적으로 뉴욕을 공격하려는 워싱턴의 계획을 미국의 고갈된 재정상태를 고려할 때 터무니없다고 비웃었으며 워싱턴의 비현실적 환상을 부추긴데 대해 라파예트를 책망했다.[235] 프랑스 장군은 워싱턴과의 관계에서 겉으로는 그의 아이디어를 믿는 척하고 그리고는 정확히 자기 멋대로 하는 두 개의 얼굴을 가지고 있었다. 정치적인 이유에서 양측은 워싱턴이 총책임자라는 정중한 허구를 내세웠지만 프랑스와의 동맹이 중대한 합동 군사작전으로 결실을 보기까지는 또 한 해가 지나갔다.

무산된 "콘웨이 음모" 사건 후에 조지 워싱턴은 호레이쇼 게이츠 (Horatio Gates)에게 확실히 겸손하게 대했다. 그러나 워싱턴은 그가

---

235) *Ibid.*, p. 373.

여전히 자기에게 음모를 꾸미고 있다고 생각했다. 그러나 그의 예의는 그의 화해할 수 없는 적을 달래지 못했다. 1779년 봄에 게이츠는 존 제이(John Jay)에게 워싱턴이 의도적으로 그를 어둠 속에 두려고 했다고 항의했다. 이에 대해 워싱턴은 그가 게이츠에게 1778년의 지난 7개월 동안 40번의 편지를 보낸 것과 관련하여 존 제이에게 신랄한 서한을 보냈다. 워싱턴은 게이츠 장군을 정중하게 대했다고 말하고 적에게 어떤 승리의 명분도 주지 않으려 했다는 것이었다. 영국인들이 찰스턴을 장악한 후에 게이츠는 군대의 남부 군관구를 지휘하도록 임명되었다. 워싱턴은 개인적 감정에서 개입한다는 비난을 받지 않기 위해 추가적인 언급을 자제했다.

워싱턴은 게이츠가 받아야 할 당연한 벌에 대해 조용히 근절했다면 영국인들은 1780년 8월 16일 사우스 캐롤라이나의 캠든(Camden) 근처에서 그를 박살내는 형식으로 벌을 내렸다. 게이츠는 콘월리스가 동원한 병력보다도 훨씬 더 많은 거의 4천명의 병력을 전개했지만 대부분의 병사들은 미숙한 시민군이었다. 결연한 영국군이 미군의 전선들을 돌파하고 병사들을 혼비백산하게 만들었다. 오직 독일 출신의 요한 드 캘브(Johann de Kalb) 장군이 지휘하는 부대만이 광란의 공격을 버텨내려고 애를 썼다. 배나스터 탈턴(Banastre Tarleton) 대령의 지휘 하에 영국의 기병대가 캘브 장군의 무력한 부하들을 도륙했고 캘브 장군 자신도 총검으로 찔리고 소총의 개머리 판으로 맞아 죽었다.

이 패퇴로 인해, 특히 공포에 질린 장군이 말을 타고 도망쳤고 180마일이나 달린 후에 평정심을 찾아 회의에 보고한 다음에 게이츠 장군은 추락했다. 자기의 적들이 스스로 무덤을 파도록 내버려 두는 확실한 습관을 가진 워싱턴은 그 패퇴에 대해 입을 꼭 다물었다. 그럼에도 그의 충성스러운 부관들은 워싱턴 참모의 웃음거리가 되어 추락한 게이츠를 비웃었다. 미국의 패배로 조지아와 두 캐롤라이나가 영국의 수중에 떨어졌고 버지니아를 침공에 취약하게 만들었다. 지금 당장으로서는 영국의 콘월리스 경(Cornwallis)[236]은 무적으로 보였다. 캠든(Camden) 전투 후에 회의는 징벌 당한 게이츠를 사령관 직에서 해임하고 그의 비열한 행위에 대한 조사에 착수했다. 게이츠 장군은 워싱턴에게 남아 있는 마지막 심각한 경쟁자였다.[237] 이제 그의 최고 지위는 도전 받지 않게 되었다. 게이츠의 몰락은 전투현장에 돌아가길 염원했던 나다낼 그린(Nathanael Greene) 장군의 복귀를 위한 길을 열었다. 그는 어려운 병참감의 일을 성공적으로 해냈으며 워싱턴 요새의 실패로부터 완전하게 다시 일어서게 되었다.

그린 장군은 종종 워싱턴을 어렵고 트집잡는 상관으로 경험했으며 그것은 그가 정기적인 격려와 확신을 필요로 할 때 그에게 어려웠다. 1778년 그린 장군은 거의 치하를 구걸하는 자기연민적 편지를 워싱턴에게 썼다. 워싱턴은 자신의 동료에게 아무리 무뚝뚝했다 하여도 그도 역시 그들의 심리적 요구에 잘 반응했다. 게이츠를 그의 사령부에서 제거하는데 있어서 회의는 워싱턴에게 후임자의 선택을 양보함으로써 그의 권력강화를 확인했다. 언제나 의회를 상대하는데 있어서 노련했던 워싱턴은 나다낼 그린 장군을 곧바로 임명하는 대

236) "Charles Cornwallis," in Smithsonian, *op. cit.*, pp. 296 – 297.
237) Ron Chernow, *Washington: A Life*, New York: Penguin Books, 2011, p. 375.

신에 남부 사령부를 위해 나다넬 그린 장군을 지명하기로 결정했고 회의는 1780년 10월 14일 이 탁월한 선택을 확인했다. 때로는 그린 장군이 처음에 이 무거운 자리를 거절했다는 이야기가 들렸다. 그린 장군이 자기보다는 녹스(Knox) 장군이 이 어려운 임무에 적합한 인물이라고 워싱턴에게 말했을 때 그 앞에 모든 장애물들이 사라졌다. 그의 자원은 무한하다. 그러므로 그와 헤어질 수 없다고 워싱턴은 장난스럽게 대꾸했다. 뉴욕에 거대한 영국군의 주둔으로 인해서 워싱턴은 남부작전을 위해서 자기의 많은 병력을 할애할 수 있다고 생각하지 않았다. 그린 장군에게 지시하는데 있어서 워싱턴은 남부의 전장으로부터 자기의 동떨어짐을 드러냈다. 즉 워싱턴은 그린 장군에게 남부에서 적의 병력과 미국 사령관에게 가용한 자원에 관해서 자기에게 알려준 바가 없기에 그에게 특별한 지시를 할 수 없으니 그가 전적으로 알아서 해야 한다고 말했던 것이다.[238]

1780년 여름의 끝이 다가오면서 워싱턴은 여전히 프랑스의 로샹보 백작과 테르네 장군에게 눈도 돌리지 않는 것이 다소 기이해 보였다. 간단한 진실은 자기의 부재 시 미국군이 와해될지 모른다고 워싱턴은 두려워했으며 또한 끔찍한 형편이 너무 당황스러워 프랑스인들과 상봉할 기회를 찾지 않았다. 병력의 부족은 차치하고 그는 5천 자루의 소총과 2백톤의 화약이 필요했다. 라파예트가 로샹보 백작이 그를 만나고 싶어 한다고 전하자 워싱턴은 이 문제를 숨김없이 털어 놓았다. 그것은 자기 군대의 허약한 상태에 대한 아주 비상한 언급이었다. 8월 말에 빵의 부족이 너무 심각하여 그는 시민군을 해

---

238) *Ibid.*, p. 376.

체해야 할 지의 심각한 딜레마에 처했다. 왜냐하면 그는 그들을 먹이거나 신병을 충원하여 굶어 죽으라고 할 수 없었기 때문이다. 9월 초에 워싱턴은 식량을 보전하기 위해서 4백명의 민병들을 집으로 돌려보냈다.[239]

1780년 9월 중순 워싱턴은 라파예트, 해밀턴, 녹스 그리고 22명 기병들을 수행하고 로샹보 그리고 테르네와 오래 지연된 만남을 위해 출발했다. 회담을 위해 선택된 장소인 코네티컷의 하트포드(Hartford)는 양국 군대의 중간 지점에 있었다. 워싱턴은 약해진 위치에서 프랑스를 대해야 했으며 1월 1일에 전병력의 수는 복무기간들이 소멸함에 따라 절반으로 줄어들 것이다. 그는 프랑스인들이 아니라 미국인들이 미국혁명을 승리로 이끌어야 한다고 믿었다. 동맹국의 관대함이 미국의 믿음과 고마움을 주장할 수 있지만 그러나 그것은 미국의 명예를 위한 것이 아니며 공동 대의의 이익을 위한 것도 아니며 그 일을 동맹국에게 전적으로 맡길 일도 아니라고 생각했다.[240] 하트포드로 가는 길에 워싱턴과 그의 일행은 웨스트 포인트(West Point) 근처에서 잠시 머물며 그곳의 사령관인 베네딕트 아놀드(Benedict Arnold)와 점심을 할 수 있었다. 아놀드가 반가웠지만 웨스트 포인트의 방어 상태가 걱정되어 워싱턴은 돌아오는 길에 웨스트 포인트에 다시 들려서 그곳의 요새화 상태를 둘러보기로 약속했다.

워싱턴이 코네티컷 강변의 유일한 도로로 구성된 초라한 마을인 하트포드에 접근하자 프랑스군의 대포들이 13번 포성을 울렸고 현지

---

239) *Ibid.*
240) *Ibid.*, p. 377.

시민들은 환호했다. 라파예트를 통역자로 하여 워싱턴과 로샹보는 서로 간에 상대방을 탐색할 첫 기회를 가졌다. 워싱턴의 군사적 계획에 대한 유보가 무엇이든지 첫 만남에서 그는 재치 있고 심지어 상냥했지만 너무 변덕스러운 자기의 기분을 오랫동안 억제하지 못했다. 아마도 그들은 변덕스러운 자신들의 두목의 비위를 맞춰야 했지만 로샹보의 부하들은 워싱턴에게 즉시 매료되었다. 워싱턴은 신세계의 해방자가 어떻게 행동해야 하는지에 대해 프랑스인들의 이상적 기대에 부응했다. 워싱턴의 위엄 있는 말과 간결한 태도 그리고 온화한 자세가 그들의 기대를 능가했고 모든 이의 마음을 얻었다. 워싱턴과 로샹보가 회담을 시작하자 그 해에 연합군사전략의 가능성은 요원하다는 것이 곧바로 분명해졌다. 로샹보가 뉴욕을 다시 확보하려는 워싱턴의 향후 계획에 반응을 보였지만 그는 먼저 확실한 해군의 우위를 확보해야 하고 그러기 위해서는 프랑스에서 증원 병력을 기다려야 한다고 고집했다. 둘째 날에 두 사람은 프랑스 정부에게 추가적인 병력, 예산 그리고 선박의 지원에 관한 호소문을 작성했다. 워싱턴과 로샹보가 즉각적인 관계를 수립했지만 그들의 회담은 아무런 적시적인 구체적 결실을 낳지 못했다. 동반관계에서 워싱턴의 우월성을 로샹보가 확인했지만 워싱턴은 라파예트에게 프랑스 군대에 대한 그의 지휘는 아주 제한된 부분에 지나지 않는다고 침울하게 인정했다.241)

워싱턴은 프랑스인들의 지원으로 전쟁의 균형을 뒤집어엎기를 희망했지만 로샹보와 결론이 나지 않은 회담으로 낙심했다. 프랑스의 해군력 우월성은 아직 실현되지 않았고 그래서 워싱턴은 미국의 무

241) *Ibid.*, p. 378.

력함과 회의의 어리석음과 끝없는 갈등에 지겹게 되었다. 대륙군은 예산도 탄약도 없었고 머지않아 병사들도 없을 것이다. 몬마우스 전투 이래 워싱턴은 주요 전투 없이 2년 이상을 종군했다. 그리고 라파예트는 그에게 그의 수동성에 프랑스 궁전이 초조해하고 있다고 말했다. 워싱턴은 그의 무활동은 비자발적이라고 대답했다. 어떤 행운으로 작전을 끝내기를 그보다 더 열정적으로 원하기는 불가능하지만 미국인들은 그런 염원 보다는 그들의 현실적인 수단을 고려해야만 한다고 말했던 것이다.[242]

만일 워싱턴이 웨스트 포인트에서 베네딕트 아놀드(Benedict Arnold) 사령관과의 다가오는 상봉이 그의 의기소침한 정신을 부활시킬 것으로 생각했다면 그가 틀린 것으로 입증되었다. 여러 가지 방식으로, 아놀드는 자기의 병사들에게 박차를 가하면서 말을 타고 전장을 누비길 좋아하는 두려움 없고 대담무쌍한 행동 후에 전투 사령관이 되었다. 워싱턴처럼 그도 승마했던 많은 말들이 총알을 맞았다. 장교단에서 워싱턴은 아놀드의 용맹과 전투에 대한 예리한 감각을 높게 평가했다. 실제로 아놀드는 워싱턴의 경쟁적 요구나 의구심을 일으키지 않는 것으로 보이는 소수 장군들 중 한 사람이었다. 아놀드의 초기 전투에서 업적이 그를 전설적 인물로 만들었다. 퀘벡(Quebec)에 대한 실패한 임무에서 메인(Maine)의 숲을 통해 불가능한 고된 여행을 지휘한 후에 레이크 챔플레인(Lake Champlain)에서 함대를 건설하여 우월한 영국군에 도전했다. 가장 주목할 것으로는 그가 사라토가 전투에서 너무도 전설적인 역할을 수행하여 버고인 장군이 미국

---

242) *Ibid.*

승리의 월계관을 게이츠 장군이 아닌 아놀드 장군에게 준 것이었다.243) 아놀드가 사라토가에서 다리에 총알을 맞았을 때 의사들은 손상된 다리를 절단하기를 원했지만 그는 외다리가 되는 것을 거부했다. 그 결과 그는 한쪽 다리가 다른 쪽 다리에 비해 2인치가 짧았다. 워싱턴은 아놀드의 처지를 동정했으며 그를 1778년 영국인들이 철수한 뒤 필라델피아의 군 사령관으로 임명했었다.

아놀드는 필라델피아에 주둔하는 동안에 근사한 집을 짓고 부유하고 매력적인 자기 나이의 절반인 18세의 처녀인 페기 쉬펜(Peggy Shippen)에 구애하여 다음 해에 결혼했다. 페기는 필라델피아의 점령기간 동안에 영국의 장교들과 어울렸다는 소문이 뒤따랐다. 아놀드는 사령관으로서 자기 지위를 이용하여 부를 축적했다는 주장들이 그림자처럼 따라다녔다. 자기 명예를 회복하기 위해 아놀드는 군사재판을 요구했는데 그것은 그가 2개의 비교적 작은 비행에 유죄를 판결하고 가벼운 징계로 그를 방면했다. 그는 워싱턴이 그의 군사재판 동안에 신중한 중립을 유지함으로써 무조건적 지지를 철회했다고 믿었다. 그 후에 워싱턴은 그에게 조국의 존경을 회복할 기회를 주기로 약속했다. 워싱턴은 몰랐지만 아놀드는 지금까지 영국군의 고위 부관인 존 안드레(John André) 소령과 접촉하여 웨스트 포인트를 장악하는 비밀 계획에서 헨리 클린턴 경을 도울 준비가 되어 있었다. 영국의 점령 동안 안드레 소령과 친분을 쌓은 그의 부인 페기 아놀드는 그 음모의 완전한 공범자였다. 많은 빚을 진 용병 아놀드는 고액의 반역 거래를 하여 웨스트 포인트를 영국의 수중에 넣어 주는데

---

243) Ibid., p. 379; "Benedict Arnold," in Smithsonian, op. cit., pp. 260–261.

대한 대가로 영국 돈 6천 파운드 스털링과 영국군에서 직책을 받기로 하였다.

1780년 6월에 웨스트 포인트는 추가적인 중요성을 차지했다. 워싱턴은 클린턴이 1백척의 배와 함께 찰스턴에서 돌아와 웨스트 포인트 요새에 치명적 타격을 노린다고 걱정했다. 7월에 그의 걱정은 메리엇 아버스낫(Marriot Arbuthnot) 제독이 60~70척의 추가 함정들로 뉴욕항에 출현했을 때 더욱 심화되었다. 워싱턴은 웨스트 포인트와 허드슨 강변에 다른 방어 초소들을 강화하기 위해 최선을 다하겠다고 맹세했다.[244] 워싱턴이 아놀드를 그의 본부에서 만났을 때 그의 절뚝거림은 수용할 수 없을 만큼 드러났다. 그는 더 이상 오랫동안 말을 타거나 지휘할 수 없고 그래서 웨스트 포인트에서 앉아서 일하는 자리에 대한 희망을 표시했다고 워싱턴의 부관인 텐크 틸그먼(Tench Tilgman)의 기억에 이미 깊이 새겨 놓았었다.

아놀드의 성가신 염원을 인정하여 워싱턴은 1780년 8월 3일 아놀드 소장이 웨스트 포인트 주둔군의 사령관이 될 것이라고 발표했다. 9월에 아놀드가 적과 내통한다는 사실을 깨닫지 못하고 워싱턴은 그에게 웨스트 포인트의 방어를 향상시키라고 명령했다. 아놀드는 그 요새에서 온갖 개선에 착수하는 척하면서 오히려 그것을 계속해서 약화시켰다. 워싱턴이 하트포드에 가는 길에 허드슨 밸리를 통과할 것이라고 아놀드에게 알릴 때 워싱턴이 그 여행을 비밀로 해줄 것을 강조했음에도 불구하고 아놀드는 이 편지를 영국의 공범들에게 전달하고 워싱턴이 밤에 묵을 장소들까지 나열했다. 그 편지가

---

244) Ron Chernow, *Washington: A Life,* New York: Penguin Books, 2011, p. 380.

지체되지 않았더라면 워싱턴은 영국인들에 의해 당연히 포로가 되었을 것이다.[245]

워싱턴이 하트포드로부터 돌아오는 동안 안드레 소령이 존 앤더슨이라는 가명으로 미국 전선의 뒤로 숨어들어 아놀드로부터 정보를 수집했고 그리고 아놀드는 9월 6일 워싱턴이 그에게 보낸 전쟁협의 회의 기록과 함께 웨스트 포인트 주둔 병력의 윤곽을 그린 문건들까지 그에게 넘겨주었다. 안드레는 이 단단히 접은 종이들을 안전하게 보관하기 위해 자신의 장화 속에 끼워 넣었다. 아놀드는 그에게 통행증도 써주었다. 허드슨 강에 정박 중인 영국의 군함 벌처(Vulture)호로 돌아가던 중 9월 23일 안드레는 웨스트체스터(Westchester) 군에서 그의 옷을 벗기고 그 폭발적 문건들을 발견한 3명의 미국 민병대에 의해 체포되었다.[246] 그는 뇌물로 모면하려 했지만 허사였다. 그에게서 발견된 문건들의 중요성을 알아보지 못한 존 제임슨(John Jameson) 중령은 아놀드 장군의 통행증을 소유한 존 앤더슨이라는 사람으로부터 획득한 문건 보따리를 받을 것이라는 노트와 함께 그것들을 워싱턴에게 전했다. 제임슨 중령은 각하가 직접 보는 것이 더 적절하다고 생각한다고 덧붙였다.

이틀 후에 아직 이 편지를 보지 않은 상태에서 워싱턴은 뉴욕의 피시킬(Fishkill)에서 새벽에 깨어나서 부관들 및 경호원들과 같이[247] 베니딕트와 페기 아놀드 부부와 아침식사를 하기 위해 출발했다. 그

---

245) *Ibid.*, p. 381.
246) *Ibid.*
247) *Ibid.*

부부는 허드슨 강의 동쪽 제방에 있는 방이 많은 저택을 차지하고 있었는데 이 저택은 워싱턴의 친구인 비벌리 로빈슨(Beverley Robinson)이 거주했었다. 웨스트 포인트로부터 아래 쪽으로 2마일 지점에 있는 그 집에 가는 도중에 워싱턴은 강변의 방어 진지를 사열하기 위해 둘러보았는데 그의 젊은 부관들로부터 놀람을 자아냈다. 아침 10시 반에 로빈슨 저택 앞에서 말을 내렸을 때 아놀드의 부관들 중 하나인 데이비드 프랭크스(David Franks) 소령이 그의 사령관이 급한 용무로 웨스트 포인트에 갔으며 그의 부인 페기 아놀드는 2층에서 자고 있다고 설명했다.

예상했던 것보다는 더 고독한 식사를 한 뒤에 워싱턴은 허드슨 강을 건너 웨스트 포인트로 데려다 줄 바지(barge) 선에 올랐다. 그리고 웨스트 포인트에서는 아놀드가 그를 맞이할 것으로 기대했다. 그러나 아놀드는 나타나지 않았다. 그리고 그의 행방을 아는 사람이 아무도 없었다. 워싱턴은 웨스트 포인트의 방어 진지들의 상태를 점검이나 했을까 하는 의아한 생각만 깊어졌고 그것들의 노후한 상태에 충격을 받았다. 그것들은 아놀드가 약속했던 아무런 개선이 없었다. 오후 늦게 의아해하면서 워싱턴은 다시 로빈슨 저택으로 돌아왔다. 그곳에는 여전히 베네딕트의 징후가 없었고 부인 페기만 외부와 단절한 채 이층에 남아 있었다.

워싱턴이 저녁 식사 전에 자기 방에서 쉬고 있을 때 해밀턴이 문을 두드리고 그의 앞에 제임슨 중령의 편지를 포함하여 한 보따리의 문건들을 내려놓았다. 표현할 수 없을 정도의 공포감에 휩싸인 워싱턴은 웨스트 포인트에 관한 비밀 정보와 함께 그가 아놀드에게 보낸 전쟁협의회의 기록에 눈이 고정되었다. 워싱턴은 혼비백산하였다. 그는 아놀드가 배신했다며 이제 누구를 믿겠느냐고 소리쳤다. 그는 심각한 감정에 빠지자 자신의 감정을 억누르려고 애를 썼다. 그의 반응으로 보아 그는 아무것도 몰랐으며 충분히 믿었기에 아놀드의 반역을 거의 상상할 수가 없었다.

최고의 배신은 호레이쇼 게이츠나 찰스 리 혹은 불충을 오랫동안 의심했던 다른 사람들이 아니라 그가 믿고 칭송하고 도와주었던 사람으로부터 왔던 것이다. 대부분의 사람들에 대한 냉소주의의 건전한 유지에도 불구하고 워싱턴은 베네딕트 아놀드에 대한 모든 경고 사인들을 놓쳐버렸다.[248] 이 시점에서 워싱턴은 그의 수수께끼 같은 하루에 일어난 에피소드에 대해 감을 잡았다. 그날 아침 식사 때 아놀드가 무슨 종이들을 받고 흥분해서 자기 부인에서 작별인사를 하고 그 집을 돌연히 떠나 사라졌던 것이다. 그 종이들은 안드레의 체포를 알려주어 그로 하여금 허드슨 강으로 내려가 안전한 영국의 군함으로 도망치게 했다. 비록 워싱턴이 해밀턴과 맥헨리(Mchenry)를 뒤쫓도록 보냈지만 아놀드는 이미 오래전에 바지선에 올라 영국 주인들에게서 피난처를 발견했던 것이다.

존 안드레(John André) 소령은 나이 30살에 잘생기고 교양이 있고 매력적인 인물이었다. 스위스에서 교육받고 일종의 시인이었는데 필라델피아 점령 중에 벤자민 프랭클린 도서관을 찾기도 했고 아마추어 연극 배우도 했다. 그의 사건은 그의 기적적 매너와 자신이 진실로 첩자로 기능을 하지 않았다는 논란이 있는 주장으로 유명해졌

---

248) *Ibid.*, p. 382.

다. 그러나 누구도 그가 반역자 아놀드의 숨긴 문건들을 가지고 있다가 붙잡힌 사실을 문제삼지 않았다. 논쟁은 첩자들이 일반 범죄자들처럼 다루어지고 교수대에서 처형되어야 하는 것이었다. 왜냐하면 미국 첩자와 교신하다가 붙잡힌 제복을 입은 영국의 장교는 신사에 적합한 방식으로 총살대에 의해서 처형될 것이기 때문이었다. 워싱턴은 안드레 소령의 개인적인 호소를 이해함에도 불구하고 그가 시도한 웨스트 포인트를 장악하려는 음모는 그것이 성공했더라면 큰 재앙이 될 수 있었으며 이러한 사실은 죄수에 대한 자비로운 처리에 대해 그들의 입장을 완강하게 만들었다.[249]

베네딕트 아놀드는 뻔뻔하게도 만일 그의 부관을 처형한다면 그의 손에 들어가는 불행한 미군에게 보복할 것이라 협박했다. 아놀드는 열린 상처에 소금을 뿌렸다. 장교회의는 안드레가 첩자로서 교수형에 처해져야 한다고 판결했다. 워싱턴은 안드레의 죄가 너무 막중하여 그를 본보기로 삼아야 한다고 결정했다. 교수형을 피하려는 노력에서 워싱턴은 영국측에 안드레어와 베네딕트 아놀드의 교환을 타진했으나 그들은 그 제안을 거절했다.[250] 1780년 10월 2일 안드레는 교수형에 처해졌다. 악랄한 아놀드에 대한 워싱턴의 복수심은 다음 달에 더 심화되었다. 그는 헨리 리 소령에 의해서 아놀드를 뉴욕으로부터 납치하자는 계획을 지원했다. 10월 20~21일 밤에 리의 기마병 소속인 존 챔프(John Champe) 하사가 미국군에서 탈영한 척하고 헨리 클린턴 경에게 그가 애국주의적 명분에 염증이 난 것으로

---

249) *Ibid.,* p. 385.
250) *Ibid.,* p. 386.

확신시켰다. 그러고 나서 그가 베네딕트 아놀드를 거리에서 수행하면서 안면을 트기 시작했다. 아이디어는 챔프와 볼드윈(Baldwin)이라는 뉴저지 출신의 미국 첩자와 함께 어느 날 밤 아놀드가 자기 정원을 산책할 때 그를 붙잡아 허드슨 강을 건너면서 그것이 마치 술취한 군인의 행패인 것처럼 보이게 만드는 것이었다. 워싱턴은 아놀드를 살려서 데려와야 한다는 조건으로 그 계획을 승인했다.[251]

챔프와 볼드윈은 아놀드가 42척의 선박과 1천 7백명의 병사들과 함께 지금까지 전쟁이 주로 미치지 않은 국가인 버지니아에 파견되는 12월에 그 계획을 실행하기로 했다. 워싱턴의 경고에도 불구하고 버지니아의 통치자인 토마스 제퍼슨(Thomas Jefferson)이 시민군의 소집을 꾸물거리는 바람에 아놀드는 버지니아의 수도인 리치먼드로 휩쓸고 들어와 보급품 창고들과 건물들을 불태웠다. 아놀드를 납치하려던 계획은 헛되게 되었지만 워싱턴은 여전히 그 악당을 잡아내려는 결의에는 단호하여 사정이 없었다. 1781년 2월에 그는 라파예트를 200명의 병사들과 함께 버지니아에 보내 아놀드를 추적하게 하고 그를 다룰 조건을 강화했다. 즉 그는 라파예트에게 아놀드가 그의 수중에 들어오면 가장 간결한 방법으로 즉결처분하라고 명령했다. 봄에 아놀드는 조지 저메인(George Germain)에게 편지를 써 워싱턴을 영국측으로 유인하는 깔끔한 방법을 제안했다. 그것은 워싱턴에게 지위를 수여하는 것이었다. 결국 아놀드는 워싱턴이 그를 꿰뚫어 보지 못한 것처럼 워싱턴의 인격을 읽지 못했던 것이다.[252]

---

251) *Ibid.*, p. 387.
252) *Ibid.*

어쩌면 워싱턴의 마음 속에 헨리 클린턴 경을 대담하게 납치할 생각을 심어준 것은 베네딕트 아놀드의 실패한 납치 계획이었을 것이다. 1780년 성탄절에 워싱턴은 데이비드 험프리스(David Humphreys) 중령에게 소수의 병사들과 허드슨 강을 노 저어 내려가서 뉴욕으로 가도록 허가했다.[253] 최고 비밀임무는 그 임무의 성격상 참가자들이 나타나기 직전에 그들에게만 알려주었다. 워싱턴은 야간에 보다 잘 관리되고 또 혼란에 덜 빠지기 쉽기 때문에 소수의 참가자들을 원한다고 말했다. 이 일행은 허드슨에 있는 클린턴 집에 도착하여 경비원들을 무장해제하고 클린턴을 결박하여 재빨리 허드슨 강을 타고 올라오도록 되어 있었다. 그러나 그 일에 강력한 바람이 불어 그들의 보트들을 만(the bay)으로 밀어 내버려 그 작전을 망쳐버렸다.

1781년 1월 1일 모리스타운(Morristown) 근처에서 숙영한 펜실베니아 전선으로부터 1천 3백명의 병사들이 폭동을 일으켜 여러 명의 장교들을 살해했다. 럼주로 많이 열이 오른 이 사병들은 일련의 정당한 불만을 발표했다. 즉 불충분한 음식과 의복 그리고 급여 문제들이었다. 눈에 보이는 모든 소총과 6문의 대포를 장악하고 그들은 분개하여 필라델피아를 향해 진격하여 그 곳에서 회의를 겁박하여 구호품을 제공하도록 할 의도였다. 반란자들은 어쩔 수 없이 행동에 나섰다면서 자기들은 "아놀드"들이 아니지만 그들은 정치인들이 그들에게 자행한 비인간적 대우를 더 이상 참을 수 없다고 강조했다. 무엇보다도 그들은 새로 모집된 병사들은 현금보상을 받는 반면에 자기들은 1년 이상 급여를 받지 못한 것을 참을 수 없었다.

---

253) *Ibid.*, pp. 388–389.

그 자리에 있던 높은 계급의 장교로는 용감하지만 성질이 급한 앤소니 웨인(Anthony Wayne)이 있었다. 워싱턴은 그들이 행진할 때 자기의 사병들에게 가까이 붙어 있고 그들이 델라웨어를 지나 펜실베니아로 들어갈 때까지 그들의 운동을 깨지 말라고 격려했다. 워싱턴은 대규모의 탈영이나 심지어 영국으로 완전한 변절에 대한 압도적 두려움을 경험했다. 헨리 클린턴 경은 명시적으로 그들의 그런 반역을 유인하기 위한 사절단을 보냈다. 그리고 워싱턴은 그들이 만일 배수진을 친다면 그들의 도주를 막기 위해 도움이 될 것이라고 생각했다. 그의 장교들이 뉴 윈저(New Windsor)의 군대 사이에서 넘실거리는 불만에 대해 경고했다. 워싱턴은 그들을 포기하는 것을 두려워했으며 그들을 모반의 선동적 소식으로부터 차단하려고 노력했다. 워싱턴은 자기가 상황을 개인적으로 직접 책임을 지고 만일 그가 모반자들에게 그만두라고 명령하고 그들이 그를 무시한다면 체면의 상실을 염려했다.

그리하여 워싱턴은 회의를 무시하고 국가들에게 직접 편지를 써서 군대를 위해 3개월의 급여와 함께 보다 많은 식량을 요구했다. 그들의 방법에 의해 고통당하고 있지만 그들의 불만에 동정적인 워싱턴은 그들이 경험한 것과 같은 여러 가지 고통 속에서 군대가 오랫동안 단결할 수 있다고 생각하는 것은 헛된 짓이라고 분노에 차 다급히 말했다.[254] 아주 다행스럽게도 펜실베니아 전선은 프린스턴과 트렌턴에서 멈추었고 결코 필라델피아에 다다르지 않았다. 그 폭동을 진압하기 위해서 웨인은 뉴저지 병사들에게 의지했고 추가적 시

---

254) *Ibid.*, p. 389.

민군을 소집했다. 그는 반란자들과 타결을 협상하여 절반은 제대하고 다른 절반은 4월까지 휴가를 주기로 했다. 병사들은 그들의 저하된 화폐에 대해 그들에게 보상하는 확인서를 받을 것이며 또한 추가적 의복을 지급받을 것이다. 비록 워싱턴은 이 흥정의 편의를 수락했지만 그는 불복하는 병사들과 협상하는 것을 싫어했다.[255] 웨인도 역시 워싱턴의 지지를 받아 주모자들을 본보기로 삼기로 결정했다. 그는 폭동의 12명의 완고한 주모자들을 소집하여 어느 농부의 밭에서 그들을 한 줄로 세워 총살대에서 그들의 동료 병사들을 처형했다. 워싱턴은 모반자들을 과감하게 근절하지 않으면 오직 배가할 것이라고 오랫동안 믿었던 터였다.[256]

펜실베니아의 폭동 사건이 진압되자마자 그 감염은 폼프턴(Pompton)에서 뉴저지 전선으로 퍼졌다. 술로 들뜬 200명의 반란 병사들이 폭동을 일으켜 트렌턴에 있는 그 국가의 수도로 향하자 워싱턴은 그가 당할 만큼 당했다고 결정했다. 그는 이들과 협상하기를 거부하고 무조건 굴복을 요구하고 주동자들 여러 명을 처형하겠다고 다짐했다. 폭동을 진압하기 위해서 그는 로버트 하우(Robert Howe) 소장 지휘하에 있는 5~6백명의 군대가 웨스트 포인트에서 뉴저지로 이동하도록 명령했다. 그는 또한 충성하는 병사들에게 자기 조국에 조건을 강요하는 무장 폭동군인의 전례가 시민 자유에 얼마나 위험스러운 것인가를 각인시키려고 애를 썼다.[257]

---

255) *Ibid.*, p. 390.

256) *Ibid.*

257) *Ibid.*

군대를 파견하는 것은 고도의 도박이었다. 왜냐하면 워싱턴은 그들이 난폭한 동료 군인들에게 발포할 지의 여부를 알지 못했기 때문이다. 그러나 그는 회의에 이 문제를 쟁점화하고 모든 극단적인 것들을 모험하는 것이 필요 불가결하다고 말했다.[258] 1781년 1월 27일 하우 장군은 모반자들을 에워싸서 폭동을 진압하고 여러 선동 주모자들을 본보기로 삼았다. 그는 12명으로 구성된 처형대를 세우고 그들에게 두 명의 반란을 주모한 하사들을 처형하도록 명령했다. 다시 한 번 워싱턴은 만일 병사들이 그에게 불복하면 자기의 권위를 낭비하는 것이라고 염려했다. 그래서 그는 뉴저지의 링우드(Ringwood)에 있는 현장으로부터 거리를 유지했다. 일단 뉴저지 병사들이 항복하고 회개한다고 들었을 때 워싱턴은 더 나은 급여와 음식 그리고 거주를 위해 정치인들에게 호소하는 십자군운동을 시작했다.

비록 워싱턴이 그의 북부 군대의 긴장이 풀리지 않도록 하기 위해 조정하고 있을 때 승리의 전망이 남부에서 밝았다. 1월 17일 다니엘 모건(Daniel Morgan) 준장이 사우스 캐롤라이나의 카우펜스(Cowpens)에서 장엄한 승리를 끌어내어 유명한 탈턴(Tarleton) 지휘하에 베터랑 군대를 박멸하였다. 단 한 번 그것은 미국인들이 총검을 꽂고 앞으로 달려 나감으로써 공포를 퍼트린 것이다. 사상자의 계산이 결정적으로 미국인들에게 유리했다. 300명 이상의 영국군 병사들이 죽고 부상한 반면에 미국은 단지 70명에 지나지 않았고 500명의 건장한 적군들이 800정의 소총과 함께 붙잡혔다. 워싱턴은 결정적이고 영광된 승리라고 기념하고 또 그것은 남부작전에 극적인 효과를

---

258) *Ibid.*

갖게 될 것이라고 주장했다.[259]

  워싱턴은 시간엄수에 사로잡혔기 때문에 그의 부관이 그를 기다리게 했을 때 해밀턴과의 사이가 벌어진 것은 아마도 우연이 아니었을 것이다. 1781년 2월 15일 워싱턴과 해밀턴은 미친 듯이 자정까지 일했으며 뉴포트에서 프랑스 장교들과 만남을 준비했다. 다음 날 해밀턴은 2층으로 올라가는 워싱턴을 지나쳤을 때 뉴 윈저에 있는 한 농부집에서 해밀턴은 아래층으로 내려가고 있었다. 워싱턴은 해밀턴을 보고 싶다고 말했다. 해밀턴은 워싱턴이 자기 집무실에서 기다릴 것이라고 생각하고 그래서 그는 텐치 틸그먼(Tench Tilghman)에게 편지를 넘겨주기 위해 잠시 멈추었다. 그리고 그는 라파예트와 담소하고 돌아서서 다시 2층으로 향했다. 그 때 그는 워싱턴이 계단의 맨 끝에서 얼굴이 붉어지고 있는 것을 발견했다. 워싱턴은 해밀턴이 계단의 맨 끝에서 10분을 기다리게 했다고 몰인정하게 말했다. 그러자 해밀턴은 워싱턴이 자기를 함부로 취급한다고 말하면서 그것을 의식하지는 않겠지만 워싱턴이 그런 식으로 말한 이상 그들은 이별이라고 말했다. 워싱턴도 그것이 그의 선택이라면 좋다고 대답했다. 해밀턴은 2분이 지났다고 추정했다. 평상시 같으면 두 사람은 신속하게 그 손상을 개선할 것이지만 그러나 해밀턴은 사태를 한계점을 넘어 밀어붙였다.

  워싱턴이 퉁명스러운 동안 그는 그가 선을 넘었음을 알고 재빨리 사과했다. 그는 사람들과 마찰을 싫어했으며 가능하면 언제나 개인적 대립을 피했다. 이제 그는 성급하게 유능한 해밀턴에게 전형적인

---

259) *Ibid.,* p. 391.

인내력을 보였다. 워싱턴은 장엄한 제스처로 반응했다. 1시간 후에 그는 텐치 틸그먼을 보내 사과를 전하고 열정의 순간이 아니었다면 발생하지 않았을 오해를 치유하기 위한 솔직한 대화를 요청했다.[260] 그러나 해밀턴은 그럴 생각이 전혀 없었다. 의심할 여지없이 자기 부관의 완고함에 워싱턴은 조심스럽게 자기 부관직을 떠나겠다는 해밀턴의 결정을 받아들였다.

전쟁이 북부 국가들에서 감소함에 따라 남부에서는 더욱 뜨겁게 달아올랐다. 영국인들은 남부에서 영국에 충성하는 자들을 소생시키려는 그들의 목적에서 난처했지만 그럼에도 불구하고 영국인들은 저돌적으로 싸움을 계속했다. 콘월리스 경(Lord Cornwallis)[261]은 지난 1월에 카우펜스에서 배내스터 탈턴(Bonastre Tarleton)이 당한 굴욕을 복수하려고 안달이었다. 그러던 중 3월 15일 콘월리스는 그의 병사들이 노스 캐롤라이나의 길포드 코트 하우스(Guilford Court House)의 남쪽에 그린 장군이 집결시킨 현지 시민군 부대에 접근하자 기회를 포착했다. 대포 한 발을 발사하자 노스 캐롤라이나 민병들은 그린 장군의 명령에 따라 흩어졌지만 대륙군은 그린 장군이 뒤늦은 후퇴를 명령할 때까지 자기들의 진지를 완강히 지켰다. 전투에서 자기가 탄말이 총알을 맞아 혼비백산한 콘월리스는 그가 태어난 이후 그런 싸움은 결코 본적이 없다고 선언했다.

절망적으로 승리를 갈망한 콘월리스 장군은 백병전 중에 자기 병사들에게 포도탄을 발사하도록 명령하여 영국 저격수들이 본의 아니

---

260) *Ibid.,* p. 393.
261) "Charles Cornwallis," in Smithsonian, *op. cit.,* pp. 296 – 297.

게 영국 병사들을 학살하게 만들었다. 기술적으로 영국의 승리였지만 이 전투는 콘월리스에게 자기 병력의 1/4이상인 532명 사망과 부상한 군인들로 값비싼 대가를 지불하게 했다. 콘월리스는 자기의 상처받고 지친 병사들을 베네딕트 아놀드와 연계시키기 위해 버지니아로 이동시킬 것을 결정했다. 워싱턴은 그린 장군에게 전장의 명예는 그의 것이 아니었지만 그는 명예를 받을 자격이 있음을 확신한다고 말했다.[262]

버지니아에서 전투가 격화됨에 따라 조금씩 병력을 남쪽으로 옮겨 워싱턴의 군대는 비게 되었다. 영국의 병력이 버지니아 심장부로 깊이 파고들면서 그들은 의도적으로 혁명지도자들의 토지들을 피폐하게 만들었다. 워싱턴은 마운트 버논이 다음 차례가 될 수 있음을 알고 있었다. 1월과 그리고 4월에 다시 베네딕트 아놀드 준장은 제임스 강(the James River)을 따라 자신의 영국과 토리(Tory) 병사들을 이끌고 무제한 파괴의 광폭함을 벌이면서 농장과 담배창고를 불태웠다. 영국의 해군력은 강이 있는 국가에서 유리하게 작전을 수행했다. 시민들을 동원한 뒤에 버지니아 통치자인 토마스 제퍼슨은 남쪽으로 이동해 달라고 호소하면서 워싱턴이 있으면 구원의 완전한 자신감을 회복할 것이라고 말했다.[263] 워싱턴에게 그 호소는 들어주기 어려웠다. 이미 라파예트의 지휘 하에 많은 병력을 버지니아로 돌렸지만 그는 프랑스인들과 협력하여 뉴욕을 수복할 기회가 있을 때 그와 합류할 수 없었다. 뉴욕의 수복은 워싱턴에게 여전히 혁명의 절정을 이루

---

262) Ron Chernow, *Washington: A Life,* New York: Penguin Books, 2011, p. 398.
263) *Ibid.,* p. 399.

는 전투로 상정되었다.264)

워싱턴은 간헐적으로 마운트 버논에서의 옛 생활을 회고했다. 그러나 마운트 버논에 대한 워싱턴의 낭만적 회고는 몇 주 후에 농장에서 가까운 포토맥(Potomac) 강에 세베지(*Savage*)라는 영국의 포함이 정박했을 때 산산조각이 났다. 토마스 그레이브스(Thomas Graves) 대위가 버지니아 제방에서 피해자들의 저항을 완화하기 위해 메릴랜드 쪽에 있는 가옥들을 불태웠다. 그리고 그는 일당을 상륙시켜 마운트 버논에 보내 많은 식량을 요구하고 노예들에게 피난처를 제안했다. 워싱턴의 노예들 중 17명이 영국 선박으로 도망쳐 혁명의 지도자를 난처하게 만들었다.265)

5월 8일 새로 임명된 프랑스 해군사령관인 드 바라 백작(Count de Barras)이 25척의 전열함과 8척의 프리깃 군함, 그리고 150척의 수송선이 3월 말에 브레스트(Brest)에서 서인도 제도를 향해 항해하고 있다는 고무적 소식을 가지고 도착했다. 5월 21일 코네티컷의 웨더스필드(Whethersfield)에서 로샹보를 만났는데 그는 드 그라스(de Grasse) 제독의 지휘 하에 굉장한 프랑스 함대가 오고 있는 중이라는 사실을 확인했다. 겨울 동안 워싱턴은 미국인들이 맨해튼을 공격하고 프랑스인들이 브루클린을 공격하여 뉴욕을 장악하는 오랫동안 그의 마음을 사로잡았던 계획을 상세하게 준비했다.266) 그는 헨리 클린턴 경이 남부로 부대들을 보내면서 뉴욕에 있는 그들의 병력을 절

---

264) *Ibid.*
265) *Ibid.*
266) *Ibid.*, p. 401.

반으로 줄였다는 안심이 되는 통계를 인용했다. 워싱턴은 또한 뉴욕에 대한 작전이 클린턴으로 하여금 더 많은 병력을 남부로부터 철수하게 할 것이라고 힘있게 주장했다. 또한 워싱턴은 자신의 군대를 버지니아와 그 주변으로 이동시키는 어려움에 관해서 그에 합당한 병참지원을 걱정하고 있었다. 그는 남부 작전 그 자체를 반대하지 않았지만 뉴욕을 수복하려는 그의 확고한 열정도 그만큼 강했다.

로샹보는 워싱턴에게 기묘한 속임수 게임을 해야만 했다. 비록 그는 워싱턴의 열망을 무시하거나 그의 의도를 곧바로 저지하지 않았지만 그는 프랑스 함대와 합류해서 콘월리스를 당혹케 할 남부에서의 연합작전의 방향으로 대화를 조정하려고 애썼다. 로샹보는 워싱턴과 장단을 맞추고 뉴욕이 최우선권을 갖는다고 말하는 서류에 서명을 했음에도 불구하고 그는 비밀리에 뉴욕 대신에 체사픽 만으로 항해하는 것을 고려해야 한다고 드 그라스에게 전갈을 보냈다. 다가오는 수주 동안 로샹보는 워싱턴의 계획을 지지하는 척하는 반면에 전혀 다른 계획에 그의 진정한 관심을 집중했다. 워싱턴이 프랑스와의 동맹에서 주니어 파트너가 되는 좌절을 발견했다는 것은 로샹보를 만난 후에 뉴 윈저로 돌아왔을 때 확인되었다.[267]

웨더스필드에서 워싱턴은 로샹보에게 프랑스 함대를 뉴포트에서 보스턴으로 재배치할 것은 권유했다. 그 때 드 로쟁 공작(the Duke de Lauzun)이 프랑스 협의회가 뉴포트에 프랑스 함대를 유지하기로 했다는 메시지를 갖고 도착했다. 이것은 워싱턴에 대한 직접적인 모욕이었다. 그는 그가 양국의 군대를 감독한다는 그들의 공식적인 주장

---

267) *Ibid.*, pp. 402−403.

에도 불구하고 워싱턴은 프랑스가 자기의 상급자라는 것을 수락해야만 했다.[268] 워싱턴이 3일 만에 답변할 때 그는 여전히 함대가 보스턴으로 이동해야 한다고 권유하는 자유를 구사했다. 6월 10일 로샹보는 워싱턴에게 드 그라스 백작이 프랑스 및 미국 군대와 같이 공격을 조정하기 위해서 그 해 여름에 북쪽으로 이동할 것이라고 알려주었다. 워싱턴은 드 그라스가 뉴욕으로 항해하길 바라는 희망을 재천명했다. 답변에서 로샹보는 드 그라스가 그의 첫 출현을 뉴욕에서 해주길 선호한다는 것을 드 그라스가 알고 있다고 주장하면서 워싱턴과 같이 갔다. 그러나 실제로 로샹보는 그가 먼저 체사픽으로 향하는 자기의 개인적 선호를 드 그라스에게 상기시켰다.

전쟁의 초기 몇 년 동안 버지니아는 유혈적인 피해를 면했지만 그러나 1781년 6월에 이르러 그곳에서 전투가 치열해졌다. 콘월리스 경은 베네딕트 아놀드와 합류하였다. 그리고 라파예트에 의한 방어조치들에도 불구하고 두 사람은 버지니아에 공포를 퍼트렸다. 워싱턴은 버지니아에서 온 전황 설명이 아주 심각하다고 로샹보에게 말하면서 적이 거의 통제됨이 없이 버지니아를 행군하고 있다고 보고했다. 여전히 뉴욕의 수복에 기울어져 있는 워싱턴은 그곳에 대한 공격이 버지니아로부터 영국의 병력을 빼내는 최선의 길이 될 것이라고 주장했다. 워싱턴은 로샹보가 드 그라스 제독의 귀에 무엇을 속삭였는 지에 대하여 속고 있었다. 군사전략가로서 워싱턴의 결함이 무엇이었던지 간에 프랑스인들에게 장군으로서 워싱턴의 위대성은 그의 임시변통의 군대를 오랫동안 지탱하고 있었다는 사실이었다.[269]

---

268) *Ibid.*, p. 403.

7월 18일 워싱턴과 로샹보는 맨해튼의 북쪽 끝에서 적의 위치를 조사하면서 허드슨 강을 따라 둘러보았다. 워싱턴은 연안에 드 그라스의 도착이 임박하다는 것을 알았다. 다음 날 로샹보와 만남에서 워싱턴은 만일 그라스의 함대가 뉴욕으로 항해한다면 그는 뉴욕과 그 주변에 대한 작전이 그들의 일차적 목표가 되어야 한다는 입장이라고 되풀이했다. 7월 21일 워싱턴은 드 그라스 백작에게 편지를 쓸 때 정확히 얼마나 많은 병사들을 그가 보유하고 있는지에 관한 본질적 질문을 피했다. 프랑스 병력은 약 4천 4백명 정도였다. 그는 프랑스 제독에게 지금 당장에 미국인들은 수가 적으나 크게 증가할 것으로 기대된다고 말했다. 워싱턴이 나중에 말한 것과는 반대로, 워싱턴은 드 그라스에게 자기가 버지니아로 갈 필요가 없길 바란다고 말했다. 그리고 그는 그라스에게 뉴욕에서 영국의 소함대를 파괴하는 영광은 그라스가 지휘하는 프랑스 왕의 함대에 맡겨진 것으로 믿는다고 덧붙였다.[270]

1781년 8월 초에 이르자 조지 워싱턴은 뉴욕을 수복하여 과거의 손실을 복수하겠다는 자신의 꿈을 포기하기 시작했다. 아이러니하게도 이것은 그의 무심한 조치가 이런 변화를 초래하는데 도움이 되었다. 헨리 클린턴 경은 워싱턴이 뉴욕을 자기의 주요 전략적 목적이라고 부른 편지를 가로채 영국으로 하여금 그것에 자기들의 전력을 강화하고 버지니아를 취약하게 만들었다. 8월 2일 워싱턴은 적이 버지니아로부터 일부병력을 돌려 뉴욕을 강화할 것으로 보인다고 로버트

---

269) *Ibid.*, p. 404.
270) *Ibid.*, p. 405.

모리스에게 통보했다. 자신의 관심을 버지니아로 돌려 워싱턴은 모리스에게 대륙군을 남쪽으로 수송하기 위해 그가 30척의 이층 갑판의 수송선들을 모을 수 있는지를 물었다. 워싱턴이 비록 다음 날 길을 바꾸고 드 바라(de Barras) 백작 앞에 장악할 수 있게 열려 있고 무방비 상태인 뉴욕항의 희미한 전망을 흔들어 댔음에도 불구하고 그의 마음은 처음으로 남쪽으로 이동하기 위한 병참 문제에 사로 잡혔다.[271]

8월 14일 여전히 뉴욕에 도착하는 거대한 함대에 관한 보고들에 의해 산만해져 있었던 반면에 워싱턴은 뉴포트에서 드 바라 백작으로부터 온 극적인 소식에 몰두했다. 즉 드 그라스 제독이 막강한 29척의 배와 3천 2백명의 병사들과 같이 세인트 도밍그(St. Domingue)로부터 항해하고 있다는 것이었다. 만일 모든 것이 계획대로 풀린다면 함대는 9월 3일 체사픽 만(Chesapeake Bay) 해안에 등장할 것이다. 그는 자기의 전략적 계산들이 수년 동안 매달린 중심지였던 뉴욕을 공격하는 모든 아이디어를 버리기로 결정했다.[272] 드 바라는 워싱턴에게 드 그라스가 10월 중순에 카리브해로 돌아갈 것이므로 콘월리스에 대한 연합작전을 위해 오직 짧은 시간만을 남겨 줄 것이라고 말했다. 이것은 드 바라와 워싱턴과 로샹보에게 종진의 8척 선박과 4척의 프리깃 군함이 남쪽으로부터 항해하는 동안 두 국가의 번거로운 군대들을 체사픽 만까지 450마일을 수송하는데 3주의 시간을 허용했다. 수년 동안 질질 끈 산만한 전쟁 후에 워싱턴, 로샹보

---

271) *Ibid.*, p. 406.
272) *Ibid.*, p. 407.

그리고 드 바라는 이제 버지니아에 도달하기 위해 저돌적으로 서둘 렀다. 그러나 3개 제대의 육군과 2개 해군 제대의 이동을 동부 해안 의 거대한 지역에서 조정한다는 것은 악마 같이 정밀한 기동력이 요 구된다는 것이 입증되었다.

이틀 후에 워싱턴은 라파예트로부터 뭔가를 알아냈는데 그것은 그 나름대로 드 그라스에 관한 놀라운 소식 못지않게 중요한 것이었다. 그것은 콘월리스가 체사픽으로 돌출하여 요크(York)와 제임스의 강들 (James's Rivers)을 갈라놓는 버지니아 반도의 동쪽 끝으로 후퇴했다는 것이다. 요크타운(Yorktown)이라고 불리는 곳에서 높고 시계가 좋은 지상에서 그와 그의 병사들은 맹렬하게 참호들을 파고 있었다. 밝혀 진 바로는 콘월리스는 토마스 넬슨 준장이 영국의 배들을 쫓아가기 위해 요크타운에 병력을 주둔시키길 원했을 때 워싱턴이 수년 전에 먼저 찾아낸 덫으로 파고들었다. 워싱턴은 넬슨에게 지협 위에 있음 으로 해서 그의 병력이 고립될 위험이 있다고 지적했었다. 또한 적은 몇 척의 선박들을 요크와 제임스의 강에서 아주 쉽게 포기할 것이고 또 그곳에 일단의 병사들을 착륙시키면 그들의 후퇴를 차단하여 그들 이 스스로 항복할 수밖에 없게 만들 것이라고 지적했었다. 그 편지는 1781년의 사건들을 불가사의하게 예시했던 것이다.[273]

그의 병력이 남쪽으로 서둘러 행군할 때 워싱턴은 적으로 하여금 뉴욕이 그의 목표라고 생각하게 속이는 기만 양동작전을 시작했다.[274] 그는 허드슨 강의 서쪽 제방에 작은 텐트의 도시를 만들고 마차들이

---

273) *Ibid.,* p. 407.
274) Ron Chernow, *Washington: A Life,* New York: Penguin Books, 2011, p. 407.

이 위장의 캠프를 분주히 드나들게 했다. 미국의 보트들은 근처 강물에서 작업을 하고 마치 상륙 공격을 준비하는 것처럼 부양함들을 띄워 놓았다. 적을 속이기 위해 워싱턴은 자신의 병사들을 속일 필요가 있었다. 그들은 자신들이 스태튼 섬(Staten Island)으로 출발한다고 생각했지만 그들은 트렌턴을 향해 내지에서 행군하는 자신들을 발견했고 또 프린스턴에서 프랑스인들과 함께 통로를 지나갔는데 프린스턴에서 워싱턴은 프랑스 장교들과 기쁜 상봉을 즐겼다. 그들의 텐트를 활보할 때 그는 보스턴과 트렌턴 그리고 프린스턴의 펼쳐진 지도들을 보았다. 장교들이 그가 승리한 전투들을 재창조하고 있었던 것이다.[275]

적에게 자기 의도를 노출하지 않고 자기 병사들이 뉴저지를 행군으로 통과시키기 위해서 워싱턴은 천재적 책략을 고안해냈다. 그는 자기 부대를 3개의 병립 종대로 나누고 그들에게 시간적 간격을 두고 행군을 시켰다. 부대들은 트렌턴에 도달할 때까지 그들의 진정한 목적지를 눈치채지 못했다. 그곳에서 무거운 대포들이 보트에 실려 델라웨어 강을 타고 내려가 델라웨어의 크리스티아나(Christiana)의 근처까지 운반했다. 거기에서 체사픽 만의 북쪽 끝에 있는 헤드 오브 엘크(Head of Elk)까지 12마일을 행군할 것이다. 원래 계획은 병사들이 그것들과 함께 하도록 상정했지만 워싱턴은 필요한 배들을 마련할 수가 없어서 그와 로샹보는 병사들이 걸어서 메릴랜드까지 먼 거리를 통과하게 하는 아주 대담한 결정을 내렸다.[276]

---

275) *Ibid.*, p. 408.
276) *Ibid.*

남부 풍경은 워싱턴의 병사들에게는 낯선 영토였으나 그들은 무더운 여름과 질병을 잘 견디었다. 폭동을 두려워한 워싱턴은 로버트 모리스에게 병사들을 달래기 위해서 한달치의 급여를 가져오라고 간청했다. 워싱턴이 필라델피아에 머무는 것은 걱정으로 가득 찼다. 9월 5일 아침에 말을 타고 필라델피아를 빠져나와 체스터(Chester)에서 당시 상황에 대한 소식을 담은 메시지에 놀랐다. 즉 드 그라스 백작이 체사픽 만에 종진 28척의 배들과 4척의 프리깃 군함 그리고 3천 5백명의 병사들을 거느린 군사력 및 해군력을 완전히 갖추고 나타났다는 것이다. 머지 않아 워싱턴은 드 그라스가 버지니아 곶의 앞바다에서 토마스 그레이브스(Thomas Graves) 제독이 지휘하는 영국 해군과 전투를 벌여 영국의 소함대를 뉴욕으로 돌려보냈고 프랑스인들이 체사픽을 확실하게 통제하고 있다는 것을 알았다.[277] 육지에서 라파예트의 군대와 바다에서 드 그라스의 대규모 함대 사이에서 콘월리스는 요크타운 반도의 거의 끝까지 완전히 갇혀버렸다.

로샹보와 그의 장군들은 델라웨어 강을 타고 내려가면서 조용한 워싱턴에 대한 그동안의 선입견을 뒤집는 뭔가를 보았다. 열정적으로 흥분하여 강가의 제방에 서서 한 손에 모자로 그리고 다른 한 손으로는 손수건으로 유쾌하게 신호를 보내고 있었다. 프랑스 사령관이 해변에 오자 두 사람은 서로 힘차게 포옹했다. 워싱턴은 자기 병사들을 수송할 더 많은 보트들을 얻기 위해 노력하면서 그리고 그가 싫어하는 기념행사들을 견디면서 볼티모어에서 긴 하루를 보냈다. 그리고 다음 날 아침 일찍 그의 유일한 부관인 데이비드 험프리스와

---

277) *Ibid.,* p. 409.

함께 말을 타고 출발하여 하루에 버지니아의 시골에서 60마일을 질주했다. 워싱턴이 마운트 버논을 마지막으로 본 것은 그가 제2차 대륙회의에 참석하기 위해 출발했던 1775년 5월 4일로 그 때 그는 자신의 삶이 어떻게 뒤바뀔지를 거의 알지 못했다. 24시간 내에 워싱턴과 로샹보의 수행원들이 마운트 버논에 도착했으며 요크타운 포위작전을 계획할 준비가 되었다. 전투에 시달린 이 베테랑들에게 마운트 버논의 저택은 마음을 가다듬는 오아시스였다.[278]

오랜만에 집에 돌아온 워싱턴의 즐거움 중에는 저택의 북쪽의 새건물과 그가 프랑스 방문객들을 대접할 멋진 식당을 볼 수 있는 기회가 있었다. 바로 이곳에서 다음 날 윌리엄스버그(Williamsburg)로출발하기 전 9월 12일 밤에 손님들을 위해 만찬을 가졌다. 9월 14일오후 늦게 윌리엄스버그에 도착하여 워싱턴은 독립선언서의 서명자이며 토마스 제퍼슨의 옛 법학교수인 조지 와이드(George Wythe)의2층짜리 벽돌집에 자리를 잡았다. 다음 날 저녁에 워싱턴은 멋진 저녁식사를 대접하고 그 다음 날 아침에 드 그라스에게 그와 협의를원한다고 알렸다. 프랑스 제독은 이미 그에게 황갈색 편지를 전했었다. 그 편지는 대륙군의 더딘 이동속도에 의문을 제기했다. 9월 17일드 그라스 백작은 워싱턴, 로샹보와 그들의 부관들에게 케이프 헨리(Cape Henry) 앞바다에 정박하고 있는 자기의 기함인 빌 드 파리(*Ville de Paris*)를 보여주기 위해 보트 한 척을 보냈다. 십대 이래 워싱턴은 배 위에서 그렇게 많은 시간을 보낸 적이 없었다. 세계에서가장 큰 함으로 알려진 그 기함은 파리시가 프랑스 왕에게 바친 선

---

278) *Ibid.*, p. 410.

물로 110문의 대포와 1천 3백명의 병사로 편제했다.

드 그라스 백작이 제공한 만찬과 다른 예절의 징표들에도 불구하고 회담은 매끄럽게 진행되지 않았다. 그는 버지니아에서 자기가 머물 시간은 11월 이후에는 안 된다고 못을 박았다. 워싱턴은 요크타운 포위공격이 이 압축된 시간표 내에 적절하게 이루어지기를 희망했다. 워싱턴은 이 오만한 제독과의 거래에서 무기력함을 느꼈다. 3일 동안 워싱턴의 떠나는 배는 손님들로 북적거려 9월 22일까지 월리엄스버그로 돌아오지 않았다. 그때까지 대륙군의 마지막 부대들이 오랜 행군으로부터 걸어 들어왔다. 워싱턴은 돌아오자마자 불쾌한 소식을 받았다. 그레이브스 제독이 그의 함대를 끌고 뉴욕으로 돌아왔다는 놀라운 소식이었다. 워싱턴은 뉴욕을 재강화하길 희망했다. 드 그라스는 바다에서 영국의 이동을 막기 위해 북쪽으로 이동할 생각을 했다. 워싱턴은 드 그라스에게 편지를 써서 요크타운 포위 공격 계획을 약화시키는 어떤 조치에도 자신의 고통스러운 불안감을 전달했다. 이제 워싱턴은 요크타운 임무에 종교적인 집착을 갖게 되었다.[279] 그리하여 드 그라스는 뉴욕 행 항해를 취소했다.

9월 28일 워싱턴과 그의 군대는 그가 아름답고 기름진 곳으로 묘사한 시골을 통과하여 요크타운을 향해 12마일 행군을 시작했다. 콘월리스와 그의 군대는 요크타운 마을의 절벽에서 숨어 있었다. 이 마을은 바로 강 건너에 있는 글로스터(Gloucester) 카운티와 함께 넓고 반짝이는 요크 강(the York River) 넘어서 있었다. 이 목가적인 지점은 근처의 낮은 습지 보다 더 건강에 좋은 곳이었다. 대부분의 영국

---

279) Ron Chernow, *Washington: A Life,* New York: Penguin Books, 2011, p. 412.

군은 본부요새 뒤에 머물렀지만 그러나 콘월리스는 모래 전투장으로 계획된 10개의 흙을 쌓아 만든 요새들로 방어선을 확장했다. 처음부터 그것은 불공정한 시합이었다. 왜냐하면 콘월리스는 프랑스와 미국이 동원한 거의 1만 9천명의 병력에 비하여 오직 9천명 정도의 병사들 만을 갖고 있었기 때문이었다. 자기의 위험스러운 상황을 알고 있는 콘월리스는 헨리 클린턴 경이 자신의 약속을 이행하여 수 천명의 새 병사들로 자기의 짐을 덜어줄 것으로 알고 그에게 의지했다. 9월 17일 콘월리스는 이미 그곳이 안전하지 않다고 경고했었다. 긴급한 경고를 듣지 않은 클린턴은 꾸물거렸다. 그리고 그것이 전쟁 중에 발생한 그들의 최대의 실수들 중 하나였다.[280]

영국군인들이 그들의 요새 뒤에서 자세히 보니 프랑스군과 포병대가 그들의 오른쪽에 그리고 미국군과 포병대는 그들의 왼쪽에 위치했다. 요크타운의 전투는 전형적인 유럽식 포위공격처럼 진행했다. 미국 애국자들은 이 군사학에서 빈약하게 교육되었지만 베테랑 프랑스 공병들은 이 분야에서 탁월했다. 그리하여 결국 이것이 또 다시 워싱턴을 제2차적 지위로 전락시켰다.[281] 10월 1일 워싱턴과 로샹보는 점점 적에게 가까이 다가갈 여러 개의 병렬 참호들 가운데 첫 번째 참호를 위해 땅을 팠다. 매일 아침에 두 사람은 그 진도를 점검했지만 워싱턴은 프랑스 장군을 사령관으로 하고 포위공격에 관한 프랑스의 전문성에 양보하기로 했다. 로샹보는 미국인들이 포위공격 작전에 관해서는 완전히 무지했음에도 불구하고 그들은 열정과 용기

---

280) *Ibid.,* p. 413.
281) *Ibid.*

그리고 경쟁심에서는 결코 뒤지지 않았다고 기록했다.[282]

영국군의 캠프는 극단적 불안감의 초기 증세들을 보였다. 10월 2일 휴대용 만원경으로 요크 강을 살펴본 세인트 조지 터커(St. George Tucker)는 물 속에서 떠오르는 수십 마리의 죽은 말 사체들을 발견했다. 사료가 부족하자 영국인들은 말들을 죽여서 강물 속에 버렸다. 그리하여 400마리의 사체들로 강물을 채웠다. 이틀 후에 영국군 도망병들이 미-프동맹군의 캠프로 흘러 들어왔고 콘월리스의 병사들 가운데 넓게 퍼진 질병에 관한 무서운 이야기들을 전했다. 2천명의 병사들이 이미 병원에 누워있다는 것이다. 10월 5일 밤에 어둠 속에서 비밀리에 작업하여 동맹군들은 2마일에 달하는 참호를 파기 시작했다. 다음 날 아침까지 그들은 참호 앞에 충분한 흙을 파 올려 이제는 영국군의 사격으로부터 보호된 채로 작업을 할 수 있었다. 계절에 맞지 않는 온화한 가을 날들 동안에 영국군들은 이동하는 것을 위험하게 할 정도로 거의 계속적으로 발포하여 동맹군의 전선들을 할퀴었다. 그들은 동맹군들에게 쏘아댈 수 있는 것은 모조리 쏘아댔다. 즉 총탄 세례와 대포포탄들, 그리고 포도탄들과 폭탄들을 끊임없이 날렸다. 워싱턴은 또 다시 날아드는 총탄들 속에서 초자연적인 침착성을 보였으며 두려움을 모르는 자세에서 결코 벗어나지 않았다.[283] 사람들이 그가 자신을 보호해야 한다고 고집을 부려보았으나 아무 소용이 없었다.

10월 9일 첫 참호가 완성되었을 때 프랑스 인들은 존경심의 제스

---

282) *Ibid.*
283) *Ibid.,* p. 414.

처로 워싱턴이 영국인들을 목표로 한 첫 사격을 점화하도록 했다. 그 것은 기억할 만할 발포가 되었다. 미국의 포병들은 정확성이 부족했 지만 그들은 적에게 무서운 파괴력을 보였다. 많은 영국인 병사들이 크게 다치고 폭탄의 파편들에 의해 치명적으로 부상당했다. 전형적 포위공격은 적에 더 가까운 참호와 함께 느리게 포복하는 움직임으 로 조금씩 전진했다. 1월 12일 두 번째 참호가 적의 전선으로부터 오직 300 야드 앞에서 시작했고 다시 한 번 밤새도록 참호를 부지런 히 파서 다음 날 아침 그들의 밤새 전진으로 영국군들을 놀라게 했 으며 의심할 여지없이 일종의 밀실 공포증을 자아냈다. 밤낮으로 포 탄의 발사는 치명적으로 귀의 고막이 터질 지경이고 그칠 새가 없었 다. 콘월리스는 헨리 클린턴 경에게 함대를 보내 달라고 요청하고 성 공적 해군 조치를 포함하여 요크 강으로 직접 이동만이 그를 구할 수 있다고 주장했다. 그는 영국군이 이런 상황에서 오래 버틸 수 없 다고 참담하게 결론지었다.

두 번째 참호가 거의 완성되자 다음 최우선 조치는 어떤 더 이상 의 전진도 방해하는 두 개의 돌출되어 있는 방어진인 9번과 10번의 요새들이 되었다. 프랑스와 미국간의 조화정신으로 워싱턴은 하나의 요새를 프랑스인들에게 맡기고 다른 하나는 라파예트 지휘 하의 미 국인들에게 할당했다. 알렉산더 해밀턴은 야전 지휘를 위해 워싱턴 에게 계속 탄원을 한 뒤에 뉴욕의 경보병 대대의 지휘관으로 임명을 받았다. 이제 해밀턴은 10번 요새를 공격하는 400명의 병사들을 이 끌 임무를 받기 위해 자신의 설득력을 구사했다. 워싱턴이 그의 염원 을 인정했다는 것은 해밀턴의 능력에 대한 그의 존중을 표현해 줄

뿐만 아니라 그들 간의 언쟁을 수습하려는 그의 개인적 속좁음을 넘어서려는 용의성을 보여주었다.[284]

10월 14일 워싱턴은 해밀턴의 병사들과 간단한 대화를 했는데 그들에게 요새를 공격하는데 있어서 단호하고 용맹한 군인들의 일부로 행동하라고 촉구했다. 스티븐 올니(Stephen Olney) 대위는 "각하의 다리가 흔들리고 있다고 생각했지만, 그러나 그 이후 사실은 내가 다리를 떨고 있지 않았는지 의심했다"고 말했다.[285] 포병대가 두 요새들에 포탄을 퍼부었는데 그것은 공격에 앞서 적들을 약화시키기 위한 공격 준비 사격이었다. 그리고 밤이 되자 포탄들이 밤하늘을 밝혔다. 해밀턴과 그의 일행은 그들의 참호에서 일어나 개활지를 가로질러 달려갔다. 속도를 유지하고 공포를 일으키기 위해서 그들은 총을 쏘지 말고 오직 총검만을 사용하라는 명령을 받았다. 약간 높은 장소에서 워싱턴은 링컨과 녹스 장군과 함께 극적인 장면을 지켜보았다. 워싱턴의 부관인 데이비드 코브(David Cobb)가 워싱턴이 그곳에서 너무 많이 노출되었으니 한 걸음 뒤로 물러나는 것이 좋겠다고 진언했을 때 워싱턴은 무서우면 그만 뒤로 물러서라고 냉정하게 말했다.[286] 해밀턴과 그 일행이 요새에 도착했을 때 공병들은 해자를 뛰어 넘어 방어 장애물과 싸워야 했다.

9번의 요새에 대한 프랑스인들의 작전은 많은 사상자들을 낸 반면에 해밀턴 일행은 최소의 손실을 지탱했다. 공격의 영웅들 속에는 주

---

284) *Ibid.*, p. 415.
285) *Ibid.*
286) *Ibid.*

로 흑인들인 로드 아일랜드 제1연대(the First Rhode Island Regiment)
가 있었다. 공격하는 병사들이 보여준 용맹은 경쟁적이고 칭찬할 만
했다고 워싱턴은 기록했다. 두 개의 요새들을 장악함으로써 동맹군
들은 이제 단거리 곡사포를 설치하고 발사하기 시작했다. 상황은 콘
월리스에게 아주 절망적으로 보였다. 그의 암울한 상황은 클린턴과
의 내부적 입씨름으로 악화되었다. 두 사람은 1년 내내 투덜대고 언
쟁을 해오던 터였다. 콘월리스는 여름에 의도하는 작전에 대해 그가
완전히 어둠 속에 있었다고 클린턴에게 불평했다. 반대로 클린턴은
콘월리스를 불신했고 그가 자신의 권위를 간과하고 런던과 직접 소
통했다고 믿었다. 그리고 프랑스인들과 미국인들이 뉴욕으로 몰려
내려올지 모르는 상황에서 버지니아로 보낼 병사들이 없다는 클린턴
의 고집이 사태를 더욱 악화시켰다.

　콘월리스가 뉴욕으로부터 보충병력을 기다리고 있는 중에 포위된
사령관이 일종의 동굴을 파고 땅 속에서 살고 있다는 소문이 나돌았
다. 언덕으로부터 공간을 파고서 콘월리스는 자기의 사적 벙커를 만
들었다. 10월 15일 그는 클린턴으로 어떤 구조도 절망하여 상황이
너무나 위험스러워 함대와 군대가 그들을 구하려는 노력에 큰 모험
을 하라고 권유할 수 없게 되었다는 메시지를 보냈다. 그 날 양측으
로부터 포의 발사가 절정에 달해 그들은 창공에 섬뜩한 아름다운 유
형들을 그렸다. 100개 이상의 동맹군의 포탄들이 요크타운을 공포
속으로 몰아넣었다. 절망적인 상태에서 콘월리스는 영국의 배로 도
피했고 천연두에 걸린 전 노예들을 일종의 세균전의 형식으로 동맹
군 전선으로 밀어붙였다.

10월 16일 밤에 동맹군들이 영국군의 전선에 아주 가까이 접근하자 콘월리스는 자기 군대를 강 건너 편에 있는 글로스터(Gloucester)로 철수하려는 필사적인 시도를 했다. 그곳에 주둔한 배내스터 탈턴(Banastre Tarleton)이 도강을 위해 16척의 보트들을 보냈다. 첫 보트는 거의 오후 11가 되어서야 요크타운에서 출발했지만 상당수의 병사들을 도강시켰다. 콘월리스는 워싱턴에게 노트를 보낸 뒤에 남는 환자들과 부상자들에게 자비를 요청했다. 그러나 자정 직전에 난폭한 폭풍이 보트들을 강아래로 밀어내어 도강 작전을 종식시키고 콘월리스로 하여금 다음 날 아침에 글로스터에서 자기 병사들을 소환하게 만들었다. 그는 자신의 마지막 선택마저 다 써버렸다. 이제 항복만이 그에게 남은 유일한 길이었다. 한 영국장교가 하얀 깃발을 나부끼며 콘월리스의 서한을 가지고 방어벽 앞에 나타났다. 폭탄으로 파괴된 전장이 침묵에 빠졌다. 미국의 한 호위병이 그 영국 장교에게 급히 가서 그의 눈을 가리고 그를 동맹군들의 전선 뒤로 안내했다.

말을 탄 영국군 측의 메신저는 워싱턴에게 아주 중요한 편지를 건넸다. 워싱턴은 그것을 열어보았다. 그것은 24시간 동안 적대행위를 중단하고 각측에서 임명한 두 명의 장교가 무어씨(Mr. Moore)의 집에서 만나 요크와 글로스터 진지의 항복조건을 타결하자고 제안하는 것이었다. 만족스러운 표정을 결코 보이지 않는 워싱턴은 그 메시지가 자신이 기대했던 것보다도 더 일찍 왔다고만 언급했다. 워싱턴은 콘월리스가 더 이상의 유혈을 만들지 않으려는 욕망이 영국군의 진지들과 요크와 글로스터 주둔군의 항복을 위해 허용할 만한 조건에 기꺼이 자기 마음을 돌리게 한다는 간결하고 사무적인 노트를 보냈다.[287] 콘월리스의 답변 제안들은 그날 밤에 오싹하는 정적이 요크타운을 덮으면서 적대행위들이 중단되는 워싱턴의 염원에 밀접하게 준수했다. "장엄한 침묵이 지배했다. 그 밤은 유달리 맑고 하늘은 수많은 별들로 장식되었다. 셀 수 없는 별똥들이 대기를 통해 반짝였다"고 세인트 조지 터커는 기록했다.[288]

다음 날 두 대표단 사이의 협상에서 주요 난처한 점은 자신의 병사들이 체면을 세우도록 허용되어야 하고 완전한 군사적 명예를 유지한 채 항복하게 해달라는 콘월리스의 요청이었다. 존 로렌스와 라파예트는 그것에 반대했다. 찰스턴이 무너졌을 때 헨리 클린턴 경은 미국인들에게 바로 그 위안을 거부했었다. 이것이 비록 영국군의 불명예를 심화할 것임에도 불구하고 워싱턴은 콘월리스에게 찰스턴의 주둔군에게 인정된 것과 동일한 수준의 명예가 인정될 것이라고 알렸다.[289] 10월 19일 오전 11시에 강 근처에 있는 한 요새의 그림자 속에서 항복의 조건들이 서명되었다. 오후 2시에 프랑스와 미군들이 반 마일이나 되는 선의 서로 반대편에 줄을 지어 섰다. 드럼 소리에 맞춰 수천명의 패배한 영국 군인들과 헤시안 용병 병사들이 두 동맹군 대열 사이를 무거운 발걸음으로 걸어갔다. 그들은 이 어려운 고비를 넘길 때 모든 동맹군 병사를 지나가야만 했다. 전설에 따르면 영국의 파이프와 드럼은 "세상이 뒤집어졌다"(The World Turned Upside Down)는 곡을 연주했다고 한다.[290]

---

287) *Ibid.*, p. 417.
288) *Ibid.*
289) *Ibid.*
290) *Ibid.*, p. 418.

찰스턴에 대한 동맹군의 복수를 상기시키는 또 하나의 사건은 그곳에서 전쟁의 명예를 거부당했던 벤자민 링컨 장군이 이 항복 과정을 주도했다. 이런 끝판에도 영국인들은 프랑스군만을 응시하고 미국인들을 향하여 치졸하고 앙심을 품은 자세를 보였다. 그래서 라파에트가 밴드에게 "양키 두들"(Yankee Doodle)이라는 곡을 연주하게 하여 정복된 영국군에게 그들이 증오하는 미국인들을 인정할 수밖에 없게 했다. 그 선의 맨 끝에서 영국병사들은 열린 들판으로 나와 자신들의 무기를 무기가 쌓인 곳에 경멸스럽게 집어던지고 그것들을 까부수려고 했다. 그러고 나서 그들이 다시 승자들의 마주선 대열을 지나갔다. 미국혁명의 전체적 경이로움을 모두가 볼 수 있었다. 그날의 진정한 승자들은 군복을 잘 입은 프랑스군이 아니라 낡은 군복을 절반만 갖춰 입은 미국의 군대였다.

워싱턴과 로샹보는 줄의 끝에서 말 위에 앉아 참을성 있게 기다렸다. 이 행사를 위해 워싱턴은 넬슨이라고 불리는 자신이 좋아하는 군마를 선택했다. 미국인들을 무시하는 또 하나의 행위로 콘월리스는 그 행사에 참여하는 것은 자신의 자존심을 상한다고 생각하여 자기는 마음이 내키지 않는다는 구실을 전달하고 대신에 찰스 오하라(Charles O'Hara) 장군을 보냈다. 오하라 장군이 로샹보 앞으로 다가와서 콘월리스의 검을 내밀자 프랑스 장군은 그것을 받을 적합한 사람은 워싱턴이라고 몸짓으로 가리켰다. 그러나 워싱턴은 그 검을 콘월리스의 대리인으로부터 받을 의향이 없었다. 그래서 그는 오하라에게 그의 미국측 상대인 링컨 장군에게 건네는 것으로 충분하지 않겠냐고 냉담하게 물었다.[291] 요크타운에서 영국인들의 행위는 품위 없고 거친 것으로 미국인들이 그런 비하를 당해야 했던 마지막 경우였다.

승전하고서도 워싱턴은 겸손했다. 회의에 보고하면서 그는 자신으로부터 관심을 빗나가게 했다. 이 경우에 통합된 군대에 있는 모든 장교와 병사들을 발동시킨 끈질긴 열성이 주로 이 중요한 사건으로 나아갔다고 보고했다.[292] 그것이 워싱턴의 결정적인 순간이었다. 그러나 그는 오래 전에 숫기 없는 영웅을 완성했다. 그 성취를 향한 그의 역할을 수행하는데 있어서 최선을 다 했을 뿐이며 그 임무의 수행에서 언제나 행복했다고 말했다.[293] 그 날 저녁에 그는 프랑스, 영국 그리고 미국 장교들에게 저녁을 제공했다. 콘월리스는 초대받았지만 그 대신에 사교적인 오하라를 보냈다. 병참부 장교인 클로드 블랜차드(Claude Blanchard)는 영국과 프랑스 장교들이 정중한 용어로 우호적인 모습을 보이자 미국인들의 분노를 포착했다. 이 장교들은 유럽인으로서, 귀족으로서 그리고 같은 직업적 군사계급의 구성원으로서 정체성을 공유했다. 그런 우애는 혁명에 프랑스의 개입이 이념적 동정보다는 권력정치의 동기에서 비롯되었다는 워싱턴의 견해를 강화시켰을 뿐이었다.[294] 이와 동시에 다른 한편으로 워싱턴은 요크타운 승리가 프랑스의 해군력 우위에 뒷받침을 받아 프랑스의 포위 공격 기술에 의존했다는 것을 알고 있었다. 감정적인 입장에서 보면 다소 2차적인 역할에 머물렀던 워싱턴에게 요크타운 전투승리는 전

---

291) *Ibid.*
292) *Ibid.*, p. 419.
293) *Ibid.*
294) *Ibid.*

적으로 만족스러운 절정일 수 없었을 것이다.[295]

다음날 콘월리스가 워싱턴을 예방하고 두 사람은 상호 존중에 기초한 소통관계를 수립했다. 그들은 말을 타고 요크타운 방어망을 둘러보고 꼼꼼한 솜씨로 세워진 방책들의 붕괴를 살펴보았다. 요크타운 전투 승리는 전쟁의 일반 포로가 될 8천명 이상의 포로들을 잡았다. 장교들은 유럽이나 뉴욕 그리고 영국이 통제하는 어느 다른 항구로도 돌아가는 것이 허용되었다. 워싱턴은 콘월리스에게서 피난처를 발견하여 애국주의적 보복에 직면한 영국 왕정주의자들을 관대하게 처리했다. 워싱턴은 그들에게 공식적 보복을 원하지 않았지만 그들에게 대항하여 벌인 자경단 활동을 용서하지도 않았다. 그는 이 딜레마를 미묘한 타협으로 해결했다. 즉 그는 영국인들이 뉴욕으로 배 한 척을 보내는 것을 허용했다. 그 배를 탈출구로 삼아 왕정주의자들이 승선할 수 있을 것이다.[296]

요크타운 전투는 한 가지를 제외하고는 미국 독립을 위한 쪽으로 유리하게 작용했다. 예외적인 그 한 가지는 자유를 얻기 위해서 영국 편으로 몰렸던 노예들이 이제 자기 주인들의 속박으로 다시 복귀되었다는 점이다. 그리고 돌이켜보면 요크타운 전투 승리는 미국에서 영국의 염원에 대한 치명적 타격을 가했다. 뚱보 수상인 노스 경 (Lord North)은 다우닝가 10번지 수상관저에서 이 소식을 들었을 때 그는 절망으로 거칠어졌다. 그는 바닥을 서성이며 "오 하나님"을 되풀이했다. 낡은 사상의 왕 조지 3세는 이 현실의 수용을 거부하고 이

---

295) *Ibid.*
296) *Ibid.*

절망적인 갈등을 수행하는데 훨씬 더 많은 자원들을 쏟아 붓길 원했다. 그 승리는 회의적인 세계로 하여금 미국의 독립을 현실로 믿도록 고무했다. 네덜란드는 봄에 외교적 승인을 할 것이다. 워싱턴이 이 승리의 완전한 중요성을 파악했는 지의 여부는 분명하지 않다.

북미에 적군의 주둔이 여전히 막강했기 때문에 워싱턴은 여전히 조심했다. 전쟁 내내 워싱턴은 희망적 사유를 경계했지만 이제 그는 요크타운 전투 승리가 사람들을 시기상조의 낙관주의로 몰아넣지 않을까 두려웠다. 라파예트와 함께 그는 이 거대한 승리를 찰스턴, 사우스 캐롤라이나, 혹은 노스 캐롤라이나의 윌밍턴(Wilmington)에 대한 연합작전을 논할 수 있을까 싶어서 빌 드 파리(*Ville de Paris*) 호로 갔으나 드 그라스 제독은 어떤 후속 작전도 사양했다. 워싱턴은 이 프랑스인의 변덕스러운 협력에 충분히 화가 나서 보다 지속적인 해군의 주둔을 위해 선동하도록 하기 위해 라파예트를 프랑스에 파견하기로 결정했다. 워싱턴은 또한 대규모 차관이나 원조의 형식으로 보다 많은 프랑스의 관대함을 희망했다.

10월 17일 항복의 날 클린턴 장군은 콘월리스를 구하려는 희망에서 6천명의 병사들을 실은 함대로 뉴욕에서 출발을 시작했다. 1주일 후 그들이 체사픽 만의 앞바다에 도착했을 때 그들은 이미 발생한 재앙을 알려주는 작은 배 한 척과 상봉했다. 그러나 아직도 버지니아 해안에서 머물고 있는 33척의 프랑스 해군과 전투할 의향이 없는 그들은 방향을 바꾸어 뉴욕으로 되돌아갔다. 프랑스 제독은 대륙군이 보급품을 모으는 동안 그들을 보호하기 충분히 긴 시간 동안 그 지역에 머물렀다. 그리고 나서 그들은 체사픽 만으로 나아간 다음에 그것의 친근한 북쪽 단골장소로 돌아가는 긴 여행으로 향했다.

전쟁이 종결되었다는데 대한 워싱턴의 회의론에도 불구하고 그해 가을과 겨울에 워싱턴의 행위는 바뀐 현실을 반영했다. 그는 마운트 버논에서 수주간 머물렀다. 자기의 다루기 힘든 군대와 오래 떨어져 있다는 생각에 몸서리쳤던 워싱턴이 필라델피아에서 한가한 겨울 4개월을 보냈다. 그가 수도에 내려온 순간부터 워싱턴은 가는 곳마다 명사 대접을 받았다. 조지 워싱턴과 그의 부인 마사가 필리델피아 정치와 사회에 대한 그들의 만복을 즐긴 후에 그들은 3월 말에 뉴버그(Newburgh) 시내에 있는 그들의 새로운 본부에서 허드슨 강변에 주거지를 잡았다. 본부 건물은 2층짜리 석조 농장 가옥이었다. 그곳에 있는 동안에 워싱턴은 전쟁의 가장 모험적 계획들 중 하나를 승인했다. 그것은 지금 둘 다 뉴욕에 머물고 있는 로버트 딕비(Robert Digby) 제독과 함께 왕 조지 3세의 아들인 윌리엄 헨리(William Henry) 왕자를 납치하는 계획이었다.

워싱턴은 모든 평화회담이 미국인들의 의지를 약화시키고 국가들이 과거에 그 속으로 떨어졌던 무감각을 증가시킬 신선한 마취제로 작용하지 않을까 하고 염려했다. 윌리엄 헨리 왕자의 납치는 조지 3세를 의기소침하게 만드는데 기여할 것이다. 이제는 우리가 잘 알다시피 워싱턴은 오랫동안 납치계획에 현혹되었다. 그는 처음으로 베네딕트 아놀드의 납치계획을 승인했고 그 다음엔 헨리 클린턴 경, 그리고 이제는 윌리엄 헨리 왕자의 납치계획이 비슷한 각본을 따랐다. 어둡고 비가 내리는 밤에 수병 복장을 한 일당 36명이 허드슨 강의 뉴저지 해안에 4척의 포경선을 타고 노를 저어 맨해튼으로 갈 것이다. 그들은 영국의 보초들을 무력화하고 왕자와 제독을 그들의 강변 지대 숙소에서 붙잡을 것이다. 첩보에 대한 그의 개인적 선호로 인하여 워싱턴은 그 작전을 짜는데 끊임없이 관여했다.[297]

1782년 3월 23일 워싱턴은 그 작전의 지휘관인 머사이어스 오그든(Matthias Ogden) 대령에게 납치의 색조를 정하면서 일단의 진지한 지시들을 보냈다. 그의 압도적 관심은 납치된 저명인들이 불한당처럼 거칠게 다루어지지 않고 정중하게 처리되어야 한다는 것이었다. 워싱턴은 포획자들에 의한 어떤 학대도 영국에게는 선전의 승리로 해석될 수 있다는 것을 알고 있었다. 그러나 포로들의 신사적 처리를 요구하는데 있어서 그는 또한 왕족과 군계급에 대한 상당한 넘치는 존중도 드러냈다.[298] 그러나 그 계획은 결코 실행되지 못했다. 워싱턴은 놀라운 승리에 대한 기회를 날려버린 데 대해 오그든 대령에게 격노했다.

영국의 의도에 대한 워싱턴의 의구심에도 불구하고 반전 감정이 영국의 정치를 소용돌이 속으로 빨아들이고 노스 경 내각을 무너뜨린 1782년 초에 런던에서 발생한 비정상적 소동을 과소평가하기는 어렵다. 앙심을 품은 기분에도 불구하고 왕 조지 3세는 차라리 미국을 잃는 것이 더 나을 지도 모른다고 반성했다. 왜냐하면 못된 짓이 식민지 주민들의 너무나 현저한 특징으로 보여서 그들이 종국에는 자기 왕국에 악마가 될지 모르기 때문이었다. 그해 봄에 왕은 헨리 클린턴 경을 소환했고 그를 캐나다의 사령관인 가이 칼리턴 경(Sir

---

297) Ron Chernow, *Washington: A Life,* New York: Penguin Books, 2011, p. 425.
298) *Ibid.*

Guy Carleton)으로 대치했다. 칼리턴 경이 평화의 추파로 워싱턴의 입장을 시험했을 때 워싱턴은 그것을 영국 속임수의 더 많은 본보기들로 간주하여 기각했다.[299]

대부분의 경우에 아무리 유용하다고 할지라도 다른 때엔 프랑스와의 파트너십이 거북했다. 그것은 미국인들이 영국의 조지 3세와 싸웠음에도 불구하고 워싱턴이 프랑스 왕에게 존경심을 표하는 것이 요구되었기 때문이다. 루이 16세가 남자 후계자를 갖게 된 1782년 봄에 워싱턴은 프랑스 황태자의 상서로운 탄생을 축하하고 신의 섭리가 프랑스 왕과 그의 충성스러운 왕비에게 최상의 축복을 내릴 것이고 또 그들에게 긴 행복과 영광된 군림을 기원할 의무가 있었다.[300] 1782년 여름에 워싱턴은 메릴랜드의 체스터타운에서 자기 이름을 딴 새로 법인이 된 워싱턴 대학(Washington College)이 설립되었을 때보다 민주적 성격의 인정을 수용하는 용의성을 보였다. 워싱턴은 자기 이름의 사용을 허락하는 일이 별로 없었다. 그러나 이번의 경우에 워싱턴은 체스터에 있는 대학에 자기 이름을 줌으로써 자기에게 수여된 영광에 많은 빚을 졌다고 그 학교의 첫 총장에게 편지를 썼다. 워싱턴은 이 대학에 50기니[301]를 기증했고 이사회에 봉사했다. 대학교육의 결핍을 항상 유감으로 여겼던 워싱턴은 자신의 주변에 대학교육을 받은 사람들로 에워쌌으며 워싱턴 대학의 후원은 아마도 그런 오랜 개인적인 오점을 씻어내는 마지막 방식이었다.

---

299) *Ibid.*, p. 426.
300) *Ibid.*, pp. 427－428.
301) 기니는 당시 영국의 금화.

1789년에 그는 이 학교로부터 명예학위를 받았다.[302]

무사 평온한 해 동안에 때때로 워싱턴은 뉴욕이나 찰스턴에 대한 연합작전을 제안하면서 로샹보에게 간절한 편지들을 보냈다. 그러나 그의 제안은 아무 소용이 없었다. 영국의 계략을 의심하면서 워싱턴은 머지않아서 협상된 평화의 소문을 비웃었다. 그리고 이것은 로드니(Rodney)제독이 4월에 카리브해에서 드 그라스 제독을 패배시킨 후에 특별히 주의하게 되었다. 8월에 뉴욕에 있는 영국 사령부로부터 파리에서 평화회담이 열렸다는 공식적 언급이 나온 이후에 조차 워싱턴은 그의 철저한 의심을 정복할 수 없었다. 외교정책에 대해 철저하게 회의적인 워싱턴은 영국에게는 이상주의가 없고 오직 자부심과 자기이익에 의해서만 움직인다고 영국인들을 폄하했다. 영국 왕은 병사들과 돈이 허용하는 한 전쟁을 밀어붙일 것이라는 것은 자기 마음에 의심의 여지가 없다고 워싱턴은 단호하게 말했다. 무기를 치우기 전에 그는 미국 독립의 절대적이고 명백한 인정 이하의 어떤 것도 원하지 않았다.[303]

그의 군대가 시기상조로 경계가 약화될 것을 염려한 워싱턴은 연병장에서 병사들을 계속 훈련시켰다. 자기 군대의 전투 정신을 유지하기 위해서 워싱턴은 "퍼플 하트"(Purple Heart)[304]로 알려지게 된 훈장을 도입했다. 비상한 용기와 탁월한 충성과 본질적 봉사의 경우에 군인들은 퍼플 하트 헝겊을 받아 왼쪽 가슴에 달았다. 그것은 하

---

302) *Ibid.,* p. 429.

303) *Ibid.*

304) 한 동안 사용되지 않다가 1932년 대통령령에 의해 부활되었다. 미군 내에서는 누구나 뽑힐 자격이 있다.

급 장교들과 일반병사들에게 수여하도록 되어 있기 때문에 이 훈장은 전쟁 중 워싱턴의 성장하는 평등주의 정신의 진전된 증거를 제공했다. 워싱턴이 이 명예를 시작할 때 싸움은 대체로 중단되었고 전쟁에서 오직 고립된 죽음으로 남았다. 마지막 희생자들 가운데 한 사람이 남부에서 흑인병사들을 모집하려고 했던 그의 빛나는 젊은 부관인 존 로렌스(John Laurens)였다. 그해 10월에 라파예트에게 "불쌍한 로렌스가 이제는 없다"고 울적하게 편지를 썼다.[305]

1782년 11월 30일에 예비평화조약이 파리에서 체결되었고 이 때도 미국측이 독립의 인정과 북으로는 5대호(the Great Lakes)까지 그리고 서쪽으로는 미시시피(the Mississippi)까지 펼쳐진 넓은 국경선들을 포함하여 원했던 모든 것을 쟁취했다는 사실을 알지 못했다. 그는 12월 중순에 그 사실을 어렴풋이 알게 되었다. 그 때 영국의 알렉산더 레슬리(Alexander Leslie) 장군과 그의 군대가 사우스 캐롤라이나의 찰스턴에서 출항했고 몇 시간 후에 나다낼 그린 장군이 그 도시에 입성하여 남부 전쟁을 종식시켰다. 워싱턴은 남부 국가들에서 적대적 행위들에 영광스러운 종식을 가져온 그린 장군을 축하했다.

워싱턴에게 즐거웠어야 할 순간이 곤란한 순간으로 전환되었다. 국고는 다시 비었고 각 국가들은 재정적으로 필수적인 지불을 이행하지 않았다. 또 하나의 차가운 겨울이 다가오기에 워싱턴은 자기의 병사들 사이에서 마음을 어지럽히는 깊은 불만을 감지했다. 갑자기 그들만을 뉴버그(Newburgh)에 남겨두길 꺼린 워싱턴은 마운트 버논으로 돌아갈 소중한 희망을 포기했다. 눈에 갇힌 뉴버그 본부에서 워싱

---

305) Ron Chernow, *Washington: A Life,* New York: Penguin Books, 2011, p. 430.

턴은 2월까지 잠정적 평화조약에 관해 듣지 못했다. 또 다시 그는 굶주린 말들을 위한 건초를 찾을 수 없었고 성탄절에는 말들이 4일간 한줌의 건초도 없었고 4마리 중 3마리는 한입의 곡식도 없다고 불평했다. 장교들의 불만은 가능한 평화에 의해서 울리는 군대의 동원해제에 관한 이야기에 의해서 오직 신경이 날카로워졌을 뿐이다. 군인들이 함께 있는 한 그들은 공통의 목적의식을 공유했다. 그러나 일단 집으로 돌아가면 그들은 자신들의 가난한 처지와 잘 먹은 민간 주민들의 상태를 대조할 것이다. 많은 병사들이 자기들에게 빚진 과거 수년간의 급여를 받거나 회의가 베테랑들에게 평생 절반의 급여를 제공하겠다는 1780년의 약속을 지킬지를 의심했다. 워싱턴은 만일 지난번 폭동을 진압했던 장교들이 스스로 폭동을 일으킨다면 무슨 일이 일어날까 하고 몰래 상상해 보았다.[306]

1783년 1월초 장교들의 대량 해직의 소문 속에서 3명의 대표단은 불만의 목록이 작성된 탄원서를 회의에 제출하기 위해 필라델피아로 갔다. 그들은 인간이 견딜 수 있는 모든 것을 견디었고 그들의 사적 자원은 고갈되었다는 내용이었다. 이 대표단은 회의의 역동적이고 젊은 두 사람을 만났다. 버지니아의 제임스 매디슨 (James Madison)[307]과 겨우 한 달 전에 회의에 합류한 뉴욕의 알렉산더 해밀턴이었다. 한 장교의 모반 전망에 의해 아무리 경각심을 준다고 할지라도, 해밀턴은 무기력한 회의가 무행동에서 벗어나고 연방권력의 확장을 가져올 손쉬운 지렛대를 대변할 것이라고 믿었다. 2월 13일 해밀턴은 그

306) *Ibid.*, p. 431.
307) Richard Brookhiser, *James Madison,* New York: Basic Books, 2011.

들 사이에는 심오한 이해가 여전히 존재한다고 아주 솔직한 어조로 워싱턴에게 편지를 썼다. 그리고 그는 미국 재정의 치명적 상태에 관해서 말하면서 장교들의 폭동이 도움이 될 수 있을 것이라고 암시했다. 그러면서도 불평하고 고통 받는 군대가 온건한 한계 내에 유지하는 것이라고 말했다.

3월 4일 워싱턴은 해밀턴에게 사려 깊은 답장을 보내면서 위기에 관해 위험한 예감을 드러냈다. 그는 회의가 확대된 권한을 받지 않는다면 혁명적 피가 헛되이 뿌려진 셈이 될 것이라고 주장했다.[308] 장교들은 필라델피아의 정치인들이 그들의 호소에 귀를 막고 있으며 워싱턴은 그들이 머지않아 보다 물리적 조치들에 의존할 것이라는 것을 눈치채지 못했다. 3월 10일 일반명령에서 워싱턴은 병사들 사이에서 획일적 이발의 필요성이라는 세속적 주제를 다루었다. 그리고 나서 그는 장교들에게 다음날 그들의 불만을 말하기 위한 대규모 집회에 참석을 독려하는 익명의 문건에 관해 알게 되었다. 그것은 워싱턴의 권위에 대한 뻔뻔스러운 모욕이고 그의 마음 속으로는 노골적 모반에 가까웠다. 그리고 나서 두 번째 문건이 돌았는데 이것은 불의의 감성을 불러일으켰다.

그 문건의 익명의 저자는 모든 가능성으로 봐서 호레이쇼 게이츠의 부관인 존 암스트롱(John Armstrong)이었다. 그는 장교들에 의해 작성된 평화적인 탄원들을 비웃고 평화가 오면 그들은 빈곤과 비참함과 경멸 속에서 늙어갈 것이라고 경고했다. 종전에 의해 자신들이 무기를 빼앗기기 전에 그들이 직접적 행동을 취해야 한다는 것이었

---

308) Ron Chernow, *Washington: A Life,* New York: Penguin Books, 2011, p. 433.

다. 워싱턴은 불법적 집회를 금지했다. 이 조치를 발표하면서 워싱턴은 그들의 좋은 감각이 그런 비정규적 초대에 관심을 별로 두지 않게 할 것이라고 말하면서 장교들을 스스로 부끄럽게 만들려고 노력했다. 그들의 불만을 부인하는 대신에 그는 그것들을 옹호하고 질서있는 채널로 가져가기 위해 3월 15일 정오에 자신의 집회를 소집했다.309) 자신의 집회를 소집하면서 워싱턴은 보다 차가운 머리들의 지배를 허용할 며칠을 기다렸다. 그리고 그는 집회의 장소로서 모반의 집회로 제안된 곳과 같은 장소인 "미덕의 사원"(The Temple of Virtue)이라는 별명을 가진 새 건물을 선택했다.310)

워싱턴은 비정규적 집회를 소집하는데 있어서 부적절한 행위에 대해 장교들을 꾸짖는 것으로 시작했다. 그리고 그는 회의가 그들의 곤경에 무관심하다는 것을 반박하고 냉정한 결정을 할 필요성을 강조했다. 그리고 상당히 민첩하게 그는 엄격한 어조를 치우고 그는 장군으로서뿐만 아니라 사나이로서 말하면서, 그리고 반복을 통한 수사학적 힘을 증강하면서 그의 동료 장교들과 개인적 유대를 강조했다.

> "내가 군대에 충성스러운 친구였다는 것을 지금까지 나의 행위가 여러분들에게 증명하지 않았다면 이번에 그것에 관한 나의 선언도 똑같이 헛되고 부적절할 것이다. 그러나 우리의 공동 조국의 대의에서 시작한 첫 번째 사람들 중 한 사람이었다. 그리고 나는 여러분들의 곁을 일 순간도 떠나지 않았지만 그 때는 공적

---

309) *Ibid.*, p. 434.
310) *Ibid.*

의무로 여러분들이 부를 때였다. 나는 언제나 동반했고 여러분들의 고민들에 관한 증인이었고 여러분들의 장점을 느끼고 인정하는 마지막 사람들 중에 끼지 않았다. 전쟁의 이 마지막 단계에서 내가 여러분들의 이익에 무관심하다고 행여나 가정될 수 없을 것이다."311)

워싱턴은 자기 자신을 병사들 위로 올려 놓은 것이 아니라 그들의 친구요 동료로서 묘사한 것이다. 그는 개인적 이야기로 그들을 누그러뜨린 후에 그들의 깊게 자리잡은 애국주의에 감동적인 호소를 전달했다.

워싱턴은 시민적 불협화음의 수문을 열고 우리의 부상하는 제국을 피로 물들게 하려고 사악하게 시도하는 어떤 인간에게도 반대하도록 그들에게 호소했다. 그는 회의에 그들의 불만을 다룰 기회를 주라고 장교들에게 촉구하면서 자신도 그들을 돕기 위해 자기 권한의 모든 것을 다하겠다고 말했다. 그리고 울려 퍼지는 어조로 워싱턴은 만일 그들이 회의가 조치를 취할 것으로 믿는다면 그들은 자기 행위의 긍지에 의해서 후세들이 인류에 보인 영광스러운 본보기에 관해서 말할 때 그들이 후세가 말할 바로 그런 경우를 제공할 것이라고 말했다.312) 그것은 대중연설에 편안하지 않은 사람으로부터 나온 모범적인 연기였다. 그는 장교들을 혹평했지만, 그러나 그들을 역시 보다 높은 곳으로 올리고 혁명에서 그들의 승화된 역할을 재각성시키

311) Ron Chernow, *Washington: A Life,* New York: Penguin Books, 2011, p. 435
    에서 재인용.
312) *Ibid.,* p. 435.

고 그들에게 불법적 행동은 바로 그 유산을 녹슬게 할 것이라고 상기시켰다.

그의 모든 웅변에도 불구하고 워싱턴은 작은 상징적 제스처로 그의 가장 큰 영향을 달성했다. 부하 장병들에게 회의의 선의를 보장하기 위해서 그는 버지니아의 의원인 조셉 존스(Joseph Jones)로부터 온 편지를 큰 소리로 읽었다. 그리고 그는 단어를 알아볼 수가 없어서 처음 몇 문장들을 잘못 말했다. 그러자 그는 새 안경을 꺼냈고, 이에 동료 장교들이 놀랐다. 그들은 워싱턴이 안경을 낀 것을 결코 본적이 없었기 때문이다.

> "여러분. 내가 안경을 끼는 걸 양해해 달라. 왜냐하면 내 조국을 위한 봉사에 머리가 희어졌을 뿐만 아니라 거의 장님이 되었기 때문이다."313)

이 통렬한 한 마디가 강력한 영향력을 발휘했다. 51세의 워싱턴은 1775년 대륙군의 책임을 맡았을 때보다도 훨씬 더 늙고 보다 더 초췌했다. 적의를 없애는 안경을 끼는 제스처는 장교들을 감동시켜 그가 조국을 위해 바친 전설적 희생들을 회고하며 눈물을 흘리게 만들었다. 그가 곧 홀을 떠났을 때 위협적인 폭동은 끝나버렸다. 그의 승리는 완벽했다.314) 장교들은 그들이 인간의 심장에게 가능한 가장 위대한 진정성으로 워싱턴의 애정 어린 표현들에 보답한다고 천명하

---

313) James Thomas Flexner, *Washington: The Indispensable Man,* The Illustrated Edition, New York: Sterling Signature, 1974, p. 196.
314) *Ibid.,* p. 436.

는 결의안을 만장일치로 승인했다. 다행스럽게도 회의는 워싱턴의 약속을 이행했으며 장교들에게 5년치의 완전한 급여에 상응하는 급여를 인정했다. 군사력으로 장악하려던 위협은 워싱턴의 간결하지만 탁월하고 시간을 잘 맞춘 웅변술에 의해 피하게 되었다.[315]

워싱턴은 모반을 하는 장교들을 잠재우고 또 절호의 순간에 회의의 우월성을 수립했다. 며칠 후에 예비 평화조약이 파리에서 체결되었다는 말을 들었다. 그리고 4월 중순에 회의는 조약을 비준했다. 그리하여 렉싱턴과 콩코드에서 첫 총탄이 발사된 지 8년 만에 적대행위들의 공식적 종식을 가져왔다. 이제 대륙군의 사령관으로 그의 임무가 끝이 난 것이다. 그는 지구상에서 가장 강력한 군사력을 초라하게 만드는 본보기적 솜씨를 보였다. 이제 그가 어떤 길을 갈 것인가가 관심이 아닐 수 없었다. 워싱턴의 개인에 관해서 잘 알지 못했던 대부분 유럽의 관찰자들은 승전의 영웅인 워싱턴이 군사적 통치자로서 신생 미국의 리더십을 장악할 것으로 기대했다.[316] 그러나 워싱턴은 그들의 기대와는 완전히 다르게 자신의 총사령관 직위를 사임하고 마운트 버논에 있는 자신의 고향집으로 돌아갔다. 그는 단순히 과거의 농장주로 아무런 미련도 없이 돌아갔다. 조지 워싱턴은 로마의 줄리어스 시저나 영국의 올리버 크롬웰의 길을 가지 않고 고대 로마 공화정의 킨키나투스의 길을 택했다. 조지 워싱턴은 독립전쟁의 영웅이라는 자신의 명성에 의해 부패되지 않았다. 조용히 들뜨고 또 안도한 그는 권력에 중독되지 않았고 자신의 천재적 감각을 내세

---

315) *Ibid.*
316) Smithsonian, *American Revolution: A Visual History,* New York: Penguin Random House, 2016, p. 121.

우지도 않았다. 워싱턴은 정복자의 허세를 멀리했다. 그는 조용한 사나이였고 그래서 조용한 영웅이었다. 그의 카리스마는 거룩했다.

IX

미국의 킨키나투스(Cincinnatus)가 되다

> "권력에는 마력이 있다. 그것은 도박이나 돈에 대한 욕망이
> 그런 것으로 알려진 것과 꼭 같이 인간의 핏속에 들어갈 수 있다.
> 이것은 공화국이다. 세계 역사에서 가장 위대한 것이다.
> 나는 이 나라가 공화국으로 계속되기를 원한다.
> 킨키나투스와 워싱턴이 그 길을 가리켰다. 로마가 킨키나투스를 잊었을 때
> 그것의 몰락이 시작되었다. 우리가 워싱턴의 본보기들을 잊는다면,
> 그러면 우리는 멸망의 길로 들어설 것이다."
> － 해리 트루먼(Harry Truman),[317]

미국의 독립 혁명가들이 영국의 신민들로서 그들의 권리를 소중히 여겼던 영국의 이주민들이 자신들의 독립혁명을 정당화하기 위해 영국의 명예혁명을 정당화했던 영국의 철학자 존 로크(John Locke)에게 의지했다는 것은 어쩌면 아주 자연스러운 일이었다. <시민정부에 관한 두 편의 논문>(*Two Treaties of Civil Government*)에서 존 로크는 사회가 신의 명령에 따른 계층적 질서로 창설된 것이 아니라 오히려 정반대로 모든 인간들은 평등하게 태어났고 또 모든 인간은

---

317) Robert Dallek, *Harry S. Truman*, New York: Times Books, 2008.

생명, 자유 그리고 재산에 대한 권리를 가지고 태어났다고 주장했다. 따라서 그들은 폭군에 저항할 권리도 갖는다는 것이다. 토마스 제퍼슨(Thomas Jefferson)이 작성하고 대륙회의가 채택한 "미국의 독립선언서"는 다음과 같이 존 로크의 자유주의 정치사상의 핵심을 집약적으로 표현했다.

> "우리는 다음의 진리들을 자명한 것으로 간주한다. 즉 모든 인간들은 평등하게 창조되었고, 그들은 창조주에게서 어떤 불가양도의 권리들을 부여받았다. 그것들 가운데에는 생명, 자유 그리고 행복의 추구가 있다. 이러한 권리들을 확보하기 위해서 인간들 사이에 정부가 수립되고 그들의 정당한 권한은 피치자들의 동의에 기인한다. 어떤 형태의 정부가 이러한 목적에 파괴적이 되면 그것을 바꾸거나 폐기하고 그런 원칙들에 입각하여 토대를 놓고 그것들에 대해 그들의 자유와 행복을 가장 잘 가져올 것으로 보이는 형태로 그것의 권한들을 조직하는 것이 국민의 권리이다…."318)

미국의 독립 혁명가들과 애국자들은 오랜 모든 자유를 박탈해갈지도 모르는 군주와 그의 탐욕스럽고 부패한 법원에 빈틈없는 감시를 하는 것이 그들의 의무였다. 그들은 높은 세금에 반대하고, 상비군을 의심했으며, 개인의 자유를 보호하고 토지 귀족계급에 놓여 있기보다는 힘의 균형을 선호했다. 그들의 본보기는 성경의 가르침이 아니라 고전적인 가르침이었다. 즉 그들은 고대 그리스 도시국가들

---

318) Harold Earl Hammond, ed., *"We hold these truths… A Documentary History of the United States,* Bronxville, New York: Cambridge Book Co., 1964, pp. 43−44.

과 로마공화정의 본보기를 따랐다.

그런 아이디어들은 1720년부터 1723년까지 "런던저널"(*London Journal*)에 출판된 정치적 팜플렛들이 "케이토의 서신들"(*Cato's Letters*)을 통해 대서양을 건넜고 13개 모든 식민지에서 널리 인쇄되었다. 그것들의 저자들인 존 트렌처드(John Trenchard)와 토마스 고든(Thomas Gordon)은 그들의 담론(discourses)이 자유로운 인간은 항상 폭군 정부에 저항할 권리를 갖는다고 주장한 영국의 케이토로 잘 알려진 영국의 정치가 알저논 시드니(Algernon Sidney)의 글로 고무되었다. 그는 1683년 찰스 2세(Charles II)에 의해 그런 견해를 갖고 있다고 하여 처형되었다. 토마스 제퍼슨에게는 시드니가 로크 만큼이나 영향을 미쳤다. 하버드 대학생들이 읽은 18세기 미국에서 가장 존경받는 인물인 스코틀랜드의 가장 유명한 도덕 철학자인 프랜시스 허치슨(Francis Hutchson)도 그랬다. 허치슨의 견해는 애국자들과 잘 어울렸다. 왜냐하면 그들은 불가양도의 권리에 대해 어떤 침해가 있는 곳에서는 어디에서나 저항할 권리가 일어나야 한다고 믿었기 때문이다.[319]

그러나 대부분의 미국인들은 그들의 철학 교육을 설교단에서 받았다. 그러나 다른 한편으로 뉴 잉글랜드인들은 그들의 전통적 예배 스타일인 마을 집회(town meetings)에 매여 있었다. 그들의 이념은 그들의 기원 이야기에 뿌리를 두었다. 그들은 자신의 조상들이 영국을 뒤로하고 폭풍이 몰아치는 대서양을 건너 매사추세츠 만(Massachusetts Bay) 식민지의 첫 총독인 존 윈스롭(John Winthrop)에서 "언덕위의

---

319) Smithsonian, *American Revolution: A Visual History*, New York: Penguin Random House, 2016, p. 98.

도시"(a city upon the hill), 즉 세계로 나가는 횃불을 발견했다. 1774 년 보스턴에 대한 영국의 조치는 많은 식민지인들의 등을 오싹하게 했다. 누구도 "시대의 필연을 느꼈다"는 토마스 페인 (Thomas Paine) 보다 더 잘 표현하지 못했다. "바로 그날 폭정에 반대할 뿐만 아니라 일어서라"고 촉구한 1776년 1월 10일 <상식> (*Common Sense*)의 출간은 모든 식민지에서 미국인들의 상상력을 장악했다. 수많은 당 대에 사람들이 그의 촉구에 응했다.

그러나 1775년 제2차 대륙회의에서 새로 결성될 대륙군 총사령 관을 선출하는 문제에 직면해서 대표자들에게는 어떤 영국의 철학 자들도 전혀 도움이 되지 않았다. 영국의 역사에는 따를 만한 스승 이나 롤모델이 없었다. 그래서 그들은 고대 로마 공화정의 역사 속 에서 위대한 스승, 즉 롤모델을 발견했다. 당시 많은 대표자들은 야 심적 장군의 손안에 있는 직업적 군대는 쉽게 폭군의 도구가 될 수 있음을 몹시 두려워했다. 그들이 발견한 완전한 총사령관의 롤모델 은 고대 로마 공화정의 킨키나투스(Cincinnatus)[320] 장군이었다. 그 는 자기 조국이 전시에 불렀을 때 검을 잡았고 위기가 지나가자마자 권력에 아무런 미련도 없이 곧 사생활로 돌아간 헌정적 독재자(a constitutional dictator)였다. 매사추세츠의 존 애덤스 같은 대표자들 은 조지 워싱턴에게서 현대의 킨키나투스를 보았다. 즉 워싱턴을 정 치적 야심이 없고 그들이 신임할 수 있는 군사지도자로 본 것이다. 그래서 애덤스는 6월 14일 대륙군의 총사령관으로 워싱턴을 지명했

---

320) Michael J Hillyard, *Cincinnatus and the Citizen-Servant Ideal: The Roman Legend's Life, Times and Legacy,* Contact: Xlibris Cooperation, 2001.

었다. 그리고 다음날 회의가 만장일치로 그에게 임명을 제안하는 투표를 했었다. 급여를 사양한 워싱턴은 총사령관직을 수락했고 일주일 후에 필라델피아를 떠나 보스턴으로 향했었다. 워싱턴에게 킨키나투스는 종국적으로 그가 따라야할 위대한 스승이요 롤모델이 되었다.[321]

1783년 봄, 참으로 긴 고난의 행군이었던 혁명전쟁에서 거룩한 소명의식과 조용한 카리스마의 리더십을 통해 승리로 종식하면서 미국의 독립이 확실시 됨에 따라 이제 완전히 달라진 평화 속에서 조지 워싱턴은 자신의 거취를 결정해야 할 순간이 다가오고 있었다. 8년 간의 세월 속에서 워싱턴도 이제는 흰머리로 인해 눈에 띄게 늙고 또 그의 시력도 크게 떨어졌다. 4월 18일 워싱턴은 미국과 영국 사이에 적대행위의 종식을 발표했다.[322] 늘 그랬던 것처럼 워싱턴은 극적인 은유에 의존했다. "이제 이 강력한 장면의 배우들이 마지막 장을 통해 완벽하고 일관된 성격을 보전하는 것 외에 남은 것은 아무것도 없다. 그리고 박수와 함께 드라마를 끝내는 것이다."[323] 그러나 워싱턴은 여전히 최종적 평화조약이 체결되고 영국인들이 뉴욕에서 철수할 때까지 버지니아로 돌아갈 확고한 계획을 갖고 있지 않았다.

평화의 전망은 워싱턴에게 예외적인 도전들을 제기했다. 모든 전쟁기간을 통해 워싱턴은 대륙회의의 최고권한을 성실히 존중했고 사

---

321) Garry Wills, *Cincinnatus: George Washington & The Enlightenment,* Garden City, New York: Doubleday & Company, Inc., 1984.

322) Ron Chernow, *Washington: A Life,* New York: Penguin Books, 2011, p. 439.

323) *Ibid.*

IX. 미국의 킨키나투스(Cincinnatus)가 되다 **285**

적인 교신에도 자신의 정치적 견해를 삼갔다. 미국인들이 자신들의 가치를 투영할 빈 석판(a blank slate)으로 봉사하면서 그는 조국을 단결시키고 자신의 권한을 증대했다. 이제 그가 사적 시민의 신분으로 돌아감에 있어 그러한 금지가 풀림에 따라 그는 자신의 견해를 공개적으로 피력하는데 어디까지 나갈지를 알지 못했다. 1783년 6월 초에 워싱턴은 새로 탄생한 국가가 직면하고 있는 문제들에 관한 긴 작별 인사를 발표했다. 이제 독립한 13개 전식민지 국가들에게 보내는 이 "국가 정부들에게 보내는 회보"(Circular to the State Governments)에서 워싱턴은 군사적 중립이라는 자기의 자세 뒤에서 라고 특별히 강조하면서 등장하여 거의 아버지 같은 어조로 시민들에게 충고했다. "워싱턴 유산"(Washington's Legacy)이라고도 알려진 이 불후의 문건은 나중에 나오는 '워싱턴 대통령의 고별사' 못지않게 기억되도록 자신의 견해들을 법전화하였다. 이 회보는 워싱턴이 지금까지 작성한 것 가운데 가장 매섭고 날카로운 작품이었다.[324]

워싱턴은 자기가 공직 생활에서 은퇴하여 남은 여생을 조용하게 보내려 한다는 사실을 독자들에게 확언하는 것으로 시작했다. 이 약속이 그에게 자신의 견해를 피력할 면허를 주었다. 정치적 야심을 거부함으로써 그는 이기적이라는 비판을 불식할 수 있었다.[325] 예언자 같은 어조로 그는 미국의 활기찬 미래를 상정했다.

"거대한 대륙의 유일한 영주요 소유자로서 세상의 모든 다양

---

324) Joseph J. Ellis, *His Excellency: George Washington*, New York: Vintage Books, 2004, p. 144.
325) Ron Chernow, *Washington: A Life*, New York: Penguin Books, 2011, p. 443.

한 흙과 풍토를 이해하고 삶의 모든 필요와 편의로 풍부한 가장 부러운 조건에 놓인 미국의 시민들은 최근 만족스러운 평화조약에 의해 이제 절대적 자유와 독립성을 보유하고 있다고 인정되었다. 이제부터 그들은 인간의 위대성과 행복의 과시를 위해 특별히 마련된 곳으로 보이는 가장 과시적 무대에서 배우로 인정될 것이다."326)

요컨대, 전쟁이 쟁취한 것은 그가 젊은 날에 탐험했던 알리그헤니(Alleghenies)의 서쪽에 있는 땅으로 시작하는 하나의 대륙적 제국이었다. 독립국가로서 미국의 장래는 동쪽으로 유럽을 향하기보다는 서쪽으로 거대한 내지를 보고 있다고 워싱턴은 믿었다.327) 미국인들은 그들이 국가로서 존경받고 번영할 것인지 아니면 경멸당하고 비참할 것인지를 선택해야만 한다. 유약한 연합이 유럽의 강대국들로 하여금 주(이제부터는 국가가 아니라 주)들 간을 이간질하게 유혹할 것을 염려한 워싱턴은 하나의 연방 머리 하에 국가들의 붕괴하지 않을 단결을 촉구했다.328) 그리고 그는 그가 염원했을 조국을 위한 상비군을 추천하는 대신에 중간적 조치, 즉 국가 시민군을 위한 획일적 표준을 택했다.329)

1783년 여름 워싱턴이 최종적 평화조약의 소식을 기다리고 있을 때 그는 자신이 이상한 지옥에 빠져 있는 것을 발견했다. 자기 군대의 약 2/3가 집으로 보내졌다. 그래서 워싱턴은 8년 만에 처음으로

---

326) Joseph J. Ellis, *op. cit.,*, p. 145.
327) *Ibid.*
328) Ron Chernow, *op. cit.,* p. 443.
329) *Ibid.*

쉴 수 있게 되었다고 생각했다. 항상 뉴욕을 방문하고 싶었던 그는 이제 기회를 잡았다. 말과 카누로 여행하면서 그는 2주 만에 750마일을 커버했다. 워싱턴은 호레이쇼 게이츠 장군의 중대한 승리의 장소인 사라토가 전투장을 방문하고 싶다고 다짐했다. 8월 말에 회의는 뉴저지의 프린스턴에 있는 임시회의 장소로 워싱턴을 소환했다. 워싱턴은 부인 마사의 병환으로 그 여행을 잠시 연기했지만 그가 마침내 그 여행을 했을 때 그와 그의 부인은 프린스턴 외각에 몇 마일 떨어진 로키 힐(Rocky Hill)에 있는 한 농장집에서 거주했다. 이 곳에서 워싱턴은 최종적 평화조약이 도착할 때까지 머물 계획이었다.

회의는 전후 기간을 위한 군사적 조정문제를 워싱턴과 상의할 필요가 있었다. 의심할 여지없이 요크타운 전투를 염두에 둔 워싱턴은 포병장교들은 물론이고 공병대를 훈련시킬 사관학교(a military academy)의 설립을 인정했다. 그리고 무엇보다도 그는 유럽의 침투자들을 격퇴하기 위해서 해군의 창설을 승인했다. 로키 힐에 머무는 동안 워싱턴은 토마스 페인(Thomas Paine)이 이웃에 있다는 것을 알고 그를 초대하여 담소했다. 그의 <상식>과 <위기>라는 팜플렛은 시기에 아주 적합하게 발표되었고 대중의 마음에 행복한 영향을 주었다는 것을 아무도 부인하지 못할 것이라고 기록했다. 비록 페인은 회의로부터 많은 사례금을 받고 또 뉴욕으로부터 넓은 토지를 받았음에도 불구하고 자기에 대한 대우에 대해 계속 불만을 품었고 나중에 그는 자기의 옛 영웅인 워싱턴에 비난을 퍼부었다.[330]

파리에서 최종적 평화조약이 1783년 9월 3일에 체결되었지만 그

---

330) *Ibid.*, p. 447.

소식은 대서양을 건너는데 두 달이나 걸렸고 워싱턴은 11월 1일까지 전쟁이 종식되었다는 것을 명백하게 알지 못했다. 그에게는 아주 공포스럽게도 회의는 평화시 군대를 위한 그리고 그의 오래 고통받은 사병들의 밀린 급여에 대한 적절한 규정을 만들지 않고 즉각 휴회를 해버렸다. 고별사 메시지의 대가인 워싱턴은 로키 힐에서 미국의 군대들에게 자기의 "고별사"를 유포시켰다. 이 애정어린 고별사에서 워싱턴은 전쟁의 빼어난 드라마와 꿈 같은 사건들에 관해서 회상하면서 그의 병사들에게 그들이 함께 경험했던 것은 영속적 기적에 가까웠으며 그런 사건들은 인간 행동의 무대에서 과거에 별로 발생하지 않았을 뿐만 아니라 그것들이 아마도 다시 발생할 수 없을 것이라고 말했다.

마운트 버논으로 짐을 보낸 후에 워싱턴은 허드슨에 남아있는 군대를 재회했다. 그해 가을에 워싱턴 자기 장교들 사이에 불만을 견디어야 했기에 캠프에서 분위기는 아주 달콤하고 밝지 않았다. 워싱턴은 영국인들이 뉴욕을 떠나려는 때 뉴욕시에 승리의 기분으로 들어가려고 했지만 영국인들은 약속한 날짜를 계속 연기했다. 11월 20일 허드슨 강을 타고 내려가 뉴욕시의 바로 북쪽에 있는 할렘 강(the Harlem River)으로 이동해서 그는 점증하는 긴장감 속에서 기다렸다. 1783년 11월 25일 추운 아침에 워싱턴과 800명의 작은 부대가 영국인들의 출발의 발표를 기다렸다. 그 때 워싱턴은 멋진 갈색 말을 타고 기마행렬을 이끌고 보스턴의 포스트 로드를 통해 뉴욕시로 들어갈 수 있다는 것을 신호하는 13번의 예포를 발사했다. 정치적 상징에 항상 민감했던 워싱턴은 민간인 권위에 대한 자기의 존중을 보여주기 위해서 뉴욕의 총독 조지 클린턴(George Clinton)과 함께 말을 타고 갔으며 웨스트체스터의 경기마부대(the Westchester Light Dragoons)가 그들을 수행했다. 미국혁명은 결코 유혈이 없었던 일이 아니었다. 전쟁에 참가한 20만명의 미국인들 중에 당시 주민의 약 1%인 약 25,000명이 죽었다. 이것은 미국의 남북전쟁을 제외하고는 가장 피를 많이 흘린 전쟁이었다.[331]

워싱턴이 자기의 장교들에게 작별을 고해야 할 시간이 왔을 때 프런시스 태번(Fraunces Tavern) 선술집이 가장 이상적 장소처럼 보였다. 12월 4일 정오 직전에 워싱턴은 프런시스 태번의 2층의 긴 연회장에 자기 부하들을 모이게 했다. 녹스, 슈토이벤 그리고 맥두걸 3명의 소장들과 한 명의 준장이 참여했다. 일단의 계급이 낮은 장교들은 30~40명의 군중을 이루었다. 워싱턴이 그의 익숙한 푸르고 담황색의 제복으로 그들 가운데로 걸어 들어갔을 때 그들은 모두가 경의를 표해 일어섰다. 그가 식은 뷔페 고기를 그들의 접시에 담도록 초대했지만 너무 긴장하여 그 자신도 별로 입맛이 없었다. 숨소리도 안 들리는 침묵 속에서 잔들이 돌고 포도주가 채워졌다. 떨리는 손으로 자신의 잔을 쳐들면서 워싱턴은 말하기 시작했고 그의 음성은 감정으로 갈라졌다. "사랑과 감사로 가득한 가슴으로 이제 나는 여러분들의 곁을 떠난다. 여러분들의 지난 날들이 영광되고 명예로웠던 것처럼 여러분들의 앞날이 번창하고 행복하기를 가장 간절하게 소망한다."[332]

---

331) *Ibid.*, pp. 450−451.
332) *Ibid.*, p. 452.

장교들은 감동했고 그들의 잔을 들고 조용히 마셨다. 마치 그가 갑자기 이 전투로 다져진 부하들과 희생의 8년을 다시 살고 또 그들과 헤어진다는 생각에 고통스러운 것처럼 워싱턴의 눈엔 눈물이 가득했다. 워싱턴이 그들 각자에게 갈 수 없으나 그들 각자가 그에게 다가와 손을 잡아주면 고맙겠다고 부드럽게 말했다. 이 순간은 웅변의 어떤 재간이 아니라 워싱턴의 말 속에 감지할 수 있는 단순한 가슴 벅찬 감정 때문에 전설적이었다.333) 앞으로 다가온 첫 장교는 헨리 녹스 장군이었고 다음이 슈토이벤이었다. 이런 식으로 모든 장교들이 앞으로 나와 손을 꽉 쥔 후에 워싱턴은 방을 가로질러 작별의 당당한 제스처로 그의 팔을 들고 뒤돌아보지 않고 떠났다. 워싱턴을 뉴저지로 모셔갈 보트에 승선할 화이트홀(Whitehall) 부두에 도착했을 때 대규모 군중이 감동적 작별을 위해 운집했다. 워싱턴은 그의 3각 모자를 흔들었고 그의 장교들과 군중들도 답례로 그들의 모자를 흔들었다. 그가 승선하고 22명이 노를 저어 움직였고 그가 시야에서 사라질 때까지 노를 저어 나아갔다.

워싱턴의 목적지는 매릴랜드의 아나폴리스(Annapolis)에 있는 국가 청사로 전전하는 회의가 프린스턴을 떠난 후에 그곳에 거주했다. 일단 워싱턴은 총사령관으로서 직을 사임하면 마운트 버논으로 돌아갈 계획이었다. 필라델피아에 도착하는데 4일이 걸렸다. 그리고 비록 그가 사적인 삶으로 돌아가는 걸 기뻐했지만 그의 여행은 그의 삶이 얼마나 근본적으로 변화했는 지를 보여주었다. 그는 사적인 모든 것을 포기했었다. 그가 가는 곳마다 그는 명예로 휩싸이고 일정한 군중

---

333) *Ibid.*

들의 포로가 되었다. 수많은 편지들이 줄을 이었다. 직장을 구하는데 도움을 요청하거나 다른 혜택을 간청하는 것들이었다. 언제나 그는 모범적 시민처럼 행동해야 하는 부담을 지고 있었고 정상적 기분이나 불완전은 허용되지 않았다.

워싱턴이 도착하기 전에 펜실베니아 의회는 고전적 스타일로 나무로 만든 승전 아취문의 제작을 주문했다. 그리고 중앙에는 월계관을 쓰고 쟁기를 들고 있는 킨키나투스의 거대한 그림이 걸려있었다. 누군가가 그 암시를 놓칠 만큼 아둔한 경우에 대비해서 입법부는 킨키나투스의 얼굴이 워싱턴 장군과 놀랍게도 닮았다고 말했다. 그 초상화의 주문은 찰스 윌슨 필(Charles Wilson Peale)에게 돌아갔는데 필은 영국 왕 조지 3세의 궁정 역사 화가가 된 런던에서 화가인 벤자민 웨스트(Benjamin West)와 서신을 교환했다. 어느 날 왕은 웨스트에게 전쟁이 끝났을 때 워싱턴이 군대의 우두머리가 되는가 아니면 국가의 원수가 될 것이냐고 물었다. 웨스트가 워싱턴의 유일한 야심은 자신의 농장으로 돌아가는 것이라고 대답했을 때 깜짝 놀란 왕 조지 3세가 이렇게 선언했다는 것이다.

> "만일 워싱턴이 그렇게 할 것이라고 항상 말했던 대로 군주의
> 망토를 거부하고 은퇴한다면 그렇게 한다면 그는 세상에서 가장
> 위대한 인간이 될 것이다."[334]

---

334) Joseph J. Ellis, *His Excellency: George Washington,* New York: Vintage Books, 2004, p. 139; Ron Chernow, *Washington: A Life,* New York: Penguin Books, 2011, p. 454.

역사학도로서 조지 3세의 판단은 결코 높은 수준의 기준에 미치지 못한 반면에 그것은 자신을 미국혁명의 불가결한 대표로 생각하지 않는 워싱턴의 진실로 예외적인 성격을 강조했다.

12월 19일 워싱턴은 아나폴리스의 외곽에 접근했으며 호레이쇼 게이츠를 포함한 명사들의 대표단이 그를 맞이했다. 두 사람은 워싱턴의 완전한 승리와 게이츠의 강등에 의해 놀랐을 것이다. 조지 만(George Mann)의 숙소 건물로 동반되어 워싱턴에게 13발의 예포가 울렸다. 다음 날 그는 과거 자신의 부관이었고 지금은 회의 의장인 토마스 미플린(Thomas Mifflin)에게 서신을 보내서 그가 자신의 사직을 서면으로 제출해야 하는지 아니면 공식행사에서 제출해야 하는지에 대해 물었다. 워싱턴은 민간 권력 앞에서 자신의 겸손을 극적으로 각색할 자신의 모든 힘을 다하고 싶었다.[335] 회의는 12월 22일 장중한 만찬으로 축하를 받은 뒤에 그가 다음날 정오에 회의 앞에서 자신의 임명장을 되돌려줄 것이다. 수백명의 사람들이 축하 만찬에 참석했다. 그 만찬은 요란한 좋은 기운을 자아냈다.

워싱턴의 사임은 여전히 의심의 눈초리를 거두지 않는 세계에 새 공화국이 혼란속으로 빠져들지 않을 것이라는 것을 보여주도록 계획된 하나의 세심하게 준비된 행사였다. 워싱턴이 마지막으로 그의 익숙한 제복을 입고 정오 조금 직전에 국가 청사에 도착했다. 회의의 비서인 찰스 톰슨(Charles Thomson)이 워싱턴을 영접했고 그를 연단으로 안내했다. 그곳에서 데이비드 험프리스와 벤자민 워커가 그의 양 옆에 앉았다. 관중 속에는 20명의 대표들이 드문드문 모자

---

335) Ron Chernow, *Washington: A Life,* New York: Penguin Books, 2011, p. 454.

를 쓴 채 앉아 있었다. 이것은 불경의 표시가 아니라 반군주제의 제스처였다. 유럽의 왕국에서 서민들은 언제나 왕족 앞에 서 있어야 했고 모자를 벗었다. 그때 문이 열리고 지도급 매릴랜드 정치인들과 마을의 신사들이 홀 안으로 쏟아져 들어왔다. 남자들은 아래 층 좌석에 몰렸고 밝은 눈의 숙녀들은 2층 회랑을 채웠다. 모든 사람들이 이 역사적 사건을 들여다보려고 홀안으로 밀렸다.

관중들이 황홀한 침묵으로 자리에 앉자 토마스 미플린이 일어서서 집결된 회의에서 통일된 국가들은 워싱턴의 전달을 받을 준비가 되었다고 억양을 높여 말했다. 정확한 각본에 따라 워싱턴은 일어나서 의원들에게 머리를 숙여 인사했다. 그들도 존경심에서 모자를 벗고 머리를 숙여 답례했다. 워싱턴이 말할 때 그는 너무 크게 떨기 시작해서 연설문을 들고 있던 오른손을 왼손으로 고정시켰다. 감정으로 목이 메인 소리로 워싱턴은 그가 처음 총사령관으로 임명될 때 부적합함에 대한 자신의 감정을 회상하고 오직 대의의 옳음에 대한 믿음과 미국의 최고 권력의 지원과 하늘의 후원에 의해 자기가 지탱되었다고 천명했다. 그는 자기와 함께 봉사한 병사들에게 존경을 표하고 회의에게 병사들이 급료를 받지 못하고 집으로 보내졌다는 사실을 상기하면서 그들을 보살필 것을 부드럽게 촉구했다. 그리고 바로 이 지점에서 그는 떨리는 두 손으로 연설문을 꽉 잡아야 했다. 잠시 후 워싱턴은 자세를 가다듬고 그의 영원한 은퇴를 암시하면서 시적인 어조로 마무리했다.

"이제 나에게 부여된 일을 마쳤으니 나는 행동의 무대에서 은퇴한다. 그의 명령 하에서 그렇게 오랫동안 내가 행동한 이 장엄한 기구에 애정어린 작별을 고하면서 여기서 나는 나의 임무를 내려놓고 공적 생활의 모든 일들로부터 떠난다."[336]

그리고 나서 워싱턴은 자신의 코트에서 원래의 임명장을 꺼내 자기의 접은 연설문과 함께 그것을 토마스 미플린 의장에게 건네주었다.[337] 감동적 충격은 압도적이었다.

토마스 미플린 의장은 위엄 있는 방식으로 당시에 버지니아의 대표였던 토마스 제퍼슨(Thomas Jefferson)이 작성한 준비된 답사를 했다. 이 답사에서 미플린은 워싱턴이 필적할 수 없는 방식으로 민간권력의 권리들을 존중하면서 지혜와 불굴의 정신으로 거대한 군사적 갈등을 수행했다고 인증했다. 미플린의 연설 뒤에 정식 인사가 있었고 워싱턴은 떠날 준비를 했다. 그는 회의의 각 대표들 각자와 악수를 하고 작별을 고했다. 이렇게 그는 수년간의 자신의 군사적 봉사를 끝냈다. 그것은 역사가 제시하지 않는 그런 숭고하고 감동적인 대장면이었다. 구경꾼들은 모두가 울었고 또한 눈물을 흘리지 않는 회의의 구성원들은 거의 없었다. 작은 대표단이 워싱턴을 근처 사우스 강(South River)의 페리까지 안내했다. 그리고 나서 워싱턴은 마침내 혼자 남게 되자 2명의 부관과 하인들과 함께 말을 타고 마운트 버논으로 향했다.

전 역사를 통해서 승리한 장군들은 자신의 명성을 정치권력으로

---

336) *Ibid.*, p. 456.
337) *Ibid.*

전환하려고 추구했던 반면에 워싱턴은 오직 사적인 삶을 갈망했다. 자신의 힘을 영광스럽게 만드는 대신에 그는 그것의 무서운 무게와 잠재적 오용을 두려워했다. 그는 로마의 애국자 킨키나투스의 역사적 비유의 그림자 속에 오랫동안 살았다. 이제 아나폴리스에서 자신의 총사령관직 사임과 함께 이 비유는 완벽했다. 워싱턴은 마침내 미국인들의 킨키나투스가 된 것이다. 올리버 크롬웰(Oliver Cromwell)은 영국혁명 후에 권력을 포기하지 않았다. 나폴레옹, 레닌, 마오, 그리고 카스트로도 그들의 각 혁명적 타결을 다음 세기의 타인들에게 남기기 위해 옆으로 비켜서지 않았다. 워싱턴에게는 무엇이 달랐는가? 아니면 그의 전이나 후에 다른 혁명지도자들이 저항할 수 없는 것으로 발견한 유혹을 그가 저항하게 허용한 미국혁명에 의해 창조된 정치적 조건은 무엇이 달랐던 것일까?[338]

워싱턴에게 혁명적 위상이 부족하지 않았다. 그는 1775년에 형성된 군대와 대의 그 자체가 돌아가는 중심부였다. 그는 요크타운으로 가는 길고도 험난한 길을 통해 미국의 독립에 대한 헌신을 구현한 인간의 얼굴과 장엄한 인물로 남았다. 또한 이제 연합의회(Confederation Congress)라고 불리는 새 정부가 전쟁 그 자체를 관리했던 것보다도 전후 조건을 더 잘 관리할 수 있을 것이라는 워싱턴의 믿음의 문제도 아니었다. 그는 오히려 미국 공화국이 직면한 정치적이고 또 경제적 문제들의 불일치에 관해서 회의적이었고, 그래서 만일 의회의 권한이 확대되지 않으면 그래서 모든 일반적 목적에 유능하지 않으

---

338) Joseph J. Ellis, *His Excellency: George Washington*, New York: Vintage Books, 2004, p. 139.

면 흘린 피와 발생했던 비용 그리고 느낀 고통이 헛될 것이며 그들을 단결시킨 유대가 이미 너무 약해졌지만 곧 깨져버릴 것이다. 그리고 그 때는 무정부 상태와 혼란이 지배할 것이라고 뉴욕의 총독에게 썼다.[339]

또한 워싱턴이 조지 메이슨(George Mason)과 토마스 제퍼슨(Thomas Jefferson)을 포함하여 버지니아의 지도급 정치사상가들이 공화국 정부의 발생적 충동과 진정한 "76년의 정신"(spirit of '76)으로 간주하는 행정부 권력이나 그 문제에 관한 한 모종의 중앙집권적 정치권력에 깊은 혐오감을 공유한 것도 아니었다. 전쟁 중에 그가 경험에서 얻은 주된 정치적 교훈은 연방이나 국가 정부가 충분한 에너지가 부족했고 영국 의회와 왕의 권위를 거부하는데 있어서 미국의 정치가들이 정치권력 그 자체에 엄격한 제한을 둘 필요성에 관해서 지나치게 일반화되었다는 점이었다.[340] 그리고 끝으로 워싱턴은 국가연합의회가 군대에게 한 약속을 지킬 것이라는 데 대해 어떤 환상도 품지 않았다. 1780년에 대륙회의는 참전 재향군인 장교들에게 평생 동안 절반의 급료를 주겠다는 결의안을 채택했다. 그러나 1782년부터 1783년 겨울까지 이 연금을 지불할 예산은 결코 마련되지 않을 것이라는 점이 분명해졌다.

이제 회의에서 대표자로 봉사하는 해밀턴은 5년 동안만 급료전액을 지불하자는 보다 덜 비싼 제안도 같은 운명에 처할 것이라고 보고했다. 즉 해밀턴은 일단 평화조약이 체결되면 약속은 완전히 잊혀

---

339) *Ibid.*, p. 140.
340) *Ibid.*

지고 군대는 해산될 것이라고 내다보았다. 1783년 1월까지 워싱턴은 상비군에 대한 회의의 두려움이 군대의 대우를 상설 농담으로 만들었다고 결론지었다. 대륙군의 장교들과 참전군인들에 대한 그의 충성심은 강력한 감정적 날을 갖고 있었다. 왜냐하면 그들이 미국의 독립을 가능케 한 개인적 희생을 했다고 그는 정당하게 믿고 있었기 때문이다. 그리고 그도 역시 과거 복무에 대한 보상의 전망은 전쟁과 함께 종식될 것이라고 믿었다.

이런 고려 사항들의 모든 것은, 즉 워싱턴의 초월적 위상과 새 연방정부의 연약함, 그리고 군대의 불만 등이 1783년 3월에 뉴버그 음모(Newburgh Conspiracy)를 낳았으며 그것이 어쩌면 "워싱턴의 마지막 유혹"(the Last Temptation of Washington)이었다고 불러도 좋을 것이다.341) 워싱턴은 자신의 군 경력 중에서 이런 절정의 순간에 그가 천연두에 면역이 있는 것처럼 독재권력의 유혹에 면역되었음을 과시했다. 그의 대부분의 극적인 결정의 경우에서 아주 흔했던 것처럼 그의 행위에 대한 이유들은 그의 고결한 인격에 너무도 깊이 숨어 있어서 별다른 이유를 찾기 어려울 것이다.

---

341) *Ibid.*, p. 141.

X

조용한 입법자(Lawgiver)가 되다

"그의 미덕은 우리의 집회를 경건하게 만들었다."

– 케이토(Cato)

마키아벨리가 주장했듯이, 모든 사람들의 공동혜택을 위해 "새로운 법률을 제정하고 새로운 질서"를 창조하는 일이야 말로 가장 어렵고 또 숭고한 일이다. 그곳은 곧 국가의 새로운 법질서를 확립하는 일이다.

> "옛 국가들이나 혼합 정부의 국가들뿐만 아니라 새 국가들을 포함하여 모든 국가들이 갖고 있는 주된 토대는 좋은 법률과 좋은 무장이다. 그리고 좋은 무장이 없는 곳에 좋은 법률이 있을 수 없고 좋은 법률이 있는 곳에는 좋은 무장이 있다."[342]

워싱턴이 마키아벨리를 읽었다는 흔적은 어느 곳에서도 발견되지 않았지만 그러나 그가 회의의 항상 부족한 지원을 받으면서 대륙군

---

342) Niccolo Machiavelli, *The Prince,* 2nd ed. By Harvey C. Mansfield, Chicago: The University of Chicago Press, 1998, chapter XII, p. 48.

의 총사령관으로 8년 동안 전쟁을 치르면서 스스로 마키아벨리와는 무관하게[343] 그의 이런 정치적 입장을 실감했을 것이다. 국가연합이라는 대륙회의의 제한적 대륙군 모병과 언제나 부족한 병참 지원 속에서 워싱턴은 항상 고통받았다. 힘없는 대륙회의는 힘없는 법률만을 되풀이했고 그에 입각한 힘없는 군대는 효과적인 전쟁수행을 할 수 없었다. 전쟁이 끝났을 때 워싱턴은 알렉산더 해밀턴에게 "미국에서 그 누구도 나보다도 더 우리의 현 국가연합에 개혁의 필요성을 깊이 느낄 수 없을 것이다"라고 말했다.[344]

자발적 희생을 공화정부의 운영 원칙으로 삼는 것은 낭만적 환상에 지나지 않는다는 것이 입증되었다. 개별 시민들과 주권국가들은 모두가 종종 책임 있게 행동하기 위해서 강제력이 요구되었다. 그것은 연방정부가 징세에 대한 확대된 권한과 재정정책에 대한 궁극적인 통제력을 필요로 한다는 것을 의미했다. 그러한 권한이 없이는 국가연합이란 그에게 헛소리에 지나지 않는 것으로 보이고, 또 회의는 그들의 현재 유약한 조건에서 공공 빚에는 치명적 비수를 찌르기에는 소용없는 기구로 보이고, 유럽인들의 눈에는 경멸 속으로 빠져들 것이 틀림없다고 워싱턴은 믿었다.[345] 은퇴한 직후 몇 년 동안에 워싱턴은 비참하게 운영되는 국가연합회의에 대한 자신의 경멸이나 국

---

343) 그렇다고 해서 미국의 모든 국부들이 마키아벨리와 완전히 무관한 것은 아니었다. 워싱턴의 가장 유능했던 부관이었고 후에 보좌관이었으며 정부수립 후 첫 재무장관을 역임한 알렉산더 해밀턴은 마키아벨리를 잘 알고 있었다. John Lamberton Harper, *American Machiavelli: Alexander Hamilton and the Origins of U.S. Foreign Policy*, Cambridge, UK: Cambridge University Press, 2004. 특히 p. 15를 참조.

344) Joseph J. Ellis, *His Excellency George Washington*, New York: Vintage Books, 2004, p. 168.

345) *Ibid.*

가연합의 법률조항들이 치명적인 결함이 있다는 그의 신념을 숨기지 않았다.

　조지 워싱턴은 마운트 버논으로 돌아온 후에 미합중국의 헌법적 질서를 창조하는데 참여하게 되었다. 마운트 버논으로의 귀향은 그가 1775년 5월에 제2차 대륙회의를 위해 떠난 이후 그가 여행한 참으로 엄청난 거리를 예리하게 깨닫게 했다. 전쟁 후 워싱턴은 일반적으로 인정된 것보다는 훨씬 더 열심히 독서를 했다. 벤자민 프랭클린이나 토마스 제퍼슨에 버금가는 르네상스 인간은 결코 아니었지만 그는 그의 생애를 통해 광범위한 관심을 추구했다. 오랫동안 농업 관련 논문들과 기타 실용적 지식에 관한 책들을 열심히 읽었다. 그러나 그는 역시 자기 시대의 중요한 문학 작품을 읽었다. 그의 서재에는 알렉산더 포프(Alexander Pope), 조나단 스위프트(Jonathan Swift), 존 밀턴(John Milton) 그리고 올리버 골드스미스(Oliver Goldsmith)와 존슨 박사(Dr. Johnson)의 유명한 사전 같은 책들이 있었다. 1783년 봄에 그의 뉴버그 본부로부터 그는 신문에 난 판매 광고를 보고 책들을 주문했으며 구매 목록에 있는 상당한 작품들에 의해 깊은 인상을 받는다. 그의 절충적 전후 독서로서는 그가 볼테르의 <그의 친구 여러 명에게 보낸 편지>(*Letters to Several of His Friends*), 존 로크의 <인간의 이해에 관한 에세이>(*An Essay Concerning Human Understanding*)가 들어있다. 결정적으로 전기적 성향을 보이면서 워싱턴은 스웨덴의 찰스 12세, 프랑스의 루이 14세 그리고 러시아의 피터 대제의 생애에 관한 책들을 주문했다.[346]

---

346) Ron Chernow, *Washington: A Life,* New York: Penguin Books, 2011, p. 470.

분명히 프랑스의 여행을 희망하면서 그는 비록 외국어에 대한 적성을 별로 보이지 않고 아무런 진전이 없었음에도 불구하고 불어 사전과 문법책을 주문했다. 워싱턴은 또한 비록 재치 있는 응답술로 알려지지는 않았지만 작가들의 사회를 즐기고 결코 그들의 동반에 지적으로 위협을 느끼지 않았다. 1785년 5월에 사전 편집자인 노아 웹스터(Noah Webster)가 버지니아에서 지적 소유권에 대한 워싱턴의 지지를 받기 위해 마운트 버논에서 하루를 보냈다. 그 때 그가 워싱턴에게 자신의 <미국정책의 윤곽>(Sketches of American Policy)이라는, 강력한 중앙정부를 주장하는 자기의 책을 선물했을 가능성이 아주 높다.[347]

어떤 사람들은 교육 받고 잘사는 사람들이 어느 국가에서나 지도자가 되려고 해야 한다고 생각하듯이 워싱턴은 공적 봉사에 대한 본능적 감각을 갖고 있었다. 마운트 버논으로 돌아온 후 그의 마음은 적극적으로 정치 문제에 가 있었다. 정치권력이 13개 국가들의 수도로 돌아감에 따라 그는 어떤 미래 연방정부의 핵심도 비효율적인 정부의 위험을 그렇게 극적으로 실감한 대륙군의 참모들로부터 나올 것으로 짐작했을 것이다. 고요한 마운트 버논에서 은퇴생활의 안락한 환상은 사라지기 시작했다. 워싱턴은 미국의 혁명을 미국이 독립을 수립할 뿐만 아니라 미국이라는 하나의 국가를 세우는 운동이라고 간주했다. 이 두 가지 과제는 그에게 하나였다. 다시 말해서 워싱턴은 어렵게 획득한 미국의 독립은 "연합국가들"(the United States)

---

347) Joseph J. Ellis, *His Excellency George Washington,* New York: Vintage Books, 2004, p. 170.

이 복수의 용어가 아니라 단수의 용어가 되지 않는 한 오래가지 못할 것이라고 믿었다. 왜냐하면 국가들의 단순한 연합은 어떤 해외 강대국들의 봉이 될 것이고 또 거의 확실하게 모두의 경멸의 대상이 될 것이기 때문이었다.[348]

뿐만 아니라, 그의 사유 속에는 추가적인 요소가 있었는데 그것은 그가 잘 아는 옛 전쟁에 뿌리를 두고 있었다. 프랑스-인디안 전쟁은 영국, 프랑스 그리고 6개 국가들(the Six Nations, 인디안의 국가들)이라는 세 제국적 강대국들 사이의 미시시피의 동쪽 북 아메리카의 지배를 위한 경쟁이었다. 워싱턴은 미국의 혁명을 그 경합의 연속으로 보았으며 그 속에서 오직 새로운 독립적 미국만이 대륙의 지배적인 제국국가인 영국을 대치할 것이라고 내다보았다. 미국이 지금은 제아무리 중요하지 않게 간주된다고 할지라도 언젠가 미국이 제국들의 저울에서 어느 정도 무게를 갖게 될 것이라고 라파예트에게 예측했으며 미국은 이미 하나의 "신생-제국"(an infant-empire)이라고 덧붙였다.[349] 그리고 지리적으로 대륙을 가로지르고, 연대기적으로는 다음 세기에 뻗쳐 있는 이 제국은 그런 대규모 제국적 계획에 수반하는 거대한 에너지와 자원들을 이용하고 관리하도록 완전한 권한이 주어진 연방정부에 의해서만 성취될 것이다.[350]

워싱턴이 미국의 미래가 무엇을 요구하는 데에 대해 확신했다면 그는 동시에 국가연합의 법률을 개혁하려는 어떤 운동도 임박하지 않다

---

348) *Ibid.,* p. 170.
349) *Ibid.*
350) *Ibid.*

고 확신했다. 그리고 설사 그런 일이 발생한다 해도 자기는 그것을 주도해 나갈 메시아가 아님은 물론이고 그것을 보기 위해 주변에 있지도 않을 것이라고 확신했다. 그러나 바로 이러한 워싱턴의 확신을 재검토할 필요가 있을 것이라는 첫 표시는 국가연합 정부의 외교정책을 감독하고 있는 존 제이(John Jay)로부터 편지의 형식으로 1786년 3월에 마운트 버논에 도착했다. 제이는 국가연합의 법률조항들을 개정하기 위해 세력을 규합하는 운동에 관하여 워싱턴에게 알려주었다. 워싱턴은 그런 변화를 실행하기 위해서는 위기적 분위기가 요구될 것이라고 말했다. 국가연합의 법률조항들을 개정하고 수정할 필요가 있다는 데에 자기는 의심하지 않지만, 그러나 그런 시도의 결과가 무엇이 될지는 의심스럽다. 그러나 뭔가는 행해져야 하며 그러면 그 기구는 쓰러질 것이라고 그가 말했던 것이다.[351]

존 제이가 말하는 국가연합의 법률조항을 개정해야 한다는 움직임은 이미 그 전 해에 시작되었다. 1785년 3월에 포토맥(the Potomac) 강을 접하고 있는 버지니아와 메릴랜드 두 국가가 그들의 공동 통상적 이익을 조정하기 위해서 만났다. 그 모임은 사실상 워싱턴의 문턱인 버지니아의 알렉산드리아(Alexandria)에서 소집되었다. 다음 해에 버지니아는 통상적 관심을 논의하기 위해서 13개 국가들을 소집했다. 그 모임이 1786년 9월에 애나폴리스에서 모였을 때 오직 5개 국가들만 나타났지만 다음 해 봄에 통상적 문제들뿐만 아니라 미국의 상황을 논의하기 위해 그들은 이제 민간인 생활을 하고 있는 알렉산더 해밀턴에 의해 작성된 대회(the Convention)의 소집을 발했다. 이

---

351) Ron Chernow, *Washington: A Life,* New York: Penguin Books, 2011, p. 516.

대회는 1787년 5월에 필라델피아에서 개최될 것이다. 미국의 상황은 수송이 아닌 다른 이유들로 관심을 필요로 했다. 회의는 여전히 지불하지 못한 빚더미 하에서 계속 신음하고 있었다. 그것은 13개 국가들에 대한 청구에 예산을 의존했지만 대부분의 국가들은 여전히 지불하지 않았다. 10년 전에 대륙회의는 국가연합의 법조문들(the Articles of Confederation)을 수정하여 국민정부가 수입에 5%의 세금을 물리도록 허용하는 것을 고려했었다.

　뉴욕의 대표인 알렉산더 해밀턴과 버지니아의 대표인 제임스 매디슨은 함께 그 계획을 지지했고 친구가 되었다. 그러나 수정안은 모든 국가들의 동의를 필요로 했고 로드 아일랜드가 거부했다. 로드 아일랜드가 버티자 버지니아도 그것의 승인을 철회해버렸다. 그리고 두 젊은 의원들은 반감에 그만두었다. 회의만 채무자가 아니었다. 국가들도 자기들의 빚이 있었고 그들은 종이 화폐를 발행하고 세금을 올려서 그것을 회수하려고 노력했다. 세금들, 특히 토지세는 시민들을 채무자로 만들었다.

　애나폴리스의 모임 이틀 후에 버지니아 대표단의 단장인 에드먼드 랜돌프(Edmund Randolph)가 마운트 버논에 도착하여 워싱턴에게 브리핑을 했고 워싱턴은 해밀턴의 호소를 전적으로 인정했다. 10월 말에 제임스 먼로(James Monroe)를 동반한 제임스 매디슨이 마운트 버논에서 3일간을 보내면서 국가연합의 법조문들을 면밀히 검토하면서 공동 입장을 발견했다. 분명히 매디슨, 먼로, 그리고 랜돌프는 워싱턴을 은퇴에서 달콤한 말로 끌어내서 그를 정치적 구조를 개혁하는 점증하는 운동에 끌고 들어가려고 노력했다. 워싱턴은 서서히 그

가 저항하기 어려운 조류에 휩쓸리고 있었다.[352]

워싱턴이 자신의 미래의 역할에 대해 고심하고 있던 차에 매사추세츠의 농촌에서 폭동이 발생했다. 그가 말했던 위기적 분위기가 조성되는 계기가 우연히 발생했던 것이다. 1786년 여름에 전쟁 중 시민군의 대위였던 다니엘 셰이스(Daniel Shays)가 주도하는 서부 매사추세츠에 있는 농부들이 저당권의 상실을 막기 위해서 법원들을 공격했다. 워싱턴은 과거 자기의 포병 지휘관이었던 헨리 녹스로부터 셰이스 반란에 대한 대부분의 정보를 얻었다. 그는 워싱턴에게 1만 2천~1만 5천명의 절망적이고 무원칙한 사람들이 뉴 잉글랜드의 전역에 흩어져서 공적 및 사적 모든 빚을 궤멸할 결심이라는 정보를 그에게 보냈다. 이것은 반란자들의 수와 그들의 의도에 대한 과장된 정보였다. 그러나 워싱턴을 가장 괴롭게 한 것은 폭동의 세부사항이 아니라 그것이 폭로한 저변의 정치적 상황이었다.[353] 그가 확보하기 위해 전쟁을 치렀던 자치정부의 원칙이 지배자들에 의해서 위협받고 있는 것으로 보였다. 셰이스와 그의 지지자들이 저항하는 것은 그들 자신의 대표자들이었다. 반란자들의 스프링필드에 있는 군대 무기고로 행군하겠다고 위협하자 회의는 헨리 녹스를 급파하여 현지에서 방어적 조치를 감독하게 했다.

헨리 리가 워싱턴에게 반란자들이 정부를 전복하고 빚을 폐지하고 재산을 재분배할 계획에 관해서 놀라운 보고서를 보냈다. 시민들은 워싱턴이 직접 매사추세츠로 가서 평화와 화해를 회복하도록 그

---

352) *Ibid.,* p. 517.
353) Richard Brookhiser, *Founding Father: Rediscovering George Washington,* New York: Free Press Paperbacks, 1997, p. 53.

에게 호소했다. 셰이스의 반란은 워싱턴에게 국가연합의 법조항들을 철저히 조사할 필요성을 선명하게 해주었다. 매사추세츠 폭동은 완전한 군사적 대결로 종식되었다. 1월 말에 매사추세츠 시민군이 군중들에게 발포하여 여러 사람들을 죽이자 셰이스와 그의 지지자들이 스프링필드로 행군했다. 다음날 벤자민 링컨 장군이 4천명의 병사들을 이끌고 도착하여 남은 반란자들을 해산시킴으로써 반란을 종식시켰다. 회의가 반란을 진압하는데 있어서 그것이 역할을 못했다는 것은 국가 권력의 위험한 진공상태를 폭로한 것이다.

1785년부터 1786년 겨울 동안에 워싱턴보다 19살이 어린 제임스 매디슨(James Madison)은 파리에 있는 토마스 제퍼슨에게 책의 구매를 부탁했고 그가 지불한 222달러는 당시에 거의 200권의 책을 구입할 수 있었다. 뉴저지 대학(지금은 프린스턴) 출신인 그는 회의의, 즉 국가연합의 무능력 문제를 파고들었다. 매디슨이 집중한 연구의 즉각적인 결과는 고대와 근대의 국가연합의 헌법들의 단점들에 관한 분석이었다. 역사적 실례들은 고무적이지 않았다. 스위스 국가연합이 실패했다. 연합국 네덜란드도 사실상 붕괴하고 있었다. 매디슨은 미국 헌법의 단점들을 개선하기 위한 상세한 제안들로 자기의 역사적 교훈을 따랐다. 그는 그 연구결과물을 1787년 3월에 내놓았고 워싱턴과 마음이 통하는 다른 버지니아인들과 공유했다.[354]

1786년부터 1787년 겨울에 워싱턴은 필라델피아 대회의 참석 여부 문제로 고심을 했다. 버지니아 입법부가 그를 12월에 버지니아 국가의 대표들 중 한 사람으로 선택했을 때 주어진 상황이 거의 확

354) *Ibid.*, p. 54.

실하게 그의 참석을 막고 있다고 말했다. 매디슨에게 설명한 바로는 참전 장교들의 단체인 신시내티 협회(The Society of Cincinnati)가 5월에 필라델피아에서 모이는데 워싱턴이 그 협회의 추대된 회장이었다. 워싱턴은 그들에게 회장으로 재선을 원치 않고 또 참석하지도 않을 것이라고 말했다는 것이다. 실제로 워싱턴은 회원자격이 장손으로 계승되는 귀족적 자격 조건 때문에 말썽을 피하고 싶었다. 이 모든 것에도 불구하고 만일 워싱턴이 대회 참석을 위해 필라델피아에 나타난다면 그가 거북한 상황에 처할 것이기 때문이었다. 건강문제도 공허한 구실이 아니었다. 가을 이래 그는 폐렴을 앓고 있었다. 이런 어려움과 병환의 뒤에는 더 큰 곤란이 놓여 있었다. 그것은 소집된 대회가 불법적이라는 데 있었다.[355]

국가연합의 법적 조항들은 어떤 변경도 회의와 13개 모든 국가 입법부의 동의를 요구했다. 이 14개의 기구들이 필라델피아에서 나오는 것은 무엇이든지 동의할 것으로 생각할 수도 있지만 회의는 아직 그 대회를 승인하지 않았고 로드 아일랜드는 대표단을 보내지 않을 것이었다. 2월에 워싱턴은 이 집회의 합법성을 논하려는 것이 아니라고 녹스에게 썼다. 엄격히 적부를 따지면 그렇게 모인 집회는 합법적이 아닐 수도 있다고 그는 존 제이(John Jay)에게 3월에 썼다. 대회의 지지자들도 그들이 서있는 모호한 입장을 동등하게 의식하고 있었다. 그리고 바로 그런 이유 때문에 그들은 워싱턴의 참석을 필요로 했다. 만일 혁명의 영웅이 그들 가운데 한 사람이라면 그들이 어떻게 부적합한 모임이라고 책망을 받을 수 있겠는가?[356] 동시에 그

---

355) *Ibid.*, p. 55.

들은 그가 성공할 것 같지 않은 일에 그의 위신을 낭비하길 원하지 않았다.

그리고 또 헌법적 변경이 바람직한 지의 여부도 문제였다. 정치적 계급의 많은 사람들이 현재의 법적 조정에 행복해했다. 강화된 정부가 자유를 침해한다고 두려워하는 만큼 더 그랬다. 그들은 국가들의 작은 연못에서 큰 물고기로 즐기는 정도만큼 덜 그랬다. 변화의 지지자들은 새 정부가 자유를 위협하지 않을 것이라고 주장해야 할 것이다. 그리고 그들의 주된 동기는 미국이라는 큰 국가의 보다 큰 연못에서 큰 물고기가 되려는 욕망이 아니었다. 워싱턴의 참석은 그런 주장을 하는데 측정할 수 없을 정도로 도움이 될 것이었다. 그는 이미 미국에서 누구보다도 더 많은 권력을 갖고 있었다. 그리고 8년 반만에 그것을 포기했다. 워싱턴이야 말로 미국이 공급할 수 있는 온건성과 공평무사의 가장 과시적 본보기였다.[357]

1787년 3월까지 대륙회의는 국가들이 대표단을 필라델피아에 보내도록 권유하는 투표를 하여 하나의 장애물을 제거했다. 그리고 워싱턴은 대회에 참석하기로 결정했다. 5월 9일 미국에서 가장 유명한 사람이 마운트 버논을 떠났다. 워싱턴은 메릴랜드를 지날 때 두통과 복통을 겪기도 했지만 그가 필라델피아에 도착했을 때 그는 다시 건강함을 느꼈다. 대회는 5월 14일에 개최될 예정이었지만 25일까지 7개 국가의 정족수를 채우지 못했다. 늘 그럴 것이지만 그는 첫 날에 정확한 시간에 나타났다. 워싱턴은 이런 지연은 시간을 엄수하는 사

---

356) *Ibid.*, p. 56.
357) *Ibid.*

람들의 성질을 상하게 할 것이라고 기록했다.358)

　총 55명의 대표들이 비록 그들이 단 한 번도 모두가 참석한 적은 없지만 여름 동안에 참가했다. 당시 토마스 제퍼슨은 파리에 나가 있었고 존 애덤스는 영국에 공사직으로 나가 있었다. 눈에 띄게 버지니아의 웅변가인 패트릭 헨리(Patrick Henry)를 포함하여 다른 저명한 애국자들과 애덤스의 사촌인 사뮤얼 애덤스(Samuel Adams)도 그런 모험을 인정하지 않았기 때문에 참가하지 않았다. 그러나 대표들 중에서 8명은 독립선언서에 서명했던 사람들이었고 21명은 전쟁에 참가했었다. 그 모든 것에도 불구하고 그들은 평균 나이가 44세인 젊은 편에 속하는 그룹이었다. 가장 젊은 사람은 겨우 24세였고 가장 나이가 많은 사람은 81세의 벤자민 프랭클린이었다. 로드 아일랜드 국가는 대표단을 파견하지 않았으며 뉴욕 대표들의 대부분은 뉴 햄프셔 대표단이 도착하기 전에 떠났다. 그리하여 한 때에 11명 이상의 대표들이 모인 적이 결코 없었다. 7명의 버지니아 대표들은 아주 강력했다. 워싱턴과 매디슨 그리고 메이슨과 버지니아의 통치자인 에드먼드 랜돌프를 포함했다. 버지니아인들이 필라델피아에 맨 먼저 도착했다. 그리고 정족수가 되길 기다리면서 감정의 적절한 교류를 위해서 매일 모였다. 모든 좋은 정치인들이 그렇게 하듯이 그들은 의제 설정을 원했다.

　버지니아 모든 대표자들이 제 시간에 도착했기 때문에 그 구성원들은 초기에 그들 사이에서 강력한 단결을 도모하였다. 그들 간의 논의가 매디슨에 의해 주도된 소위 "버지니아 계획"(Virginia Plan)을

---

358) *Ibid.,* p. 57.

낳았다. 그것은 3부의 정부와 의회의 상하 양원에서 비례적 대표성을 제안했다. 활기찬 중앙정부를 선호하는 매디슨과 워싱턴은 랜돌프와 메이슨의 반대를 극복하고 그들의 강력한 국가주의적 견해를 버지니아의 공식적인 초안으로 만들었다.[359]

워싱턴이 대회에 들어갈 때 그가 품었던 아이디어들의 그림은 선명했다. 워싱턴은 헨리 녹스, 알렉산더 해밀턴, 존 제이 그리고 제임스 매디슨 같은 보좌역들과 상세한 소통을 교환했다. 워싱턴은 그들의 가능한 계획들에 대한 상세한 윤곽을 읽고 그의 관심을 끈 계획들의 본질적 사항들을 심지어 자기 손으로 베끼기까지 하였다.[360] 매디슨에 보낸 한 특별한 편지에서 보듯이 워싱턴은 자신의 모토도 전했다.

> "나의 염원은 대회가 어떤 일시적 편의를 채택하지 않고 그러나 헌법의 결함들을 바닥까지 파고들어 과감한 치료를 제공하는 것이다. 그들이 동의하든 안 하든 간에 이런 행위가 대회 진행에 지혜와 존엄성을 보여줄 것이고 또 곧 그것의 영향력을 발할 선각자로 보일 것이다."[361]

국가연합의 법조항들을 말하기 위해 헌법이라는 용어를 워싱턴이 사용했다는 것은 그의 야심의 정도를 선명하게 보여주고 또 보다 중

---

359) Ron Chernow, *Washington: A Life,* New York: Penguin Books, 2011, p. 529.
360) William B. Allen, "George Washington and the Standing Oak," in Gary L. Gregg and Matthew Spalding, eds., *Patriot Sage: George Washington and the American Political Tradition,* Wilmington, Delaware: ISI Books, 1999, p. 116.
361) *Ibid.*

요하게는 건국의 조건에 관한 그의 근본적 이해를 보여주었다.[362]

1787년 5월 25일 비 내리는 금요일에 필라델피아 대회가 시작되면서 대회가 해야 할 첫 순서는 의장을 선출하는 것이었다. 모든 관심이 워싱턴과 벤자민 프랭클린에게 쏠렸다. 프랭클린이 워싱턴을 그 자리에 지명할 예정이었다. 그러나 날씨가 나빠서 프랭클린은 집에 머물고 펜실베니아의 대표자이며 재정가인 로버트 모리스(Robert Morris)가 프랭클린 대신에 그 안건을 제의했다. 사우스 캐롤라이나의 대표인 존 러틀리지(John Routledge)가 워싱턴 장군의 참여는 이경우에 어떤 관찰도 불필요하다고 말하면서 제청했다. 헌법을 만드는 자들과 깨는 자들에겐 그들의 영웅이 있었고 따라서 진행하는 것이 안전했다. 모리스의 제의는 만장일치로 통과했고 워싱턴은 대표자들에게 경험의 부족으로 인해 발생할 지도 모르는 어떤 실수가 있을 경우 용서해달라고 말하면서 그런 명예에 대해 감사를 표했다.[363] 필라델피아 대회에 그가 참석하고 있다는 바로 그 사실은 첫째는 독립을 쟁취하고, 둘째로는 그것을 안전하게 한다는 두 가지의 창업의 순간들의 연계를 확실히 해주었다. 그는 자신의 관습적이고 불가결한 역할을 수행하기 위해 또 다시 앞으로 나섰다. 첫 번째에는 그의 목숨이 달려 있었다. 이번의 두 번째에는 그의 유산이 달려 있었다.[364]

무엇보다도 조지 워싱턴이 받고 있는 경외심이 그의 동료 대표자

---

362) *Ibid.*

363) Richard Brookhiser, *Founding Father: Rediscovering George Washington,* New York: Free Press Paperbacks, 1997, p. 58.

364) Joseph J. Ellis, *His Excellency George Washington,* New York: Vintage Books, 2004, p. 177.

312 조지 워싱턴 −창업의 거룩한 카리스마적 리더십−

들에게 영향을 미쳤다. 그것은 대회의 일주일 만에 행정부에 관한 논의에서 재확인되었다. 현재 제도 하에서 회의는 한 사람이 의장을 두고 있지만 그는 단지 회의를 주재할 뿐이었다. 행정부를 보다 강력한 세력으로 만들려는 계획이 제안되었고 그리고 제안된 첫 의안은 행정부를 단 한 사람으로 만드는 것이었다. 아무도 일어나서 그 사항을 논하지 않았다. 상당한 휴회가 있은 후에 의장이 그 문제를 표결에 부쳐야 하는 지를 묻자 프랭클린 박사가 그 문제는 대단히 중요한 사항인 만큼 그 문제가 표결에 부쳐지기 전에 대표들이 그것에 대한 자기들의 의견을 표시하기를 바랐다. 그 순간에 워싱턴은 의장석에 있지 않았다.

필라델피아 대회는 그 자체가 하나의 전체위원회가 되어 이 절차적 장치가 논의의 보다 큰 융통성을 허용했고 전체위원회의 의장은 매사추세츠의 나다니엘 고햄(Nathaniel Gorham)이었다. 그러나 워싱턴도 한 사람의 대표로서 회의장에 있었다. 만일 국가의 행정부가 있을 것이고 또 만일 그것이 한 사람이어야 한다면 워싱턴이 바로 그 사람이었다. 대표자들의 대담성에도 불구하고 어느 누구도 그의 면전에서 워싱턴의 다음 직책을 자르고 줄이는 일을 시작할 만큼 충분히 대담한 것 같지 않았기 때문에 상당한 휴회가 따랐다. 그런 봉쇄를 깬 사람은 워싱턴같은 위신을 가진 유일한 다른 대표인 벤자민 프랭클린이었다.365)

워싱턴은 발언을 함으로써 그가 보유한 권력을 행사하지 않았다. 물론 그의 마음이 비어 있거나 다른데 정신을 판 것이 아니었다. 모

---

365) Richard Brookhiser *op. cit.*, p. 60.

든 대표자들은 대회가 열리는 동안에 논의 과정에 대한 어떤 노출도 피한다는 비밀서약의 맹세를 반영하고 있었다.366) 대회의 비밀성에 대한 그의 강의를 빼놓고 그는 대회의 첫날부터 마지막 날까지 대회에서 연설을 하지 않았다. 대회에 대한 워싱턴의 가장 실질적인 기여는 그의 말이 아니라 논의를 위한 기초가 되는 계획의 인정이었다. 이것은 버지니아인들이 필라델피아에 일찍 도착했을 때 작업한 것이었다. 그리고 실제로 그것을 작성하는 과정은 수개월 전에 시작했었다. 매디슨의 제안으로 알려진 버지니아 계획은 대회의 3일째 되는 날에 랜돌프에 의해 발표되었다. 워싱턴은 매디슨에게 자기는 대회가 개별 국가들로 돌아가는 대신에 모든 적절한 경우에 단호하고 일관된 손으로 권한들을 행사하는 대회가 되길 희망한다고 썼다.367) 버지니아 계획은 분명히 그렇게 되어 있었다. 매디슨의 작성안에 대한 워싱턴의 요약이 말해주듯 그것은 지방 당국들이 유용하게 복종할 때에는 언제든지 그들을 포함하여 당연한 국가적 권위의 최고성을 요구했다. 그것의 가장 놀라운 특징은 의회가 반헌법적이라고 생각하는 어떤 국가의 법도 거부할 권한을 갖는다는 제안이었다. 원래 매디슨은 기존 국가들의 모든 법에 대해 훨씬 더 일소하는 새로운 중앙정부의 권한을 요구했었다.

그런 통합된 새 국가 제도 하에서 잃을 것이 가장 많다고 느낀 국가들은 뉴저지의 윌리엄 패터슨(William Paterson)에 의해 읽힌 계획으로 2주 반 만에 반격을 가했는데 그것은 본질적으로 가장 중요한

---

366) Joseph J. Ellis, *op. cit.,* p. 178.
367) Richard Brookhiser *op. cit.,* p. 62.

것으로 징세의 권한과 같은 추가적 권한들을 가진 현재 제도 그대로
였다. 신중한 대표자들에게 그 제안은 많은 대표자들이 기존의 헌법
에 오직 수정안들 만을 제안하도록 허용하는 그들을 파견한 국가들
의 입법부들에 의해서 부여된 지시에 순응하는 장점을 갖고 있었다.
6월의 남은 날들과 7월에 접어들어서 양편은 논쟁을 벌였다. 버지니
아 계획의 가장 탁월한 지지자들은 국가들 권한의 파당들의 두려움을
진정시키려고 한일이 별로 없었다. 해밀턴은 어느 지점에서 국가들의
정부들은 점차로 무용지물이 될 것이라고 말했고 매디슨은 국가들은
법인들로 축소되어야 한다고 가정하기도 했다. 그러나 가장 공격적인
코멘트는 펜실베니아의 구베르뇌르 모리스(Gouverneur Morris)에게
서 나왔다. 모리스는 "이 나라는 통일되어야 한다. 만일 설득이 통일
하지 않으면 무력이 할 것이다"라고 말했던 것이다. 이 말은 피터슨
으로 하여금 무력의 얘기는 신념을 생산하는데 별로 계산되지 않는
다는 반박을 초래했다.[368]

워싱턴은 침묵을 지킴으로써 자극적인 언급의 가능성을 피했다.
그러나 그는 또한 대표로서 던진 몇 번의 투표에서 온건성의 정신을
보여줄 수 있었다. 6월 초에 의회가 반헌법적이라고 판단되는 경우
들로부터 국가의 법률을 거부하는 의회의 거부권을 모든 경우로 확
대하는 투표가 있었다. 버지니아가 이 법안을 3대 2로 지지했다고
말하면서 매디슨은 이상하게도 워싱턴 장군과 협의하지 않았다고 덧
붙였다. 가장 가능성이 높은 것으로는 매디슨 자신은 투표를 했을 것
이기 때문에 워싱턴 장군과 사적으로 협의했지만 그 협의의 결과는

---

368) Richard Brookhiser *op. cit.,* pp. 63–64.

이 휘발성 쟁점에 대해 워싱턴이 공식적 입장을 취하지 않았던 것이다. 두 달 후에 매디슨은 화폐의 발권 권한을 새 의회의 하원에 국한시키는 법안에 뜨겁게 저항하고 있었다. 많은 국가들의 헌법들은 그런 제약을 포함했지만 매디슨은 국가의회의 양원이 가능한 한 많은 행동의 자유를 갖기를 원했다. 이 경우에 버지니아는 매디슨에 3대 2로 반대하는 투표를 했으며 워싱턴은 다수와 함께 했다. 워싱턴의 온건성과 그의 정치적 온정이 대회에 대한 그의 마지막 봉사였다.369)

위협과 반격 그리고 화해의 과정 속에서 버지니아 계획의 많은 것이 크게 변경되었다. 이 헌법 대회는 눈부신 돌파구를 경험했다. 7월 중순에 하원은 인구에 입각한 비례적 대표권을 갖는 반면에 작은 국가들이 상원에서 동등하게 대표되는데 합의했다. 크고 작은 모든 국가들이(이제는 주들이) 상원(the Senate)에서 동등한 대표권을 갖게 된 것이다. 워싱턴과 다른 버지니아의 대표자들에게 이것은 연방정부를 심각하게 약화시키는 위협으로 삼키기에 쓴 약이었다. 그럼에도 불구하고 아주 실용적인 사람이었던 워싱턴은 통일을 형성하기 위해서 고통스러운 타협의 필요성을 수용하면서 헨리 녹스에게 대표자들에 의해서 형성되는 정부가 그런 다양한 아이디어들이 지배하는 상황에서 현재 얻어낼 수 있는 최선이라고 확실히 했다.370)

아마도 가장 불편한 토론은 노예제도 문제에 달려있었다. 노예제도 폐지론자들의 운동은 뉴 잉글랜드에서 상당한 진전이 있었지만 그러나 전후에 잠시 관심이 되었다가 남부에서 토대를 잃고 있었다.

---

369) *Ibid.,* p. 65.
370) Ron Chernow, *Washington: A Life,* New York: Penguin Books, 2011, p. 536.

남부 국가들이 원하는 안전은 그들의 흑인 노예들을 빼앗기지 않는 것이라고 사우스 캐롤라이나의 피어스 버틀러(Pierce Butler)가 주장했다. 위장된 협박을 하면서 어떤 남부의 대표들은 만일 누군가가 그들의 특이한 제도에 간섭한다면 대회를 그만두겠다고 맹세했다. 현재 진정한 문제는 남부 주들이 통일에 당사자가 될 것인가 아닌가 여부라고 사우스 캐롤라이나의 존 러틀리지(John Rutledge)가 말했다. 대표자들은 노예제도는 헌법에서 이름으로 언급되지 않을 것이며 "봉사나 노동에 묶인 자들"과 같은 투명한 완곡어법에 양보했다.371)

노예 소유자들은 상당한 양보를 얻어냈다. 그리하여 하원과 선거인단에서 대표권 목적들을 위해 그들은 자기들의 노예 인구 3/5을 계산에 넣게 될 것이다. 이것은 비열한 재간이 아니었다. 예를 들어서 버지니아에서는 인구의 40%를, 그리고 사우스 캐롤라이나에서 60%까지 차지했다. 노예무역도 역시 적어도 20년간 어떤 완화조치로부터도 방비되었다. 도망자 노예 조항을 통해 주인들은 자유 주들에서 도망친 노예들을 재주장할 수 있을 것이다. 남부 국가들에게 이런 어렵게 얻어낸 승리들은 노예제도 폐지론자인 윌리엄 로이드 개리슨(William Lloyd Garrison)이 후에 헌법을 "죽음과의 규약이고 지옥과의 합의"라고 규탄할 것이다.372) 자기 자신의 초기 폐지론주의의 견해들이 무엇이든지 간에 조지 워싱턴은 대회에서 공개적 입장을 취하려고 하지 않고 노예제도가 희미한 미래의 어느 날에 사라질 것이라는 백일몽을 꾸는 대표자들에게 합류했다. 고립된 비평가들은

---

371) *Ibid.*
372) *Ibid.*, p. 537.

자유의 이름으로 혁명전쟁을 치른 후에 자기의 노예들에게 매달리는 위선자라고 매도했다.373)

행정부에 관한 토론도 마찬가지로 논쟁에 빠져들었다. 당시의 대표자들은 군주제로 의심받지 않는 강력한 대통령제를 이해하는데 어려움을 가졌다. 입법부와는 독립적이면서 입법부의 법률을 거부할 수 있는 대통령을 가진 행정부의 아이디어는 어떤 사람들에게는 이단적이라고 간주되었다. 벤자민 프랭클린은 행정부 권한을 아주 불신하여 한 사람의 대통령 대신에 작은 규모의 행정위원회 안을 밀었다. 이런 아이디어를 제시하면서 프랭클린은 워싱턴을 향한 은유적 인사로 첫 대통령은 자애로울 것이지만 그러나 그의 후임자들에게서 전제적 성향을 두려워한다고 예의를 차려 지적했다.374)

그럼에도 불구하고 대표단들이 결국 행정부의 권한에 대한 두려움을 극복하고 기운찬 대통령직을 생산했다는 것은 워싱턴의 차분한 입회에 직접적으로 추적될 수 있을 것이다. 피어스 버틀러는 만일 많은 대표자들이 의장으로서 워싱턴 장군에게 그들의 눈을 돌리지 않고 그의 덕목에 대한 그들의 의견에 의해서 대통령에게 부여하는 권한들의 아이디어를 형성하지 않았다면 대통령의 권한이 그렇게 막강하게 되었을 것이라 고는 생각하지 않았다. 대회 의장으로서 워싱턴은 자기의 직책이 될 것에 관한 광범위한 토론이 진행되는 내내 자리에 앉아 있었다. 대통령직이 그를 염두에 두고 상정되었기에 워싱턴이 초대 대통령으로 봉사할 것이라는 묵시적 가정이 있었다. 그들

---

373) *Ibid.*
374) *Ibid.*

이 눈앞에 워싱턴의 이미지를 갖고 대표자들은 어쩔 수 없이 그들의 두려움보다는 그들의 희망에 의해서 지배되었다. 혁명전쟁의 기억들이 여전히 생생한 가운데 그들은 중요한 권한들을 의회에 유보하였다. 예를 든다면, 전쟁선포의 권한이 의회에 부여되어 무서운 권력을 갖고 있는 군주라는 영국의 전례를 피했다.

그의 알 수 없는 모든 침묵에도 불구하고 워싱턴은 대회 중에 여러 번 자신의 구체적인 견해를 노출했다. 엘브리지 게리(Elbridge Gerry)가 어떤 형태의 상비군으로 3천명의 병사를 헌법적 제한으로 제안했을 때 워싱턴은 어떤 외국의 적도 3천명으로 미국을 침략하지는 않을 것이며 언제든지 3천명 이상의 군대로 침략할 것이라고 매정하게 언급한 것으로 알려졌다. 대회의 끝에 워싱턴은 또한 각 의원이 얼마나 많은 사람들을 대변할 것인가의 문제에 대해 국민들의 권리와 이익을 위한 안전을 확실히 하기 위해서 4만명 대신에 3만명을 선택함으로써 결정적으로 민주적 입장을 취했다. 워싱턴의 축복을 받은 대회는 이 변경을 만장일치로 채택하였다. 이것은 그의 저항할 수 없는 호소의 놀라운 한 예였다. 워싱턴이 기운찬 대통령직의 주창자라는 것은 그가 의회에서 대통령의 거부권을 압도하기 위해 3/4의 다수를 요구하는데 찬성했을 때에도 분명했다. 워싱턴의 지원에도 불구하고 그것은 행정부의 권한 남용을 막기 위해 2/3 다수로 축소되었다.[375]

각 주의 법률에 대한 의회의 거부권은 완전히 사라졌다. 그러나 버지니아 계획에 의해 수립된 위대한 점은 대회가 과감한 치료에 헌신할 것이라는 점이었다. 버지니아 계획의 적들 가운데 어떤 이들은

375) *Ibid.*, p. 538.

과감한 치료에 전적으로 반대했다. 뉴욕의 해밀턴의 동료 대표들은 7월 초에 불만에 차서 필라델피아를 떠났다. 그러나 뉴저지 계획의 지지자들 대부분은 그들의 주정부들이 재산병합 속으로 던져지지 않는 한 진지한 개혁을 원했다.

9월 9일 워싱턴이 일주일 내에 대회가 끝날 것 같다고 조지 오거스틴(George Augustine)에게 편지를 썼을 때 그는 집이 그리웠다. 장시간 앉아서 일하는 것이 워싱턴에게는 큰 고역이 아닐 수 없었을 것이다. 하루 전에 대회는 구베르뇌르 모리스를 의장으로 하는 위원회 스타일로 대회를 소집했다. 워싱턴의 냉정하고 일정한 기질을 좋아하는 멋부리는 의족의 구베르뇌르 모리스는 상당한 언어적 자원을 가진 기분 좋은 인물이었다. 워싱턴은 모리스의 활기찬 익살과 그의 일급 능력 그리고 그의 생기 있고 탁월한 상상력을 좋아했다. 기억될 만한 "우리 미국인들은"(We the People of the United States)이라는 화려한 미사여구로 시작하는 헌법의 위대한 전문을 작성한 것은 모리스였다. 9월 12일 대표자들은 최종 문건인 인쇄본을 받았다. 그가 그것을 이끌었으니 워싱턴은 위원회가 열심히 일하는 동안 승인된 변화를 개인적으로 삽입했다.[376)]

헌법의 개별 규정에 관한 그의 염려가 무엇이었든지 간에 워싱턴은 최종 문건의 미온적인 지지자가 아니었다. 워싱턴에게 헌법은 우정과 상호양보 정신의 결과였으며 열정적 의견을 가진 그렇게 많은 불일치의 대표들로부터 기대할 권리를 가진 그 누구보다도 더 일관성이 있었다. 나중에 대통령으로 워싱턴은 섭리의 "보이지 않는 손"

---

376) *Ibid.*

이 헌법의 입법에 작용했다고 까지 말했다.[377] 1787년 9월 17일 월요일은 대회의 마지막 날로 대표자들이 헌법을 만장일치로 채택했다. 이 역사적 합의를 얻는데 4개월의 긴 시간이 걸렸다. 55명의 대표들로 시작한 뒤에 대회는 고도의 소모를 당했다. 끝에는 42명이 참석했고 이들 중 39명이 그 문건에 서명했다. 11개 주들이 헌법을 승인했다. 알렉산더 해밀턴은 뉴욕 대표들 중 유일하게 남아 개인적으로 서명했다. 로드 아일랜드는 대회를 완전히 거부했다. 마지막 날에 벤자민 프랭클린은 대표자들에게 지난 몇 달 동안에 그는 종종 워싱턴이 태양의 이미지를 가지고 앉아 있는 의장석을 응시했다고 말했다.

> "나는 회의 중에 종종 의장의 뒤에 있는 태양을 그것이 떠오르는 건지 아니면 지는 건지를 알 수 없는 채 바라보았다. 그러나 마침내 이제 나는 그것이 지는 해가 아니라 떠오르는 해라는 것을 알고 행복하다."[378]

프랭클린이 이 유명한 직감력을 베푼 뒤에 대표들은 마지막 한잔을 마시기 위해 시티 태번(the City Tavern)으로 휴회했다. 헌법을 대륙회의에 보내면서 워싱턴은 현명하게도 그것의 통과를 가져온 화해적 정신을 지적하면서 승인을 위해서는 줄여서 작게 말했다. "그것은 모든 주정부가 충분하고 완전한 승인을 인정할 것이라고는 아마도 기대되지 않을 것이다. 합리적으로 기대될 수 있을 만큼 아주 적

---

377) *Ibid.*
378) *Ibid.*, p. 540에서 재인용.

은 예외에 처해지길 우리는 희망하고 믿는다."[379] 워싱턴은 9월 18일 필라델피아를 떠나 9월 22일 석양에 마운트 버논의 자택으로 돌아왔다. 그는 4개월 14일만에 집에 돌아온 것이다. 그는 혁명전쟁의 총사령관이 임무를 성공적으로 마쳤던 것처럼 이번에는 필라델피아의 헌법 대회에서 의장으로서 그리고 입법가로서 자신이 의무를 다했다. 그는 새로운 법률을 제정함으로써 새로운 질서를 창조하고 있었다. 그러나 새 헌법이 효력을 갖기 위해서는 각 주정부들에 의한 비준과정이 아직 남아 있었다.

1788년 헌법의 비준이 공식화되었다. 워싱턴은 비준이 그에게 무엇을 의미하는 지에 관해서 여전히 생각의 나래를 펴고 있었다. 역사와 미국의 유권자들은 그를 다시 권력의 길로 떠밀 결심이었다. 헌법의 비준은 결코 기정사실화된 결론이 아니었다. 실제로 각 주의 대회에서 논쟁은 헌법대회에서 있었던 것보다도 더 이념적 불협화음을 가져왔다. 왜냐하면 개혁의 가장 노골적인 적들은 필라델피아 대회로부터 떨어져 있었기 때문이다. 워싱턴은 비준과정에서 어떤 공적인 역할도 하지 않겠다고 선언했지만 그러나 무관심한 관찰자로 남겠다고 약속하지는 않았다. 그래서 그는 후에 페더럴리스트 페이퍼즈(*The Federalist Papers*)[380]라는 제목을 갖게 된 퍼블리우스(Publius)에 의한 일련의 에세이들에 깊은 인상을 받았다. 그는 그것이 현 위기를 넘어서 고전이 될 것이라고 예측했다.[381] 워싱턴은 해밀턴[382]과 매

---

379) *Ibid.*
380) Alexander Hamilton, James Madison and John Jay, *The Federalist Papers,* New York: The New American Library, Ins., 1961.
381) Joseph J. Ellis, *His Excellency George Washington,* New York: Vintage Books,

디슨[383]) 그리고 제이가 퍼블리우스 시리즈의 저자들이라는 것을 알고 있었다. 왜냐하면 그들이 역시 워싱턴을 둘러싼 재능 있는 보좌관들의 측근을 형성해서 마운트 버논을 전략을 세우고 1788년 봄 내내 그들이 펼쳤던 각 주별 결과를 추적하는 선거본부로 만들었기 때문이다.

워싱턴은 독립전쟁처럼 비준을 위한 투쟁이 퍼블리우스를 의미하는 재능 있는 사람들을 동원했다고 설명했다. 밸리 포지에서 겪은 겨울 야영과 같이 셰이의 반란 같은 절망적 경우들이 실제로 궁극적인 승리를 위한 조건들을 창조했다. 버지니아와 뉴욕과 같은 그런 핵심적 주에서 강력한 반대에도 불구하고 비준은 확실히 전략적 이점들을 갖고 있다고 워싱턴은 자신감을 표했다. 비준을 위해서 오직 9개 국가들만이 필요했기 때문에, 그리고 버지니아와 뉴욕에서 가장 문제적 논쟁은 대회 진행 주기상 늦게 발생했기 때문에 승리하는 연립세력에 합류하라는 굉장한 압력이 그곳의 반대자들에게 행사되었다. 워싱턴은 버지니아의 논쟁에 특별한 관심을 기울였다. 그곳에선 옛 친구요 동료인 두 사람 패트릭 헨리와 조지 메이슨이 반대를 주도하고 있었다.

1788년 늦은 여름에 비준이 공식화 되었을 때 비록 그가 거의 1년 동안 측면에서 계획하고 응원을 해왔지만 워싱턴은 여전히 비준이

2004, pp. 180－181.

382) Morton J. Frisch, *Alexander Hamilton and The Political Order: An Interpretation of His Political Thought & Practice,* Lanham, Maryland: University Press of America, 1991.

383) Richard Brookhiser, *James Madison,* New York. Basic Books, 2011.

자기에게 무엇을 의미하는 지에 대해 사적인 생각의 나래를 펴고 있었다. 자기의 과거 대장이 대통령직을 거절한데 대한 위협을 계속해서 투덜거린다는 소식을 듣고 해밀턴은 워싱턴에게 헌법대회의 의장직을 맡음으로써 그는 이미 정부의 집행에 참여한다고 약속한 것임을 워싱턴에게 상기시키면서 정신차리게 하는 반박 서한을 보냈다. 워싱턴은 그가 사나이다운 어조의 직설적 메시지에 감사를 표하고 마운트 버논에서 자신을 바리케이트 치는 것에 관한 정보가 새어 나가지 못하게 한 위협을 중단했다.[384] 비록 의문의 여지가 없이 그가 말한 것을 의미했음에도 불구하고 그의 사유는 대륙군의 총사령관이 되는 것에 관해서 삼가는 그의 과거 표현들처럼 이중적이었다.

오늘날의 감성은 이전에 관해서 워싱턴의 심리적 화학적 작용을 이해하기 어렵게 만들어서 그의 삼가하는 일상적 태도를 진술하지 못한 계획이나 당당한 거부의 경우로 해석하게 만든다. 그러나 워싱턴의 세계에서 어떤 탁월한 정치가도 정치적 야심의 직설적 표현을 정당하다고 간주하지 않았으며 국가의 공직을 위해 적극적으로 운동하는 사람은 누구나 자기가 선출될 자격이 없다는 것을 고백하는 것이었다. 지금과 너무도 다르게 만드는 것은 정치영역에서 자기 이익의 어떤 명시적 투영도 공적 이익을 위해 적합하지 않은 자기의 열정에 대한 통제력의 부족을 폭로한다는 귀족주의적 가정이었다. 워싱턴은 이 정신을 극단적으로 몰고가 선거 이전에 대통령으로 봉사하겠다는 자기의 용의성에 대한 어떤 언급도 그런 법전을 위반하는 것이라고 고집했다.[385]

---

384) *Ibid.*, p. 182.

물론 워싱턴은 자기가 대통령 후보자란 것을 알고 있었다. 그리고 또한 매디슨이 1989년 1월에 상이한 주들이 결과를 집계함에 따라 대통령을 위한 선거인의 투표를 세고 있다는 것도 그는 잘 알고 있었다. 1789년 2월 4일 선거인단이 투표했다. 1775년 그가 총사령관이 될 때처럼 투표는 만장일치였다. 총 69 선거인단이 워싱턴을 위해 투표했다. 부통령을 위한 투표는 아주 경쟁적이었다. 당시 효력이 있는 선거인단 규정 하에서 각 선거인단은 두 표를 던졌고 승자가 대통령이 되고 차점자가 부통령이 되었다. 그들 가운데 34명이 존 애덤스에게 투표하여 그가 부통령이 되었다.[386] 1789년 4월 7일 연방의회는 그것의 비서인 찰스 톰슨(Charles Thomson)을 마운트 버논에 파견하여 워싱턴에게 공식적으로 선거의 결과를 알렸다. 4월 14일 측근들인 비서들과 하인들에 둘러싸여 워싱턴은 마침내 그의 모호한 상상력의 나래를 접고 톰슨에게 공식적으로 만장일치의 투표가 그에게 대안의 여지를 남겨주지 않는다고 선언했다.[387]

워싱턴은 대통령직이 생기기 이전에 이미 의장(President)이었다. 그는 새 국가의 그리고 세계의 최초 일반투표로 선출되고 헌법에 의해서 제약되는 최고 행정수반이었다. 그는 헌법대회를 주재하는 의장직을 이용하여 헌법의 논의가 강력한 행정수반을 가진 충분히 강력한 연방국가를 생산할 것임을 확실히 했다.[388] 그리고 워싱턴은

---

385) *Ibid.,* p. 183.
386) Ron Chernow, *Washington: A Life,* New York: Penguin Books, 2011, p. 551.
387) Joseph J. Ellis, *His Excellency George Washington,* New York: Vintage Books, 2004, p. 183.
388) Marc Landy and Sidney M. Milkis, *Presidential Greatness,* Lawrence, Kansas: The University Press of Kansas, 2000, p. 12.

비준을 확보하는데 자기의 거대한 위신을 걸었다. 독립을 쟁취한 직후 미국의 첫 대통령 선거는 미국혁명의 가치를 가장 많이 구현하는 사람에 대한 사실상 국민투표였다. 비록 헌법대회에서 토론과 그리고 국가들의 비준 대회에서 논쟁이 그런 가치가 치열하게 경합되고 있다는 것을 과시했지만 워싱턴에 대한 만장일치의 투표는 한 사람이 모든 편에게 수용될 수 있는 상징적 해결을 제공한다는 것도 과시했다. 선거운동이 없었기 때문에 결합된 쟁점에 대한 입장을 유권자에게 제공하는 선거 강령도 없었다. 워싱턴은 그가 생각하는 것 때문에 선택된 것이 아니라 바로 그였기 때문에 선택된 것이다.

당시의 정치적 용어에서 워싱턴이 독특한 지위를 묘사할 적합한 단어가 없었지만 그러나 가장 가깝게 다가오는 단어는 그가 구현하도록 선택된 바로 그 가치에 의해서 오명을 썼다. 매릴랜드 출신의 한 흥분한 지지자인 제임스 맥헨리(James McHenry)가 이렇게 썼다. "당신은 이제 왕입니다. 다른 이름 하에."389) 조지 워싱턴은 다시 한 번 역사의 도구로 선택되었다.

---

389) Joseph J. Ellis, *op. cit.,* p. 184.

XI

미합중국의 초대 대통령(The First President)이 되다

> "조지 워싱턴은 초대 대통령일 때 그의 단호함과 본보기로
> 파벌의 폭력을 억제하고 국가적 분열을 60년동안 연기했다.
> 그는 자기의 집무실을 위엄으로 채우고
> 또 자신의 많은 지혜로 자기 행정부를 고무했다."[390]
> − 윈스턴 처칠(Winston Churchill)

미합중국은 근대 역사상 최초의 큰 공화국으로 대영제국의 식민지에서 해방된 최초의 신생 국가였다. 전례가 없는 국가형태로 인해 국가의 최고 통치자의 호칭이 간단히 "미스터 프레지던트"(Mr. President), 즉 "대통령님"으로 결정되었다. 이 호칭은 미의회의 상하 양원의 타협으로 채택되었다. 당시 유럽의 많은 다른 국가들에서 국가의 원수

---

390) Sir Winston Churchill, *The Great Republic: A History of America,* Ed., by Winston S. Churchill, New York: Random House, 2001, p. 102. 이 판은 Winston Churchill, *A History of the English-Speaking Peoples,* London: Cassell & Co. Ltd.로서 원래는 4권으로 1956, 1957, 그리고 1958년에 출판된 것의 요약본임.

(the chief of state)와 행정부의 수반(the chief of government)이라는 두 개의 역할이 서로 분리되고 별개의 것이었다. 예를 들어, 영국에서는 왕이나 여왕이 국가의 원수로서 상징적 대표성을 제공하고 수상(혹은, 총리)이 행정부의 권한과 입법부의 리더십을 제공하는 반면에 미국에서는 대통령이 그것들이 피할 수 없이 하나의 직책에 융합되었다. 헌법에 규정된 대로 대통령은 행정부의 수반임과 동시에 국가의 원수로서 국가적 의례와 상징의 직책이다. 1789년 4월 23일 미국의 상원은 4월 30일 취임식을 앞두고 원래 대통령을 "미국 대통령 전하"(His Highness the President of the United States), 그리고 "자유의 보호자"(Protector of Their Liberties)라고 부르길 원했지만, 그러나 그것은 보다 민주적 호칭을 고집하는 하원과의 타협에서 간단하지만 존칭인 "대통령님"(Mr. President)으로 결정되었다.[391] 조지 워싱턴은 그동안 언제나 "워싱턴 장군(General Washington)으로 불리었다. 그러나 이제 그의 공식적 호칭은 그가 대통령에 취임하는 순간부터 영원히 달라질 것이다.

1789년 4월 16일 조지 워싱턴은 신생 미합중국의 초대 대통령에 취임하기 위해서 당시 임시 수도인 뉴욕시를 향해 마운트 버논에서 출발했다. 그의 우아한 마차에는 찰스 톰슨과 데이비드 험프리스가 동행했다. 5월 중순에나 합류할 부인 마사(Martha)에게 작별을 할 때 그녀는 그가 언제 아니, 그가 다시 집에 돌아오기는 할 것인가 하고

---

391) Gary L. Gregg II, "The Symbolic Dimensions of the First Presidency" in Gary L. Gregg II & Matthew Spalding, eds., *Patriot Sage: George Washington and The American Political Tradition,* Wilmington, Delaware: ISI books, 1999, pp. 166–167.

생각했다. 그녀는 그의 공직생활에서 이 마지막 행동의 지혜를 오랫동안 의심했다. 신속히 결심한 워싱턴과 그의 수행원들은 매일 해가 뜨면 출발하여 길 위에서 하루 종일을 보냈다. 가는 도중에 워싱턴은 의례적인 행사를 최소로 줄이길 희망했다. 그러나 그는 곧 잘못을 깨우쳤다. 8일간의 피곤한 축제들이 기다리고 있었다.

워싱턴이 알렉산드리아를 향해 북쪽으로 겨우 10마일을 갔을 때 마을 사람들은 그를 13번의 축배에 의해 길어진 만찬으로 그를 맞이했다. 곧 워싱턴은 이 여행이 왕의 즉위식으로 가는 과정에 맞먹는 공화주의의 행사를 형성할 것이라고 보았다. 필라델피아에 도착하자 그는 현지 명사들을 만났고 그들은 워싱턴이 하얀 말에 올라 마을로 입성하길 요청했다. 그가 수쿠컬(Schuylkill) 강의 다리를 건널 때 그 다리는 월계수와 사철나무들로 장식되었고 기계적 장치에 도움을 받아 한 귀여운 소년이 그의 머리에 월계관을 내렸다. "조지 워싱턴 만세"의 반복되는 외침이 그가 마운트 버논을 출발하기 전에 제임스 맥켄리가 이제 그는 이름을 달리하는 왕이라고 이미 부른 것을 확인해 주었다.[392]

필라델피아에 들어선 이후 워싱턴은 자신이 완전한 규모의 퍼레이드의 맨 앞에 서 있음을 발견했다. 2만명의 사람들이 거리에 나와 워싱턴의 움직임을 지켜보았다. 워싱턴이 그가 자주 들리던 시티 태번(the City Tavern)으로 가자 교회의 종들이 울렸다. 다음날 아침까지 워싱턴은 환호에 지쳐갔다. 경마 기병대가 나타나 그를 수행했을 때 그는 화려하지만 헛된 퍼레이드에 나서는 것을 피하기 위해 한시

---

392) Ron Chernow, *Washington: A Life,* New York: Penguin Books, 2011, p. 561.

간 전에 도시를 빠져나갔다. 워싱턴이 과거 영국인들 및 헤시안인들과 대립했던 트렌턴의 애순핑크 크리크(Assunpink Creek) 위의 다리에 접근하자 그는 마을 사람들이 자신을 위해 거대한 꽃장식의 아치를 세우고 그것을 "1776년 12월 26일"과 "어머니의 방어자들은 딸들을 방어할 것이다"라는 선언으로 장식했음을 알았다. 그가 가까이 가자 13명의 완전히 하얀 예복을 입은 어린 소녀들이 꽃으로 가득한 바구니들을 들고 앞으로 걸어 나가서 그의 발 밑에 꽃잎을 뿌렸다. 그는 눈에는 눈물이 가득한채 말에 걸터앉아 깊은 절로 답례를 했다. 그리고 그는 동일한 장소에서 그의 과거와 실제상황 사이의 눈부신 대조에 주목했다.393)

이제 칭송을 만끽한 워싱턴은 뉴욕으로 눈에 띄지 않는 입성이 허락될 것이라는 희미한 희망을 보존했다. 그는 주지사인 조지 클린턴(George Clinton)에게 더 이상의 과대선전을 면해달라고 부탁했다. 그러나 워싱턴은 그가 만일 임시 수도인 뉴욕시에 방해받지 않고 슬그머니 들어 갈 수 있을 것이라고 상상했다면 그는 자기를 기만한 셈이다. 워싱턴이 4월 23일 엘리자베스타운(Elizabethtown)에 도착했을 때 3명의 상원의원들, 5명의 하원의원들 그리고 3명의 뉴욕 주 관리들로 구성되는 인상적인 무리가 그를 기다리고 있었다. 그는 가라앉은 기분으로 이 환영이 필라델피아와 트렌턴에서 있었던 열광의 접대마저 빛을 잃을 것이라고 틀림없이 느꼈을 것이다. 그의 이름으로 건조된 그래서 새 페인트로 반짝거리는 그리고 그를 보호하기 위해서 뒤쪽에 붉은 커튼의 차양을 구비한 특별 대통령전용 거룻배가

393) *Ibid.*, p. 562.

부두에 정박하고 있었다. 그 배는 멋진 하얀 색 제복을 입은 13명의 사공들이 노를 저어갈 것이다.[394]

대통령의 거룻배가 허드슨 강으로 접어들자 워싱턴은 흥분된 초조감으로 그의 도착을 기다리고 있는 거대한 시민들로 이미 만원인 맨해튼의 해안선을 발견했다. 항구에 정박하고 있는 많은 배들이 깃발과 현수막들로 장식되었다. 만일 워싱턴이 멀어져가는 저지의 해안을 응시했다면 그는 그의 배가 뚱뚱한 헨리 녹스를 싣고 있는 배를 포함하여 보트들의 거대한 소함대를 이끌고 있는 것을 보았을 것이다. 워싱턴의 배가 월 스트리트(Wall Street)의 입구에 도착했을 때 클린턴 주지사와 제임스 듀에인(James Duane) 시장, 그리고 제임스 매디슨과 다른 뉴욕시의 저명인사들이 그를 환영했다. 군 특별 에스코트의 장교가 활기차게 앞으로 나와 워싱턴에게 그의 명령을 기다린다고 말했을 때 워싱턴은 현재의 조정에 대해서는 지시대로 따르겠지만, 그러나 이 행사가 끝난 뒤에는 그의 동료 시민들이 그가 원하는 경비의 모든 것이기 때문에 그가 더 수고할 일이 없기를 희망한다고 대답했다. 그러나 아무도 그 힌트를 진지하게 받아들이는 것 같지 않았다.[395]

뉴욕시의 거리들은 워싱턴의 안녕을 기원하는 사람들로 차고 넘쳤다. 워싱턴이 현재 브루클린 다리 근처, 이스트 리버(the East River)에서 한 블럭 떨어져 도시의 북동쪽 구석에 치우친 체리 스트리트(Cherry Street) 3번지에 있는 그의 새로운 거주지에 도착하는데 반시

---

394) *Ibid.*, p. 563.
395) *Ibid.*, p. 564.

간이나 걸렸다. 일주일 전에 건물주인 사무엘 오스굿(Samuel Osgood)
이 대통령이 임시 거주지로 의회에 그곳을 임대하기로 동의했었다.
당시 3만명의 인구를 가진 미국에서 두 번째로 큰 도시였던 뉴욕은
유럽의 수도들에 비교하여 하나의 작은 지방 마을이었다. 부유하고
건전한 뉴욕은 이미 까다로운 감성에 젖어 있어 귀에 거슬리는 상업
적 정신을 갖고 있었다. 전쟁 전에 존 애덤스(John Adams)는 이 마
을을 지나면서 이 도시의 모든 풍요와 화려함에도 좋은 예의범절이
아주 적다고 분개했었다. 돈이 없고 서로에게 관심도 없다. 비록 부
통령으로 워싱턴에 앞서 도착했지만 이 마을은 이 여행에서도 그에
게 별로 달갑지 않았다. 의회는 새 부통령을 위한 거주지도 지정하지
않았다. 그래서 그는 수주 동안 존 제이(John Jay)와 함께 묵었다.

뉴욕은 아직도 전쟁의 혼란에서 완전히 회복되지 못했다. 첫 미국
인들이, 당시에는 영국인들이었지만, 나무들을 뿌리째 뽑고 장작을
위해 울타리를 치고 그들의 길엔 잡초를 뿌린 땅을 남겼다. 영국 점
령의 후유증으로 뉴욕은 야만인들이나 야생동물이 살던 곳을 닮았다
고 듀에인 뉴욕시장은 말했다. 많은 항구들처럼 뉴욕은 수병들이나
무역상들의 거칠고 소란스러운 주민들이 어울렸으며 400개 이상의
여인숙을 자랑했다. 부유한 상인들과 억센 노동자들로 뉴욕시는 이
미 생생한 극단적인 것들의 그림을 제시했다.

비록 헌법은 대통령의 취임식에 대해서 아무 말이 없었지만 워싱
턴은 혁신적 정신으로 1789년 1월 초에 이미 취임사를 생각했다.
그러나 그때 데이비드 험프리스에 의해 작성된 73페이지나 되는 긴
취임사 초안은 빛을 보지 못했다. 그 초안이 제임스 매디슨에게 보내

지자 매디슨은 그것이 너무 길고 그리고 또한 긴 입법적 제안들이 입법부에 대한 행정부의 간섭으로 해석될 것이라면서 현명하게 그것을 거부했다. 매디슨은 워싱턴을 도와 훨씬 간결한 취임사를 마련했다. 에너지가 넘치는 매디슨은 워싱턴 행정부의 초기에 어디에나 존재했다. 그는 취임사를 작성했을 뿐만 아니라 의회의 공식적인 반응과 나아가서 의회에 대한 워싱턴의 반응까지 작성했다. 하원에서 그의 중요한 역할에도 불구하고 대통령의 탁월한 조언자요 또 심복으로서 이런 봉사가 제임스 매디슨을 높이 세웠다. 아주 이상하게도 워싱턴에 대한 그의 조언자의 관계가 권력분립의 원칙을 위반했을 지도 모른다고 곤란해지지도 않았다.[396]

워싱턴은 대통령 취임 선서에서 행하는 모든 것이 미래의 어조를 수립할 것이라는 점을 알고 있었다. 그들의 상황에서 모든 것의 첫 번째가 전례로 봉사할 것이기 때문에 이런 전례들이 진정한 원칙 위에 고정되기를 워싱턴은 염원했다. 비록 그가 전투장에서 명성을 얻었지만 그는 취임식에서는 물론이고 그 이후에도 줄곧 군복을 입지 않는 중대한 결정을 했고 이것은 군사 쿠데타에 대한 염려를 불식시켰다. 그 대신에 그는 그곳에 서서 애국적 상징들로 반짝반짝 빛날 것이다. 미국의 제조업을 자극하기 위해서 그는 코네티컷 주에 있는 하트포드의 모직 공장에서 짠 옷감으로 만든 양복을 입을 것이다. 취임식날 자신의 이미지를 더욱 빛내기 위해서 워싱턴은 자기 머리에 분을 칠하고 자기의 허리에는 강철 칼집에 꽂은 예복용 패검을 찼다.[397]

---

396) *Ibid.*, p. 566.
397) *Ibid.*

취임식은 오랫동안 뉴욕시 청사로 사용되어온 월(Wall)과 나소(Nassau) 거리에 있는 건물에서 행해졌다. 그곳은 역사적으로 1735년 존 피터 젱어(John Peter Zenger)의 재판과 1765년 인지세법 대회(the Stamp Act Congress), 그리고 1785~1788년의 국가연합대회(the Confederation Congress)를 개최했던 유서 깊은 곳이었다. 1788년에 프랑스의 공학자 피에르-샤를르 랑팡(Pierre-Charles L'Enfant)이 그곳을 대회에 적합한 연방 홀(Federal Hall)로 개조했다. 취임식 며칠 전에 독수리 상이 박공벽에 설치되면서 그 건물을 완성했다. 최종적 효과는 웅대했다. 꼭대기에 풍향계를 설치한 파랗고 하얀 둥근 지붕을 가진 하얀 건물이 된 것이다.

1789년 4월 30일 땡그랑 거리는 교회 종들과 기도로 가득한 아침을 뒤로 하고 정오가 조금 지난 후에 입법부 의원들을 실은 마차들을 수행하는 기병대가 워싱턴의 체리 스트리트 거주지 앞에 멈추었다. 데이비드 험프리스와 토비아스 리어(Tobias Lear)의 안내에 따라 대통령 당선자가 그의 정해진 마차에 올랐고 외국의 명사들과 기뻐하는 시민들의 군중들이 그 마차를 뒤따랐다. 그 행렬은 좁은 맨해튼 거리들을 천천히 꾸불꾸불 지나가 연방 홀로부터 200야드 지점에 나타났다. 자기 마차에서 내린 워싱턴은 두 줄로 도열한 군인들 사이를 걷고 상원 의사당으로 올라갔다. 그 곳에서는 의원들이 기대에 차 그를 기다리고 있었다. 그가 입장하면서 존중한다는 일관된 표시로 입법부의 상하 양원에 머리를 숙였다. 그러고 나서 그는 맨 앞에 놓여 있는 인상적인 의자에 앉았다. 완전한 정숙이 그 방을 압도했다. 애덤스 부통령이 자리에서 일어나 공식적인 인사를 하고 워싱턴에게 신기원의 순간이 도래했음을 알렸다. 헌법상 상원 의장이기도 한 애덤스 부통령이 상원과 하원은 헌법에 의해서 요구되는 선서를 시행할 준비가 되어 있다고 말하자 워싱턴은 절차를 따를 준비가 되어있다고 대답했다.[398]

헌법상 선서의 유일한 요구는 대통령이 직책의 선서를 하는 것이었다. 그날 아침에 의회 위원회가 워싱턴이 선언 중에 성경 위에 자기 손을 얹어 놓게 하는 숭고함을 추가하기로 결정했다. 워싱턴이 현관에 나타났을 때 가죽 표지의 두꺼운 성경이 붉게 장식된 탁자 위에 놓여 있었다. 뉴욕의 대법관인 로버트 리빙스턴(Robert R. Livingston)이 눈에 띄게 감동한 워싱턴에게 선서를 집정하려 하자 군중들이 조용해졌다. 워싱턴이 선서를 마치고 앞으로 숙여 성경을 들고 그것을 자기 입술에 가져다 댔다. 워싱턴은 이 순간을 자기 영혼의 바닥으로부터 느꼈다. 전설은 그가 "그러므로 하나님 도와 주소서"라는 말을 덧붙였다고 하지만 그 말은 65년 후에나 처음 보고되었다.[399] 워싱턴이 그 말을 실제로 했는지 여부에 대해서는 아주 극소수의 사람들만 들었을 것이다. 왜냐하면 그의 목소리가 부드럽고 성량이 작았기 때문이다. 아래에 있던 군중들에게 대통령직의 선서는 일종의 무언극으로 수행되었다. 그래서 리빙스턴이 목소리를 높여 군중들에게 "끝났다"고 말했다. 그리고 그가 "미국의 대통령 조지 워싱턴 만세"를 선창하자 군중들이 함성을 올리고 "하나님 워싱턴을 축복 하소서. 우리의 사랑하는 대통령 만세"를 외쳤다.

---

398) *Ibid.*, p. 567.
399) *Ibid.*, p. 568.

발코니의 행사가 끝났을 때 워싱턴은 자기의 취임사를 하기 위해서 상원 의사당으로 돌아갔다. 하나의 중요한 상징적 제스처로 그가 들어 갈 때 의회의원들이 모두 자리에서 일어났다가 워싱턴이 대응으로 머리를 숙인 다음에 모두가 자리에 앉았다. 영국에서는 왕이 연설을 하는 동안에 하원의원들이 서 있게 되어 있었다. 그래서 자리에 앉은 의회의원들은 즉시 입법부와 행정부 사이에 견고한 평등성을 수립했다. 워싱턴이 연설을 시작하면서 그는 떨리는 오른 손으로 연설문의 페이지를 넘기는 동안 당황하여 그의 왼손을 주머니에 넣은 것으로 보였다. 그의 약한 목소리는 별로 들리지 않았다. 그 자리에 있었던 사람들은 워싱턴의 낮은 목소리와 만지작거리는 손은 불안감 때문이라고 생각했다. 워싱턴은 그의 신체적 우아함으로 오랫동안 유명했지만 그의 연설에서 강조를 위해 사용한 유일한 제스처는 서툴러 보였다. 미국의 초대 대통령 워싱턴의 취임사는 다음과 같이 집약될 수 있을 것이다.

> "삶에 변천하는 사건들 중에서 어떤 사건도 이 달 14일에 여러분의 명령에 의해 전달되고 그래서 받은 통보의 사건보다도 더 큰 불안감에 내가 휩싸인 적은 없었다. 한편으로 나는 그의 목소리를 존경과 사랑으로밖에 받을 수 없는 조국의 부름을 받았다… 다른 한편으로 내 조국의 목소리가 나를 부른 믿음의 장엄함과 어려움은 시민들의 가장 현명하고 가장 많은 경험 속에서 자신의 자격에 대한 의심스러운 면밀한 음미를 일깨우는 데 충분한 것으로 자신의 부족함을 특별하게 의식해야만 하는 사람을 의기소침으로 압도할 수밖에 없었다. 이런 감정의 갈등 속에서 내가 감히 할 수 있는 모든 일은 그것에 의해 영향을 받을 지도 모르는 모든 환경

의 올바른 판단으로부터 나의 의무를 수집하는 충실한 공부였다… 어떤 사람들도 미국인들보다 더 인간사를 수행하는데 있어서 보이지 않는 손(the Invisible Hand)을 인정하고 숭배할 수는 없을 것이다… 새롭고 자유로운 정부의 진행이 보다 순조로운 출발이 될 수 있는 영향력 하에는 아무도 없다고 생각하는데 여러분들이 나와 함께할 것으로 나는 믿는다… 신성한 자유의 불꽃의 보존과 공화정 정부의 모델 운명은 깊게, 아마도 최종적으로 걸려 있다고 정당하게 고려되어, 미국인들의 손에 맡겨진 실험에 달려 있다…"[400)

워싱턴 취임연설의 첫 마디로서 그는 대통령직을 위한 자신의 적합성에 대한 불안감을 표했다. 그리고 미래의 취임연설들을 위한 유형을 제시하면서 그는 정책문제들을 다루지 않았지만 나라를 전복하거나 분열시킬 큰 주제를 언급했다. 또한 그는 어떤 특수한 종교를 인정하지 않았다. 연설 뒤에 워싱턴은 많은 의원들을 이끌고 무장한 시민군 좌우에서 보호를 받으면서 거리를 따라 그에게 설교단 좌석을 제공한 세인트 폴(St. Paul) 교회에서 주교가 주재하는 기도회에 참석했다.[401) 이 예배가 끝난 이후에야 워싱턴은 저녁 축제까지 처음으로 쉴 수 있는 기회를 가졌다. 뉴욕의 모두가 저녁 축제로 들떴으며 워싱턴은 체리 스트리트의 거주지로 돌아오는데 어려움을 겪었다. 조지 워싱턴이 프랑스-인디언 전쟁 때 불안정한 젊은 대령으로부터 대륙군의 총사령관으로서 자신의 임기를 마치고 지금은 새 정부

---

400) Michael Waldman, ed., *My Fellow Americans: The Most Important Speeches of America's Presidents, from George Washington to George W. Bush,* Naperville, Illinois: Sourcebooks, Inc., 2003, pp. 5−8.
401) Ron Chernow, *Washington: A Life,* New York: Penguin Books, 2011, p. 569.

의 대통령이 되기까지 워싱턴의 오디세이는 이제 그에게 틀림없이 거의 꿈같은 전진이었을 것이다.

워싱턴이 미국의 초대 대통령으로 취임했을 때 북아메리카 대륙에 생명력 있는 미국이라는 국가는 없었다. 헌법을 시작하는 말들은 사회적 현실이라기보다는 정열적이지만 그러나 연약한 희망을 표현했다.[402] 약 4백 4만명의 정착자들이 해안선을 따라 퍼져 나갔고 알레그헤니스 (Alleghenies) 넘어 흘러갔다. 그들은 지방이나 주 그리고 지역적 당국에 어떤 충성심을 느끼는 정도 만큼 그들의 주된 충성심을 느꼈다. 과거에 어떤 공화정부도 이렇게 흩어져 있는 주민들이나 이렇게 큰 대규모 땅에 대한 통제력을 행사한 적이 없었다. 당시 유럽에서 가장 많이 안다는 관찰자들 사이에 지배적 가정은 그렇게 생성되고 헌신된 국가는 지속할 수 없으리라는 것이었다. 워싱턴이 "자기는 아무도 밟지 않은 땅 위를 걷고 있다"고 말했을 때 그는 미국의 초대 대통령으로서 그가 행하는 모든 것이 전례가 된다는 것을 분명히 의미했었다.[403]

조지 워싱턴이 대통령이 되었을 때 행정부 부처들은 아직 형성되지 않았고 부처의 수장들도 선임되지 않았기 때문에 그가 가정의 신사들이라고 부른 그의 개인 비서들에게 특별히 의존을 했다. 그는 효율성, 좋은 태도, 분별력, 그리고 우아한 글 솜씨에 주안점을 두었다. 그의 참모 중에서 대들보는 하버드에서 교육을 받은 토비아스 리어 (Tobias Lear)였다. 그는 마운트 버논에서 데려온 사근사근한 젊은이

---

402) Joseph J. Ellis, *His Excellency George Washington,* New York: Vintage Books, 2004, p. 188.
403) *Ibid.,* p. 189.

였다. 두 번째 비서로서 워싱턴은 민첩한 글 솜씨와 파리에서 제퍼슨과 함께 외교적 경험을 가진 데이비드 험프리스를 계속해서 고용했다. 험프리스는 워싱턴에게 에티켓 문제에 대해서 조언했는데 대통령관저에서 인정된 시종이나 혹은 예식의 마스터였다. 제3의 팀 구성원인 윌리엄 잭슨(William Jackson)은 사우스 캐롤라이나의 고아 출신으로 그는 헌법대회에서 그들의 비밀을 유지하면서도 심의과정의 노트를 작성하여 비서로서 높은 평가를 받았고 워싱턴 자신의 의도를 잘 받드는 분별력 있는 사람이었다. 오늘날 경호원에 가장 가까운 잭슨은 워싱턴의 곁에서 보호자로 남았고 그는 워싱턴과 함께 걷거나 말을 타거나 아니면 공식적 임무를 수행했다. 이 집단을 마무리하는 것은 고(故) 버지니아 지사의 아들인 토마스 넬슨 2세(Thomas Nelson, Jr.)와 그의 숙모인 마사를 뉴욕까지 안내한 워싱턴의 젊은 조카인 로버트 루이스(Robert Lewis)였다.

의회의 의원들 가운데에서는 제임스 매디슨이 워싱턴의 자문역할에서 타의 추종을 불허했다. 그가 의회에 출마했을 때 매디슨은 터무니없는 선거공학으로 타락하지 않고 어떻게 선거운동을 할 것인가의 문제에 관해 워싱턴과 협의했다. 워싱턴이 대통령직의 초기에 매디슨에 기울었던 것은 놀랍지가 않다. 왜냐하면 어느 누구도 헌법에 관해 그보다 더 미묘한 파악 능력을 갖고 있지 못했기 때문이었다.[404] 1789년 의회는 행정부와 입법부를 모두 수립해야 했는데 그것은 매디슨의 위신을 올려줄 것이다. 점차로 정부의 3부가 보다 개별적 성격을 갖게 되고 또 두 사람 사이에 정치적 차이가 수면으로 떠오름

---

404) Ron Chernow, *Washington: A Life,* New York: Penguin Books, 2011, p. 575.

에 따라 매디슨은 자문 역할에서 벗어났다.

워싱턴이 선서하고 들어섰을 때 연방정부는 이미 작동하고 있었다. 첫 번째로 해야 할 일은 새정부의 존립을 보장하기 위해서 돈을 만드는 일이었다. 취임식 3주 전에 매디슨은 하원에서 예산을 마련하기 위해서 수입 상품에 대해 관세의 계획을 제안했다. 이 보다 더 새 정부의 자치를 선언하는 것은 없었다. 무력한 연합국 회의는 결코 독립적인 예산 흐름을 지휘한 적이 없었다. 워싱턴이 취임한 직후 며칠 간은 새 정부의 성격에 관한 보다 큰 질문들에 대해 말하는 시시해 보이는 상징적 쟁점들에 의해서 지배되었다. 처음에는 그 자체로서는 별로 중요해 보이지 않는 많은 것들이 새 일반 정부의 출발에서 그것들이 수립되는 것으로부터 크고 또 지속적인 결과들을 갖게 될 것이라고 애덤스 부통령에게 지시했다. 그는 모든 조치가 철저한 검토에 직면할 것이라는 점을 알고 있었다.[405]

1789년 내내 워싱턴은 새 정부에 임명할 사람의 필요성에 의해 압박을 받았다. 워싱턴은 아직도 형태가 없는 새 정부의 설계에 관해서 애를 태웠다. 국가연합 회의로부터 그는 4개의 부처를 계승했다. 새 정부가 수립될 때까지 회의에 보고할 외교문제, 전쟁, 우체부와 재무이사회가 그것들이었다.[406] 내각이 수행하는 중요한 역할에도 불구하고 미국의 헌법은 내각을 실제로 언급조차 하지 않았다.[407]

405) *Ibid.*
406) *Ibid.*, p. 596.
407) Lindsay M. Chervinsky, *The Cabinet: George Washington and the Creation of an American Institution,* Cambridge, Massachusetts: The Belknap Press of Harvard University Press, 2020, p. 4.

헌법 제2조는 대통령이 부처 비서(장관)들로부터 자문을 요청하도록 허용하고 있지만 그러나 비서들은 자기들의 의견을 서면을 통해서 제기하도록 구체적으로 명시했다.[408] 의회는 내각을 인정하거나 그것의 모임을 규제할 아무런 입법도 하지 않았다. 오히려 1789년 헌법 대회에 파견된 대표자들은 행정협의회를 위한 여러 가지 제안들을 거부했었다. 그렇다면 내각은 어디에서 왔는가? 워싱턴이 중대한 외교적 위기들과 헌법적 수수께끼 속에서 자문하고 지지할 내각을 설계했다.[409]

워싱턴은 내각을 창조하기 위해서 대통령직을 맡은 것이 아니었다. 그래서 그는 이 새 제도를 수립하기 전에 많은 대안들을 탐색했다. 사실상 워싱턴은 그의 행정부가 출범한 지 2년 반 이상이 지난 1791년 11월 26일까지 그의 첫 내각 모임을 소집하지 않았다. 그러나 그가 국제적 침략과 국내적 반란, 그리고 대통령 권위에 대한 도전들을 헤쳐 나아감에 따라 워싱턴은 헌법에 규정된 방안들이 국정을 수행해 나가는데 불충분하다고 확신하게 되었다. 워싱턴은 그의 부처 장관 자리들에 경험 있는 정치인들과 외교관들을 선발했다. 그러나 워싱턴도 역시 자기의 권고를 믿었던 개인들을 선택했다. 그는 그들의 의견을 처음에는 개별적으로 그리고 그 후에는 내각에서 집단적으로 들으려고 했다.[410] 워싱턴은 에드먼드 랜돌프(Edmund Randolph)를 긴 법률적 경력, 버지니아에서 넓은 경험, 그리고 수십년에 걸친

---

408) *Ibid.*
409) *Ibid.*, p. 5.
410) *Ibid.*

우정에 기초하여 초대 법무장관에 임명했다. 워싱턴은 재무장관에 알렉산더 해밀턴을 선택했고, 그리고 대륙군에서 자기에게 오랫동안 충성스러운 봉사를 고려하여 헨리 녹스를 전쟁장관으로 선택했다. 그는 또한 해밀턴의 국가에 대한 봉사와 녹스가 국가연합회의의 전쟁 비서로서 습득한 경험을 높이 평가했다. 그리고 그는 제퍼슨의 프랑스 주재 미국 공사로서 경력과 폭넓은 외교적 지식을 고려해 토마스 제퍼슨을 첫 국무장관으로 선발했다.

워싱턴은 자기 장관들의 의견에 큰 무게를 두었다. 워싱턴과 그의 장관들은 전쟁, 정치, 문화적 교환, 그리고 18세기에 외국의 체류에 의해서 형성되었다. 그들은 그들이 대변하는 새 정부와 꼭 마찬가지로 서로 얽힌 대서양 세계의 산물이었다. 그들이 제도들과 관습을 바닥으로부터 창조했기에 그들은 정책을 결정하는데 있어서 자신들의 과거 경험들에 의존했다. 워싱턴이 그렇다고 해서 내각을 진공상태에서 설계하지는 않았다. 새 국가를 통치하기 위해서 내각이 필요하다고 일단 결심한 워싱턴은 부처 장관들과 상호작용을 형성하기 위해서 여러 가지 기존제도에 의존했다. 혁명전쟁 동안 대륙군 총사령관으로서 워싱턴은 자신의 장교들 및 부관들과 전쟁협의회를 소집했었다. 그는 주요 군사적 교전에 들어가기 전에, 겨울 야영지를 선택하기 전에, 그리고 말썽 많은 후퇴작전에 착수하기 전에 협의회에 의지했었다.

미국의 대통령으로서 워싱턴은 내각회의를 비슷한 목적을 위해 사용하였다. 그는 헌법적 전례를 세우기 전에, 국내적 반란에 대응하기 전에, 아니면 잠재적으로 인기 없는 조약에 서명하기 전에 내각회의를 소집했다.[411] 또한 워싱턴은 협의회들과 내각에서 동일한 전략들을 많이 이용했다. 그는 종종 참석자들에게 미리 질문들을 보내고 이 질문들을 회의의 의사일정으로 사용했다. 만일 회의 참석자들이 불일치할 경우에는 토의 끝에 서면으로 의견을 요청했다. 이런 방법은 그로 하여금 모든 사람의 입장을 고려하고 자신의 속도에 맞추어 최종적 결정을 하게 해 주었다.[412]

바닥에서 시작하여 워싱턴은 그의 정부가 무난한 효율성의 모델이 되게 하는 절차들을 도입했다. 또한 그는 늘 자아비판을 했기 때문에 지도자로서 성장했다. 워싱턴의 많은 칭송할 만한 덕목에도 불구하고 그는 결코 따뜻하거나 친근하거나 아니면 사교적인 인물은 아니었다.[413] 그는 온건한 사람으로서 칭찬하는 일이 드물었고 또 아랫사람들과 지나치게 친근하게 되면 그들의 업무수행을 약화시킬 것이라고 두려워했다. 다른 정치가였다면 워싱턴이 받고 있는 우상숭배에 취했을 것이다. 그러나 워싱턴은 그 모든 것을 통해 놀라운 개인적 안정성을 유지했으며 결코 영웅 숭배는 그의 머리 속에서 허용되지 않았다. 정치의 어두운 가시밭길을 어떻게 헤쳐 나갈 것인가에 대하여 질문을 받았을 때 워싱턴은 "정직이 모든 실험에서 최선의 정책으로 발견될 것"이라고 그가 전에 동포들에게 아주 진지하게 말했던 것을 되풀이할 수 있을 뿐이라고 대답했다.[414] 아마도 어떤 대통령도 선행에 관한 본보기를 세우려고 그렇게 끈질기게 노력하지

---

411) *Ibid.,* p. 6.
412) *Ibid.*
413) Ron Chernow, *Washington: A Life,* New York: Penguin Books, 2011, p. 605.
414) *Ibid.*

는 않았다. 그는 사람들이 선물을 주면 뇌물을 받았다고 생각될까 두려워서 흥분했다.

워싱턴이 대통령에 취임했을 때 노스 캐롤라이나와 로드 아일랜드 두 주가 헌법을 포용하지 않고 새 국가에서 떨어져 있었다. 주요 장애요인은 헌법에 부착되어야 할 권리장전(a bill of rights)의 부재였다. 헌법 대회 시에 워싱턴은 미국 시민들이 헌법에서 명시적으로 포기하지 않은 모든 권리장전을 지탱할 것이라는 근거에서 권리장전을 불필요한 것으로 간주했다. 헌법이 비준되는 기간 동안에 그는 반대자들이 시기 상조의 수정안들을 시도함으로써 새 정치제도를 전복하려 들 것이라고 염려했다. 원래는 그 아이디어에 반대했던 제임스 매디슨이 권리장전을 수용하기로 하는 중대한 반전이 있었다. 강력한 반 연방주의 지역에서 의원직에 입후보한 매디슨이 그런 수정안에 대한 자신의 약속을 강조하게 되었던 것이다. 1789년 9월까지 의회는 매디슨의 주도 하에 그 수정안을 승인하고 워싱턴에게 노스 캐롤라이나와 로드 아일랜드의 수석 행정관들에게뿐만 아니라 11개 주지사들에게 그 수정안의 복사본을 보내라고 명령했다. 비록 그 수정안은 모든 주들에 의해서 승인되지는 않았고 1791년 12월 15일까지 공식적으로 채택되지는 않았지만, 1789년에 노스 캐롤라이나가 새 연방국가에 들어오고 1790년 5월에 로드 아일랜드가 그렇게 함으로써 원래 13개 국가들의 재통일을 완성하였다.[415] 완전히 통일된 미 합중국이 수립되고 워싱턴의 꿈이 마침내 이루어진 것이다.

1790년 1월 8일 정오 조금 후에 워싱턴 대통령은 눈처럼 하얀 네

---

415) *Ibid.*, p. 607.

마리의 말들이 끄는 마차를 타고 연방 홀(Federal Hall)로 갔다. 몇 마디 단어로 헌법은 대통령이 때때로 의회에 국가의 상태에 대한 정보를 제공해야 한다고 요구했지만 이 애매한 명령을 의회의 상하 양원 앞에서 공식적 연설로 전환하여 또 하나의 전례를 세운 것은 워싱턴이었다.[416] 그의 수행원으로 그를 따라가는 것은 대법원장과 그의 내각의 각료들이었다. 이것은 또 다른 전통이 되었다. 이 연두교서의 연설은 정부의 3부 모두의 지도적 인물들을 보여주었다. 희망에 찬 연설에서 워싱턴은 공적 신용을 수립하고 제조업, 농업 그리고 통상을 향상시킬 필요성을 인정하여 해밀턴의 재정적 프로그램을 예상케 했다. 그리고 그는 강력한 국가방어를 보장할 필요성의 주제를 언급했다. 즉 그는 "전쟁을 위해 준비하는 것이 평화를 보존하는 가장 효과적인 수단"이라고 말했던 것이다.[417] 그는 또한 과학의 발전, 문학, 그리고 대학의 수립을 통한 학문을 주창했다. 그의 연설은 현명한 부모가 인내력 있게 아이들에게 강의하는 훈계적 형식으로 이루어졌는데 이것은 워싱턴의 공개적 성명의 특징을 이루었고 그의 정치적 수사학을 정의했다. 그가 연설을 끝냈을 때 그는 고개 숙여 인사를 하고 거리로 나왔다.

워싱턴이 연설을 할 때 그는 해밀턴의 자금제도에 대해 분노가 폭발하려는 참이었다든가 혹은 미국의 정치가 파벌적이고 고약하게 될 것이라는 감을 별로 잡지 못했다. 해밀턴이 재무장관이 되기 이전에 이미 의회는 관세 업무를 위해 동해안을 따라 등대들, 봉화들 그

---

416) *Ibid.,* p. 618.
417) *Ibid.,* pp. 618−619.

리고 부표들의 선을 창설하는 입법을 했었다. 그것은 해밀턴에게 거대한 공공사업을 맡긴 것이었다. 그는 또한 관세 검사관들과 다른 예산 관리들을 임명함으로써 굉장한 후원의 권한을 가졌다. 식민 시대에 관세의 회피는 오랜 관행이 되어 있었다. 그래서 해밀턴은 수로들을 정찰하고 밀수업자들을 가로챌 밀수 감시선들이라고 부르는 10척의 배를 건조하기 위한 워싱턴의 승인을 모색해야만 했는데 이것이 후에 해안경비대를 낳았다. 정치적 조화를 위해 워싱턴과 해밀턴은 배의 건조사업과 배의 선장들을 지역적으로 안배했지만 그러나 이미 관료에게 염증을 느낀 국가에게 그 프로그램은 중대한, 그리고 약간의 불길함을 느끼는 사람들에겐, 정부권력의 확장이었다.

돈 문제를 다루는 부처로서 재무부는 논란의 인화점이 될 수밖에 없었다. 1789년에 의회가 그것의 형태에 관해 논쟁을 벌일 때 공화주의의 순수주의자들은 집중된 권한에 대항하는 안전장치로 3인의 위원회가 주도하길 원했다. 그 대신에 단일 재무장관이 선택되자 의회는 다른 각료들과는 달리 재무장관은 그들에게 직접 정기적 보고를 제출하도록 요구함으로써 그의 권한을 포위하려고 노력했다. 그러나 해밀턴을 입법부에 굴복시키는 대신에 이 접근법은 입법부가 일하는데 오히려 그를 끌어들인 꼴이 되었다. 재무장관의 저돌적인 스타일은 의회가 아니라 행정부가 경제정책을 감시할 것을 보장했다. 외교정책에의 경우처럼 경제문제에서 행정부의 주도는 의회가 정책결정의 중심이 되길 희망했던 많은 농부들의 견해에 반했지만, 그러나 이러한 사태발전은 그렇지 않았을 경우보다도 더 큰 효율성과 일관성을 약속했다.

알렉산더 해밀턴은 3개월 동안 숫자에 파묻혀 살았다. 그리고 마침내 1790년 1월 14일 의회가 가을에 요청했던 것에 대한 답변으로 "공적 신용에 관한 보고서"(Report on Public Credit)라는 제목을 단 4만 7천 단어의 문건을 가지고 등장했다.[418] 그의 영특한 마음과 백과사전적 지식으로 해밀턴은 입법부 의원들이 상상했던 모든 것을 압도하는 대작을 내놓았다. 해밀턴이 그것을 완성하기 전에 워싱턴과 협의했다는 증거는 존재하지 않는다. 토마스 제퍼슨은 대통령이 공적 재정에 관해 교육받은 적이 없었기 때문에 해밀턴에 의해 속았다고 생각했다. 그러나 제퍼슨의 의심은 잘못된 것이었다. 워싱턴과 해밀턴은 그들의 전시 대륙회의에 대한 좌절까지 거슬러 올라가 공통의 세계관과 행정부 권력에 대한 광범위한 신념을 공유했었다.[419] 연방정부는 혁명전쟁을 싸우기 위해 축적된 국가의 빚 5천 4백만 달러와 주의 빚 2천 5백만 달러의 어마어마한 빚을 지고 있었다.

새 국가는 이 부담을 거부하고 싶은 충동을 느꼈을 것이지만 그러나 정책과 도덕의 문제로서 워싱턴과 해밀턴은 만일 그들이 국가들의 공동체 속에서 완전한 구성원이 되고 싶다면 빚을 갚아야 한다고 생각했다. 개인들에게 있어서의 경우와 마찬가지로 국가들에 있어서도 정직이 언제나 가장 건전한 정책임이 발견될 것이다. 만일 워싱턴이 해밀턴에게 재정문제에 관해서 백지 위임장에 가까운 뭔가를 주었다면 그것은 그들이 미국의 치솟는 빚을 잡는데 필요한 조치들에 관해서 본질적으로 동의했기 때문이었다. 그러나 워싱턴은 또한

---

418) Joseph J. Ellis, Joseph J. Ellis, *His Excellency George Washington,* New York: Vintage Books, 2004, p. 204.

419) Ron Chernow, *Washington: A Life,* New York: Penguin Books, 2011, p. 620.

주요 정책이 승인을 위해 자신의 책상을 거쳐야만 하는 정책결정 장치를 세웠다. 그리하여 그는 때때로 성급한 해밀턴을 그가 통제할 수 있다고 자신했다.

해밀턴은 자신의 보고서에서 여러 가지 논란이 되고 있는 조치들을 옹호했다. 많은 대륙군 참전용사들을 포함하여 전시 약속어음의 최초 소유자들 중 상당 수는 그들이 약속한대로 결코 받지 못할 것이라고 믿고서 전후에 액면가의 적은 일부만 받고 그것들을 팔았다. 해밀턴은 그것들을 액면가대로 상환하는 계획을 세웠으며 현재 그 약속어음의 현 소유자들에게 그의 프로그램의 입법화에 따를 엄청난 가격 인정의 보답을 받길 원했다. 이렇게 함으로써만이 유가증권의 소유자들이 모든 미래의 이익과 손실에 책임지는 원칙을 수립할 수 있다고 해밀턴은 생각했다. 그런 정책 없이는 미국이 번창하는 유가증권 시장을 결코 수립할 수 없었다.

또한 해밀턴은 빚이 국가적 전쟁을 뒷받침하느라 발생했기 때문에 각 주들의 빚도 역시 연방정부가 책임져야 한다고 생각했다. 그런 인수의 행위는 특별한 잠재적 정치 효과를 가질 것이다. 왜냐하면 주가 진 빚의 채무자들이 그들의 충성을 연방정부로 전환하여 나라 전체에 온통 구속력을 갖게 될 것이다. 그리고 그것은 또한 주 정부들과의 어떤 논쟁에서도 미래 세수에 대한 연방정부의 권리 주장을 강화할 것이다. 비밀 정치 일정에 끼워 넣어 정책들을 만들어 내는데 필적하지 못할 해밀턴은 하나의 프로그램을 다른 프로그램에 엮어서 그것들 모두를 해체하기 어렵게 만드는 방식으로 서로를 긴밀히 연결하는 방법을 알고 있었다.

해밀턴의 보고서가 공개될 때까지 제임스 매디슨은 워싱턴의 가장 신임하는 조언자였다. 그것이 1790년 2월 11일 매디슨이 하원에서 일어나 놀라운 돌변으로 투기자들이 해밀턴의 프로그램으로부터 이득을 볼 것이라고 비난했던 때로부터 부식하기 시작했다. 그것은 행정부의 활에서 나온 놀라운 화살 한발이었다. 매디슨은 소위 차별 정책을 선호했다. 즉 대부분이 과거에 군인이었던 채권의 최초 소유자들도 정부증권의 가격 폭등으로 인한 돈벼락을 공유해야 한다는 것이다. 많은 미국인들은 참전용사 대신에 투기꾼들이 보상받는 걸 보기가 어렵다고 생각했다. 그래서 매디슨의 연설은 강력한 불만을 촉발했다. 버지니아의 하원의원으로서 그리고 주의 권리를 주장하는 대표적 인물로서 매디슨은 그들이 <페더럴리스트 페이퍼스>(*Federalist Papers*)를 함께 썼을 때 그를 해밀턴과 단결시킨 대륙적 조망으로부터 벗어나고 있었다. 매디슨에게 자금이 조성되는 빚과 재무부 피고 용인들의 확장하는 수가 너무나도 영국적인 모델을 상기시켰다. 매디슨에게 배신당했다고 느낀 해밀턴은 과거 자기 전우의 차별제안을 단순히 작동할 수 없는 것이라고 주장했다. 유가증권의 첫 소유자를 찾아서 이익의 공유를 분할한다는 것은 행정적 악몽이 될 것이다. 해밀턴은 투기가 불미스럽다고 할지라도 작동하는 재정 시장에서 피할 수 없는 일이라고 생각했다.

참전용사들의 영웅으로서 워싱턴은 아주 까다로운 딜레마를 직면했다. 그리고 매디슨은 대통령의 마음이 논쟁에 의해서 강력하게 괴로움을 당했다고 후에 증언했다. 한편으로 워싱턴은 그들의 차용증을 무정하고 탐욕스러운 투기꾼들에게 팔았던 참전용사들을 동정했다. 동시에 그는 1783년 5월에 일반명령으로 퉁명스럽게 말하면서 전쟁이 끝날 때 그 확인서들과 결코 떨어지지 말라고 병사들에게 경고했었다. 워싱턴 당시 장군은 병사들에게 그들이 증서나 유가증권을 아주 낮은 가격에 처리하는 어리석은 행동에 대해 경고하는 것이 필요하다고 생각했다. 왜냐하면 그의 생각엔 유가증권의 투기꾼들이 그 후에 그것들의 액면가대로 완전히 지불 받을 것이 분명했기 때문이다. 워싱턴은 이 점에서 예언적이었다.420) 의회가 해밀턴의 보고서를 명령했기 때문에 워싱턴은 그것을 위한 로비로 한계선을 넘는 것을 원하지 않았으며 그래서 그는 그것을 논의하는데 아주 신중했다.

논쟁 중에 워싱턴은 어떤 울림이 있는 의견도 내놓지 않았지만 그의 침묵은 해밀턴의 제도를 승인하는 것이나 마찬가지였다. 이 시점에서도 여전히 그는 미국 정치에서 신성한 인물이었다. 그는 해밀턴을 항의자들을 위한 편리한 피뢰침으로 만들었다. 자신은 대통령 직의 의례적인 예식에 충실하면서 해밀턴으로 하여금 뒤죽박죽인 정치적 흥정을 하게 허용하는 것이 워싱턴에겐 편리했다. 매디슨의 이탈과 공적 신용보고서에 의한 초래로 소심해진 워싱턴은 국가가 지리적으로 분열되어 자기와 남부의 관계를 거북스럽게 만드는데 대해 특별히 실망했다.421)

해밀턴의 프로그램에 대한 논쟁은 워싱턴과 그의 버지니아 동료들 사이에 틈새를 열었으며 해가 갈수록 벌어졌다. 토지 재산을 선호하고 유가증권 재산에 반대하는 그들의 편견을 반영하면서 만성적

---

420) *Ibid.*, p. 622.
421) *Ibid.*

채무자인 부유한 가문의 사람들은 해밀턴이 도입한 재정적 혁명에 공포로 위축되었다. 담배 시장은 깊은 슬럼프에 빠졌고 이렇게 몰린 버지니아의 농장주들은 손쉽게 이익을 챙기는 북부 투기꾼들에 대해 넌더리가 났다. 또한 버지니아 주는 이미 자신의 빚을 대부분 청산했고 따라서 연방정부가 주의 빚을 인수하는 것을 반대했다. 그것은 자신들의 빚을 거부하는 무책임한 주들을 보상하는 꼴이 될 것이기 때문이었다. 어떤 버지니아 서클에서는 워싱턴이 자신들의 계급에 대한 거의 반역자로 간주되는 지경에까지 이르렀다.

남부 농장주들의 불만은 1790년 2월에 검은 모자와 코트의 보장을 한 퀘이커 교도들(Quakers)이 의회에 한 쌍의 폭발적 탄원서를 제출함으로써 더욱 불이 붙었다. 하나는 노예무역에 대한 즉각적 중단을 제안했고 다른 하나는 노예제도 그 자체의 점진적 폐지라는 당시에는 생각할 수 없는 것을 촉구했다. 그들은 하나님이 흑인과 백인을 차별한다고 믿지 않았기 때문에 많은 퀘이커 교도들은 자신들의 노예들을 해방했고 또 심지어 그들에게 과거 불의에 대해 보상까지 했다. 워싱턴은 퀘이커 교도들에 대해 분열된 감정을 갖고 있었다. 지난 해 10월 워싱턴은 퀘이커 교도협회에 그들 사이에서 보다 모범적이고 유용한 시민들의 종파는 없다는 칭송이 가득한 연설문을 보냈었다. 동시에 평화주의자로서 퀘이커 교도들은 전시 의무를 멀리하는 편이었다.

노예제도 문제에 대해서 워싱턴은 아주 극단적 신중함으로 반응했다. 비록 그가 사적인 편지들에서 노예해방에 대한 지지를 말했지만 그가 여전히 위험스러운 국가 통일을 이루기 위해 노력할 때 공개적으로 그렇게 한다는 것은 거대한 말썽을 일으키는 도약일 것이었다. 퀘이커 교도들이 탄원서를 제출한 타이밍도 아주 곤란한 때였다. 그 탄원서들은 남부에서 확실히 의심을 자아낼 것이기 때문이었다. 적어도 이론적으로 노예제도에 반대하는 워싱턴과 다른 국가 수립자들은 헌법대회에서 노예무역이 1808년까지는 안전하다고 규정함으로써 그 쟁점을 편리하게 비켜갔다고 생각했다. 펜실베니아 노예제 폐지협회의 의장으로서 벤자민 프랭클린이 퀘이커 교도들의 탄원서들 중 하나에 서명했기 때문에 그것들은 간단히 무시될 수 없었다. 농장주들의 경악에 반응하면서 제임스 매디슨은 주의 권리들의 깃발을 올리면서 노예제도에 어떤 간섭에도 의회의 반대를 이끌었다. 해밀턴은 뉴욕 노예폐지협회의 공동 창립자였지만 그도 워싱턴처럼 그 쟁점에 관해서 침묵을 유지하면서 말썽 난 자금확보 프로그램을 밀어붙이고 있었다. 사실상 모든 국가 창설자들은 노예제도에 대한 혐오에도 불구하고 후속 세대에게 조치를 미루는 편리한 길을 택함으로써 침묵의 음모에 가담했다.[422]

워싱턴은 노예제도에 대한 자기의 가장 깊은 생각들을 숨기는 경향이 있었는데 그는 자기의 반대를 공유하는 아주 가까운 이들에게만 그런 생각들을 노출했다. 그는 퀘이커 교도들의 탄원서에 대한 버지니아의 격렬한 반응에 대해서 알고 있었다. 3월 16일 오전에 그는 지도급 퀘이커 폐지론자인 워너 미플린(Warner Mifflin)을 만났다. 미플린은 이런 사람들을 노예상태로 유지하는 불의와 졸렬한 정책을 선언으로 규탄했지만 그러나 그는 점진적 폐지 이상이나 헌법의 위

---

422) *Ibid.*, p. 623.

반행위 그런 효과를 가져오길 염원하지 않았다. 워싱턴은 미플린의 말을 경청했지만 그는 유명한 침묵으로 일관했다.[423] 퀘이커 교도들의 진정서들은 의회에서 유산으로 끝났다. 3월 말에 매디슨의 리더십 하에 입법 의원들은 그것들이 1808년 전에 노예무역에 간섭할 관할권이 없다고 결정함으로써 그 제안들을 조용히 무기 연기해버렸다. 노예제도에 대한 자신의 반대를 알리기 위해 대통령직을 강력한 설교단으로 이용하지 못한 워싱턴의 실패는 그의 역사적 기록에서 하나의 오점으로 남았다.[424] 대중들은 그가 이 문제와 얼마나 많이 내적으로 씨름을 했는지에 대해서 알지 못했다.

1790년 4월에 노예제도 문제에 대한 그의 고결한 패배 직후에 벤자민 프랭클린(Benjamin Franklin)이 세상을 떴다. 그는 미국에서 그의 위상이 워싱턴에 근소한 차이로 비교될 만한 유일한 미국인이었다.[425] 그는 최후 몇 주 동안 자유는 피부색의 구별 없이 모든 인간들에게 확대되어야 한다고 고집했다. 자기의 유서에서 프랭클린은 워싱턴에게 전형적으로 솔직한 칭송을 했다. 그는 자기의 "돌능금나무 지팡이를 그의 친구요 인류의 친구인 워싱턴 장군에게 남겼다."[426] 상원이 프랭클린을 위해 상복을 입는 법안을 채택한 뒤에 제퍼슨이 워싱턴에게 행정부가 상복을 입어야 한다고 제안하면서 적합한 찬사를 부탁했다. 그러나 워싱턴은 만일 애도 행사를 시작하면 어느 선까지 해야 할지 기준을 알 수 없다는 이유로 거절했다.[427]

---

423) *Ibid.*, p. 624.
424) *Ibid.*
425) *Ibid.*
426) *Ibid.*

미국은 이상하게도 벤자민 프랭클린에 대한 공식적 장례식 연설이 없었다. 오히려 프랑스의 국회가 "미국을 해방시키고 유럽에 빛의 소나기를 퍼 부은 천재"라고 웅장한 칭송을 했다. 워싱턴은 그의 관에 아주 가까이서 벤자민 프랭클린을 그의 무덤까지 따라갔다.

대부분의 주들이 1788년 여름까지 헌법을 비준한 후에 제임스 매디슨은 그들의 감정적 충성과 재정적 이익과 관련된 주제를 조지 워싱턴에게 끄집어 냈다. 그것은 미래 수도의 소재지에 관한 문제였다. 소위 거주지 문제라고 불리는 이 사안은 의회로 하여금 장소를 구체적으로 지정하지 않고 "정부의 소재지"(a seat of government)를 수립하라고 요구하는 헌법의 규정에 기인했다.[428] 1790년 봄까지 의회에서 논란은 교통망 지체의 주제에 대한 웃기는 패러디로 전락했다. 16개 장소들이 제안되었고 주와 지역적 집단투표 블럭들이 자신들의 각 선호지를 보존하기 위해서 각 대안들에 반대하는데 동원하여 거부당했다. 어떤 좌절된 하원의원은 어쩌면 그들이 새로운 수도에 바퀴를 달아 이곳 저곳으로 굴러가게 해야 할 것이라고 냉소적으로 제안했다. 동일하게 좌절한 한 신문의 편집자는 새 제국의 수도는 전제군주의 기분에 의해서 선택되는 것이 관습이었고 조지 워싱턴은 결코 자기의 조국에 나쁜 조언을 한적이 결코 없으니 그가 지도에 한 곳을 지적하게 하는게 어떠하냐고 말하기도 했다.[429]

물론 포토맥 소재지가 그런 식으로 결정된 것은 아니었다. 매디슨

---

427) *Ibid.*
428) Joseph J. Ellis, Joseph J. Ellis, *His Excellency George Washington,* New York: Vintage Books, 2004, p. 206.
429) *Ibid.,* pp. 206－207.

은 다른 대안들을 차단하는 거래를 하면서 "큰 칼"(Big Knife)이라는 별명을 얻어 가면서 포토맥 소재지를 위해 하원에서 싸움을 주도했다. 뉴욕과 필라델피아가 심각한 후보지들로 등장할 것으로 인식한 매디슨은 포토맥 강(the Potomac River)의 제방들이 연방정부를 궁극적으로 수용할 것을 희망했다. 서부 경계선(the western frontier)에서 번성하는 인구가 남부 수도의 전망을 향상시켰다. 매디슨은 시간이 남부편에 있다고 믿었다. 포토맥에 대한 워싱턴의 맹렬한 열정은 별로 가라 앉지 않았고 또 그는 여전히 그 강을 내지에 대한 이상적 입구로 그래서 수도를 위한 최적의 장소로 포용했다. 포토맥은 연방국가의 자연적 중심이라고 그는 설명했다. 그곳은 극단적 더위와 추위의 사이에 있다. 그곳은 때가 되면 북미의 거대한 상업중심지가 될 것이라고 덧붙였다.[430] 그것은 광범위한 영향력을 행사할 것이기 때문에 수도의 장소 선택은 논란에 휩싸였다. 가장 분명한 것은 그것이 근처의 토지 소유자들에게 상업적 돈벼락을 의미할 것이다. 수도 문제는 너무도 신경을 곤두세우는 것이라서 매디슨은 만족한 해결책에 대해 거의 절망적이었다. 이 문제에 대한 교착상태는 연방정부가 주의 빚을 인수하는 해밀턴의 계획에 대한 교착상태가 우연히 일치했다. 워싱턴은 두 개의 논쟁이 의회를 증오에 빠뜨렸다고 지적했다.[431]

정치에서 비파당적 예의에 대한 워싱턴의 환상은 남북으로 갈라진 선에 따라 점증하는 극화(polarization)에 의해서 급속히 부식하고

---

430) Ron Chernow, *Washington: A Life,* New York: Penguin Books, 2011, p. 629.
431) *Ibid.,* p. 630.

있었다. 병에서 아직도 회복 중이던 워싱턴은 각 주의 빚을 인수하는 문제와 수도 소재지에 대한 논쟁으로부터 떨어져 있는 것이 용이하다는 것을 알았다. 그러나 그는 전쟁의 비용이 발생한 대의의 경우가 공동의 대의였기에 연방정부가 부담해야 한다는 재무장관의 믿음을 반영하면서 분명하게 해밀턴의 목적들을 지지했다.[432] 수도의 소재지에 대해서도 워싱턴이 포토맥을 선호한다고 일반적으로 알려졌다. 실제로 포토맥을 미는 것이 미국 대통령에게 이익이었다.

1790년 6월 초 하원은 해밀턴의 자금 법안을 입법화했지만 그러나 주의 빚을 인수하는 논쟁적 계획을 삭제해 버렸다. 매디슨은 버지니아, 매릴랜드, 그리고 조지아 주들처럼 그들의 빚을 이미 대부분 청산한 주들이 청산하지 않은 방종한 주들을 지원해야 한다는데 분개했다. 문제를 더욱 복잡하게 만드는 것은 해밀턴과 제퍼슨 사이의 초기 싸움이었다. 이제 어느 곳에서나 솟아나는 군주제의 징표들을 찾아 내면서 제퍼슨은 자금이 지원되는 빚을 영국제국과 관련시켰다. 그리고 내각의 일원이면서도 그는 비밀리에 해밀턴에 대항하여 매디슨과 규합했다. 그는 정부 빚에서 투기꾼들에게 보상하는 해밀턴의 결정에 의해 크게 상심했다.

인수와 수도에 대한 논쟁은 너무도 악의에 차 있었기 때문에 미 연방국가가 상호비난 속에서 분해될 것처럼 보였다. 바로 이러한 배경에서 6월 19일에 워싱턴이 관저 앞에서 우연히 30분 동안 같이 걸으면서 해밀턴이 의회의 위험한 분열, 내각 단결의 긴급한 필요성과 그리고 새정부를 위협하고 있는 불안에 대해서 상술했다. 결과는 마

---

432) *Ibid.*

침내 다음날 제퍼슨이 해밀턴과 매디슨을 메이든 레인(Maiden Lane) 57번지 자기 숙소에서 마련한 만찬에 초대했다. 워싱턴의 그림으로 치장한 아파트에서 열린 이 유명한 만찬에서 거대한 거래가 이루어졌다. 즉 제퍼슨과 매디슨이 인수법안의 통과를 돕기로 동의하는 반면에 해밀턴은 필라델피아 대표단이 필라델피아를 임시 수도로 인정하고 포토맥을 최종적 목적지가 되도록 로비하기로 약속했다. 결국 사적인 거래가 만찬에서 이루어진 것이다. 이후 이 만찬은 미국의 역사에서 가장 결과물이 있었던 만찬으로 학문 속에 간직되었다.[433] 이 이야기는 또한 워싱턴이 진작시킨 그의 공식적 가족 내에서 형제적 협력의 매력적 그림을 상기시켰다.[434]

1790년 7월에 의회는 필라델피아를 10년간 임시 수도로 부르기로 하고, 1800년 12월 1일까지 포토맥에 10마일 사각 지역으로 영구히 이사하기로 하는 주거법안(the Residence Act)을 승인했다. 워싱턴이 해밀턴, 제퍼슨 그리고 매디슨에 의해서 이루어진 만찬 거래에 관해서 협의했다는 확고한 증거는 없다. 그럼에도 불구하고 그가 포토맥 강변에 거대한 토지를 소유하고 있고 그것의 개선에 관여했으며 또한 그 결정으로 즉시 이득을 볼 것이라고 모두가 알고 있었다.[435] 제퍼슨과 매디슨은 항구적 수도의 포토맥 소재를 연방국가 내에서 버지니아의 헤게모니를 보장하는 것으로 간주했다. 그것은 연방정부가 언제나 남부의 액센트로 말할 것이라는 일종의 지리적 보장이었

---

433) Joseph J. Ellis, Joseph J. Ellis, *His Excellency George Washington,* New York: Vintage Books, 2004, p. 207.

434) *Ibid.*

435) Ron Chernow, *Washington: A Life,* New York: Penguin Books, 2011, p. 631.

던 것이다. 워싱턴은 보다 넓게 생각하여 수도를 지역적 질투심을 극복하는 국가적 에너지를 위하여 초점을 맞추는 장치로 상정했다. 그가 상징적으로 수행하는 국가의 통일적 기능을 지리적으로 수행할 실질적 장소로 간주했다는 것이다. 그의 개인적 목마가 수도 내에서 국립대학이 되고 그곳에서 모든 지역 출신의 가장 총명한 젊은이들이 그들의 지역적 습관과 액센트를 닦아내는데 도움이 될 미국인으로서 공동 경험을 모으고 공유하는 장소가 되었다.436)

주거법안은 수도를 위해 포토맥의 정확한 지점을 선발하지 않고 단지 가의 65마일의 길이만을 구체적으로 적시했고 그리고 워싱턴 대통령에게 장소를 선택할 권한을 인정했다.437) 1월에 아무도 놀라지 않은 천명으로 워싱턴은 마운트 버논의 바로 북쪽에 수도 소재지의 선택을 발표했다. 여기에 워싱턴의 이익 충돌에 관해 무언의 불평이 있었다. 그리고 사후에 워싱턴의 이 결정은 자신과 가족의 재산가치를 1천 퍼센트나 올렸다는 비난을 받기도 했다. 이런 논란이 비판자들로부터 워싱턴을 면해준 어떤 마술적 매력을 깨뜨렸다. 그리고 사람들은 그에게 직접 도전하는 것에 관해서 더 이상 입에 재갈이 물렸다고 느끼지 않았다.438)

남부의 수도를 선택하는데 있어서 그의 편견이 무엇이었던 간에 워싱턴은 여전히 모든 미국인들의 대통령으로서 자신의 지위를 깊이 가슴속에 간직했다. 로드 아일랜드가 헌법의 비준을 거부하는 한 그

---

436) Joseph J. Ellis, *op. cit.*, p. 208.
437) Ron Chernow, *op. cit.*, p. 631.
438) *Ibid.*, p. 632.

곳은 변절지역으로 배척되었다. 그래서 그가 북부를 여행할 때도 그곳을 들리지 않았다. 그러나 1790년 5월에 그 국가가 연방정부의 또 하나의 주로 합류하자마자 워싱턴은 그곳의 방문 거부를 수정하고 싶어 했다. 그리하여 8월 12일 의회가 정회에 들어간 지 며칠 후에 워싱턴은 제퍼슨과 뉴욕 주지사 조지 클린턴을 대동하고 로드 아일랜드를 향해 출발했다. 그의 처음 들린 곳은 뉴포트(Newport)였는데 이곳은 유태인 상인들과 동료 메이슨(Mason), 모세 세이셔스(Moses Seixas)들이 예수아 이스라엘 종파(congregation Yeshuat Israel)를 대신하여 대통령을 영접했다. 마치 보장의 언질을 받으려는 듯이 세이셔스가 유태인 종파는 자유시민의 무한한 가치의 자유시민권을 박탈당했다고 지적했다. 그리하여 이것은 종교문제에 대한 그의 가장 아름답게 지속하는 성명으로 간주되는 히브리 종파(Hebrew Congregation)에 편지를 보내게 되었다. 워싱턴은 이 편지에서 미국에서 기독교 국가를 촉진할 생각이 없다는 것을 보여주었다.[439]

다음 날 사적인 만찬의 시간에 맞추어 프로비던스(Providence)에 도착한 워싱턴은 밤이 되었을 때 학생들이 그를 위해 로드 아일랜드 대학(후에, 브라운 대학)의 창문들에 불을 밝혔다는 말을 들었다. 8월 22일 임시 수도를 위한 간단한 최종 시간이 될 뉴욕으로 돌아왔다. 주거법안 아래서 정부는 12월 초에 필라델피아로 이전하게 되어 있었지만 그러나 대규모 탈출은 일단 의회가 8월 12일 그 사실을 발표하자 한 여름에 진지하게 시작했다. 워싱턴은 그곳에서 그가 편히 쉴 수 있고 또 최근 자신의 병으로부터 완전히 회복할 마운트 버논의

---

439) *Ibid.*

고요함이 그리워서 필라델피아로 이사하기 전에 그곳에서 장기간 머물기로 결정했다. 1790년 8월 30일 뉴욕을 떠날 때 워싱턴은 자기의 공식적 고별을 기념할 어떤 행사도 피하는 불가능한 백일몽에 다시 빠져들었다. 새벽에 마지막으로 그동안 거주한 저택을 둘러보기 위해 그가 가족들과 하인들 및 노예들을 불러 모았을 때 그는 갑자기 "워싱턴 행진"(Washington March)이라고 불리는 곡조를 연주하는 밴드의 노랫가락을 들었다. 밖에서는 클린턴 주지사와 대법관 제이 그리고 대규모 흥분한 시민들이 마지막 존경을 표하기 위해서 나타났고 포병부대로부터 13발의 예포발사를 절정으로 배에 오른 그를 환송했다.

워싱턴을 실은 보트가 허드슨 강으로 접어들자 그는 선미에 똑바로 서서 맨해튼 해안 쪽으로 돌아서서 그의 모자를 흔들어 고별을 고했고 구경을 나온 사람들로부터 함성의 반응을 불러 일으켰다. 그가 뉴어크(Newark)로부터 남쪽으로 통과하여 1776년 초라한 대륙군이 후퇴했던 트렌턴을 지나가자 길가에 있는 모든 작은 마을에서 환호했다. 그는 필라델피아에 도착했다. 그리고 시티 태번(the City Tavern)에서 그의 친구 모리스가 내민 손으로 그를 기다렸다. 필라델피아 시는 6번째 코너에 가까운 하이 스트리트(High Street) 190번지에 있는 로버트 모리스의 집을 새 대통령 저택으로 임대했다. 그 가옥은 4층짜리 벽돌구조로 높고 멋진 창문들을 갖고 있었다.

새 의회가 1775년 대륙회의를 주최했고 1776년 독립선언을 목격했던 체스넛 스트리트(Chestnut Street)에 있는 주 청사에서 소집되었다. 12월 8일 검은 벨벳의 복장을 한 워싱턴이 너무 부드러운 목소리로 의회에 연설을 함으로써 부통령 애덤스가 그가 떠난 뒤 의원들에게 그것을 되풀이해야만 했다. 해밀턴의 프로그램에 대한 치열한 논쟁을 차치하고 이 순간은 미국정치에서 평화로운 막간이었다. 통상은 워싱턴의 비호 하에 번창했다. 그는 국가의 상황에 대해 낙관적 평가를 제시했다. 연설의 도입부에서 그는 해밀턴 프로그램의 직접적인 결과로 미국의 빚을 인식했다고 지적했다. 공적 신용의 발전이 국내외에서 미국채권의 상당한 인상으로 목격되었다. 정부의 증권은 새 정부가 출범한 이래 가치가 3배로 뛰었다. 동시에 워싱턴은 해밀턴이 항구적인 정부 빚을 선호한다는 비난에 반응하여 반대하는 의원들에게 서부의 땅들을 팔아서 그것을 감소시키길 요청했다. 워싱턴은 그의 논란이 된 재무장관을 옹호하면서 그의 프로그램의 수정에 문을 살짝 열어 놓는 방식은 강력하면서도 동시에 화해적으로 관리해 나가는 그의 수완의 좋은 본보기였다.[440]

1790년 12월에 미국의 하원이 해밀턴 장관에게 공적 신용을 강화할 추가적 조치들을 요구했을 때 그는 위스키와 다른 가정에서 주조하는 알코올 음료에 대한 소비세를 제안했다. 많은 서부 공동체들에게 이것은 과격하고 선동적인 조치였다. 많은 농부들은 가정의 주조에 대한 억누를 수 없는 갈증을 가지고 있을 뿐만 아니라 그들은 종종 곡식을 위스키로 전환하여 그것을 휴대용 형태로 파는 것이 경제적임을 발견했다. 주의 빚을 인수하는 자기의 프로그램으로 해밀턴은 위스키 세금이 주정부들에 의해서 일반적으로 시행되기 전에 가치 있는 예산의 원천을 장악하여 연방정부를 강화하는 방법이라는 것을 해

---

440) *Ibid.*, p. 635.

밀턴은 워싱턴에게 인정했다.

소비세는 의회에서 치열한 논쟁을 촉발했을 뿐만 아니라 그들의 밀주에 징세하려는 과거의 노력들을 비웃었던 서부 공동체들에서 시행될 수 있다는 광범위한 의심을 유발했다. 반발을 예상한 해밀턴은 작은 규모의 조사관들과 세금징수자들의 군대를 위한 계획을 마련하여 가혹한 조치들을 시행하는 거대한 새 관료제도에 대한 두려움을 낳았다. 세금에 대항하여 일어날 반동에 대해 재빨리 대비하면서 해밀턴은 정부는 보다 많은 예산이 필요하다고 주장하고 또 반대자들은 여전히 불쾌한 토지세와 같은 다른 가능한 세금들을 생각하는 것이 좋을 것이라고 고집했다. 워싱턴과 해밀턴은 모든 세금에 대해 깊게 새겨진 의심의 나라에서 첫 세금제도를 시행해야 하는 보람없는 과업을 갖고 있었다.[441]

1790년 12월 4일 알렉산더 해밀턴은 이번에는 미국 역사에서 첫 중앙은행을 허가할 필요성에 대한 또 하나의 깜짝 놀라게 하는 국가 문서를 발행했다. 1천만 달러의 자본금으로 미국은행(the Bank of the United States)은 공적 및 사적 소유권을 혼합할 것이다. 즉 정부가 20%의 몫을 갖고 개인 투자가들이 나머지 80%를 차지할 것이다. 이 융통성 있는 제도는 정부에 돈을 빌려주고 국가의 통화로 사용될 화폐를 발행하고 또 세금지불을 위한 저장소로 행동할 것이다. 은행은 영국은행을 모방했다. 해밀턴은 그가 문서를 작성할 때 영국은행의 허가서를 책상 위에 간직했다. 그리고 이 은행설립의 보고서는 공적 신용과 소비세에 대한 보고서의 뒤꿈치에 따라붙었다. 그리하여

---

441) *Ibid.*, p. 636.

그것은 영국 스타일 행정부의 음흉한 귀신으로 반대자들을 불안하게 했다.

5주 후에 은행법안은 상원에서 기만적으로 쉽게 통과되어 하원의 원인 매디슨이 하원에서 강력한 반대를 동원하도록 유발했다. 다시 한 번 남부의 주들은 해밀턴의 제도가 농업적 남부의 이익에 대한 북부의 재정적 헤게모니를 강화할 것이라고 두려워했다. 매디슨은 자신의 곤혹스러운 유권자들의 견해에 대담하게 응했다. 그가 <페더럴리스트 페이퍼스>의 공동 저자로서 연방권력의 넓은 견해를 피력했던 곳에서 그는 이제 그 권력의 위험스러운 확장으로 생각하는 것을 거부했다. 헌법에서 그는 중앙은행의 구체적 허가를 발견할 수 없었다. 그의 결연한 노력에 반하여 은행법안은 2월 8일 39대 20의 표차이로 하원을 통과했다. 미래에 다가올 투쟁의 불길한 징조로 그 투표는 또 다시 지리적인 선에 따라 날카롭게 분할되었다. 즉 북부의 주들은 은행의 설립을 위해 거의 단결했고 남부의 주들은 그것을 반대하는데 대체로 줄을 섰다.

워싱턴 대통령은 그 은행법안에 서명하거나 거부할 10일간의 여유가 있었다. 그러나 그는 결심을 하지 못하고 있었다. 아마도 계획에 의해 데드라인이 소멸하기 직전에 해밀턴이 그 법안을 찬성하는 주장을 전달하고. 그리고 워싱턴이 그 찬성하는 주장을 수락하여 내각 내에서 항의를 위한 시간을 주지 않았다. 1791년 2월 25일에 워싱턴이 그 법안에 서명했을 때 그것은 용기 있는 행동이었다. 왜냐하면 그는 매디슨, 제퍼슨 그리고 랜돌프의 법률적 통찰력을 저지했기 때문이었다.[442]

은행과 증권교환을 사악한 수단으로 간주하는 성향이 있는 자신의 동료 농장주들과는 달리 워싱턴은 근대 재정의 이런 수단의 필요성을 간파했다. 그것은 헌법의 글자들에 의해서 해밀턴보다는 더 얽매여 있다고 느꼈던 워싱턴에게 법률적으로 결정적인 순간이었다. 이번 조치로 그는 대통령에 대한 확장적 견해를 인정했으며 그리하여 헌법을 살아 있고 열린 문건으로 만들었다. 그의 결정의 중요성은 과장하기 어렵다. 왜냐하면 워싱턴이 헌법의 글자에 경직되게 매달렸더라면 연방정부는 유산되었을 지도 모르기 때문이다.[443] 대법관인 존 마샬(John Marshall)은 후에 "함의의 권한"(implied power)이라는 교리를 포착하고 그것을 연방정부의 권한을 지지하는 매우 영향력 있는 사건들에 그것을 편입시켰다. 은행법안을 승인하는데 있어서 워싱턴은 또 다시 해밀턴을 근대의 촉매자로, 즉 그 자신이 나온 버지니아의 토지 귀족들보다는 항구 도시의 번성하는 통상을 대변하는 사람으로 지지했다. 워싱턴은 그것의 최상의 논리에서뿐만 아니라 두 사람이 경제적 국가주의에 대한 견해를 공유했기 때문에 은행에 대한 해밀턴의 옹호에 동의했던 것이다.[444]

행정부 초기에 워싱턴은 외교정책에 관한 조언을 상원이 아니라 그의 내각에 의해야 할 것으로 생각했다. 그러나 각료들도 긴급한 국내 문제들에 있어서 못지않게 외교정책 영역에서도 갈렸다. 가장 분열적 시사 문제는 미국이 프랑스와 영국 중에서 어느 쪽으로 기울어

---

442) *Ibid.*, p. 650.
443) *Ibid.*
444) *Ibid.*

야 하느냐는 것이었다. 심지어 8년 이상 영국과 전쟁을 수행한 뒤에도 워싱턴은 영국과의 정중한 관계를 위한 전략적 필요성에 대해 냉정한 현실주의적 견해를 취했다.[445] 연방정부는 주된 예산의 원천으로 관세에 의존했으며 그래서 그것의 주요 무역 파트너를 별로 적대시할 수가 없었다. 전쟁 후에 영국과 미국의 무역은 신속하게 회복되었다. 전후 기간에 미국상인들은 영국의 서인도로부터 자기들의 선박들이 배제되는데 대해 안달하고 있었다. 열광적 친영국론자가 아니었던 워싱턴은 영국인들에 대한 긴 다른 불만의 리스트도 갖고 있었지만 그러나 그는 결코 이런 불평들이 영국과의 관계를 개선하려는 그의 진지한 노력을 방해하도록 허용하지 않았다.

1789년 가을에 워싱턴은 총명한 구베르뇌르 모리스(Gouverneur Morris)를 두 정부 사이에서 문제를 해소하기 위한 비공식 사절로 영국에 파견하기로 결정했다. 제퍼슨은 미국이 상품들과 함께 영국의 군주주의식 방식들을 수입하게 될 것이라고 두려워하고 그가 열정을 가지고 그곳의 혁명을 모니터하는 프랑스와의 따뜻한 관계를 강력하게 선호했다. 해밀턴과 제이는 모리스의 임명을 지지했지만 제퍼슨은 모리스를 야심적인 군주주의자로 또 지나치게 영국에 우호적이라고 보고 단호히 반대했다. 그러나 제퍼슨은 1790년 3월까지 국무장관직을 맡지 않았기 때문에 해밀턴이 보통은 국무장관에게 유보된 업무에 침범할 수 있었고 또 미국이 아직도 공식적 외교관계를 갖지 못한 영국과의 관계를 강화하려고 시도했다. 1789년 10월 그는 영국의 외교관인 조지 벡위스(George Beckwith) 소령과 비밀회동을 갖고

---

445) *Ibid.*, 656.

그에게 미국인들은 영어로 생각하고 또 비슷한 편견과 성향을 갖고 있다고 그를 안심시켰다. 워싱턴도 마찬가지로 공통의 법률, 언어, 그리고 영-미의 관습이 그들을 자연적 동맹으로 만든다고 믿었고 또 두 나라 사이에 통상조약을 협상하려는 해밀턴의 욕망에 완전히 일치했다.446)

1790년 여름까지 런던에서 모리스의 회담이 결실을 보기 시작했다. 벡위스를 만난 후에 해밀턴은 이제 캐나다의 총독인 가이 칼튼(Guy Carleton) 경이 영국의 내각이 우호적 관계를 향해서뿐만 아니라 미국과의 동맹관계에 관해서도 성향을 품고 있다는 놀라운 소식을 워싱턴에게 전했다. 제퍼슨은 비공식 사자로부터 나오는 그런 견해를 비웃었다. 그러나 창조적 외교의 필요성을 수용하는 워싱턴은 해밀턴이 벡위스와 수립한 이면교섭창구(back channel)로부터 이득을 모색했다. 그 해 여름에 영국과 스페인 간의 전쟁의 유령이 서부 캐나다에서 벤쿠버 섬의 누트카 사운드(Nootka Sound)에서 그들의 군사적 대결 후에 일어났다. 어느 편을 들 준비가 안된 워싱턴은 해밀턴에게 미국 정부의 공약 없이 벡위스 소령으로부터 가능한 한 많은 것을 얻어내서 자기에게 보고하라고 지시했다. 그 후 벡위스와의 회동에서 해밀턴은 영국 외교관에게 워싱턴은 영국과의 통상조약에 완전히 냉철하지만 제퍼슨 국무장관이 모든 일을 좌절시킬 가능성이 있다고 경고했다.

1791년 9월 영국의 조지 왕 3세가 조지 해몬드(George Hammond)를 첫 주미 영국공사로 임명함에 따라 해밀턴이 워싱턴의 승인 하에

446) Ibid.

던진 추파가 영미관계에서 주요 돌파구를 가져왔다. 해몬드 공사와 그의 비서 에드워드 손튼(Edward Thornton)이 가을에 도착했을 때 그들은 즉시 재무장관의 우호적 성향과 제퍼슨 국무장관의 달랠 수 없는 적대감을 감지했다. 놀랍지 않게도 해몬드와 손튼은 해밀턴 주변의 친영 서클에 끌렸다. 프랑스에 대한 미국의 열정적 애착은 혁명전쟁 중에 불가결한 도움을 준데 대한 감사에서 나왔다. 그리고 미국보다 더 프랑스의 혁명을 형제애적 따뜻함으로 맞이하는 나라는 없었다. 다양한 방식으로 프랑스 혁명은 전쟁에서 싸웠던 프랑스 귀족들 사이에서 자유의 꿈을 낳고 그것의 원칙들을 본국에서 간직하려고 애썼던 미국의 전임자들에 의해서 잉태되었다.[447]

그러한 희망의 가장 현저한 주창자는 라파예트 후작(the Marquis de Lafayette)이었는데 그는 파리에서 워싱턴에게 미국의 혁명 이래 자유의 아이디어가 아주 빠르게 확산되고 있다고 말했다. 제퍼슨이 자랑스럽게 말했듯이, 프랑스 혁명은 미국의 혁명에 의해서 깨어났으며 미국의 방식이 모든 경우에 그들을 위한 모델로 보였다. 일찍이 1780년 초에 미국의 모험을 지불하기 위해서 프랑스는 거대한 적자와 프랑스의 인민들이 한동안 견딜 조건에 있지 않은 파괴적 세금에 직면할 것이라고 워싱턴은 예측했었다.[448] 결국 이러한 세금과 다른 고통이 엄청난 불만을 일으켜 루이 16세로 하여금 1789년 성직자와 귀족 그리고 평민을 망라한 3부회(the Estates General)라고 불리는 특별자문의회를 소집하게 만들었다. 언제나 정치의 예민한 지각의 소유

---

447) *Ibid.,* p. 658.
448) *Ibid.*

자였던 워싱턴은 프랑스 혁명의 첫 소요 때부터 그 과정에 관한 놀라운 예언자였다. 그는 자기의 확실한 본능으로 프랑스 혁명이 광신주의로 빠질지 모른다고 통찰하고 라파예트에게 극단으로 달려 그의 명분을 손상시키자 말라고 경고했다.[449] 다른 한편으로 만일 왕이 변화를 잘 관리하면 입헌군주제가 따를 것이라고도 생각했다. 역설적이게도 혁명의 발발을 목격했던 토마스 제퍼슨은 그것의 폭력적 잠재력을 보지 못했다. 아마도 계몽된 파리의 지식인들과의 관련으로 인해서 제퍼슨은 프랑스 혁명의 피에 굶주린 정신, 피에 대한 욕망, 그리고 죄 없는 희생자들에 대한 근거 없는 살육을 예상하지 못했다.

그렇게 경솔하게 승리감에 젖었던 프랑스 혁명 초기의 나날들은 미국인들 사이에서 일반적 환희를 자아냈다. 1789년 봄과 여름에 그들은 의회의 창설과 라파예트가 작성한 "인간과 시민의 권리선언"을 환호했다. 그러나 바스티유(the Bastille)의 함락은 감옥의 간수장의 목을 자르고 그의 머리를 창 끝에 달아서 뽐내는 파리 시민들의 유혈 성향을 과시했다. 그런 모골이 송연한 세부내용은 그 사건을 응원하는 많은 미국인들에게는 문제가 아니었다. 바스티유가 침입을 당한 다음 날 왕과 인민들 사이에 혼합을 희망했던 라파예트가 파리의 국민경비대의 지휘관으로 임명되었고 이 사실이 더 나아가 그들의 혁명이 프랑스에서 적합한 결과를 가져올 것이라고 미국인들이 믿도록 고무했다. 놀라운 행동으로 라파예트는 워싱턴에게 그 악명 높은 요새의 스케치와 함께 바스티유 정문에 대한 무거운 낡은 열쇠를 보냈다.[450] 나중에 워싱턴은 마운트 버논의 벽 제등 안에 그 열쇠를

---

449) *Ibid.*

걸어 두었다.

프랑스를 공개적으로 지지하는 걸 조심스러워 하면서 워싱턴은 깊은 불길한 예감에 빠져 폭포 같은 일련의 난폭한 사건들을 예측했다. 다른 미국인들처럼 그는 프랑스 혁명을 포용하길 원했지만 그곳의 과도한 열정으로부터 움찔했다.[451] 프랑스 혁명에서 라파예트의 비극은 그 자신이 워싱턴을 닮으려고 했다는 것이었다. 1790년 1월에 자신을 워싱턴의 충성스러운 친구라고 자칭했던 라파예트는 혁명의 결함에 둔감하지는 않았지만 시간이 감에 따라 개선될 것이고 10년 안에 미국의 헌법대회의 상응하는 프랑스의 사건이 발생하길 희망했다. 여전히 미국의 혁명을 모방하는데 젖어 있던 그는 모든 것이 잘 될 것이라고 스스로 확신하기 위해 아주 열심히 노력했다.

파리 시민들의 잔혹상에 관한 소식이 미국의 해안에 도착하자 워싱턴은 프랑스 혁명을 공개적으로 지지하는데 신중했으며 자신의 불길한 예감을 소수의 가까운 인사들에게만 내색하는데 그쳤다. 1790년 8월에 워싱턴은 로샹보에게 편지를 쓰면서 런던의 신문들에 인쇄된 공포스러운 얘기들을 전시 영국의 선전으로 치부했다. 1780년 6월 프랑스의 국회의원들이 귀족의 타이틀을 폐지했을 때 라파예트는 그 조치를 지지하여 동료 귀족들을 놀라게 했으며 그런 것이 바로 미국적 성격을 갖는다고 주장했다. 그래서 라파예트 후작은 간단히 시민 라파예트가 되었다. 하층 계급들은 그가 너무 보수적이라고 간주했던 반면에 귀족들은 그가 너무 과격하다고 조소하는데 있었다. 대륙

---

450) *Ibid.*, p. 659.
451) *Ibid.*

군에서 그렇게도 편안함을 느꼈던 라파예트가 프랑스에는 비극적으로 어울리지 않아 보였다는 사실이야 말로 미국 혁명과 프랑스 혁명 간의 거리를 더 잘 설명하는 것은 없었을 것이다. 그는 파리의 거리의 정치적 살인자들 사이에서 입헌군주제의 환상을 순진하게 추구하고 있었다.[452]

시간을 조금 거슬러 올라가 1789년 워싱턴이 대통령이 되자마자 그는 북동쪽에 있는 인디언들의 위협을 국가에 대한 중대관심사로 간주했다. 즉 그는 오늘날 오하이오에 살고 있는 원주민 인디언들을 대응하고 관리해야만 했다. 왜냐하면 오하이오 밸리(Ohio Valley)를 따라 이 부족들과 식민 정착인들 사이에 충돌이 빈번했기 때문이었다.[453] 비록 미국은 1789년 상비군을 보유하지 않았음에도 불구하고 워싱턴은 원주민들에게 군사적인 조치를 모색했다. 그리고 그는 이 위기를 의회에 상비군의 창설을 정당화하는 기회로 이용하려고 했다. 워싱턴은 자기의 군대를 지휘하는 권한들이 제한되거나 협소하다고 생각하는 반면에 이것이 군대를 지휘할 권한을 갖고 있다고 믿는 것으로부터 멈추게 하지는 않았다.[454] 그리하여 오하이오에서 원주민들의 적대 행위들은 워싱턴에게 의회에 상비군을 밀어붙일 기회를 주었다. 그는 위기와 싸울 위신과 대중의 지지를 모두 가지고 있었기 때문에 승리를 확보할 수 있었다.

---

452) *Ibid.,* p. 660.

453) Glenn Phelps, *George Washington and American Constitutionalism,* Lawrence, Kansas: University Press of Kansas, 1993, pp. 44 – 46.

454) Justin P. DePlato, *The Cavalier Presidency: Executive Power and Prerogative in Times of Crisis,* Lanham, Maryland: Lexington Books, 2014, p. 66.

1789년 말에 의회는 작은 군대의 계속적 존립을 승인했다. 또한 의회는 대통령에게 그가 필요하다고 판단하면 주의 시민군들을 소집해서 인디언들의 적대적 침입에 대항하여 정착인들을 보호할 권한을 부여했다. 그런 권한들을 인정할 지의 여부에 대한 의회의 논의에서 제임스 매디슨은 국가적 위기에 대응할 대통령의 권한을 지지하면서 헌법에 의해 대통령은 그가 그것들을 가장 필요하다고 생각하는 그런 군대를 운용할 권한이 있다고 주장했다. 매디슨이 이런 주장은 대통령이 위기들을 다룰 권한을 가져야 한다는 워싱턴의 믿음을 반영했다. 군대와 시민군을 지휘하라는 의회의 승인으로 워싱턴은 원주민 부족들에 대해 조치를 추진했다. 1789년 10월에 워싱턴 대통령은 북서부 영토의 주지사인 아서 세인트 클레어(Arthur St. Clair)에게 1천 2백명의 시민 병사들을 동원하여 워바시(Wabash)와 일리노이(Illinois)에 살고 있는 원주민을 상대로 응징적 공격과 작전을 벌이도록 명령했다.[455]

몇 개월 후에 워싱턴이 1천 2백명의 병사들은 인디안 공격과 반란을 다루는데 불충분하다는 것을 깨닫고 그는 병력을 1천 5백명으로 증원하여 이 숫자가 무한정 유지되어야 한다고, 다시 말해서 시민군의 소집에 추가하여 이 정도 규모의 군대는 미국의 상비군이 되어야 한다고 요청했다. 1790년 여름까지 워싱턴은 전쟁만이 오하이오 밸리에서 원주민들의 존재에 대한 유일한 해결책이라고 결정했다. 그리하여 그는 조시아 하마(Josiah Harmar) 장군과 세인트 클레어 주지사에게 정착지들을 괴롭히고 있는 산적들을 파괴하기 위해서 그리

---

455) *Ibid.*

고 평화합의를 위한 압력을 행사하기 위해서 인디언 영토로 응징적 원정을 명령했다. 이 원정은 재앙을 맞았다지만 그러나 워싱턴은 오하이오 부족들을 패배시키려는 일을 계속했다. 승리를 확보하기 위해서 1790년 12월 8일에 행한 연설에서 그는 정식으로 보다 많은 병력을 추구했고 이 연설에서 그는 오하이오 부족들의 적대행위로부터 북서부 영토를 보호하기 위해서 보다 많은 병력을 제공하도록 의회에 촉구했다. 대통령의 계획에 대한 작은 이탈이 있었지만 그러나 경계선에서 인디언들에 의한 학살의 소식이 어떤 반대도 압도하게 될 것이다.

보다 대규모 병력으로 워싱턴은 오하이오 부족들에 대한 지속적 공격을 명령했고 인디언들은 활기차게 반격했다. 1791년 가을에 있었던 패배는 수도의 주변에 메아리쳤고 워싱턴 행정부에 해가 되었다. 이 소식은 의회를 놀라게 했고 의회는 미국의 군부와 그의 리더십의 미래에 대해 염려했다. 의회는 워싱턴 행정부가 전쟁을 관리할 줄 모르고 빈약한 전략을 수립하여 실패한 리더십을 적나라하게 보여주었다고 두려워했다. 그러나 워싱턴 행정부는 비판자들이 그들의 조치들을 공격하도록 그대로 허용하지는 않았다. 워싱턴은 헨리 녹스 전쟁장관에게 지시하여 새로운 전쟁정책을 즉시 작성했다. 워싱턴은 인디언 부족들에 대항하여 계속 추적하는데 의회로부터 더 이상의 승인을 추진하지 않았다. 그 대신에 그는 인디언들을 패배시킬 자기의 의도와 전략에 관해서 의회에 알렸다.[456] 그의 전략은 또 다

---

456) Abraham Sofaer, *War, Foreign Affairs and Constitutional Power: The Origins*, Cambridge, MA: Ballinger Publishing, 1976, pp. 65-68.

시 군대의 규모를 늘리고 군사비용을 3배로 올리고 새로운 공세전략을 마련하는 것이었지만 그 어느 것도 의회의 승인을 얻지 않았다.

의회에서 제퍼슨 주의자들은 대통령의 조치가 대통령직 권한에 관해서 해밀턴주의적 아이디어를 따르고 있다고 두려워했다. 그리하여 그들은 워싱턴의 조치들은 왕이 입법부의 승인 없이 군대의 조치들을 완전히 명령하는 영국의 군사제도를 채택하는 결과를 초래할 것이라고 두려워했다. 그러나 의회는 대통령의 조치들을 방해하지 않았다.[457] 실제로 의회는 위기 동안에 워싱턴의 조치들을 제한하지 않았다. 따라서 보다 큰 규모의 병력으로 워싱턴은 앤소니 웨인(Anthony Wayne) 장군과 세인트 클레어 주지사에게 오하이오 부족들에 대한 군사적 행동을 계속하라고 지시했다. 웨인 장군은 공세를 이끌었다. 그는 1793년과 1794년 초 다가오는 전투를 위한 자기의 군대를 훈련시키는데 투자했다. 결국 1974년 8월에 그는 부족들에 대한 공세작전을 시작했다. 전임자들과는 달리 웨인 장군은 원주민 세력에 대한 결정적 승리들을 쟁취했다. 특히 폴른 팀버스(Fallen Timbers)에서 가장 유명한 승리를 거두었는데 여기서 웨인은 인디언의 군사적 저항을 영구히 분쇄해버렸다.[458] 마침내 워싱턴은 1794년 가을까지 완전한 승리를 거두었다. 그리하여 워싱턴의 조치들은 비상사태를 직면한 미래의 대통령들에게 본보기를 세웠다고 학자들은 주장했다.[459]

---

457) Richard Kohn, *Eagle and Sword: The Federalists and the Creation of Military Establishment in America, 1783−1802,* New York: Free Press, 1975, p. 116.
458) *Ibid.,* p. 118.
459) Justin P. DePlato, *op. cit.,* p. 68.

다시 1791년으로 돌아와서, 워싱턴과 다른 창설자들이 미국은 그들이 파벌들이라고 부르고 협소한 지방적 이익과 관련된 정당들의 해악을 입지 않을 것이라는 환상적 희망을 간직했다. 워싱턴은 언젠가 정당이 정치과정에서 선거민을 위한 선택을 선명히 해주고 여론을 조직하며 사람들을 끌어드릴 것이라는 것을 내다보지 못했다.[460] 그는 오히려 정당들이 여전히 취약한 공화국을 말려 죽일 수 있음을 두려워했다. 워싱턴 혼자만이 아니었다. 토마스 제퍼슨은 그가 만일 오직 정당 없이는 천국에 갈 수 없다면 그는 차라리 그곳에 가지 않을 것이라고 말했다. 그러나 첫 파벌들은 해밀턴의 증대하는 영향력에 대한 제퍼슨의 극단적 불쾌감에서 일어났다. 그것들은 근대적 의미에서 정당은 아니었다. 그것은 집회와 강령 그리고 대회 대신에 편지와 대화를 통해 운영된 지성적 엘리트들의 충돌하는 그룹이었다.[461] 그럼에도 불구하고 이 집단들은 10년 만에 정당으로 굳어졌고 또 창설자들의 두려움에도 불구하고 미국의 민주적 정당들의 지속적 반석을 이루었다.

해밀턴의 프로그램 하에서 연방정부 권한의 확장에 의해 불안해진 제퍼슨과 매디슨은 비밀의 반혁명이 작동하고 있다고 의심했으며 영국의 모델에 입각한 군주제 정부를 세우려는 초기 음모가 진행되고 있다고 의심했다. 1791년 2월 말에 은행법안에 대한 그들의 패배로 그들은 해밀턴이 절망적으로 대통령을 현혹했다고 확신했다. 연방권한에 대한 해밀턴의 주장도 역시 간섭하기 좋아하는 북부인들이 남부

---

460) Ron Chernow, *Washington: A Life,* New York: Penguin Books, 2011, p. 669.
461) *Ibid.*

의 노예제도에 간섭할 것이라는 두려움을 일깨웠다. 친영국적인 해밀턴과는 달리 제퍼슨과 매디슨은 미국정부를 모든 면에서 영국적이 아닌 것으로 만들고 싶어 하는 것처럼 보였다. 자기의 적들을 훼손하기 위해서 제퍼슨은 그들에게 "독재주의자들"과 "영국 남자들"과 같은 음모적 집단을 환기시키는 말들을 포함하여 과장된 딱지를 붙였다. 프랑스 혁명이 보다 더 피투성이가 되어 감에 따라 해밀턴은 반격으로 제퍼슨이 파리에서 방사하는 전 세계에 걸친 자코뱅당(Jacobin)의 음모에 관련되어 있다고 악마화했다.

워싱턴의 행정부에 대한 반항이 그의 내각의 구성원과 가까운 신임자에서 시작한 것은 이상해 보인다. 1791년 10월 대통령이 의회에 보내는 연두교서를 전달했을 때 매디슨은 그에 대한 답변을 작성하는 하원위원회의 좌장이었고 워싱턴은 그에게 그 문건에 대한 자기의 답변을 작성해달라고 요청했다. 워싱턴은 정당한 이탈과 노골적 불충 사이를 구별하기가 어렵다는 것을 종종 발견했다. 그는 비판을 그렇지 않으면 만족할 대중들을 조작하는 아주 간교하고 선동적인 사람들에 의해 형성된 어떤 것으로 보는 경향이 있었다.[462]

표리부동한 극단적 행동으로 매디슨과 제퍼슨은 워싱턴 정부의 바로 심장부에 워싱턴의 열정적 비판자를 심었다. 그들은 친정부 신문인 "미국의 가제트"(*Gazette of the United States*)의 편집자인 존 페노(John Fenno)의 견해에 맞서길 원했다. 그를 필라델피아로 유인하기 위해서 제퍼슨은 오직 한 가지 언어만 알고 별로 자격도 없는 시인 필립 프레노(Philip Freneau)를 위한 국무성의 통역자로서 일자리

---

462) *Ibid.*, 670.

를 제공했다. 무엇을 할 것인지에 대한 암시는 친구이며 과거 프린스턴의 급우였던 매디슨에게서 나왔다. 전쟁 중에 프레노는 "킨키나투스"(Cincinnatus)라는 제목으로 워싱턴에 대한 열광적인 찬가를 썼었다. 그런데 지긋지긋한 영국의 포로선에 투옥된 후에 그는 영국적인 모든 것을 혐오했고 복서로서 워싱턴과 해밀턴 프로그램에 반대로 돌아섰다. 1791년 10월 말에 국무부에서 자리를 잡은 프레노는 "내셔널 가제트"(*National Gazette*)를 발행했다. 이것은 제퍼슨주의적 반대의 악의적 기관이 되었다. 그것의 첫 호에서 그것은 해밀턴이 군주주의적 음모의 두목이라고 비난하고 제퍼슨을 자유의 거인으로 칭송했다.

머지 않아서 두 파벌들은 속내를 드러내는 이름들을 취했다. 해밀턴주의 정당은 그 자신을 연방주의자로 부르면서 오직 그것만이 헌법과 국가적 통일을 지지한다고 시사했다. 그것은 연방권력과 강력한 행정부에 대해 건전한 입장을 취했고 농업뿐만 아니라 은행과 제조업을 찬성했다. 정치에서는 엘리트주의자들인 그것은 일반 서민들의 지혜를 의심하는 성향이 있었지만 그러나 그것도 역시 노예제도에 반대하는 대규모의 북부인들을 포함했다. 반면에 제퍼슨주의자들은 자신들을 공화주의자들이라고 부르고 오직 그들만이 군주주의적 침입으로부터 헌법을 수호할 수 있다고 시사했다. 그들은 제한된 연방권력, 지배적인 의회, 주의 권리들, 그리고 은행과 연방 빚 그리고 제조업의 부패시키는 영향에서 자유로운 농업국가의 믿음을 갖고 있었다. 제퍼슨과 매디슨 같은 노예 소유주들이 이끄는 공화주의자들은 일반 서민의 지혜를 신용했다. 워싱턴과 해밀턴은 활기찬 연방정

부를 진심으로 믿었던 반면에 제퍼슨과 매디슨은 집중된 권력을 두려워했다.[463]

1792년이 되자 워싱턴의 내각은 가운데에서 갈렸다. 녹스는 전형적으로 해밀턴에 기울었고 랜돌프는 제퍼슨 편에 기울었다. 워싱턴은 결코 공개적으로 연방주의자들과 동일시하지 않았다, 그는 보다 빈번하게 해밀턴과 녹스의 편이었지만 그러나 그는 꾸준히 자기의 초당파적 자기 이미지를 고집했다. 제퍼슨은 워싱턴의 순결함이나 애국심을 결코 의심하지 않았으며 전쟁의 끝에서 자신의 총사령관직을 사임했고 또 왕이 되기를 거부한 사람이 왕정의 야심을 품고 있다고는 도저히 주장할 수 없었다. 그래서 그는 교활한 조종자인 재무장관이 쉽게 믿는 대통령을 속여서 그가 완전히 이해하지 못하는 프로그램을 지지하게 만들었다고 주장함으로써 해밀턴의 정책에 대한 워싱턴의 지지설명을 끝냈다.[464]

1791년 12월 5일 해밀턴이 의회에 또 하나의 주요 국책 문건인 "제조업에 관한 보고서"(Report on Manufactures)를 제출했을 때 그에 대한 반대자들의 가장 비열한 두려움을 자아냈다. 나라가 압도적으로 농업국가인 때에 해밀턴은 연방정부가 선택적 보상과 수입관세를 통해 제조업을 활기 띄게 할 수 있는 방법에 관한 비전 있는 청사진을 마련했다. 그와 워싱턴은 전시에 외국 제조업에 대한 의존이 어떻게 미국을 절름발이로 만들었는 지를 회상했다. 그래서 그 보고서는 부분적으로 국가의 전략적 자립을 위한 욕망에 의해서 작성된

---

463) *Ibid.*, p. 671.
464) *Ibid.*

것이었다. 워싱턴도 해밀턴의 프로그램들을 철저히 이해하고 있었다. 그는 비록 미국이 농업국가로 남겠지만 그는 미국의 제조업 능력을 키우고 싶었다. 대통령 취임 때부터 워싱턴은 미국의 직물산업을 촉진시키기 위해 미국산 옷을 입는 걸 좋아했었다. 그는 마운트 버논에서 미국산이 아닌 흑맥주를 마시거나 치즈를 먹지 않았다. 해밀턴으로 하여금 정부의 보상을 통해 목화와 대마의 재배를 돕도록 격려했다. 비록 농장주였지만 워싱턴은 그것이 여자들과 어린아이들의 노동을 사용하는 경우마저 포함하여 노동을 줄이는 도구들을 쉽게 받아들였다. 그는 이미 1790년 새 탈곡기의 작동을 보고서는 아주 열성적이 되었다.[465]

1792년 2월 21일 워싱턴의 60회 생일 전야에 필라델피아 인들은 그를 위한 멋진 무도회를 열고 건물 위에는 "대통령 만세"라는 말을 새겨진 거대한 현수막으로 장식하면서 화려하게 그를 축하했다. 비록 워싱턴은 원래 그의 첫 임기 중에 사임할 계획이었지만 많은 미국인들은 다른 대통령을 상상할 수 없었으며 자동적으로 그가 대통령에 무한정 머물 것으로 가정했다. 그의 정책에 대한 비판이 무엇이었던지 간에 시민들은 그의 고상한 성격과 역사에서 그의 자리를 여전히 존중했다.[466] 워싱턴이 벗어날 수 없는 지위의 포로가 된 것은 처음이 아니었다. 또 다시 위기 시에 불가결한 인물로서 그는 사건들의 인질이었다. 나아가서 늙어가는 표시가 그의 주름진 얼굴과 하얀 머리털 그리고 살짝 굽은 걸음걸이에서 가시적이었다. 비록 제퍼슨

---

465) *Ibid.*, p. 672.
466) *Ibid.*, p. 674.

과 매디슨이 존 애덤스 대신에 공화주의자를 부통령으로 선출하길 원했지만 워싱턴을 대체할 욕망은 없었다. 그들은 의심할 여지없이 자유로운 해밀턴이 그를 계승할까 두려워했다.[467]

모든 중요 결정에서 그랬던 것처럼 워싱턴은 대통령직에 남아야 하는지에 대해 오랫동안 그리고 깊이 생각을 거듭했다. 1794년 5월 20일 워싱턴은 그가 두 번째 임기에 대해 깊이 생각했지만 그러나 확신이 서지 않고 또 자기의 말년을 편안하고 고요함 속에서 마치고 싶다고 매디슨에게 말했다. 그는 또한 자기가 대통령직에서 하야하고 다른 사람이 대통령으로 봉사하게 하는 것이 자유의 아이디어에 보다 더 어울린다고 생각했다. 미국 대중들로 하여금 그를 대통령직에 머물게 촉구하는 술책으로 해석될지도 모른다는 염려에도 불구하고 워싱턴은 매디슨에게 고별사를 작성하도록 요청했다. 그는 국가적 통일과 공적 삶에 있어서의 예절에 대한 필요성을 포함하여 주요 주제의 윤곽을 그려주었다. 이 시점에서 워싱턴의 결심은 확고해 보였다.[468]

연방주의자들과 공화주의자들이 워싱턴이 없는 삶을 상정할 때 양측은 모두가 그들이 상대편의 자비에 남겨질 것이라고 두려워했다. 해밀턴과 제퍼슨이 동의하는 유일한 것은 워싱턴을 대통령으로 유지할 절대적 필요성이었다. 5월 23일 제퍼슨은 워싱턴에게 대통령직에 머물 것을 촉구했고 또 해밀턴에 대한 그의 경계심을 내려놓았다. 목청을 높인 통렬한 비난에서 그는 해밀턴의 은행, 빚의 자금 그

---

467) Ron Chernow, *Washington: A Life,* New York: Penguin Books, 2011, p. 678.
468) *Ibid.*

리고 소비세가 현재의 공화주의 형태의 정부를 영국의 헌법이 모델인 군주제의 정부로 변화를 준비하려고 의도된 것이라고 경고했다. 남부는 채무자로 가득하고 북부는 채권자로 가득하여 제퍼슨은 나라가 지방적 선에 따라 파괴될 것이라고 염려했다. 제퍼슨은 워싱턴의 특별한 지위를 강조했다. 즉 그들이 워싱턴을 계속 머물게 할 수 있다면 남과 북이 함께 갈 것이라는 것이었다. 만일 정직한 의회가 가을에 선출된다면 워싱턴은 정부가 구원되었다는 것을 알고 자기의 두 번째 임기를 마치기 전에 하야할 수 있을 것이라고 제퍼슨은 말했다.469)

제퍼슨 못지않게 해밀턴도 상대당이 정부를 정복하기 위한 비밀 공작을 벌이고 있다고 확신했다. 제퍼슨과 협력하여 매디슨이 그와 그의 정부에 결정적으로 적대적인 파벌의 두목이며, 그의 판단에 좋은 정부의 원칙에 반역하고 연방정부의 통일, 나라의 평화와 행복에 위험하다고 주장했다. 자기 내각의 유독한 분열에도 불구하고 워싱턴은 말썽을 해소하고 해밀턴과 제퍼슨을 달래려고 강력하게 애를 썼다. 그는 이들의 예외적인 지성에 겁먹지 않았다. 해밀턴이나 제퍼슨은 누구에게나 굴복하기를 좋아하지 않았으며 둘 다 워싱턴에게 굴복하는 것이 어렵다는 것을 발견했을 것이다. 이런 점에서 워싱턴이 그들을 통제하는 솜씨를 더욱 대단하게 만들었다.470)

6월 20일 매디슨이 워싱턴에게 고별사의 원고를 보내면서 9월 중순에 발표할 것을 제안했다. 7월 4일 프레노가 제한된 공화주의적

---

469) *Ibid.*
470) *Ibid.*, p. 679.

정부를 무제한의 세습정부로 변경하기 위한 규칙들의 논쟁적 항목들을 "내셔널 가제트"의 일면에 게재했다. 그리고 그는 해밀턴의 정책들이 그것을 달성하는 확실한 길이라고 적시했다. 상처에 소금을 뿌리면서 프레노는 이 신문의 3부를 워싱턴의 관저에 전달했다. 7월 10일 워싱턴은 그가 대통령으로 남아야 하는 지에 대해서 제퍼슨과 또 하나의 솔직한 대화를 위해 마운트 버논에서 마주 앉았다. 그는 오직 2년만 봉사할 생각이었다고 지적하고 나라의 불안정한 상태로 인해 3년째 머물고 있다고 말하면서 이제 그는 또 다시 그가 떠나는 것이 위험하다는 소리를 듣는다고 말했다. 그는 자신이 군주주의적 정당을 이끌고 있다는 프레노의 비난에 분개했다. 마운트 버논에서 워싱턴은 자신의 정책들에 대한 남부의 불만을 수용했다.[471]

7월 29일 비밀 편지에서 워싱턴은 해밀턴에게 마운트 버논으로 가는 길과 집에서 여론을 들었다면서 그들은 번성하고 행복하지만 몇 개의 정책과 헌법의 해석에 경계심을 갖고 있다고 말했다. 그는 해밀턴의 정책 시도를 다루는 21개의 불만들을 적시했는데 이것들은 해밀턴이 과도한 공적 빚을 창조했고 사람들에게 부담스러운 소비세를 부과했으며 재정적 투기를 조장했고 입법부를 부패시켰다는 비난들을 포함했다. 워싱턴이 조지 메이슨(George Mason)을 인용했지만 그 언어는 제퍼슨에게서 나온 것이었고 해밀턴은 그 암시를 놓칠 수 없었다. 가장 극적인 비난은 마지막의 것으로 해밀턴 정책들의 진정한 목적이 현재의 공화주의적 정부형태를 영국의 헌법이 모델인 군주제의 정부로 바꾸는 길을 준비한다는 것이었다. 남부에서 자신의 정

---

471) *Ibid.*

책에 대한 정치적 반동에 불안해진 워싱턴이 해밀턴에게 가능한 빨리 자기의 편지에 답할 것을 요구했다. 워싱턴의 심리를 예리하게 파악한 해밀턴은 만일 그가 은퇴하면 워싱턴의 인격에 미칠 손상을 강조했다. 이제 그는 제퍼슨과 매디슨에 대해 전면전쟁을 선포했다.[472]

8월에 "미국의 가제트"(*Gazette of the United States*)에서 해밀턴은 벨벳 장갑을 벗고 단단히 쥔 강철 주먹을 보여주었다. 그는 "내셔널 가제트"(*National Gazette*)가 제퍼슨의 견해를 알리기 위한 수단으로 설립되었으며 매디슨의 손을 거쳐 프레노를 자기의 국무부 한직으로 데려왔다고 비난했다. 8월 18일 좌절한 해밀턴은 워싱턴에게 총 1만 4천 단어의 편지를 보내서 자신의 직책에서 그 자신의 성취들의 목록을 제시하고 자신의 정책들을 옹호했다. 그를 괴롭힌 것은 구체적인 정책에 대한 비판들보다는 그의 반대파들이 벌이는 인격 암살이었다.[473] 해밀턴과 제퍼슨의 공동기반을 찾아서 워싱턴은 해밀턴과 제퍼슨 두 사람은 동일한 일반적 목표를 내다보고 또 그것들을 실천하려는 동일한 곧은 의도를 갖고 있다고 암시했다. 해밀턴에 대한 자기의 지지를 강조하기 위해서 워싱턴은 그를 마운트 버논에 초대하였고 해밀턴에게 자기의 진지하고 애정 어린 존경을 확신해도 좋다고 말함으로써 끝냈다. 공정하기 위해서 워싱턴은 제퍼슨에게 입씨름을 끝내도록 타이르고 자신의 정부에 대한 공격이 과거 오랫동안 그를 고통스러운 감정으로 채웠다고 지적했다.[474]

---

472) *Ibid.*, p. 680.
473) *Ibid.*, p. 681.
474) *Ibid.*

9월 9일 해밀턴은 워싱턴에게 편지를 써서 자기는 분쟁에서 피해 자이고 그런 식으로는 공공선의가 다른 행정부 구성원을 위한 대치가 필요할 때가 곧 올 것이라고 말했다. 처음으로 해밀턴은 제퍼슨을 자신의 적으로 집어내고 그를 자기의 재무상의 프로그램을 방해하기 위해 "내셔널 가제트"를 시작했다고 그를 비난했다. 해밀턴은 정부를 손상시키기 위해 음모를 꾸미는 자들은 제퍼슨이 주도하는 공화주의자들이라고 말했다. 10월 1일 여전히 마운트 버논에 있었던 워싱턴은 그들의 차이들을 철저하게 토의하려는 또 하나의 시도로 아침 식사 전에 제퍼슨을 만났다. 여전히 두 번째 임기에 대해 마음을 정하지 못한 워싱턴이 처음으로 두 번째 임기 쪽으로 기우는 것처럼 보였다. 제퍼슨은 오직 워싱턴만이 정파적 싸움을 초월하여 정부를 강화할 수 있을 것이라고 말했다. 워싱턴은 제퍼슨과 해밀턴 사이의 정치적 차이를 알고 있었지만 그것이 개인적 차이까지 가져올 것으로는 결코 의심하지 않았다면서 자기가 그것을 종식시키는 중재자가 될 수 있기를 염원한다고 고백했다. 모든 것에도 불구하고 워싱턴은 내각에 제퍼슨을 간직하여 이념적 균형을 유지하길 원했다.[475]

10월 중순에 필라델피아로 돌아온 워싱턴은 여전히 해밀턴과 제퍼슨 사이의 휴전을 협상하려고 다시 시도했다. 당장으로서는 그들의 비타협적 태도에 의해서 실패로 끝났다. 아마도 워싱턴으로 하여금 재임하도록 설득하는데 있어서 결정적 한 방은 11월에 그가 사임할지도 모른다고 말한 사뮤얼 엘라이저 파월(Mrs. Samuel Eliza Powel) 여사를 만난 후에 왔다. 완벽한 7 페이지의 편지에서 확인된 연방주

475) Ibid., p. 682.

의자인 파월은 워싱턴에게 그가 머무르기 위해서 필요한 고도의 이유들을 제시하고 그의 역사적 명성에 대한 그의 불안감을 예리하게 이용했다. 만일 그가 하야한다면 그의 적들은 야심이 그의 모든 행동의 감동적 원천이었다고, 이제 그들이 더 이상 줄게 없으니 그가 그들을 위해 더 이상 모험하지 않을 것이라고 말할 것이라고 그녀는 썼다. 그리고 그녀는 제퍼슨이 연방을 해체할 것이라고 경고했다. 그녀는 워싱턴에게 능력에 대한 자신감의 부재를 극복하도록 촉구했다. 그녀는 어떤 계급이나 집단이나 지역을 말하지 않고 오직 수백만의 편안함에 대해서만 언급했다.[476] 분명히 그녀가 워싱턴을 확신시켜 그가 두 번째 임기에 나서기로 결정했다.[477]

476) James Thomas Flexner, *Washington: The Indispensable Man,* The Illustrated Edition, New York: Sterling Signature, 1974. P. 290.
477) Ron Chernow, *Washington: A Life,* New York: Penguin Books, 2011, p. 683.

XII
프랑스 혁명과 워싱턴 대통령의 외교정책

"워싱턴의 인품과 영향력은
영국이나 프랑스 중에서 한쪽 편에 미국인들이
위험스럽게 기우는 것을 안정시켰다"[478]
– 윈스턴 처칠(Winston Churchill)

조지 워싱턴이 일단 두 번째 임기 동안 봉사하기로 결정하자 그는 선거인단 132표 전체의 만장일치로 재선되었다. 그가 총사령관, 헌법대회, 그리고 첫 임기의 대통령을 계산한다면 그는 4번 계속해서 만장일치의 승리를 거두었다. 대통령 선거에서 그의 승리가 확실하자 토마스 제퍼슨 주의자들은 부통령으로서 존 애덤스를 축출함으로써 그들의 불만을 표시하고 또 비밀리에 그의 권력을 손상시키려고 노력했다. 순전히 예의의 문제로서 워싱턴은 애덤스를 결코 공개적으로 인정하지 않았지만 애덤스는 50표를 획득한 확고한 제퍼슨 주의자인 뉴욕의 조지 클린턴 주지사의 강력한 도전에 대항하여 77표를 획득하여 부통령직을 그대로 유지했다.

---

478) Sir Winston Churchill, *op. cit.,* p. 102.

워싱턴 행정부에 대한 보복은 1793년 1월에 버지니아의 윌리엄 브랜치 가일스(William Branch Giles) 하원 의원이 재무부의 조사를 시작하여 공식적 비행을 구실로 해밀턴을 축출하려고 추진했을 때 새로운 국면으로 접어들었다. 가일스는 제퍼슨의 절친이었다. 제퍼슨은 해밀턴을 규탄하는 의회 결의안들을 작성하는데 비밀리에 도움을 주었다. 비록 가일스가 한 정부 계좌에서 다른 계좌로 돈을 부정직하게 옮겼다고 비난했지만 그 후 의회조사는 철저히 재무장관을 정당화했다. 1793년 3월 1일 해밀턴에 반하는 총 9개의 가일스 의원의 결의안들이 완벽하게 패배했다.[479)]

워싱턴의 두 번째 임기는 국내적 불화의 기간이었지만 프랑스 혁명과 그것이 미국정치에 미치는 심대한 파장에 의해 지배되었다. 시기적으로 이미 1792년 3월에 짧은 낙관의 기간 동안에 라파예트는 워싱턴에게 프랑스에서 무정부 상태는 일시적이라고 보장했었다. 그해 봄에 오스트리아와 프러시아는 파리에서 혁명적 벼락 출세주의자들을 솎아내는 방향으로 기울어 영국과 네덜란드 그리고 러시아를 초대하여 제국국가들의 동맹에 참여하게 했다. 그 후 4월 말에 프랑스가 오스트리아와 프러시아에 전쟁을 선포했다. 그들은 몇 달 후에 프랑스를 침공하여 빚을 갚았다. 이런 결과적 공포와 의심의 분위기 속에서 급진적 자코뱅당(Jacobins)은 국가 비상사태를 선포했다. 라파예트는 의회에서 그들이 도시에서 별도의 제국처럼 조직되고 프랑스 국민들 사이에서 별도의 국가를 수립했으며 법치를 전복할 것이라고 그들을 비난했다.[480)]

---

479) Ron Chernow, *Washington: A Life,* New York: Penguin Books, 2011, p. 687.

1792년 8월에 라파예트가 두려워했던 대로 자코뱅당은 파리에서 튈러리(Tuileries) 궁전의 난입과 궁전을 지키는 스위스 경비원들의 살육을 포함하는 인민봉기를 일으켰다. 왕은 갑작스럽게 퇴위되었다. 시민헌법에 대한 충성 서약을 거부한 거의 2만 5천명의 성직자들이 자기들에 대한 공포스러운 폭력의 파도 속에서 프랑스를 탈출했다. 한 달 후에는 파리의 폭도들이 9월의 학살을 도모하여 그들 가운데 많은 사람들이 귀족들이거나 왕정주의자들인 1만 4천명 이상의 정치범들을 학살했다. 군의 지휘직에서 쫓겨나고 반역의 죄인이 된 라파예트는 벨기에로 탈출했다. 그곳에서 오스트리아 군에 의해 체포되어 그는 다음 5년 간을 프러시아와 오스트리아의 지독한 감옥에서 신음하며 보냈다. 잔인할 정도로 아이러니하게도 그는 프랑스 왕을 철사줄로 결박하고 그를 감금했다는 죄목이었다. 미국의 명예시민의 권리를 주장하는 동안 그는 작고, 불결하고 또 해충이 들끓는 감방에 감금되었다.[481]

1792년 9월 21일 프랑스는 군주제를 폐지하고 공화국임을 선포했다. 2주 후에 마담 라파예트는 워싱턴에게 자기 남편의 무서운 곤경과 미국으로 망명하려는 좌절된 계획에 관해서 알렸다. 워싱턴이 라파예트에 관해서 제아무리 발광한들 그는 정치적 곤경에 묶여 있었다. 그는 새로운 프랑스 혁명가들을 적대시할 수 없었다. 1792년 초 구베르뇌르 모리스 주 프랑스 공사도 라파예트를 위해 어떤 성급한 행동에 대해서도 반대하는 경고를 이미 워싱턴에게 했었다. 라파

---

480) *Ibid.*, p. 688.
481) *Ibid.*

예트의 적들은 그 어느 때보다도 적의에 차 있었다. 오직 허용되는 대응은 개인적 자선이었다. 그래서 구베르뇌르 모리스 공사는 개인적으로 라파예트 부인에게 10만 리브르를 주었다. 그리고 워싱턴은 그녀가 사용할 수 있도록 암스테르담 계좌에 자기 돈 2만 3천 길더를 공탁했다. 그는 마담 라파예트에게 그녀 남편의 곤경에 결코 그가 무관심하지 않으며 가만히 앉아서 그의 해방을 바라기만 하는데 만족하지 않을 것이라고 보장했다.[482]

프랑스의 사태 발전은 미국정치에서 성장하는 불협화음을 악화시켰다. 프랑스 혁명을 동종의 정신으로 간주하고 공화주의자들은 부르봉 왕가(the Bourbon dynasty)의 몰락에 환호했던 반면에 인민의 무정부상태를 두려워하는 연방주의자들은 모골이 송연한 학살을 곱씹었다. 프랑스의 운명은 전 세계에 혁명 국가들에게 박애적 지지를 약속하는 "박애의 칙서"(the Edict of Fraternity)를 공포한 후에 학술적 문제 이상이 되었다. 1792년 이런 혁명적 우애 속에서 프랑스인들은 워싱턴, 해밀턴, 매디슨 그리고 토마스 페인에게 명예시민권을 부여했다. 제퍼슨 주의자들에게 그것은 범세계적 민주혁명의 가장 호의적 꿈을 성취한 반면에 연방주의자들은 이 우주적 꿈이 혼란스러웠다. 모든 국가는 자기의 방식으로 자신의 행복을 이룩할 권리가 있다고 해밀턴은 항의했다. 제국 국가들 사이에서 박애의 칙서는 전복의 광범위한 공포를 야기했고 유럽 전역에서 긴장을 높였다.

1793년 1월 21일 미국의 독립을 도왔던 전직 왕인 루이 16세가 복수심에 불타는 2만명의 군중들 앞에서 참수되었다. 그리고 2월 1일

---

482) *Ibid.,* p. 689.

프랑스는 영국과 네덜란드에 전쟁을 선포했다. 토마스 제퍼슨은 왕의 살해와 그 앞서 진행된 대규모의 학살에 동요하지 않는 것처럼 보였다. 프랑스 학살에 관한 얘기들이 연방주의자들이 이용하는 선전이라고 믿는 제퍼슨은 자코뱅당의 발전하는 공포들을 위한 변명자가 되었다. 매디슨도 역시 이 혁명을 장밋빛 안경을 통해 보았다. 워싱턴과 해밀턴은 그들의 프랑스 명예시민으로서 선발을 거부했던 반면에 매디슨은 프랑스 혁명에 기록된 장엄한 진실들과 소중한 감정을 칭송하면서 박애적 반응을 따뜻하게 돌려보냈다. 워싱턴은 해외 강대국가들로부터 존중을 획득하길 바랐지만 그러나 그도 역시 젊은 국가가 번성할 수 있도록 해외에 연루로부터 자유롭길 원했다.[483]

워싱턴은 구베르뇌르 모리스 공사에게 간결한 자신의 신념을 전달했다. "나의 주된 목적은 내가 할 수 있다면 평화롭게 나라를 보전하고 만일 내가 그렇게 할 수 없다면 전쟁을 준비하는 것이다."[484] 그는 밖의 세계와 일반적으로 정치적 관련보다는 경제적 관계를 선호했다. 중립정책은 미국이 너무 작아서 강대국들 속에서 중대한 영향력을 행사할 수 없다는 점에서 실천적이고 유럽의 힘의 균형으로부터 벗어나기 충분할 만큼 고결한 것이었다. 워싱턴은 외국들 사이의 싸움을 이용할 아무런 욕망이 없었다. 전쟁이 유럽에서 대소동을 일으킴에 따라 과거 전쟁 영웅인 워싱턴은 전시 같은 대통령이 되고자 하는 유혹을 받았을 것이지만 그러나 그는 현명하게 이 첫 심각한 위협에서 무력의 사용을 포기했다.[485]

---

483) *Ibid.*
484) *Ibid.*, p. 690에서 재인용.

1793년 4월 초에 마운트 버논에서 휴가를 보내는 동안에 워싱턴은 필라델피아에 있는 해밀턴으로부터 영국과 프랑스가 전쟁 중임을 발표하는 편지를 받았다. 제퍼슨에게 지시를 내리면서 워싱턴은 미국의 무조건적 중립에 아무런 의심도 남기지 않았다. 그는 제퍼슨 국무장관에게 프랑스와 대영제국이 실제로 전쟁에 돌입했으니 미국정부는 엄격한 중립을 유지하도록 노력함으로써 시민들이 이 강대국들의 한쪽에 미국인들을 휩쓸리게 하는 것을 막기 위해 모든 권한을 사용할 필요가 있다고 지시했던 것이다.[486] 워싱턴은 급히 수도로 돌아가려고 서두르면서 제퍼슨에게 중립의 조건들을 표현하는 서류를 작성하도록 요청했다. 워싱턴은 미국의 선박들이 영국의 배들을 약탈하려는 해적선들에 충원되어 미국을 전쟁으로 유인할지도 모른다고 특별히 염려했다.[487]

　　가일스 하원의원에 의해 재무부에서 축출하려는 유산된 시도 후에 해밀턴은 제퍼슨과 상의하지 않고 중립선언문을 작성하는데 대한 조언을 대법관인 존 제이(John Jay)에게 의존했다. 비록 제퍼슨이 해밀턴이 국무부 일에 간섭한다고 혹독하게 불평했지만 워싱턴은 외교정책 문제를 항상 별도로 분리하지는 않았다. 4월 18일 필라델피아에 돌아온 워싱턴은 위기에 관한 13개의 질문지를 모든 부서의 장들에게 보냈다. 처음 두 개가 가장 급했다. 그것은 미국이 중립선언을 발표해야 하느냐 그리고 미국이 프랑스 공화국이 파견하는 공사를

---

485) *Ibid.*, p. 690.
486) *Ibid.*
487) *Ibid.*

390　조지 워싱턴 -창업의 거룩한 카리스마적 리더십-

받아들여야 하는 지의 문제였다. 해밀턴의 보이지 않는 영향을 항상 경계하는 제퍼슨은 글씨는 워싱턴의 것이지만 언어는 해밀턴의 것이고 의구심은 오직 자기만의 것이라고 지적했다.

다음 날 내각회의에서 13개 질문이 제퍼슨과 해밀턴 사이에 날카로운 교환을 자극했다. 프랑스 혁명에 동정적인 제퍼슨은 즉각적인 중립선언에 반대하면서 영국과 프랑스가 미국의 호의를 청구하게 하자는 것이었다. 미국의 명예를 경매에 부친다는 개념에 경악한 해밀턴은 즉각적인 선언을 원했다. 그들의 분쟁은 근본적으로 미국이 독립전쟁시 프랑스의 도움에 대해 어떤 빚을 지고 있느냐에 대한 상이한 견해에 달려있었다. 많은 미국인들처럼 제퍼슨은 미국이 오랜 동맹을 포용하고 1778년 프랑스와의 조약을 존중해야 한다고 생각하는 반면에 해밀턴은 그것들이 오직 방어적 동맹이며 이제 참수당한 루이 16세가 서명했기 때문에 그것들이 무효라고 보았다. 해밀턴은 프랑스가 오직 영제국을 손상하기 위해서 미국혁명을 도왔다고 주장했다. 그가 중립선언을 하는 것에 관한 논쟁에서 이겼다. 그리고 프랑스 공화국의 공사를 받는 동의는 만장일치였다.

1793년 4월 22일 서명된 법무장관 랜돌프(Randolph)에 의해 작성된 중립선언은 워싱턴 행정부의 하나의 기념비적 성취였다. 중립이라는 단어를 사용하지 않은 이 외교정책의 이정표는 미국인들로 하여금 교전 강대국들에 대해서 우호적이고 공정한 행위를 추구하고 동시에 앞서 말한 어느 강대국에 대해서도 공약하거나 돕거나 적대감을 조장하거나 혹은 밀무역 물품을 수송하지 않도록 경고했다. 완고한 현실주의자인 워싱턴은 중립을 헌신적으로 믿었고 국가들은 그

들의 감정에 의해서가 아니라 이익에 의해서 통치된다는 걸 결코 의심하지 않았다.[488]

이 자랑스럽고 용기 있는 선언이 다음 세기에 미국 외교정책의 중심부가 되었지만 그러나 이 당시에 의회의 비판자들이 없지는 않았다. 행정권한의 핵심적 주장에서 워싱턴은 상원을 지나쳤고 회의에 부치는 걸 거부했다. 의회에서 많은 의원들이 만일 의회가 전쟁의 선포 권한을 갖는다면 중립을 선언할 권리도 갖는다고 추론했다. 많은 미국인들은 프랑스 동맹의 종식을 찬성하기 어려웠다. 매디슨은 특히 의회의 특권의 위반이요 프랑스와 미국간 연대의 배신이며 영국숭배의 인기 없는 굴복으로 보이는 것에 의해서 불안했다. 그는 대통령이 전쟁권한을 남용했다고 두려워했다. 그는 모든 정부의 역사가 보여주듯이 행정부는 전쟁에 가장 관심이 있고 또 가장 그것을 사용하는 경향이 있다는 것을 미국의 헌법은 가정하고 있다고 썼다.[489] 실제로 외교정책에서 행정부의 권한은 다음 두 세기 동안에 꾸준히 성장하여 어쩌면 매디슨의 경고를 확인해 준 셈이다.

영국과 프랑스가 미국의 중립이 갖는 의미를 조사하고 있을 때 그 선언은 중대한 헌법적 논쟁을 촉진했다. 각각 "페시피쿠스"(Pacificus)와 "헬비디우스"(Helvidius)라는 펜 이름으로 해밀턴과 매디슨은 그것의 합법성에 대해서 싸웠다. 해밀턴은 외교정책에서 행정부의 우위를 주장했던 반면에 매디슨은 입법부를 위해 주장했다. 그가 의도적으로 모른 채 한 것이 아니라면 워싱턴은 비밀스러운 매디슨이 자

---

488) Ron Chernow, *Washington: A Life,* New York: Penguin Books, 2011, p. 691.
489) *Ibid.,* p. 691.

신의 중립정책에 대한 비난을 주도했다는 것을 별로 눈치채지 못했다. 중립선언에 대한 싸움의 정치적 결과는 헌법에 관한 싸움 못지않게 광범위했다. 영국이나 프랑스를 지원하는데 대한 논쟁은 이미 분열된 나라를 더욱 양극화 했다. 그리고 공화주의자들은 상당히 만족스럽게도 프랑스에 대한 깊은 애착을 이용할 수 있다고 느꼈다.

이런 말썽을 완전히 끊게 만든 것은 왕의 폐위에 따라 프랑스 외교정책의 새 호전성의 화신인 에드몽 샤를르 제니트(Edmond–Charles Genet)라는 새 프랑스 공사가 4월 8일에 사우스 캐롤라이나의 찰스턴(Charleston)에 도착한 것이 하나의 계기가 되었다. 프랑스 급진주의자들은 서로 간에 이제 부르주아의 호칭들을 버리고 "시민"(Citizen)이라는 호칭을 채택했다. 그래서 이 새로운 공사는 "시민 제니트"(Citizen Genet)로 알려지게 되었다. 이제 겨우 30세의 나이에 음악과 외국어에 그의 타는 듯한 붉은 머리털처럼 현란한 개성의 소유자인 제니트는 런던과 상트페테르부르크(St. Petersburg)에서 외교업무에 종사했었다. 구베르뇌르 모리스 공사는 이미 워싱턴에게 그를 견디기 힘들 것이며 첫 눈에 벼락출세자의 태도와 모습을 보게 될 것이라고 예측했었다. 제니트는 외교적 예절을 무시하고 현란한 자유를 이용하고 미국정치에 뻔뻔스럽게 개입할 것이다.[490]

제니트 공사는 미국 땅을 밟자마자 서민들을 선동하여 중립선언을 무효화하려고 노력했다. 그는 미국 선박들을 무장선박으로 개조하여 미국인과 프랑스인 수병들을 배치하고 영국의 상선들을 급습하여 그것들을 전쟁의 전리품으로 미국 항구들로 끌어오길 희망했다. 그는

---

490) *Ibid.,* p. 692.

또한 미국인들을 충원하여 루이지아나, 플로리다, 그리고 캐나다에 있는 영국과 스페인 소유지를 침투시켜 봉기를 유발하려고 노력했다. 찰스톤에서 제니트를 환영하는 현기증 나는 환호성은 그가 필라델피아를 향해 북으로 가는 길에 그가 받을 영접을 예고했다. 그가 워싱턴에게 신임장을 제출하기까지 한 달 이상이 지났다. 그 사이에 그는 친프랑스 시민들에게는 기쁘게도 동부 해안을 따라 공개적인 정치공작을 하였다. 그러나 연방주의자들에게는 공포스럽게도 이 경박하고 성급한 사람은 거창한 천명을 하고 프랑스 혁명의 메시아적 메시지를 확산하면서 거대한 군중을 끌어들였다.

워싱턴은 그의 등장에 대비하여 해밀턴과 제퍼슨 모두에게 마음에 들 잘 준비된 정책을 채택했다. 그는 제퍼슨을 기쁘게 하기 위해 제니트를 맞이하지만 그러나 해밀턴을 만족시키기 위해 지나친 정다움이나 정중함이 없이 할 것이다. 6월 16일 제니트가 필라델피아에 도착하여 열정적 주민들의 반응에 응했다. 그가 시티 선술집(the City Tavern)에서 많은 군중들에게 연설할 때 그들은 함성과 인사말로 반응했다. 제니트의 어리석음과 그의 과도한 방법을 인식하는데 느린 제퍼슨은 처음에 펼쳐지는 민주혁명의 또 하나의 거대한 장(chapter)만을 보았다. 제퍼슨이 제니를 워싱턴을 알현케 했을 때 대통령은 이미 결정된 냉정함으로 행정관서에서 그를 맞았다. 필라델피아에 프랑스인 제니트가 있다는 단순한 사실이 언론 비판의 수문을 열었다. 대통령에 대항하여 복수를 계속하고 있는 내셔널 가제트는 영국에 아첨하고 프랑스에 비열한 배은망덕을 보여주는데 대해 워싱턴을 심하게 비난했다.491) 며칠 후에는 워싱턴에 보내는 공개서한에서 그

신문은 워싱턴이 아첨배들에 둘러싸여 대중으로부터 고립되어 있다고 비난했다. 언론의 공격은 2년 후에 하야하려는 워싱턴의 결의를 강화할 수 있었을 뿐이었지만 그러나 프랑스와의 관계에 대한 소란은 그 날을 계속 지연시키고 있었다. 기이하게도 해밀턴과 제퍼슨도 역시 공적 무대에서 은퇴하고 싶어 했다. 2월에 워싱턴이 제퍼슨에게 프랑스 주재 공사 자리를 제안했을 때 제퍼슨은 몬티첼로(Monticello)로 은퇴하고 싶다면서 사양했다.

제니트가 야기한 하나의 피할 수 없는 문제는 프랑스 무장 민간 선박에 의해서 전리품으로 미국 항구에 끌어들인 영국의 선박들을 어떻게 할 것인가의 문제였다. 5월 초에 프랑스 선박 앙뷔스카드(*Embuscade*)가 2척의 영국 상선들을 끌고 와서 필라델피아의 선창에 정박했다. 제퍼슨에 의하면 수천 명의 환호하는 필라델피아 인들이 포획된 배들을 보고 함성을 보냈다. 제퍼슨을 제외하고 워싱턴과 그의 각료들은 미국 항구에서 민간 무장선들을 준비하는 제니트의 행동에 경악했다. 6월 5일 제퍼슨은 그런 행동을 그만두고 미국인들을 그런 일에 유인하는 것을 중단하라고 경고했다. 환호하는 군중들에 여전히 취해 있는 환상에 젖은 제니트는 경고를 무시하고 나포된 영국 상선인 리틀 사라(*Little Sara*)를 라 쁘띠뜨 데모크라트(*La Petite Democrate*)로 명명한 프랑스 무장선박으로 개조했다. 그리고 이 독단적인 제니트는 제퍼슨에게 프랑스는 미국 항구에서 그런 배들을 준비할 권리가 있다고 통보했다. 제퍼슨의 신문을 그대로 반영하여 제니트는 워싱턴이 그것의 유일한 목표가 미국에 군주정치를 수립하

---

491) *Ibid.*, p. 693.

는 것인 연방주의자들의 당에 굴종적이라고 감히 시사하기까지 했다.

내셔널 가제트는 제니트의 비난을 그대로 반영했다. 7월 4일 "한 시민"이라고 서명한 칼럼에서 필자는 오직 3백명만이 워싱턴의 중립 선언을 환호하는 반면에 수천 명이 찰스턴에서 제니트를 응원했다고 지적했다. 더욱 더 심각하게 그 필자는 독립기념일에 그가 혁명 시절의 자신의 영웅적 지위를 포기했다고 워싱턴에 강의했다. 7월 8일 워싱턴이 마운트 버논에 있는 동안 내각은 델라웨어 강에 정박중인 라 쁘띠트 데모크라트 선박의 처리 문제를 논의했다. 해밀턴과 녹스는 그 선박이 항해하려고 한다면 그것을 막기 위해서 델라웨어 하류에 있는 머드 아일랜드(Mud Island)를 요새화하기를 원했지만 이 권고는 제퍼슨에 의해서 거부되었다. 이틀 후에 제퍼슨은 제니트 공사에게 이 문제를 제기했고 그는 제퍼슨에게 개조된 선박은 워싱턴이 수도에 돌아올 때까지 움직이지 않을 것이라고 확언했다. 권력으로 부풀은 제니트는 중대한 외교적 의전을 위반하며 워싱턴의 머리를 넘어서 미국 국민들에게 직접 중립정책을 번복하도록 호소하겠다고 위협했다. 워싱턴은 제니트의 행위에 분노했고 제퍼슨에 대한 억눌렀던 분노를 표면화했다. 하루 이틀 내에 제니트는 그의 약속을 위반하고 그 선박을 머드 아일랜드를 통과시켜 미국의 중립선언을 극악하게 위반하여 바다로 도망쳤다. 프랑스와 영국의 공사들 사이의 난투에 진절머리가 난 워싱턴은 필라델피아에 돌아온 이래 그가 그 어느 때보다도 더 그들의 불만에 압도당하고 있다고 헨리 리(Henry Lee)에게 말했다.[492]

---

492) *Ibid.*, p. 695.

워싱턴은 간헐적으로 대법관 존 제이(John Jay)에게 법률적 조언을 청했다. 7월에 내각은 중립의 의미를 확실하게 하고 미국의 바다에서 프랑스가 선박을 나포하는 것에 대한 관할권을 정확히 하기 위해서 29개의 질문을 보냈다. 8월 8일 대법원을 대신해 답변하면서 제이는 조언을 제시하는 걸 사양했다. 헌법이 정부의 독립적 3부를 수립하였기에 마지막 수단으로 법원의 판사들이 대통령에 의해서 수락되거나 거부될 의견을 제시하는 것은 부적절할 것이라고 제이는 말했다. 이 결정은 중대한 전례가 되어서 대통령과 독립적인 사법부 사이에 보호장치를 두고 지금까지 분명하지 않았던 선들을 예리하게 정의했다. 법원의 의견 대신에 워싱턴의 내각은 교전국들의 행위를 규제하는 일단의 규칙을 발표하여 그들이 민간인 배의 무장을 금지하거나 미국의 바다에서 포획된 전리품을 미국의 항구로 들여오는 것을 금지했다.

제니트의 행위는 필라델피아에서 대소동을 일으켰다. 그리고 울부짖는 그의 지지자들의 폭도가 대통령 관저로 행진했다. 제니트는 프랑스 혁명의 3색 깃발이 자신을 총독으로 선포할 준비가 되어 있는 것처럼 보였다. 이런 배경에서 워싱턴은 7월 23일 프랑스를 모욕하지 않고 제니트의 소환을 요구할 길이 있는지를 논의하기 위해 긴장된 회의를 소집했다.[493] 프랑스 공사의 공감에 흔들리기를 거부한 워싱턴은 제니트의 지나친 편지를 프랑스인들에게 보여주어야 한다고 생각했다. 해밀턴은 이 경우를 포착하여 파벌이 정부를 전복하려고 하고 사람들이 이런 선동에 합류하는 것을 막기 위해서 행정부가

---

493) *Ibid.*, pp. 695–696.

제니트의 무례한 행위에 관한 모든 얘기를 폭로해야 한다는 이론을 띄웠다. 물론 해밀턴은 그 파벌의 선동가가 바로 그 방에 있는 토마스 제퍼슨이라는 것을 알고 있었다. 이 시점에선 토마스 제퍼슨마저도 제니트가 절대적으로 구제할 수 없을 정도이고 공화주의의 명분을 해치고 있다는 결론을 내렸다. 제니트와 거듭된 접전 후에 제퍼슨은 그가 머리가 뜨겁고 상상 속에 빠져 있으며 판단력이 없고 불손하고 심지어 대통령을 향해 예절이 없다고 그를 신랄한 용어로 비난했다.[494]

이 시점에서 내각의 사악한 내부싸움이 워싱턴의 마음을 찢어 놓고 있었다. 그가 두 번째 임기에 봉사하기로 동의하자마자 그는 후회했다. 그가 공화주의자들의 신문에 의해서 분출된 맹렬한 독설에 의해 비틀거렸다.[495] 그가 대통령으로 있는 동안에 많은 신문들이 진지하고 중립적인 입장에서 정당정치와 선전 기관으로 변질되었다. 5월에 제퍼슨에게 프레노 편집자가 친영주의자들이 워싱턴의 목을 치겠다고 위협한 뒤에 야 워싱턴이 중립선언을 발표했다는 비상식적 언급을 워싱턴이 제퍼슨에게 상기시킨 후에 워싱턴은 국무부에서 프레노를 해고하라고 제퍼슨에게 요구했다. 제퍼슨은 대통령의 요구에 저항했다. 그 후 8월 2일 기억할 만한 내각회의에서 헨리 녹스가 "조지 워싱턴과 제임스 윌슨, 킹과 판사들의 장송가"라는 제목의 프레노의 풍자를 가져왔다. 녹스는 대통령의 머리를 그가 마치 루이 16세인 것처럼 길로틴에 들이민 야만적이고 빈정거리는 시사만화를 대

---

494) *Ibid.*, p. 696.
495) *Ibid.*

통령에게 보여주었다. 그것은 워싱턴의 화산 폭발 같은 성질의 분노를 자아냈다. 헤리 녹스는 워싱턴의 신경쇠약이 너무나 걱정되어서 3일 후에 앉아서 대통령이 정신을 가다듬고 고요한 불굴의 분위기를 투영할 필요가 있다는 편지를 작성했다.[496]

내각에서 치열한 투쟁에도 불구하고 워싱턴은 해밀턴과 제퍼슨의 우수한 재능을 소중하게 생각했으며 그들을 잃는다는 생각에 당황했다. 7월 31일 제퍼슨이 9월 말에 스스로 국무장관직을 떠나겠다는 의도를 발표하는 편지를 제출했다. 일주일 후에 워싱턴이 제퍼슨의 시골집에 들러 그에게 사직을 연기해달라는 개인적 호소를 했다. 대통령은 자기가 대통령직에 머문데 대한 자신의 후회를 언급하면서 그가 의존하는 사람들에 의해서 버림받게 되어 그 후회가 얼마나 증가했는지를 말했다. 외교 문제에 제퍼슨보다 더 능통하거나 외국 궁전의 음모를 더 잘 아는 사람이 별로 없다고 워싱턴은 말했다. 답변에서 제퍼슨은 공직생활의 과도한 싫증과 투기꾼들만이 아니라 영국과 밀접하게 관련된 상인들이 그에게 특별한 증오심을 가질 때 일하기가 너무 어렵다는 점을 언급했다. 그 때 워싱턴은 만연한 음모이론들을 정면으로 공격했다. 그는 공화주의자들의 선의를 인정하고 진지한 사람들이 군주제에 대한 두려움을 갖고 있다는 것을 잘 이해하고 있다고 말했다. 그러나 그는 계속해서 그들이 가진 헌법은 만일 그것을 그대로 유지한다면 탁월한 것이다. 따라서 그것을 군주제 형태로 변경하려는 정당이 있다고 가정되고 있지만 그것에 자신보다도 더 반대할 사람은 미국에 없을 것이라고 양심적으로 선언할 수 있다

---

496) *Ibid.*, pp. 696−697.

고 덧붙였다.[497] 워싱턴은 성공적으로 제퍼슨을 달래서 국무장관으로 좀 더 머물게 했다.

그 사이에 시민 제니트는 조용히 떠날 것 같지 않았다. 존 제이와 루프스 킹이 대통령의 머리를 넘어서 미국인들에게 직접 호소하겠다고 위협했다는 사실을 8월 중순에 한 뉴욕 신문에서 폭로하자 미국은 정당한 분노로 반응했다. 제니트의 무절제가 결국 연방주의자들에게 횡재가 되었다. 8월 말에 내각은 그의 소환을 요구하고 또 프랑스에 그의 행위에 대한 완전한 설명을 전하기로 만장일치로 동의했다. 실제로 일어난 일로서는 프랑스 자코뱅당이 이미 그의 후임자인 쟝 앙뚜안 포세(Jean-Antoine Fauchet)을 파견하여 제니트를 귀국시켜 혁명에 반하는 죄목으로 그를 재판정에 서게 하라는 명령서를 갖고 있었다. 제니트에 대한 그의 의혹이 무엇이든 간에 워싱턴은 그를 죽음으로 보내고 싶지 않았다. 그래서 워싱턴은 그에게 미국에서 망명을 승인했다.[498] 제니트는 조지 클린턴 주지사의 딸과 결혼하여 그의 여생을 뉴욕에서 보냈다.

1793년부터 1794년 초까지의 겨울은 필라델피아에서 춥고도 황량했다. 델라웨어 강은 떠있는 얼음으로 완전히 막혀서 배들이 항해할 수 없었다. 황열병이 유행한 후에 수도는 유령같은 장소가 되었고 극장과 무도회는 금기가 되었다. 1793년 12월 31일에 마침내 토마스 제퍼슨이 국무장관직을 사임했다. 그는 알렉산더 해밀턴과 참을 수 없는 동반으로부터 자신을 해방시킨 것이다. 그에 대한 정치적 적대

---

497) *Ibid.*, p. 697.
498) *Ibid.*

감이 연방주의자들이 지배하는 상류사회에 파급되었기 때문에 그는 정치의 혐오스러운 직업에서 은퇴하여 그의 가족, 그의 농장 그리고 그의 책들의 품안으로 침전하길 바랐다. 국무장관직을 떠난 뒤에 제퍼슨은 워싱턴의 항상 변하는 관계의 계층에서 더 낮은 단계로 강등되었다. 그들 사이에 비정치적인 오직 일상적인 것에 관한 서신 교환이 없진 않았다 그러나 워싱턴은 정책조언을 위해 토마스 제퍼슨을 다시는 찾지 않았다.[499]

지역적이고 정치적인 다양성을 어느 정도 영속화하기 위해서 워싱턴은 에드먼드 랜돌프(Edmond Randolph)를 새 국무장관으로 임명하고 펜실베니아 대법원의 연방주의자인 윌리엄 브래드포드(William Bradford)를 법무장관에 임명했다. 그럼에도 불구하고 랜돌프는 제퍼슨의 지성적 기준에 크게 못 미쳤으며 공화주의자들 쪽에서는 믿을 수 없는 파트너로 보였다. 그의 결함은 내각의 권력을 해밀턴으로 결정적으로 기울게 하여 워싱턴의 두 번째 임기에는 훨씬 더 많은 연방주의적 색조를 가져다주었다. 해밀턴과 녹스는 모두 1794년 말까지 내각에 머물기로 약속했다. 해밀턴의 위상은 1794년 5월에 그의 행위에 대한 제2차 하원의 조사가 그에게 완전한 정당화를 인정한 뒤에 향상되었을 뿐이었다.

새로운 팀에 대한 첫 도전들 가운데 하나는 무법적인 북 아프리카 다시 말해서 알제리, 트리폴리 그리고 튀니지를 의미하는 바버리 국가들(Barbary States)이 지중해에서 외국선박들을 약탈하고 승무원들을 노예로 만든 국가들을 다루는 것이었다. 많은 유럽국가들은 그

<hr>

499) *Ibid.*, p. 713.

들의 승무원들을 석방시키기 위해서 보상금을 지불하게 되었다. 미국의 승무원들이 이런 해적들에게 굴복하고 이슬람교로 강제 개종으로 위협을 당하자 워싱턴은 뇌물을 지불할 필요성에 상처 받았다. 특히 알제리가 11척의 상선들과 1백명의 포로들을 장악했을 때 특히 화가 났다. 마지못해서 워싱턴은 알제리에게 돈 지불을 승인하고 이 도시국가들과 우호 및 통상 조약의 협상을 시도하기까지 했지만 그러나 그는 미국의 외교를 군사적 힘으로 뒷받침할 때가 왔다고 생각했다.[500]

1794년 3월에 워싱턴과 녹스의 지원 하에 의회가 알제리의 해적선들에 대항하여 미국의 통상을 보호하는데 적합한 6척의 프리깃 함들의 건조를 승인했다. 이 조치는 공식적으로 미해군의 출범을 의미했다. 별도의 해군성이 탄생하는데 이로부터 4년 이상이 더 걸렸다. 6척의 프리깃 함정들은 직업적 군사력을 육성할 워싱턴의 계획의 이정표를 대변했던 반면에 그는 결코 외교를 소홀히 하지 않았으며 모로코와 알제리 두 국가들에게서 조약을 받아냈다.[501]

또 다른 외교정책 위기가 프랑스 혁명과 이에 수반한 유럽의 혼란으로 유발된 불어나는 사상자에 기인했다. 자신의 내각의 지지를 받아 워싱턴은 프러시아의 왕에게 사적인 교섭으로 미국을 향한 우호의 제스처로 라파예트를 풀어 달라고 요청했다. 워싱턴은 그의 석방에 실패했지만 왕은 라파예트 감방의 끔찍하게 나쁜 조건들을 완화하여 그에게 책과 신선한 공기 그리고 보다 나은 음식을 허락했다.

500) *Ibid.*
501) *Ibid.*, p. 714.

라파예트는 곧 오스트리아 당국으로 이송되어 올뮤츠(Olmutz)에 있는 더럽고 파리가 득실거리는 감방에 처박혔는데 그곳에서는 쇠사슬을 차고 누더기 옷을 걸쳤다. 라파예트의 부인이 프랑스에서 체포된 뒤에 구베르뇌르 모리스 공사가 그녀를 위해 중재하여 로베스 피에르로 하여금 그녀를 길로틴에서 면하게 했지만 그녀의 어머니와 자매 그리고 할머니는 공포정치의 희생자가 되고 말았다.

1793년 4월 프랑스 정부는 공안위원회(the Committee of Public Safety)를 설치하고 공안위원회의 관할권 하에서 사람들을 반역으로 체포하고 그들을 재판할 일괄적 권한을 부여했다. 9월까지 4만명이나 되는 사람들의 생명을 앗아간 공포의 통치(the Reign of Terror)가 잇따랐다. 살육의 목격자로서 구베르뇌르 모리스 공사는 워싱턴에게 그 잔혹성에 대한 지속적 코멘트를 제공했다. 그는 10월에 워싱턴에게 보내는 편지에서 마리 앙투아네트(Marie-Antoinett)에 관해서 왕비가 그저께 처형되었는데 그녀는 재판 중에 모욕당하고 마지막 순간에 욕설에 휩싸였고 지붕이 열린 마차로 파리의 거리를 통과해 단두대까지 끌려갔지만 끝까지 위엄 있게 행동했다고 썼다.[502] 인지적인 모리스는 폭력이 혁명의 우연한 부산물이 아니라 혁명정신에 근본이라고 보았다. 미국 혁명과 프랑스 혁명 사이의 본질적인 차이는 미국의 혁명이 많은 진실의 추구를 허용한 반면에 프랑스 광신자들은 어떠한 이탈도 허용하지 않는 단일의 신성한 진리를 강요하려고 노력했다.

1794년 7월에 들어서 파리의 혁명재판소는 재판의 속도를 가속화

---

502) *Ibid.*

하여 한 달에 9백명의 사형을 언도했다. 공포통치의 많은 희생자들은 미국 혁명의 강건한 친구들이었다. 한 밤에 숙소에서 끌려 나온 토마스 페인은 감옥에 처박혀 그 곳에서 수 개월 동안을 보냈다. 구 베르뇌르 모리스의 후임자인 제임스 먼로(James Monroe) 공사는 파리에서 매디슨에게 토마스 페인이 자기의 곤경에 대해 워싱턴을 크게 책망하고 있다고 알렸다. 그는 대통령이 자기의 투옥에 눈을 감았으며 그가 감옥에서 죽기를 바랐다고 분노심을 품었다. 그래서 그는 워싱턴에게 가장 악의적인 공격을 준비하고 있다고 먼로 신임 공사는 전했다. 그러나 워싱턴이 페인에 대해 어떤 불쾌감을 느꼈을 지는 몰라도 페인이 학대를 받거나 투옥되길 원했다는 증거는 아무 것도 없었다.[503]

프랑스가 미국의 인내력을 시험하고 있었다면 프랑스와 전쟁 중인 영국은 영미관계를 전례가 없는 긴장으로 몰고갔다. 1793년에 시작하여 영국정부는 영국 해군에 지시하여 프랑스 항구로 가는 식량을 실은 중립국 선박들을 가로채고 그들의 화물을 포획했다. 5개월 후에 그 정책은 프랑스의 서인도를 모두 봉쇄하는 것으로 간단히 확장되었다. 간단한 명령으로 영국 군함들은 250척의 선박들을 정지시키고 장악하여 선박의 상품들을 몰수했다. 이런 강경 조치들은 영국의 오만에 대한 과거 기억들을 되살렸고 정치적 폭풍을 촉발했다. 심지어 연방주의자들조차도 프랑스에 동정심을 불어넣는 반생산적 정책을 추구하여 중립선언을 위협한다고 분노가 치솟았다. 새 해군을 승인했던 의회의 연방주의 지도자들은 어떤 외국의 위협에도 대처할

---

503) *Ibid.,* p. 715.

2만 5천명의 군대를 위한 지지를 동원했다. 그들은 항구들을 요새화하고 상비군의 옛 도깨비와 전투하고 간단한 알림에 민병대들을 동원할 계획을 세웠다. 공화주의자들에게 그런 조치들은 국내에서 자생한 이단자들을 향한 억압적 군부의 망령을 불러일으켰다. 워싱턴은 영국이 적대적 의도가 없다고 믿는 자들을 비웃고 영국은 미국에 대항하도록 인디언 국가들을 자극하고 미국과 캐나다 간의 국경을 영국에 유리하게 변경하려고 도모하고 있다고 확신했다.[504]

연방주의자들 사이에서는 전쟁을 피하고, 무역을 유지하며, 약탈당한 선박들의 보상을 추구하고, 북서 지역에 있는 영국 요새들의 철수 실패와 같은 전쟁의 종식에도 아직 남아있는 많은 문제들을 포함하여 현저한 분쟁을 타결하기 위해서 영국에 특별외교 사절을 파견하는 것이 현명할 것이라는 인상이 증가했다. 무엇보다도 워싱턴은 의회에서 영국에 대한 어떤 무역제제도 막길 원했다. 새 외교사절로 해밀턴의 이름이 연방주의자들의 첫 선택으로 떠오르자 워싱턴은 공화주의자들이 강력한 친영 인물인 해밀턴은 본국에서 모든 신용이 부족하다고 항의할 때까지 그것을 진지하게 고려했다. 이런 반대에 흔들린 워싱턴은 특히 해밀턴이 스스로 그런 임무를 사양한 뒤에 하나의 이상적인 대체 인물로 대법관인 제이를 내세웠다.[505]

공화주의자들의 눈에 친영주의자인 제이도 죄가 없지 않았다. 실제로 매디슨은 대통령의 귀에 제이가 남들이 모르는 군주주의자라고 속삭였다. 그러나 워싱턴은 제이의 임명을 진행했다. 해밀턴보다는

---

504) *Ibid.*
505) *Ibid.*, p. 716.

덜 말썽인 제이의 선택은 정부의 비판자들 사이에서 여전히 굉장한 소동을 일으켰고 매디슨은 대통령의 인기에 당한 가장 강력한 타격이라고 인정했다. 워싱턴에게 영국과의 협상은 노골적인 전쟁에 대한 유일한 대안으로 보였으며 제이를 과시하는 결정으로 용기 있게 한방 먹인 것이었다.506)

제이는 외교의 임무를 수행하는 동안에도 대법관으로 남았다. 이것이 어떤 관찰자들에게는 헌법 위반이었다. 적어도 그것은 제이 자신이 예리하게 지키려고 노력했던 행정부와 사법부 간에 선들을 완화시켰다. 아론 버(Aaron Burr) 상원의원은 그 결정이 사법부에 해롭고 지각이 없는 영향력을 행사하는 행정부의 전망을 창조했다고 주장했다. 공화주의자들을 달래기 위해서 그는 파리에서 구베르뇌르 모리스를 소환하고 그의 대신에 친프랑스 주의자인 제임스 먼로 상원의원을 보냈다. 해밀턴의 영향력이 전적으로 중립화 되지는 않았다. 왜냐하면 제이가 1794년 5월 12일 뉴욕 부두에서 1천명의 구경꾼들의 환호를 받으며 영국을 향해 항해할 때 그가 지닌 훈령들은 해밀턴의 이름을 담고 있었기 때문이다. 무엇보다도 제이는 영국이 유순하면 완전한 통상조약을 협상할 운신의 폭을 즐길 것이다. 제이에 대한 자신의 지시에서 워싱턴은 영국의 비타협적 자세에 화염을 토했다. 워싱턴의 서신을 본 사람은 누구도 워싱턴이 영국의 종복이라든가 혹은 미국에 친영 군주제를 수립하려고 음모를 꾸민다고 상상할 수 없었을 것이다.507)

---

506) *Ibid.*
507) *Ibid.*

1794년 여름에 워싱턴이 짊어진 많은 부담들 가운데에는 북서부 전선에서 인디안 정벌에 나서 앤소니 웨인(Anthony Wayne)의 원정대가 처한 운명이었다. 이미 앞에서 언급한 대로 웨인의 승리는 그 지역에 인디언들의 힘의 배경을 분쇄하고 지배적 부족들에 대한 영국의 영향력을 종식시켰다. 워싱턴은 백인 정착인들을 위협하는 인디언들을 가차없이 다루는 반면에 그는 인디언들과 인간애적 화해의 희망을 결코 포기하지 않았다. 워싱턴과 녹스는 인디언의 약탈이 그들의 전통적 땅에서 백인 공동체들의 침해에 이해할 만한 반응이었다는 것을 인정했다. 워싱턴이나 녹스 누구도 겁주는 호전주의에 빠지지 않았으며 녹스는 인디언들을 살해한 백인들이 백인들에게 동일한 짓을 한 인디언들만큼 가혹하게 처리되지 않았음을 후회했다. 인디언의 곤경에 적지 않게 동정적인 워싱턴은 백인들에 의해 행해진 침식들이 현재에 시행되고 있거나 입법화될 법률에 의해서 제약되지 않고 있다고 절망적으로 언급했다.[508]

워싱턴의 인디언 정책은 해결할 수 없는 것으로 보이는 문제들에 맞지 않는 고결한 의도의 비극이었다. 그는 인디언 부족들의 영원한 안전을 보장할 일련의 각자의 나라들(지금은 보호구역이라고 함)을 만들고자 했다. 대통령직의 마지막 해에 워싱턴은 미국인들과 원주민들이 조화롭게 공존할 방법을 정의하려고 시도한 자신의 "체로키 국가에 대한 연설"(Address to the Cherokee Nation)을 내놓았다. 그는 또 다시 인디언들에게 전통적 사냥과 운집을 버리고 농사 짓고 목축하여 정착민들의 문명을 모방하도록 권유했다. 그는 그들에게 동물

---

508) *Ibid.*, p. 718.

들을 가축화하고 곡식을 기르고 그들의 여자들 사이에선 방적과 천 짜기를 촉구했다. 그는 심지어 마운트 버논을 하나의 모델로 제시했다. 워싱턴은 대규모 노예주가 인디언들이 모방해야 할 빛나는 본보기로 자신을 제시하고 있는 기이함을 깨닫지 못했다.[509]

만일 그 연설이 체로키 인디언들에게 따뜻하고 우호적인 어조에서 계몽되었다면 그들에게 자신들의 문화를 버리고 경쟁자들의 문화를 채택하라고 요구하는 점에서 그것은 비현실적이었다. 그것은 본질적으로 생존하기 위해서 그들은 태고의 생활양식을 포기하라고 말하는 것이었다. 바꾸어 말하면 그들이 인디언임을 중단하고 백인이 되라는 것이었다.[510] 그리고 그 말의 밑바닥에는 만일 그들이 그 권유를 비웃으면 해악이 따를 것이라는 무언의 위협이 도사리고 있었다. 따라서 워싱턴의 모든 선의에도 불구하고 연방정부가 백인들의 탐욕으로부터 수 백만 에이커의 땅을 계속 잃는 인디언들을 공정하게 대하도록 투기꾼들과 주 정부들을 종용하기란 불가능하였다.

---

509) *Ibid.*
510) *Ibid.*

XIII

피날레(Finale)

> "끝이 좋으면 다 좋다."
> - 윌리엄 셰익스피어

1794년 여름에 워싱턴의 시간을 독점한 주된 위기는 말썽을 일으키는 인디언들로부터 온 것이 아니라 다루기 힘든 백인 정착민들로부터 왔다. 1971년 의회가 술에 세금을 부과하는 때부터 워싱턴은 저항을 기대했었고 새 정부는 위반행위를 처벌하고 법에 대한 존중을 심어야 한다고 워싱턴은 믿었다.[511]

1794년 위스키의 생산에 대한 국가의 징세에 대해 호전적인 반대가 미국의 각지에서, 특히 펜실베니아의 서부 지역에서 일어났다. 이 세금은 소비세의 형식으로 연방정부의 적자를 줄이기 위한 알렉산더 해밀턴 재무장관의 아이디어였다. 이 세금에 대한 대중들의 처음 반응은 비우호적이고 낙심하는 것이었다. 왜냐하면 미국인들은 간단히 세금을 지불하고 싶지 않았다. 더구나 당시에 서부 펜실베니아에서

---

511) Ron Chernow, *Washington: A Life,* New York: Penguin Books, 2011, p. 718.

주요 상품으로서 위스키는 상품의 구매와 무역을 위해 돈 대신에 사용되기도 했다. 그러나 펜실베니아 인들은 세금징수인들이 펜실베니아에 오는 것을 멈추는 지경에까지 그들을 피하고 겁을 줌으로써 1791년 그 세금이 처음 실시된 이래 위스키 세금지불을 피해왔다.[512] 그럼에도 불구하고 1794년 여름에 세금에 대한 저항이 도전으로 변했다. 이에 대한 반응으로 연방 보안관과 세금 감독자가 7월에 서부 펜실베니아에서 도망쳐야만 했으며 2주 동안 과격한 연설, 모든 연방정부 관리들을 피츠버그에서 축출하는 위협, 그리고 이따금씩 폭력이 그 지역을 선동했다.

새 소비세 지불을 거부하는 이단자들은 피츠버그에 모이기 시작했다. 이런 이단자들을 다루기 위해서 워싱턴 대통령은 만일 증거가 확실하고 명백하다면 아무리 마지못해서 일지라도 비상 권한을 선포하고 그것들을 행사할 것이며 행정부가 그렇게 무모하고 용납할 수 없는 태도를 억제하기 위해서 행정부에 부여된 모든 법적 권한을 행사할 것이라고 해밀턴 장관에게 말했다.[513] 폭동이 퍼져가는 가운데 현직 대통령인 워싱턴은 이 문제를 무시하지 않도록 심한 압박을 받을 것이다. 사실상 새로 선출된 첫 대통령은 신속하게 대통령 권한에 생명력을 불어넣어 취임 선서에서 약속한 법률이 충실히 집행되도록

---

512) Forrest McDonald, *Presidency of George Washington,* Lawrence, Kansas: University Press of Kansas, 1974, pp. 145-147.

513) Leland D. Baldwin, *Whiskey Rebels: The Story of a Frontier Uprising,* Pittsburgh, Pennsylvania: University of Pittsburgh Press, 1939, pp. 185; Richard Kohn, "The Washington Administration's Decision to Crush the Whiskey Rebellion," *Journal of American History,* Vol. 59, No. 3 (December 1972), pp. 569-584.

관리해야만 할 것이다. 그리하여 워싱턴 대통령은 1794년 8월 7일 엄격한 선포를 하였다. 그러나 대통령의 명령 하에서 행동하지 않는 해밀턴은 선포문을 작성했다. 워싱턴은 해밀턴에게 그 선포문을 작성하라고 결코 지시한 적이 없었을 뿐만 아니라 해밀턴이 비밀스럽게 작성하여 대통령이 알지 못한 채 그 명령서를 배포했다.[514]

해밀턴은 워싱턴 대통령에게 피츠버그에서 반정부 집회를 열고 있는 반란자들의 불법적 행위에 관한 걱정을 선포하도록 촉구했다. 뿐만 아니라 해밀턴은 워싱턴에게 그러한 집회들의 해산을 요구하여 비슷한 행동을 지양하도록 경고하고 또 그런 위반자들에 대해서 법을 집행할 의도를 밝히도록 권고했다. 워싱턴은 그 포고문에 9월 15일 날 서명하여 그것에 즉시 서명하도록 토마스 제퍼슨 국무장관에게 보냈다.[515] 선포에 뒤따라 워싱턴은 펜실베니아, 메릴랜드, 그리고 버지니아 주지사들에게 반란의 진압을 위해 시민군을 보내라고 요청했다. 이 모든 것에서 워싱턴 행정부는 반란을 진압하기 위해 1만 5천명의 군대를 준비했다.[516] 워싱턴은 펜실베니아가 연방에서 이탈하거나 영국의 도움을 추진할 지도 모른다고 떠도는 소문을 두려워했다.[517] 펜실베니아 신문들이 반란자들에게 동정적이 되고 사악한 소비세 제도를 위해 피를 흘려야 하느냐고 비판했다. 그런 비판에 대한 대응으로 워싱턴 정부는 상황이 통제불능이 되어 유일한 안전의 길이 연방정부

---

514) Justin P. DePlato, *The Cavalier Presidency: Executive Power and Prerogative in Times of Crisis,* Lanham, Maryland: Lexington Books, 2014, p. 64.

515) *Ibid.*

516) Steven R. Boyd, *The Whiskey Rebellion: Past and Present Perspectives,* Westport, Connecticut: Greenwood Press, 1985, p. 122.

517) Justin P. DePlato, *op. cit.,* p. 65.

가 법을 집행하여 자신을 내세우는 것이라고 염려했다.

주지사들은 워싱턴 대통령의 요청에 따랐다. 그래서 9월에 1만 3천명의 군대가 펜실베니아의 해리스버그(Harrisburg)에 집결했다. 그리고 그것을 대통령 자신이 직접 스스로 지휘하여 즉시 서부 펜실베니아로 행군했다.518) 이것은 현직 대통령이 미국의 군대를 문자 그대로 전투장으로 끌고 간 처음이자 마지막 사례였다. 워싱턴이 지휘하는 군대를 직면한 반란자들은 해산되었다. 워싱턴이 예상했던 대로 서부 펜실베니아에서 군사적 힘의 과시는 폭동이 시들게 만들었다. 그러나 그것은 내전 때까지 연방정부에 대한 무장 저항의 가장 큰 과시였다. 약 150명이 포로로 잡혔으며 워싱턴은 그들을 처리하는데 있어서 칭송할 만한 자비를 베풀었다. 두 명의 반란 주동자들이 재판을 받고 사형이 언도되었다. 헌법이 부여한 권한에 의해서 처음으로 워싱턴은 두 사람 모두를 사면했다.

이 시련의 내내 워싱턴은 완벽한 판단과 단호함과 온건성을 가지고 행동했으며 처음에는 화해를 시도했으나 엄격하게 처벌을 준비했다. 거대한 항의와 정부의 대응을 고려할 때 사망자는 현저하게 적었다. 비록 반란이 신속히 그리고 최소의 전투로 종식되었지만 워싱턴 대통령은 폭동에 대응해서 행정적 조치를 신속하게 취하는 중요성을 강조했다. 1794년 11월 19일 미국의 번영과 평화는 정부의 원칙들과 자유가 헌법을 보호하고 방어하기 위해 계획되고 집행되어야 한다는 추가적 증거를 제공함으로써 굳건한 토대 위에 서 있다고 의회에 언급했다.519)

---

518) *Ibid.*

그리하여 워싱턴은 행정부의 특권이 언제 어떻게 비상 권한을 행사할 지를 결정하고 그 권한은 헌법 제2조에서 대통령에게 부여한 권능 하에서 행정부에 주어졌다는 알렉산더 해밀턴의 행정부 비상권한의 이론을 주창했다. 더 나아가 위기 시에 정부는 국가를 중대한 해악이나 상처로부터 유지하고 보호하기 위해서 보다 많은 권한을 가질 필요가 있다는 것이 그의 입장이었다. 비록 위스키 반란의 경우에 워싱턴은 단지 법을 집행했지만 그의 해석은 의회나 사법부가 아니라 대통령이 비상권한을 어떻게 사용하는 지를 아주 분명하게 보여주었다.

위스키 폭동의 후유증은 워싱턴 내각에 극적인 변화를 가져왔다. 이 얘기가 해밀턴의 영향에 대한 공화주의자들의 두려움을 증대시키게 되었다면 오히려 해밀턴이 그들을 놀라게 했다. 12월 1일 그가 필라델피아에 돌아온 같은 날 해밀턴은 1월 말에 재무장관직을 떠나겠다고 워싱턴에게 알렸다. 이 결정은 아마도 그의 부재중에 일어난 부인의 유산에 영향을 받았을 것이다. 위스키 반란 동안에 해밀턴과 녹스의 대조적인 행위가 분명해진 뒤에 워싱턴은 해밀턴에 다정했고 그를 결코 실망시키지 않았으며 비상시에 항상 그를 불렀다. 워싱턴은 해밀턴에 대한 공화주의자들의 공격이 최고로 재능 있는 공직자에 대한 그의 의견을 약화시키도록 허용하지 않았다.

해밀턴을 대체하기 위해서 워싱턴은 코네티컷의 변호사였던 재무부의 올리버 월코트 2세(Oliver Wolcott, Jr.)를 승진시켰다. 위스키 반란이 워싱턴과 해밀턴의 유대를 심화시켰지만 그것은 워싱턴과 녹

---

519) Forrest McDonald, *op. cit.,* p. 149.

스의 거의 20년 관계를 무너뜨렸다. 12월 23일 피어스 버틀러(Piece Butler) 상원의원이 미국의 새 프리깃 함을 건조하는 동안에 범한 남용에 관해서 워싱턴에게 불평했다. 12월 28일 녹스는 워싱턴에게 사직서를 제출했고 녹스의 후임자로 전시에 자신의 고위 부관이었던 티모시 픽커링(Timothy Pickering)을 임명했다. 월코트와 픽커링의 선택은 워싱턴이 첫 임기 동안의 팀의 질을 복제할 수 없다는 것을 확인해 주었으며 과도하게 연방주의적 내각으로 이동하고 있었다. 제퍼슨, 해밀턴 그리고 녹스가 떠나자 워싱턴은 마운트 버논의 위안을 더 갈망하게 되었다.[520]

존 제이를 영국으로 파견하는데 있어서 그는 평화를 확실히 하는데 가장 적합한 인물을 선발했다고 워싱턴은 주장했다. 대서양 횡단 통신의 오랜 지연으로 인해서 워싱턴은 제이가 런던에서 해결하고 있는 거래에 대해 정확하게 알지 못했다. 그는 단지 자신의 사자에게 많은 뜨거운 머리와 성급한 정신을 가진 자들이 그의 일을 신속하게 처리하길 바라고 있다고 경고했다. 제이에게 서두르게 하고 싶지는 않았지만 워싱턴은 그에게 사랑하는 셰익스피어를 인용하면서 인간사에는 항상 관찰해야 할 조류가 있다. 그러니 그가 모든 가능한 방법으로 서둘러야 한다고 상기시켰다.[521] 1795년 2월이 되자 제이가 조약을 마무리지었으며 머지않아 미국 해안에 도착할 것이라는 보고가 나돌았다.

1795년 3월 3일 의회가 정회하자 워싱턴은 의원들에게 분명히 그

---

520) Ron Chernow, *Washington: A Life,* New York: Penguin Books, 2011, p. 728.
521) *Ibid.,* p. 729.

사이에 도착할 조약을 논의하기 위해서 6월 8일 그가 특별회의를 소집할 것이라고 통보했다. 실제로 4일 후에 그 문건은 그의 책상 위에 있었다. 워싱턴은 크게 영국으로 기운 조약의 규정들을 들여다보고 조용히 입을 다물었음에 틀림없었다. 그 조약은 공해상에서 미국 선원들을 나포하는 추악한 실행을 저지하는데 실패했다. 경악스럽게도 그것은 비록 영국이 미국의 수입을 위해 최혜국 대우를 인정하지 않는데도 불구하고 미국은 영국의 수입에는 그런 대우를 인정했다. 일단 그것들이 노출되면 그것은 많은 사람들에게 마치 제이가 식민지 시대로 돌아가는 선상에서 그의 영국 파트너들 앞에 엎드린 것처럼 보일 것이다. 그 조약은 남부 사람들에게 워싱턴이 그들의 유산에 반역자라는 추가적 저주받을 증거로 인식될 것이다. 왜냐하면 제이가 전쟁 종결시 데려간 미국의 노예들에 대한 보상을 받아 내지 못했기 때문이다.

모든 결함에도 불구하고 그 조약은 여러 가지 절충하는 면들을 갖고 있었다. 영국은 마침내 5대호(the Great Lakes)에 있는 영국의 요새들을 철수하기로 동의했다. 그 조치는 영국의 서인도 제도를 미국의 작은 선박들에게 문을 열어주었다. 그리고 조약은 나포된 미국 상선들을 보상하기로 동의했다. 이런 양보들은 그 조약의 압도적인 성취에 비하면 아무것도 아니었다. 그것은 영국과의 전쟁으로 나가는 치명적 계기를 저지한 것이었다. 전체적으로 볼 때 걱정에도 불구하고 워싱턴은 이 결함이 있는 조약이 당시로선 가능한 최선의 것이라고 생각했다.[522]

522) *Ibid.*, p. 730.

그러나 폭발성의 내용을 잘 알고 있는 워싱턴은 그 조약을 6월에 의회가 재소집될 때가지 비밀에 부치기로 했다. 상원이 그것을 논의할 때까지 제이가 영국에서 돌아와 공석인 뉴욕의 주지사에 선출되었다. 그리고 그는 곧 대법관직을 사임했다. 그것은 제이에게 상서로운 귀국이 아니었다. 상원은 그 조약을 비공개로 논의하는데 동의했지만 그러나 공화주의자들은 그 조약의 내용을 들여다보고는 공포로 숨이 막혔다. 그것의 운명은 연방주의자들이 공화주의자들에게 치명적 양보를 인정할 때까지 불확실해 보였다. 즉 그들은 영국의 서인도 제도에서 70톤 이하의 선박으로 미국의 무역을 제한한 악명의 제 12 조항을 반대하기로 한 것이다. 이 절충에 힘을 얻어 그 조약은 6월 말에 20 대 10이라는 투표 차이로 상원을 효과적으로 통과했다. 그 것은 헌법에서 요구하는 2/3 규정 하에서 필요한 최소한을 간신히 넘긴 것이다. 다음 단계는 워싱턴이 서명하는 것인데 그는 결정을 하지 못하고 깊은 고뇌에 빠졌다.[523]

1795년 7월 초에 영국이 프랑스로 향하는 식량을 실은 배들을 나포하라는 호전적 새 명령을 내렸다는 말이 들렸다. 그 조약을 상원에서 통과시키기 위해 미묘한 타협을 이루었던 워싱턴은 영국의 무감각에 경악을 금치 못했으며 조지 해먼드(George Hammond) 주재 공사에게 항의했다. 워싱턴은 그 조약에 서명하는데 대해 아주 불안하여 이제 맨해튼에서 변호사로 돌아간 해밀턴에게 사적으로 도움을 요청했다.[524] 제이 조약(the Jay Treaty)에 대한 유보적 입장에도 불

523) *Ibid.*
524) *Ibid.*

구하고 해밀턴은 일반적으로 찬양하는 총 53페이지에 달하는 분석을 워싱턴에게 제공하면서 워싱턴에게 고도로 불안전한 문건에 서명하도록 촉구했다. 이 빛나는 분석에 놀란 워싱턴은 그의 답장에서 본의 아니게 해밀턴의 많은 시간을 빼앗은 것에 대해서 미안하게 생각하는 것 같았다.[525]

조약에 서명하기 전에 워싱턴은 오로라(*Aurora*) 신문사가 요약문을 인쇄할 때 출판을 준비하고 있었다. 그것이 출판되자 대중은 너무나 아연실색하여 매디슨은 그 조약이 미국의 모든 곳에 전격적인 속도로 날았다고 말했다. 7월 1일 이 신문은 조약의 전문을 실었고 공식 판은 연방주의자인 "미국의 가제트"(*Gazette of the United States*)에 실렸다. 소동이 압도적이었고 공화주의자들의 동물 우화집에선 제이를 우두머리 악마라는 꼬리표를 붙였다. 그 조약에서 공화주의자들은 영국에 대한 뻔뻔스러운 편애와 균등하게 프랑스에 대한 파렴치한 적대감을 보았다. 7월 4일 독립기념일에는 제이의 인형이 너무나 많은 마을에서 불태워져 그는 자기의 불타는 모습의 불빛으로 전국을 선회했다고 선언했다.[526]

조약에 대한 항의는 제이를 넘어섰다. 해밀턴이 뉴욕의 한 집회에서 조약을 옹호하기 위해서 일어섰을 때 항의자들은 그에게 돌을 던졌다. 필라델피아에서는 악의에 찬 폭도가 조지 해먼드 공사의 관사로 가서 창문들을 깨부수고 그 조약을 함성과 환호 속에서 불태웠다. 조약 반대자들은 대통령 관저를 포위하는데 관해서 아무런 거리낌도

---

525) *Ibid.*
526) *Ibid.*, p. 731.

없었다. 대통령 관저가 매일 수많은 사람들에 의해서 포위되고 영국에 대한 전쟁을 요구하고 워싱턴을 저주하고 프랑스 애국자과 미덕의 공화주의자들에게 성공을 외쳤다. 전국에서 조약에 반대하는 선동적 결의문들이 워싱턴의 책상 위에 쌓였으며 그것들 가운데 많은 것들은 너무나 역겨워서 답장을 할 수 없었다. "답장 안 한다. 내용이 너무 거칠어 답장을 받을 자격이 없다"고 워싱턴은 한 뉴저지의 탄원위에 휘갈겨 썼다.[527) 비록 그 조약에 대해서 미온적이었지만 워싱턴은 영국과 전쟁할 준비가 되어 있지 않았으며 그 조약이 영-미간에 해로운 악화를 방지할 것이라고 생각했다.

7월 중순에 워싱턴은 편히 쉴 휴식을 갖고자 마운트 버논을 향해 무더운 필라델피아를 떠나 덥고 불쾌한 날씨 속에서 아주 녹초가 되는 6일 간의 여행을 견디어 냈다. 그가 조약에 대한 소동을 피하길 희망했다면 랜돌프 국무장관이 확산되는 혼란과 워싱턴에 대한 약간의 터무니없는 비난에 관해서 보고했을 때 그는 착각에서 깨어났다. 그는 전 재무장관인 해밀턴이 카밀러스(Camillus)라는 서명 하에 긴 일련의 에세이들을 발표하여 제이 조약의 상세한 옹호를 제공했을 때 특히 기뻐했다. 워싱턴은 공화정부에 대한 묵상에 빠져 자기의 공화주의적 반대자들을 열정에 차 있는 반면에 정부의 지지자들은 겁쟁이거나 용기가 없고 사람들의 선한 감성을 너무 많이 믿는다고 보았다.[528)

워싱턴이 아직 마운트 버논에 머물고 있을 때 랜돌프와 픽커링이

---

527) *Ibid.*
528) *Ibid.*, p. 732.

모두 빨리 집무실로 복귀할 것을 요청했다. 전쟁장관인 픽커링은 특별한 이유 때문에 그가 필라델피아에 도착할 때까지 어떤 중요한 정치적 결정도 자제해야 한다는 픽커링의 간언은 아주 놀라운 것이었다. 특별한 이유란 다름 아닌 에드먼드 랜돌프 국무장관이 반역죄를 범한 의심으로 드러났다. 10월 말에 프랑스 공사인 쟝 앙뚜안 포세(Jean-Antoine Fauchet)가 프랑스에 있는 자기의 상급자들에게 비밀 전문을 보내 위스키 반란에 관한 랜돌프와의 대화를 요약했다. 그에 의하면 랜돌프는 만일 프랑스가 수천 달러를 넘겨주면 그가 펜실베니아의 관리들을 유인해 프랑스 이익에 유리한 조건으로 위스키 분쟁을 해결하겠다고 시사했다는 것이다. 그는 또한 어떤 밀가루 상인들이 만일 영국인들에 대한 자신들의 빚을 탕감해 준다면 영국이 반란을 조장했다고 폭로할 수 있다는 것도 암시했다. 영국의 군함이 이 메시지를 수송하는 프랑스 선박을 나포했을 때 포세의 편지는 런던으로 갔다가 필라델피아에 있는 조지 해먼드 공사에게 전달되었고 적절한 시기에 미국에서 적합한 인물에게 그것을 보여주라는 훈령을 받았다. 바로 그 기회가 1795년 7월 28일 해먼드 공사가 월코트 재무장관과 고발하는 편지를 공유했을 때 주어졌으며 월코트 재무장관이 그것을 픽커링 전쟁 장관에게 가져왔다. 그러자 픽커링이 이 기이한 편지를 워싱턴에게 급히 알린 것이다. 적어도 포세 전문은 랜돌프가 강력한 친공화주의적 감정을 밝히고 워싱턴 행정부에 불충했으며 대통령에 대한 자기의 영향력을 거창하게 과장했다.

필라델피아에 돌아온 뒤에 워싱턴은 픽커링에게 직접 보고하게 했고 우연히도 픽커링은 워싱턴이 다른 사람도 아닌 바로 랜돌프와 유쾌한 만찬을 즐기는 와중에 도착했다. 포도주 잔을 들고 워싱턴은 양해를 구하고 픽커링을 옆방으로 안내했다. 문이 닫히자 워싱턴은 그런 편지를 그에게 쓴 원인을 물었고 픽커링은 랜돌프가 반역자라는 비난을 토로했다. 워싱턴은 기절초풍할 침묵으로 경청했다. 픽커링이 보고를 끝냈을 때 워싱턴은 곧바로 랜돌프를 마주하지 않았다. 다음 날 오전에 내각의 주요 주제는 제이 조약에 서명을 해야 할지의 문제였고 워싱턴은 그렇게 할 의도를 발표했다. 의심스러웠던 아니든 간에 랜돌프가 그 문건에 여러 가지 이미 알려진 반대 이유를 들어 그것에 반대하는 유일한 각료였다. 돌이켜 보면, 랜돌프는 자기의 가정된 반역의 폭로가 워싱턴으로 하여금 초기의 의구심을 극복하고 그 조약을 인정하게 만들었다고 믿게 되었다.[529]

픽커링과 월코트가 랜돌프의 행위를 평가할 때 그들은 그들이 대면하는 동안에 그가 너무나 태연한데 놀랐다. 그럼에도 불구하고 랜돌프가 돌아왔을 때 그의 평정이 무너졌다. 워싱턴이 얼마나 빨리 서면 변호서를 가져올 수 있느냐고 물었을 때 랜돌프는 분개했다. 그렇게 취급당하고서는 일순간도 공직을 계속할 수 없다고 고함지르면서 가능한 빨리 가져오겠다고 격렬하게 대답했다. 그리고 그가 떠났다. 워싱턴은 그의 사직서를 수락했다. 이것은 그의 각료가 비자발적으로 떠난 최초의 경우였다. 다음 날 워싱턴은 랜돌프에게 그가 자신의 이름을 깨끗하게 하려고 노력하는 한 마음을 열어 둘 것이고 그 문제는 엄격히 비밀로 남을 것이라고 했다.[530]

---

529) *Ibid.*, p. 733.
530) *Ibid.*, p. 734.

12월 18일 랜돌프는 뇌물죄에 대한 제법 믿을 만한 변호를 제시했지만 워싱턴에 관해 공격적 언급을 한 "입증"(*Vindication*)이라고 부른 총 103페이지에 이르는 팜플렛을 출판했다. 그 팜플렛을 보자마자 워싱턴은 구역질이 난다고 소리치며 그것을 마루바닥에 팽개쳤다. 워싱턴은 랜돌프에게 심히 배신감을 느꼈다. 심지어 공화주의자들도 그 팜플렛이 잘못된 것을 발견했다. 그 이후 워싱턴은 랜돌프는 악당이나 악한으로 불렀다.[531] 워싱턴은 랜돌프의 후임으로 티모시 픽커링을 전쟁부에서 국무부로 전보하여 국무장관에 임명했다. 그리고 전쟁 장관에는 전시에 그의 부관이었으며, 국가연합회의 일원이었고, 또 헌법대회에 대표로 참가했던 제임스 맥헨리(James McHenry)를 임명했다. 존 제이를 대치하는 새 대법관의 선택조차도 끝없는 언쟁의 원천이 되었다. 당시에 바쁘지 않고 위신도 높지 않은 대법원은 최고의 인물들을 끌어들이지 못했다. 어쩌면 바로 그런 이유에서 해밀턴도 새 대법관이 되라는 워싱턴의 초청을 거절했다. 워싱턴은 우여곡절을 거친 후에 결국 코네티컷의 올리버 엘스워스(Oliver Ellsworth)를 선발했는데 그는 상원의원으로서 1789년 연방법원제도를 형성한 사법부 법안의 중심적 설계자였다. 1796 3월 4일에 상원에 의해 승인되고 워싱턴에게는 다행히도 그가 두 번째 임기가 끝날 때까지 그 자리에 남아 있었다.

제이 조약으로 고생하는 가운데에서도 워싱턴은 스페인과의 외교적 돌파구를 이룬 업적을 주장할 수 있었다.[532] 서부 내지의 정착민

---

531) *Ibid.*, p. 735.
532) Ron Chernow, *Washington: A Life,* New York: Penguin Books, 2011, p. 740.

들은 그들의 생산물을 미시시피 강을 통해 수송하는데 대한 스페인의 제약에 오랫동안 안달했다. 정부가 아무런 조치를 취하지 않는데 좌절한 켄터키(Kentucky) 주민들은 연방으로부터 이탈하겠다고 위협하여 워싱턴으로 하여금 토마스 핑크니(Thomas Pinckney)를 특별 사절로 파견하게 만들었다. 1795년 10월 산 로렌조(San Lorenzo) 조약에서 핑크니는 미시시피 강을 자유롭게 이용하고 또 뉴 올리언스(New Orleans) 항구에서 무역을 할 수 있는 미국인들의 권리를 쟁취했다. 그 조약은 또한 미국에게 수로가 미국의 서부 국경으로 정의한다는 확고한 보장을 해주었는데 이것은 미국의 공간적 비전이 항상 서부로 확장하는 것을 강조했던 워싱턴 대통령에겐 특별한 업적이었다.533) 스페인 조약은 손쉬운 승리였다.

이와는 대조적으로 워싱턴은 제이 조약에 대한 격렬한 비난의 소리를 계속해서 직면했다. 그 조약은 영국의 왕 조지 3세에 의해 비준되었지만 여전히 주요 규정들을 위한 자금이 부족했다. 그것이 상원을 통과할 때 무기력하게 서 있었던 하원의 공화주의자들은 그들의 예산권을 통해 그 조약을 깰 기회에 달려들었다. 가장 큰 도전은 뉴욕의 에드워드 리빙스턴(Edward Livingston)에게서 나왔는데 그는 워싱턴이 조약에 관한 제이의 최초 훈령과 그 후에 이어진 서신들을 의회에 제출하도록 요구하는 결의안을 제의했다. 이 결의안이 1796년 공화주의자들이 지배하는 하원을 통과하자 그것은 헌법적 벌레들의 깡통을 열었다. 그것은 대통령과 상원에게 외국과의 조약을 체결할 배타적 권리를 인정한 권한들을 손상하지 않는가? 그리고 대통령

533) *Ibid.*

은 그런 내부적 심의의 비밀성을 보호할 행정특권을 주장할 수 있지 않은가? 워싱턴은 대통령 특권에 대한 위험한 위협으로 보이는 것에 상심했다.

워싱턴은 해밀턴에게 조언을 요청했고 해밀턴은 조약에 관한 서류들을 보류하는 지혜에 관해서 방대한 비망록을 제공했다.[534] 하원의 공화주의자들에게 도전하여 워싱턴은 관계된 법률적 쟁점들에 관해서 준엄한 강의를 통해 입법 의원들에게 헌법은 조약 체결의 권한을 대통령과 상원에 제한했으며 비밀을 보장하기 위해서 심의를 소수의 사람들에게 국한했다고 말했다. 그는 이미 상원과 관련된 서류를 공유했다면서 외국과의 협상에 관련된 모든 서류를 요구하는 하원의 권리를 인정하는 것은 위험한 전례가 수립될 것이라고 의원들에게 강의했다.[535] 대통령은 오직 탄핵의 경우에만 그런 서류들을 하원에 노출할 의무를 진다는 것이었다. 그는 심지어 헌법을 그것의 수석 설계자였던 제임스 매디슨에게 까지 상세히 설명했다. 워싱턴은 그가 1787년 필라델피아에서 자신이 표방했던 견해들을 뒤집고 있는 것을 보았다. 논쟁은 강력한 원칙에 대한 개인간의 치열한 충돌로 전개되었다. 그 충돌은 너무나 치열하고 또 수사학이 너무나 잔인해서 워싱턴은 혁명 이후 그 어느 시기보다도 더 고도로 대중의 마음이 흥분되었다고 믿었다.[536]

워싱턴이 제이 조약의 서류에 대한 논쟁에서 승리한 뒤에 하원의

---

534) *Ibid.*, p. 741.
535) *Ibid.*
536) *Ibid.*

공화주의자들은 그것을 위한 예산을 거부함으로써 그 조약을 고사시킬 연장된 작전을 시작했다. 처음에 매디슨은 제이 조약이 행정부의 아킬레스의 건(Achilles' heel)이 될 것이라고 상상했지만 그러나 논쟁이 길어지고 그것이 새로운 지지자들을 확보함에 따라 그들의 다수가 토리당원들(Tories)과 군주주의자들의 책동에 녹아버렸다고 제퍼슨에게 인정했다. 헌법의 함의에 대한 염려에서건 아니면 선거민들로부터 조약에 대한 지지의 여파 때문이든 공화주의 하원의원들은 서서히 후퇴하여 워싱턴 편에 섰다. 존 애덤스는 매디슨이 투쟁에 의해 쓰러지는데 안심했다.

1796년 4월 30일 마침내 투표가 행해졌을 때 연방주의자들은 51 대 48 이라는 근소한 차이로 제이 조약을 위한 하원의 예산 승인을 받아냈다. 매디슨은 그 결과에 경악하여 자신의 농장으로 은퇴할 것을 생각했다. 공화주의자의 명분을 강화할 것으로 예상된 위기는 대신에 그들을 절름발이로 만들었다고 매디슨은 제퍼슨에게 알렸다. 매디슨과 그의 지지자들이 헌법을 궁지의 위기로 몰고갔다고 믿는 워싱턴은 얇게 가려진 분개와 함께 크게 안도했다.[537] 그리고 이 상처받은 논쟁 이후에 화가 난 워싱턴은 매디슨과 더 이상의 접촉을 단절하고 그를 결코 다시는 마운트 버논에 초대하지 않았다. 많은 연방주의자들은 제임스 매디슨이 자신의 경력을 망쳤다고 예측했지만 그것은 지나친 시기상조의 예측이었다.

제이 조약에 대한 후유증으로 워싱턴에 대한 그의 정적들이 그의 대통령직을 폄하하고 그의 전시 명성까지 먹칠할 만큼 대담해지자 새

---

537) *Ibid.*, p. 742.

로운 야만의 극에 달했다. 그러나 제이 조약으로 워싱턴은 자신의 임기 중에 평화와 번영을 유지하겠다는 자신의 경건한 맹세를 잘 지켰다. 북서부 주둔지들로부터 영국군의 철수는 클리블랜드(Cleveland), 데이턴(Dayton), 그리고 영스타운(Youngstown)을 포함하여 오하이오 지역에 있는 새 정착지들을 촉발했다. 그러나 프랑스 정부가 제이 조약에 대해 분개하고 영국을 향한 선박들을 나포하기 위해서 미국의 바다로 함대를 파견하려 한다는 소문이 워싱턴의 귀에 들어가자 외교 전선에 어두운 먹구름이 상당히 끼었다. 때가 되면 프랑스는 위협을 실천할 것이다. 워싱턴은 사적으로 프랑스를 선동한데 대해 공화주의자들을 혹평했다.[538]

조약 소동의 또 하나의 원인은 워싱턴이 트렌턴에서 함께 싸웠던 제임스 먼로(James Monroe)와 관계였다. 1794년 먼로를 프랑스 공사로 임명할 때 워싱턴은 연방주의자들과 공화주의자들 사이의 긴장을 완화시키려는 목적이 있었다. 그러나 제퍼슨의 부하인 먼로는 어떤 중립의 모습도 완전히 팽개치고 프랑스에 대한 노골적 호의를 보였다. 워싱턴에 의하면 먼로는 제이 조약의 상세한 내용을 파고들어 프랑스에 승인되지 않은 사전검토를 하게 했고 또 조약에 대한 프랑스의 분개를 달래려고 하는 대신에 분노를 적극적으로 조정했다. 먼로가 "프랑스 신사로부터 도시에 있는 그의 친구들에게"라는 제목으로 워싱턴에 비판적인 무명의 기사가 오로라(*Aurora*) 신문에 실었을 때 워싱턴은 금방 그 필자를 알아냈다. 1796년 7월에 워싱턴은 먼로를 소환했고 그를 대체하여 찰스 코트워스 핑크니(Charles Cotesworth

538) *Ibid.*, p. 743.

Pinckney)를 파견했다. 필라델피아로 돌아와 아직도 자기의 소환에 대해 감정이 여전히 비등했던 먼로가 그 사건에 대한 워싱턴의 처리를 규탄하는 총 473페이지에 달하는, <미국의 외교문제에 있어서 행정부 행위에 관한 하나의 견해>(*A View of the Conduct of the Executive in the Foreign Affairs of the United States*)라는 책을 출판했다. 이 공격에 먼로를 코치했던 제퍼슨은 그 결과에 기뻤다. 워싱턴이 그 책을 상세히 검토했을 때 그는 분노로 씩씩거렸으며 66페이지에 달하는 책의 여백에 냉소적인 코멘트를 갈겨썼다. 요컨대 워싱턴은 먼로가 극단적으로 제정신이 아니라고 비웃었다. 많은 워싱턴의 언급들의 핵심은 미국에 대한 프랑스의 행동들은 자국이익이 동기이지 이념적 단결이 아니며 영국에 대한 전쟁에 미국을 끌어들이기 위해서 미국의 중립을 우롱하고 있다는 것이었다.[539)]

제임스 먼로와의 분규는 버지니아의 저명인사들과의 우정에서 또 하나의 추가적 소멸을 신호했다. 그들은 조지 메이선, 제임스 매디슨, 토마스 제퍼슨 그리고 에드먼드 랜돌프 등이었다. 언론에서 워싱턴에 대한 공격이 난무하지 이번에는 또 하나의 혁명전쟁의 영웅인 토마스 페인이 공격을 가했다. 그는 워싱턴이 그가 영국에서 태어난 영국인으로서 그리고 왕의 처형을 반대한 지롱드파(Girondin)의 지지자로서 프랑스에서 투옥된 뒤에 그를 석방하려는 아무런 노력을 하지 않았다고 믿었다. 그는 결국 먼로의 도움으로 풀려나 먼로의 숙소에 머물렀다. 1796년 10월에 페인은 오로라 신문에 워싱턴을 그가 감옥에서 썩게 버려 둔 냉혈한이며 또 그가 자기의 대륙

---

539) *Ibid.*, p. 744.

군의 사령관직만을 무조건 노렸다고 비난하는 공개편지를 출판했다. 그러면서 페인은 프랑스로부터 병사, 돈, 그리고 선박을 받는 도움이 없었더라면 그의 냉정하고 비군사적인 행위는 거의 확실하게 미국을 잃었을 것이라고 주장했다. 그러나 이런 무절제한 폭발은 워싱턴의 업무수행에 대해서보다는 페인의 별스러운 판단에 더 많은 의구심을 던졌다. 존 애덤스는 자기 부인 애비게일(Abigail)에게 편지로 페인이 그렇게 쓰다니 미쳤음이 틀림없다고 페인의 편지에 대한 판결을 내렸다.[540]

1796년 5월 15일 워싱턴은 해밀턴에게 1792년 매디슨이 작성한 고별사를 보내면서 수정하거나 완전히 새로 작성해 줄 것을 요청했다. 해밀턴은 남이 작성한 연설문에 가필이나 할 사람이 아니었다. 그래서 그는 워싱턴을 위해 완전히 새 고별사를 작성했다.[541] 고별사의 단어들은 해밀턴이 쓴 것이지만 워싱턴이 전체적 주제를 정하고 그의 독특한 음색을 그것에 부여했다.

> "모든 국가들과 선한 신념과 정의를 준수하라.… 그런 계획을 실행하는데 있어서 특수한 국가들에 대한 항구적이고 고질적인 반감과 다른 국가들에 대한 열정적 애착이 배제되어야 하고 그것들의 자리에 모든 국가들에 대한 정의롭고 원만한 감정이 배양되어야 하는 것보다도 더 본질적인 것은 없다. 타국에 대해서 습관적 증오심이나 혹은 습관적 호감에 빠지는 국가는 어느 정도 노예이다…. 외국에 관해서 우리의 행동규칙은 우리의 상업적 관계를 확장하는데 있어서 가능한 한 적은 정치적 연계를 갖는 것이다….

---

540) *Ibid.,* p, 745.
541) *Ibid.,* p. 753.

우리가 이제 그렇게 할 자유가 있는 한 외국세계의 어떤 부분과도 항구적 동맹을 피하는 것이 우리의 진정한 정책이다. 그렇다고 기존의 관계에 불충을 장려하는 것으로 이해되어서는 안된다. 나는 정직이 언제나 최선의 정책이라는 금언은 사적인 일에 못지않게 공적인 일에도 적용된다고 생각한다."[542]

워싱턴은 고별사의 타이밍에 관해서 굉장한 불안감을 보였다.[543] 6월 말에 그는 해밀턴에게 의회가 정회에 들어가자마자 그것을 발행하지 않은 것을 후회한다고 말했다. 해밀턴은 국가적인 위기, 특히 프랑스와 군사적 충돌이 그로 하여금 3번째 임기를 재고하도록 할 경우에 대비해 가을까지 기다리는 지혜를 지적했다. 폭풍이 몰려오면 어떻게 후퇴할 수 있겠느냐고 해밀턴은 의아해했다. 가을 선거에 개입하는 것을 피하기 위해서 워싱턴은 고별사를 발행하는데 아무리 늦어도 10월을 넘기지 않는다는 시한을 정했다.

1796년 9월 19일 워싱턴이 주말에 넘긴 소중한 원고를 받은 데이비드 클레이풀(David Claypoole) 신문 출판인은 자신의 신문인 "클레이 풀스 아메리칸 데일리 애드버타이저"(*Claypoole's American Daily Advertiser*)에 워싱턴의 고별사를 실었고 같은 날 오후에 3개의 필라델피아 신문이 그것을 인쇄했으며 다음 날 한 뉴욕 신문이 뒤따랐다. 고별의 도사인 워싱턴이 계획적으로 마차로 필라델피아를 나와서 현지 시민들이 자기의 연설문을 읽을 때 마운트 버논을 향했다. 그는

542) Michael Waldman, ed., *My Fellow Americans: The Most Important Speeches of America's Presidents, From George Washington To George W. Bush,* Naperville, Illinois: Source Books, Inc., 2003, pp. 11－14.

543) Ron Chernow, *Washington: A Life,* New York: Penguin Books, 2011, p. 753.

연설문의 단어들이 자신의 설명 없이도 스스로 모든 것을 말해 주길 바랐다. 워싱턴은 이 문건을 결코 "고별사"(Farewell Address)라고 밝힌 적은 없지만 다른 사람들이 그렇게 이름을 정했다. 그것은 "미국인들에게"(To the People of the United States)라는 제명으로 등장하여 "친구들과 동료 시민들"이라는 말로 시작했다. 그것은 헌법의 전문이 "우리 미국인들은"(We the People of the United States)이라고 시작한 것을 반영하는 하나의 완벽한 기법이었다.[544]

이 고별사의 천재성은 엄격히 중립적인 관점에서나 아니면 제퍼슨주의자들에 대한 위장된 찌르기로 읽힐 수 있다는 것이었다. 이것은 워싱턴이 외교정책에 대한 전반적 견해를 제시할 때 특히 그렇다. 프랑스에 대한 공화주의자들을 묵시적으로 비웃으면서 그는 외교정책이란 정치적 열정이 아니라 실질적 이익에 근거한다고 상설했다. 즉 타 국가에게 습관적인 증오나 혹은 습관적 호감에 빠지는 것은 이미 어느 정도 노예라고 말한 것이다. 외교정책에서 워싱턴은 타국과는 오직 일시적인 동맹만을 권고했다. 워싱턴은 국가란 어떤 항구적인 동맹이 아니라 항구적인 이익만을 갖는다고 시사했다.[545] 이것은 영국의 파머스턴(Palmerston) 외상이 1848년 의회에서 "국가간에는 영원한 적도 영원한 친구도 존재하지 않는다. 오직 국가이익만이 영원하다"고 주장하여 외교사의 영원한 경구가 되기 이미 약 반세기 전에 워싱턴의 권고였다.

그리고 워싱턴은 외교정책에 대한 자신의 권유를 정파들에 대한

544) *Ibid.*, p. 755.
545) James MacGregor Burns and Susan Dunn, *George Washington,* New York: Times Book, 2004, p. 129.

훈계로 묶었다. 왜냐하면 그가 정파의 또 하나의 끔찍한 결과는 외국의 영향과 부패에 문을 여는 것이라고 지적했기 때문이다. 제이 조약을 반대했던 치열한 친프랑스파들을 염두에 둔 워싱턴은 외국이 정파적 열정의 채널을 통해 미국의 정책에 극악한 영향력을 획득할 것이라고 말하면서 그렇게 되면 미국의 의지가 타국의 정책과 의지에 복종하는 자신을 발견할 것이라고 경고했다.546)

미국인들은 일반적으로 워싱턴의 이 고별사를 환영했다. 워싱턴은 자신을 정파를 초월한다고 보았지만 그러나 상당한 공화주의자들은 자기들을 노린 가시를 감지했고 그 효과는 아마도 워싱턴이 희망했던 것보다 더 분열적이었다.547) 워싱턴의 퇴임은 공화정부에서 또 하나의 이정표를 대변했다. 전쟁의 종결 시에 그가 권력에 대한 욕망이 없다는 것을 입증했던 것과 꼭 마찬가지로 대통령직으로부터 그가 떠나는 것은 세계에서 도덕적 위상을 높였다.548) 처음엔 군사적 그리고 이제는 정치적 권력을 포기함으로써 워싱턴은 시대의 가장 위대한 인물로 우뚝 섰다.

1796년 12월 7일 워싱턴은 그의 마지막 연설을 위해 검은 벨벳 양복을 입고 칼을 차고 하원 의사당에 들어섰다. 그리고 그는 비슷한 경우에서보다도 갤러리에 시민들, 신사들과 숙녀들로 가득 차 있음을 발견했다. 거의 30분 간의 연설에서 그는 북서부 요새들에서의 철수와 알제리에서 미국인 포로들의 석방을 내세웠다. 그는 또한 사

---

546) *Ibid.,* p. 130.
547) Ron Chernow, *Washington: A Life,* New York: Penguin Books, 2011, p. 756.
548) *Ibid.,* p. 757.

관학교의 필요성을 역설했는데 나중에 웨스트 포인트(West Point)에서 실현되었으며 새 수도에 국립대학(a National university)의 설립을 위해 감동적 호소를 했다.[549] 오직 연설의 말미에서 워싱턴은 현재의 순간에 현 정부 형태의 행정부가 출범하던 시기의 추억들을 떠올렸다. 대체로 이 연설은 잘 수용되었다.

1796년 선거가 미국의 역사에서 경합하는 첫 대통령 선거였다. 선거인단의 71표를 얻은 존 애덤스가 68표의 제퍼슨에 신승하여 대통령이 되었다. 토마스 핑크니가 59표에 머물러 제퍼슨이 당시의 선거인단 선거를 규제하는 법칙에 따라 부통령이 되었다. 3월 4일 취임식 날에 애덤스를 소개한 다음에 워싱턴은 고요한 홀을 압도적 슬픈 감정으로 채우면서 짧은 작별의 메시지를 읽었다. 새 대통령 애덤스가 후세에 불멸을 획득한 인물로 워싱턴에 관해서 말했다. 의심할 여지없이 그가 더 이상 미국적 드라마의 주인공이 아니라는 데 안도한 워싱턴은 후임 대통령의 취임식을 절묘한 제스처로 끝냈다. 즉 그는 애덤스 대통령과 제퍼슨 부통령이 자기 앞에 먼저 회의장을 나가길 고집했다. 이것은 국가의 가장 강력한 사람이 이제는 일개 시민의 초라한 지위로 복귀했다는 완벽한 정치적 상징이었다.[550] 그가 권력의 뒤안길로 사라지는 순간에 그는 역사 속에서 그리고 후세들에게 전설이 되었다.

---

549) *Ibid.*, p. 764.
550) *Ibid.*, p. 768.

XIV
거룩한 지도자 조지 워싱턴 대통령의 유산

> "조지 워싱턴은 3번째 임기를 위해 나서기를 거부함으로써
> 미국정치에서 하나의 전통을 세웠다.
> 그것으로부터 제2차 대전 중에
> 프랭클린 루즈벨트 대통령이 유일하게 벗어났다."[551]
> — 윈스턴 처칠(Winston Churchill)

1798년 조지 워싱턴이 두 번째 대통령의 임기를 마치고 마운트 버논으로 낙향하여 농장주로 돌아가 있었다. 그 해 이집트 원정을 막 착수하려던 참이었던 나폴레옹 보나파르트(Napoleon Bonaparte)가 "오, 신사분들!" 하고 툴롱(Toulon)에 우연히 있던 몇 사람의 젊은 미국인들에게 소리쳤다. 그들은 이 막강한 코르시카인을 보고 싶었고 그래서 그에게 소개될 영광의 기회를 얻었다. 관례적 인사가 끝나자마자 나폴레옹이 "당신 나라 사람인 위대한 워싱턴은 어떻게 지내시나?" 하고 진지하게 물었다. 젊은이들은 자신들이 워싱턴의 동포라는 생각에 표정이 밝아지면서 "그는 아주 잘 지냅니다"라고 답했다. "우

---

551) Sir Winston Churchill. *op. cit.,* p. 102–103.

433

리가 미국을 떠날 때 그는 아주 잘 있었습니다, 장군님"이라고 덧붙였다. 그러자 나폴레옹은 말했다. "오, 신사분들, 워싱턴은 잘 지낼 수밖에 없다. 그의 명성의 수준은 완전하다. 후손들은 그를 위대한 제국의 창설자로서 숭배하며 그에 관해 말할 것이다, 그 때 내 이름은 혁명의 소용돌이 속에서 잊혀질 것이다!"[552]

조지 워싱턴에 관한 최초의 전기 작가가 전하는 이 일화는 나폴레옹 자신은 결코 워싱턴이 될 수 없다는 것을 스스로 미리 인정한 것이라고 해도 과언이 아니다. 워싱턴은 고대 로마 공화정의 킨키나투스를 자신의 롤모델로 삼았을 뿐만 아니라 그것을 명백하고 빈틈없이 실천했던 인물인 반면에 나폴레옹은 고대 로마의 킨키나투스나 바로 당대의 조지 워싱턴을 자신의 롤모델로 삼지 않고 알렉산더 대왕이나 종신 독제자로서 사실상 황제가 된 줄리어스 시저를 자신의 롤모델로 삼아 공화정을 폐지하고 결국 황제가 되었던 인물이었다. 그는 결국 시저와 크롬웰(Cromwell)의 길을 갔다. 그러므로 나폴레옹은 위대한 군사적 정복자 가운데 한 사람으로 분류될 수는 있지만 그는 조지 워싱턴과 같은 위대한 정치가, 그것도 거룩한 현대 민주공화국의 창업자나 모범적 민주주의 지도자는 결코 아니었다. 나폴레옹은 바로 위대한 롤모델을 바로 자기 눈앞에 두고도 그것을 올바로 알아보지 못했다. 조지 워싱턴은 천하의 권력을 자기 손 안에 넣는다고 해서 결코 아무나 될 수 있는 인물이 아니었다. 그는 권력 앞에 참으로 겸허한 지도자였다.

---

[552] Mason L. Weems, *The Life of Washington,* Cambridge, Massachusetts: The Belknap Press of Harvard University Press, 1962, p. 1.

워싱턴의 권력에 대한 근본적인 겸허한 성향은 자연스럽게 또 하나의 중대한 유산을 남겼다. 그것은 민주국가에서 가장 중대한 난제들 가운데 하나인 민-군관계에 있어서 문민통제(Civilian Control)의 원칙을 최초로 확립하여 미국의 전통이 되게 했다는 사실이다. 여기에 관련된 에피소드는 본문에서 상세히 소개했지만 문민통제 원칙의 수립과 관련이 깊어 다시 간단히 요약하면 이렇다. 즉 1783년 장교와 병사들에게 급료가 지불되기 전에 군대를 해산할지도 모르는 평화회담이 진행될 때 군대에서 곤란한 일이 터졌다. 뉴욕의 뉴버그(Newburgh)에 있는 워싱턴의 본부에 있는 장교들이 그들의 청구된 자금을 제공하지 않아 고통받고 있는데 반발했다. 그는 장교들의 모임에 모두가 놀라게 등장하여 이성과 감정에 호소하여 그들의 쿠데타 개연성을 차단했다. 이 과정에서 그는 극적인 제스처로 대륙회의 의원으로부터 온 편지를 읽다가 멈추고 안경을 꺼내 쓰면서 "내 조국을 위한 봉사에 머리가 희어졌을 뿐만 아니라 거의 장님이 되었다"고 말했을 때 장교들은 울고 말았다. 워싱턴이 자리를 뜬 뒤에 장교들은 만장일치로 그들의 음모를 부인하고 민간인 권위에 대한 충성을 재확인했다. 워싱턴의 장엄한 행동은 즉각적일 뿐만 아니라 항구적인 결과를 가져왔다. 실제로, 오늘날 미육군의 주요 군사교리는 뉴버그에서 "워싱턴이 확립한 민주주의에서 군의 역할"을 되새기고 이런 행동과 말에서 그들의 "직업윤리의 근본적인 신조를" 찾는다고 시작한다.[553]

민군관계의 문제를 처음 이론적으로 제기하고 문민통제의 중요성

---

[553] Department of the Army, *Army Field Manual 1* (2005), Chapter 1, at http://www.army.mil/fml1/chapter1.html.

을 역설한 사람은 프러시아의 전략가이며 서양 문명이 낳은 유일한 전쟁철학자로 간주되는 칼 폰 클라우제비츠(Carl von Clausewitz)였다.[554] 클라우제비츠는 전쟁이 전쟁 그 자체를 위한 것이 아니고 정치적 목적을 달성하기 위한 수단에 지나지 않기 때문에 정치적 목적을 제시하는 정부, 즉 민간 정치가 주도의 문민통제를 주장했다.[555] 그럼에도 불구하고 그가 나폴레옹을 전쟁의 신(the God of War)라 부르고[556] 군사적 천재가 되기 위해서는 군의 총사령관인 동시에 정치가가 되어야 하지만 결코 장군임을 멈추지 않아야 한다고 주장함으로써[557] 그의 주장은 결국 프레데릭 대왕이나, 올리버 크롬웰, 그리고 나폴레옹과 같은 군인-정치가(a soldier-statesman)를 이상적 지도자로, 그리하여 한 사람의 군사독재자로 귀결되는 위험성을 내포하고 있었다.

조지 워싱턴은 나폴레옹이 프랑스의 총사령관이나 정치지도자로 등장하기 전에, 그리고 칼 폰 클라우제비츠가 문민통제를 이론적으로 주장하기 훨씬 전에 이미 군의 총사령관으로 문민통제의 원칙을 실천했고 후에 비무장 정치가가 됨으로써 어쩌면 클라우제비츠가 이론적으로 칭송했던 바로 그런 유일한 군인-정치가였다고 해도 결코 과언이 아닐 것이다. 워싱턴은 평화시에는 물론이고 전시에도 문민

---

554) Raymond Aron, *Clausewitz: Philosopher of War,* Translated by Christine Booker and Norman Stone, London: Routledge & Kegan Paul, 1983 (프랑스어 초판은 1976년).

555) Carl von Clausewitz, *On War,* Edited and translated by Michael Howard and Peter Paret, Princeton, New Jersey: Princeton university Press, 1976, pp. 608–609.

556) *Ibid.,* p. 583.

557) *Ibid.,* p. 112.

통제의 원칙을 실천하고 확고한 모범을 세움으로써 미국 민주주의의 역사에서 군사 쿠데타나 군사통제의 가능성을 영원히 배제했다. 1776년 성탄절에 빛나는 기습작전의 성공 후에 대륙회의가 그에게 6개월 간의 비상권한을 실제로 부여했을 때 그는 검이란 미국인들의 자유들을 보존하기 위한 마지막 수단이기에 이러한 자유들이 확고하게 수립될 때 맨 먼저 치워져야 한다는 것을 끊임없이 마음속에 간직할 것이라고 말했었다.[558] 이런 방식으로 워싱턴은 군부에 대한 시민들의 권위를 오히려 강화하는 역할을 수행했다.

워싱턴은 독립전쟁의 기간 동안에 전략의 실행은 아니지만 전략의 개념에 대한 책임을 회의와 공유했다. 전쟁의 초기에 회의는 일반적으로 워싱턴에게 미루었지만 1776년 반동 후에 회의는 보다 적극적이고 주장을 내세우는 역할을 시도했다. 상비군과 미국의 크롬웰(Cromwell)에 대한 공화주의적 두려움을 인식한 워싱턴은 회의의 염려를 완화하려고 행동했으며 자신의 조치들에 대해 회의에 알렸다. 1778년에 와서 워싱턴은 다시 한 번 회의는 그가 필요로 하는 것을 제공하는데 초점을 맞추고 자기는 미국 전략의 개발과 실행을 주도하기 시작했다. 이런 노동의 분업은 클라우제비츠가 "전쟁이 준비"(회의)와 "전쟁 자체"(워싱턴)로 서술한 유형에 해당한다. 전쟁이 종식되자 경제적 문제와 국가연합의 조항들의 위약성이 결합하여 회의를 거의 무기력하게 만들었다. 전쟁의 가장 현저한 아이러니들 가운데 하나는 군사적 장악에 대한 그런 두려움으로 전쟁을 시작한 회의가 전쟁이 끝났을 때 그것이 두려워한 바로 그 장군에 의해서 구원

---

558) Ron Chernow, *Washington: A Life,* New York: Penguin Books, 2011, p. 278.

되었다는 점이다.559)

미국 독립혁명의 지도자들은 복수로 국부들(the Founding Fathers)이라고 불린다. 그러나 그 말이 단수로 단 한 사람의 국부를 지칭할 때에 그 인물은 바로 조지 워싱턴을 의미한다. 어떤 사람들은 친자식이 없었던 워싱턴에게 미국이 바로 유일한 "그의 아들"이었다고 말하기도 한다. 과장된 표현이지만 구태여 반박할 필요는 없는 것으로 미국에서 워싱턴의 역사적 위상에 관한 하나의 표현이라고 간주해도 좋을 것이다. 미국인들에게 지금까지도 그는 변함없이 위대한 국부로 추앙되고 있기 때문이다.

조지 워싱턴 대통령은 그가 대통령으로 재임 중 미국의 임시 수도였던 필라델피아에 거대한 유산을 남겼다. 오늘날 민주공화국에서 대통령은 강력한 직책이다. 그것은 대체로 근대 최초 공화국의 실험에서 워싱턴이 최초로 실천한 행위의 덕택이다. 워싱턴은 연방정부에서 행정부의 독립적 역할을 확보하고 새로 창설된 부처에 탁월한 수장들을 임명하는 전례를 남기고 또 미래의 행정부가 필적하기를 염원하는 공정성, 효율성 그리고 순결성에 대한 높은 기준을 수립했다.560) 실로 그가 이룬 초대 대통령으로서 이룩한 업적과 남긴 유산은 숨이 찰 정도이다.

워싱턴은 창업한 국가인 미국 중앙정부의 신용을 부활시켰고 주 정부들의 빚을 인수하여 국가의 임무를 다했다. 그는 최초의 중앙은행과 조폐소, 그리고 해안경비대를 창설하였다. 또한 그는 관세청과

---

559) Mackubin Owens, "General Washington and the Military Strategy of the Revolution," in Gary L. Gregg II and Matthew Spalding eds., *op. cit.,* p. 72.
560) Ron Chernow, *Washington: A Life,* New York: Penguin Books, 2011, p. 770.

외교단도 창설했으며 최초의 회계, 세금 그리고 예산절차를 마련했다. 미래의 국가안보를 위해 그는 해군을 창설했으며 육군을 강화하고 해안 방어와 하부구조를 향상시켰고 국가가 통상을 규제할 수 있고 또 구속력 있는 조약들을 협상했다. 그는 국경의 정착민들을 보호했으며 인디언 폭동들을 진압했고 또 반란 속에서 법과 질서를 확립하였다. 그의 대통령 임기 동안에 수출은 치솟았고 수송업은 붐을 일으켰으며 국가의 세금은 극적으로 감소했다. 워싱턴은 미시시피 강을 상업을 위해 개방했고 바바리(Barbary) 국가들과 조약을 협상했으며 영국으로 하여금 그들의 북서부 요새들을 철수하게 만들었다. 그는 이 모든 것들을 이룩하는데 언제나 철저히 헌법의 조문들에 충실했다.

신생 미국의 외교정책에 있어서 워싱턴 대통령은 혁명에 휩쓸린 프랑스에 대한 공화주의자들의 맹목적 지지를 묵시적으로 비웃으면서 그는 외교정책이란 정치적 열정이 아니라 실질적 이익에 근거한다는 것을 미국인들에게 가르쳤다. 즉 타 국가에게 습관적인 증오나 혹은 습관적 호감에 빠지는 것을 지양하고 영국-프랑스 간의 전쟁 속에서 중립을 지켜냈다. 그는 이런 정책의 정신을 고별사에 담아 후세를 위해 미국외교정책에 소위 "워싱턴 규칙"(Washington Rules)을 남겼다.561) 그의 중립정책은 미국이 너무 작아서 강대국들 속에서 중대한 영향력을 행사할 수 없다는 점에서 실천적이고 유럽의 힘의 균형으로부터 벗어나기 충분할 만큼 고결한 것이었다. 워싱턴은 외국들 사이의 싸움을 이용할 아무런 욕망이 없었다. 프랑스 혁명의 여

561) 강성학, <이아고와 카산드라> 서울: 오름, 1997, p. 44.

파로 인해 전쟁이 유럽에서 대소동을 일으킴에 따라 과거 전쟁 영웅인 워싱턴은 전시 같은 대통령이 되고자 하는 유혹을 받았을 것이지만, 그러나 그는 현명하게 이 첫 심각한 위협에서 무력의 사용을 포기했다. 워싱턴은 전쟁에 대해서뿐만 아니라 평화에 대해서도 남다른 안목과 전략의 보유자였다.

그리하여 그는 국가간 평화를 유지했으며 국내적 반란을 단호하게 진압하여 국내적 평화와 안정을 확립했다. 조지 워싱턴은 철두철미한 현실주의자였다.[562] 비록 그는 공화주의적 이상을 포용했지만 국가의 이익을 우선시했다. 이것은 그를 이념적으로 그리고 기질적으로 자신의 국무장관인 토마스 제퍼슨과 대립했다. 왜냐하면 제퍼슨은 미국의 이상들이 곧 미국의 이익이라는 믿음을 가장 웅변적으로 대변하는 미국의 지도자들 가운데 한 사람이었기 때문이다.

뿐만 아니라 워싱턴은 미국의 장기적 이익이 대서양 건너에 있는 것이 아니라 알레그헤니(Alleghenies)를 넘어 거대한 미국 땅에 있다고 확신했다. 분명히 유럽은 국제문제의 싸움터였고 중심적 무대는 지구적 지배권을 위한 영국과 프랑스의 계속되는 투쟁이었다. 그러나 워싱턴에게 유럽은 미국의 항구적인 전략적 이익으로부터 주의를 빼앗아서는 안 되는 부차적인 문제였다. 그가 생각하는 주된 과업은 미시시피 상의 동쪽 대륙에 대한 통제를 강화하는 것이었다. 워싱턴에게 모든 조약은 국가적 이익이 전환되면 폐기되는 단지 일시적 조정일 뿐이었다. 바로 여기에 프랑스-미국 간의 동맹을 거부하고 가장

---

562) Joseph J. Ellis, *His Excellency George Washington,* New York: Vintage Books, 2004, p. 209.

강력한 영국 함대에 의한 보호뿐만 아니라 영국 시장과 미국의 상업적 이익을 연계한 제이 조약을 옹호한 이유가 있었다. 또한 그것은 감상적 애착으로써 프랑스 혁명에 대한 제퍼슨의 사랑 놀음의 거부였다.

보다 넓은 역사적 맥락에서 보면, 워싱턴의 중립적이고 고립주의의 메시지는 19세기에 국내적 확장기간 동안에만 계속될 제한된 생애를 갖는 것으로 의도되었다. 다른 한편으로, 워싱턴의 현실주의적 메시지는 영원히 지속되길 의도한 항구적 원칙이었다. 당시에 되돌아보면 워싱턴을 "멜로스의 대화"(the Melian Dialogue)에서 투키디데스가 주창한 고전적 가치들과 연계시킨다. 그리고 당시에 앞으로 내다보면 그것은 워싱턴의 고별사를 한스 모겐소(Hans J. Morgenthau)나 조지 케넌(George F. Kennan) 그리고 헨리 키신저(Henry A. Kissinger)와 같은 사람들의 외교정책적 조망과 연계된다. 그것은 독서가 아니라 경험으로 형성된 국제관계의 비전으로 인간 본성에 관한 냉혹한 견해에 뿌리를 둔 초기의 시련들과 전쟁 중 임박한 죽음의 위협에 의해 확인되었다.[563]

워싱턴은 그가 갈망했던 국가적 통일을 결코 달성하지는 못했지만 끝까지 깊이 갈라진 나라를 하나로 주재했다. 이것은 어쩌면 새 정부가 그것의 의미와 나라의 미래 방향에 대해 깊은 분열을 조장하는 헌법을 시행할 때 피할 수 없는 것이었다. 그럼에도 불구하고 워싱턴은 미국의 정치제도가 시민적 자유들을 유린함이 없이 긴장을 관리해 나갈 수 있다는 것을 보여주었다. 그가 대통령직을 떠날 때

---

563) *Ibid.*, pp. 235-236.

미연방 공화국은 버몬트(Vermont), 켄터키(Kentucky), 그리고 테네시 (Tennessee)의 3개 주가 추가되어 총 16개 주로 확장되어 강력한 새 선거민들을 창조했다. 워싱턴은 비록 버지니아의 편견과 지역성을 극복하고 연방정부의 토대를 확고하게 놓았지만 그는 여전히 버지니아 상류사회의 산물이었다.

그러나 무엇보다도 워싱턴은 공화주의 정부가 결단력이 없거나 무질서 하고 권위주의적 지배로 돌아가지 않고 번영할 수 있다는 것을 믿지 않는 세상에 보여주었다.[564] "짐이 곧 국가"라는 프랑스 왕 루이 14세에 대응하듯 프러시아의 프레데릭 대왕은 "왕은 곧 국가의 하인"(a servant of the state)이라는 말을 최초로 남겼지만 그러나 그는 죽을 때까지 오직 왕이었을 뿐이었다. 8년 간의 임기를 마친 뒤에 대통령직을 포기하고 순조로운 권력이양에 이르게 한 조지 워싱턴이야 말로 대통령이란 단지 "인민의 하인"(a servant of the people)임을 실제로 실천했다. 그러나 모든 인간의 집단에는 정부의 공동 중심부로서 봉사할 가시적 정점이 되는 "제1의 인간"(the first man)이 있어야만 한다. 그래야 인민들의 눈과 애착을 정부에 끌어드릴 수 있다. 워싱턴은 페리클레스의 기술과 지혜로 제1의 시민(the first citizen)으로서 역할을 수행했다.[565] 그러나 페리클레스나 워싱턴이나 그가 정파적 갈등을 막기 위해 신체적으로 더 이상 그곳에 있지 않게 되자마자 발생하는 깊고 해로운 정파적 갈등을 막을 수가 없었다. 그럼에도 불구하고 워싱턴이 제1의 시민으로서 개인적 모범을 보임으로써

---

564) Ron Chernow, *op. cit.,* p. 771.
565) Marc Landy and Sydney M. Milkis, *Presidential Greatness,* Lawrence, Kansas: The University Press of Kansas, 2000, p. 22.

미국인들을 교육시켰다.[566] 어떤 의미에서든 정치 지도자는 좋든 싫든 간에 결국 워싱턴처럼 국민에 대한 교육자의 역할을 피할 수 없을 것이다.

---

566) *Ibid.,* 37.

XV

워싱턴의 거룩한 카리스마적 리더십: 본질과 덕목

"만일 워싱턴의 인격에 결함이 있다면 그것들은 태양의 흑점들과 같아서 오직 망원경의 확대력에 의해서만 볼 수 있을 것이다. 만일 그가 우상숭배의 시대에 살았더라면 그는 하나의 신으로 숭배되었을 것이다."[567]
— 펜실베니아 저널(*Pennsylvania Journal* in 1777)

"신이 자연을 창조했을 지는 몰라도 역사는 인간에 의해서 창조되었다." 18세기 이탈리아의 철학자 지오바니 바티스타 비코(Giovanni Battista Vico)의 말이다. 참으로 지당한 말이다. 따라서 인간들, 특히 한 나라의 정치지도자는 자기 시대에 그 나라의 역사창조에 특권적 기회를 갖는다. 바꾸어 말하면 인류의 위대한 역사의 창조에는 언제나 위대한 정치지도자의 탁월한 역할이 있었던 것이다. 오늘날 같은

---

567) *Pennsylvania Journal*, in Marcus Cunliffe, *George Washington: Man and Monument*, Mount Vernon, VA.: Mount Vernon Ladies' Association, 1982, p. 134.에서 재인용.

445

민주주의 시대에는 "필요 불가결한 인물"이란 존재하지 않는다고 모두들 말하지만 그러나 역사에서 그런 인물은 항상 존재해 왔다. 예를 들어서, 미국의 국부, 조지 워싱턴 대통령이 바로 그런 인물이었다. 워싱턴 대통령 자신도 "대체할 수 없는 인물은 없다"고 말했지만, 토마스 제퍼슨이 "오직 조지 워싱턴만이 건국 초기에 치열하게 대립된 미국의 남부와 북부를 두말없이 결집시켜 신생 미연방공화국을 유지시킬 수 있었다"고 주장했다. 이런 그의 주장에 이의를 제기하는 미국의 역사가는 지금까지 아무도 없었다. 그가 마지못해서 재임할 때에도 만일 워싱턴이 재집권하지 않고 그가 떠난다면 그것은 미연방 정부를 대체하자는 주장으로 이용될 것이라고 모두가 염려했었다. 이처럼 거룩한 역사창조에는 그때 그곳에 꼭 탁월한 역량을 발휘한 정치지도자가 있었던 것이다. 위대한 정치지도자는 여러 가지 덕목들을 뚜렷하게 구사했다. 조지 워싱턴의 경우에도 마찬가지였다. 그러나 워싱턴은 마키아벨리의 군주와는 판이하게 달랐다.

마키아벨리는 창업과 수성에 필요한 덕목으로서 비루투(Virutu), 즉 "사나이다움"을 강조했지만 실제로 그는 무력의 사용 능력을 강조했다. 오직 무장한 예언자만이 성공했고 따라서 성공할 것이라는 그의 주장은 옳다. 그러나 무력은 때와 장소에 맞게 사용될 때에만 효과를 거둔다. 더구나 그가 창업하려는 것이 민주공화국이라면 무력만으로는 결코 성공하기 어려울 것이다. 피치자의 동의에 입각한 제한 정부인 근대 민주국가가 성공적으로 수립되기 위해서는 피치자들, 즉 국민의 동의가 필수이다. 조지 워싱턴은 바로 그렇게 민주공화국을 창업한 것이다. 따라서 워싱턴이 보여준 덕목들은 마키아벨리의 무장한 예언자의 단순한 덕목을 훨씬 능가하는 것들이었다.

정치적 리더십의 절정에 이르는 길은 결코 하나만 있는 것이 아니다. 최고 지도자가 된 사람들은 태어난 환경부터 모두 달랐다. 워싱턴은 처음부터 농장주였고 링컨은 무정한 빈곤을 견디어야 했다. 그들은 타고난 재능에 있어서 그리고 신체적 능력에서도 아주 달랐다. 그러나 그들은 모두가 가열한 야심과 성공하려는 강렬한 동력을 가짐 점에서 비슷했다. 인내력과 힘든 일을 통해 그들은 모두가 각자 타고난 자질을 향상시키고 발전시킴으로써 본질적으로 자수성가한 사람들이다.[568] 성공한 정치 지도자로서 워싱턴의 정치적 덕목들은 다양하지만 모두가 한결같이 지도자의 덕목을 중요시했던 과거 고전적 문학가, 철학자들, 그리고 역사가들이 칭송했던 덕목들이다.[569] 그것들은 호머(Homer)의 아킬레스를 통한 용기, 투키디데스가 칭송했던 페리클레스의 마법사 같은 수사학, 플라톤의 비전, 아리스토텔레스의 실천적 지혜인 분별력과 온건함과, 용기와 절제력, 그리고 중용과 장엄함,[570] 키케로의 의무감과 수사학, 토마스 아퀴나스의 장엄함에 신의 손이 닿은 거룩함 그리고 마키아벨리의 비루투와 애국심,

---

568) Doris Kearns Goodwin, *Leadership n Turbulent Times,* New York: Simon and Schuster, 2018, p. xii.

569) 본 저자가 이런 덕목들을 가지고 정치적 리더십의 평가를 처음 시도한 것은 에이브러햄 링컨 대통령이었다. 그리고 두 번째로 윈스턴 처칠의 리더십 평가에서도 적용했다. 강성학, <한국의 지정학과 링컨의 리더십>, 서울: 고려대학교 출판문화원, 2017, 제5장; 강성학, <윈스턴 S. 처칠: 전쟁과 평화의 위대한 리더십>, 서울: 박영사, 2019, 제9장을 각각 참조.

570) Aristotle, "On Virtues and Vices," in Jonathan Barnes, ed., *The Complete Works of Aristotle,* The Revised Oxford Translation, Vol. Two, Princeton, New Jersey: Princeton University Press, 1984, pp. 1982−1985.

여기에 현대의 막스 베버가 말하는 열정, 책임과 균형감각, 그리고, 무엇보다도, 동양과 서양의 대표적인 전쟁철학자인 손자와 클라우제비츠가 함께 요구하는 군사전략적 안목 등 아주 다양하다. 조지 워싱턴의 본질적으로 조용하고 거룩한 카리스마적 지도자로서 그에게 여러 가지 다양한 덕목들이 모두 잠재해 있었지만 본서는 지금까지 조사한 워싱턴의 생애에서 아주 선명하게 부각된 덕목들 중에서 비전과 분별력을 하나로 묶어 총 4가지 덕목만을 논의할 것이다.

1. 비전과 분별력(Vision and Prudence)

조지 워싱턴은 미국의 독립이라는 숭고한 비전에 자기의 목숨을 걸었다. 그가 영국 식민지 출신의 젊은 장교시절에 영국의 정규군 신분이 아니라는 이유로 영국군 상급자와 동급자들로부터 부당한 차별을 받으면서 영국에 대한 그의 심각한 불만은 싹트기 시작했지만 에드먼드 버크(Edmund Burke)가 지적한 대로 버지니아 땅에 거대한 수의 노예들이 버지니아인들로 하여금 다른 미국인들보다 훨씬 더 자신들의 자유에 대해서 경계하게 했다고 하겠다. 워싱턴 같은 사람들에게 자유는 단순히 하나의 향유가 아니라 일종의 계급이며 특권이었다.[571] 마치 버크의 분석을 확인이라도 해주듯이 워싱턴과 그의 친구들은 영국에 대항하는 자신들의 투쟁을 노예화에 대항하는 저항으로 서술했으며 흑인 노예제도에 대한 자신들의 합작에는 일종의 세련된 무관심을 과시했다.[572]

---

571) James MacGregor Burns and Susan Dunn, *George Washington,* New York: Times Books, 2004, p. 21.
572) *Ibid.*

그럼에도 불구하고, 워싱턴이 사실상의 미국정부의 역할을 자처한 대륙회의에서 혁명 전쟁을 위한 총사령관에 임명된 이후 "미국의 독립"에 대한 그의 "숭고한 비전"은 조금이라도 변하거나 축소된 적이 없었다. 이 비전의 실현이 이루어지기 위해서 그것은 올바른 행동 원칙과 분별력에 의해서 순화되어야 한다. 워싱턴은 무엇보다도 바로 그런 변함없는 원칙과 신중한 분별력을 소유한 사람이었다. 서양 세계의 고전 철학자들이나 역사가들은 한결같이 정치적 덕목으로서, 바꾸어 말한다면 정치적 리더십의 제1차적인 조건으로서 "원칙이 있는 목적에 대한 지식과 이런 목적들에 대한 가능한 수단들에 관하여 건전한 판단력으로 이해되는 신중한 분별력(Prudence)의 필요성을 강조했다."[573]

미국의 독립선언은 정치적 원칙들에 대한 가장 유명하고 근본적인 미국의 천명이다. 보다 구체적으로 독립선언은 인간들의 평등, 불가양도의 권리, 동의에 입각한 정부, 그리고 혁명권을 천명할 뿐만 아니라 바로 다음 말로 분별력을 불러온다. 독립선언은 모든 사람들이 그들의 권리를 확보하지 못하는 정부는 변경할 수 있다고 천명하지만 그런 상황에 처한 모든 사람들이 그 권리를 즉각 행사할 것을 요구하지는 않는다. 그것은 지상의 국가들 가운데에서 모든 식민지인들이 즉시 별개의 평등한 국가를 실제로 갖는 것을 요구하지 않는다. 그것은 조지 3세가 폭군이라고 정의할 모든 행위를 저질렀고 그러므로 자유인들의 통치자로 부적합하게 되었기 때문에, 그리고 심

---

573) Christopher Lynch and Jonathan Marks, eds., "Introduction," in *Principle and Prudence in Western Political Thought,* Albany, New York: The State University of New York Press, 2016, p. 6.

지어 모든 다른 탄원을 다했기에, 영국 왕에 대한 미국인들의 모든 복종으로부터 해제한다는 것이었다. 그것은 군주제 하의 모든 사람들이 그를 축출하라고 주장하지 않았다. 이런 모든 면에서 미국의 독립선언의 추상적 보편적 원칙들은 분별력의 공간을 남겼다. 그리고 바로 이 점이 미국의 독립 혁명과 프랑스 대혁명과의 근본적이고 가장 중대한 차이었다.

보편적 원칙들은 우리에게 우리의 권리가 무엇인지를 가르치지만 그러나 분별력은 그것들을 행사할 지의 여부와 행사한다면 언제 그리고 어떻게 행사할지를 우리에게 가르친다. 그리하여 권리의 교리는 분별력을 위한 큰 공간을 남기기 마련이다. 그러므로 조지 워싱턴과 다른 미국의 독립 혁명가들은 이상주의와 현실주의라는 오늘날 만연한 양분법을 수용하지 않았으며 그 대신에 그들은 원칙과 분별력의 보완적 관계를 제시했다. 그들의 관점에서 보면 원칙들은 저절로 적용되는 것이 아니며 그것들은 무엇을 해야 할지를 말해주지 않는다. 그것들은 적용을 위해서 분별력과 판단을 요구한다.

분별력은 스스로 충분하지도 않다. 그것은 지도를 위한 원칙들이 필요하다. 바로 이런 이유에서 독립선언서와 미국의 독립 혁명가들은 일반적으로 영국의 헌법을 정당하지 못하다고 공격하지 않았다. 그들은 그것이 자유정부의 하나의 본보기이고 유일하게 민주적 입법부를 가지고 있는 정부임을 인정했다. 그리하여 그 대신에 그들은 자기들이 폭군같은 왕이나 부패한 각료들, 그리고 무기력하거나 무감각한 국민들에 의해 자행된 특수한 만행을 공격했던 것이다. 그러므로 제약에도 불구하고 정당한 정부 형태들 가운데에서 상당한 선택의 여지가 남아 있었다.574) 그리하여 조지 워싱턴은 진짜 혁명가였지만 그 이후 혁명의 역사에서 발견되는 무분별한 로베스피에르나 레닌 같은 혁명의 악마가 아니었다. 그가 미 민주공화국의 발전에 기여한 공헌과 특히 지도자에게 절실히 요구되는 분별력의 덕목에 초점을 맞추어 역사적으로 평가한다면 워싱턴은 차라리 아리스토텔레스가 칭송한 고대 아테네의 가장 위대한 정치 지도자였던 페리클레스(Pericles)에 비견될 수 있을 것이다.575)

2. 천재적 군사전략(Genius Military Strategy)

조지 워싱턴의 유산은 풍부하고 다양하다. 그러나 오늘날 그것의 가장 소중한 요소는 전쟁과 평화에 있어서 리더십일 것이다.576) 워싱턴은 전투의 경험과 반성에 의해 스스로 교육되고, 스스로 훈련된 역사상 보기 드문 탁월한 군사 전략가였다. 그의 군사전략적 지식은 전투경험의 실패에서 배운 쓰라린 교훈에 입각한 자율학습에 의한 것이었다. 20세기 영국의 군사전략가인 바질 리델 하트(Basil Liddell Hart)에 의하면 전쟁에서 사령관의 권력은 심리적 솔선과 강인한 개성이나 결의의 두 가지 특성을 요구한다. 그것들이 실제로 위대한 지

---

574) Nathan Tarcov, "Principle and Prudence: The Use of Force from Founders' Perspective," in Christopher Lynch and Jonathan Marks, eds., "Introduction," in *Principle and Prudence in Western Political Thought,* Albany, New York: The State University of New York Press, 2016, p. 246－248.

575) Aristotle, *Nicomachean Ethics,* Translated by H. Rackham, Cambridge, Massachusetts: Harvard University Press, 1975, p. 339.

576) Ryan J. Barilleaux, "Foreign Policy and the First Commander in Chief," in Gary L. Gregg II and Matthew Spalding, eds., *Patriot Sage,* Wilmington, Delaware: ISI Book, 1999, p. 142.

휘관의 징표라고 한다.577) 워싱턴은 1775년과 1776년에 별로 승전을 거두지 못했다. 밸리 포지(Valley Forge)의 겨울 고난에서 살아남아 독립전쟁의 대의를 유지했다. 그런 본보기를 통한 워싱턴의 빛나는 리더십이 없었더라면 결코 성취될 수 없었을 것이다. 그의 심리적 솔선과 결의는 1776~1777년 모든 것이 얼어붙는 바로 그 겨울에 워싱턴에 의해 체화되었다.578)

아메리카 대륙군의 총사령관으로서 조지 워싱턴은 거의 9년 동안 승산이 별로 없어 보이는 전쟁을 계속하면서도 궁극적 승리와 미국의 독립에 대한 확신을 일순간에도 포기한 적이 없었다. 뿐만 아니라 그는 세계 최강의 영국군과 싸워 이기기 위해서는 정면대결의 직접적 접근법이 아닌 적의 취약점을 골라 공격하는 간접접근법을 사용해야 한다는 신중한 분별력의 소유자였다. 조급한 승리를 고대하는 수많은 미국인들 속에서 병력의 수와 장비 그리고 병사들의 훈련에서 적에게 열등했지만 워싱턴은 중요한 공격의 기회를 결코 지나치지 않았다. 지구전의 유용성에 대한 그의 판단으로 그는 "미국의 파비우스"(American Fabius)가 되었다.579)

미국이 독립전쟁을 통해 미 공화국을 수립하는데 있어서 전쟁의 치명적 역할에도 불구하고 많은 군사사학자들은 미국의 독립전쟁이나 궁극적인 승리를 가져온 전략을 개발하고 시행한 조지 워싱턴의 군사적 리더십에 많은 관심을 기울이지 않았다.580) 이런 관심의 부

---

577) Basil Liddell Hart, *Thought on War,* London: Faber, 1944, p. 222.

578) Andrew Roberts, *Leadership in War,* New York: Viking, 2019, p. 210.

579) John Marshall, *The Life of George Washington,* (1848: reprint, in 2 vols.), New York: Walton Book Co., 1930, Vol. 2, pp. 528－529.

족에는 몇 가지 이유가 있다.

첫째로, 미국의 독립전쟁은 18세기 왕조적 갈등과 그 이후 전쟁을 형성한 프랑스 혁명 사이에 놓인 과도기적 전쟁이었다. 모든 과도기적인 것이 그렇듯 미국의 혁명전쟁도 예외가 아니었다. 둘째로 미국혁명전쟁은 미국의 최대 비극인 남북진쟁에 의해서 압도당해 거의 잊혀진 전쟁이 되었다. 근대 미국군도 윌리엄 셔만(William T. Sherman)이 사령관일 때 그의 부하이며 내전의 영웅이요 군사개혁가인 에모리 업턴(Emory Upton) 장군의 비전에 입각해 수립되었다.[581] 그는 대규모 전쟁을 수행하도록 계획된 크고 잘 훈련된 장기복무 군대인 프러시아의 노선에 따라 직업적 전문군대를 창조하려고 했다. 그런 이상주의자들에게 혁명전쟁은 부정적이었다. 왜냐하면 워싱턴은 시민군에 의해서 보완되는 무경험의 빈약하게 훈련된 비정규군을 사용하는 방어적 전쟁을 수행했기 때문이다.[582] 이런 전쟁에 대한 오랜 군사적 비전은 미국이 베트남 전쟁에서 망신을 당하기 전까지 조금도 변함이 없었으며 1980년대에 들어서야 근본적인 이론적 재검토가 시행되었다.[583] 셋째로, 워싱턴은 공세와 격멸의 전투, 즉 전략적 직접 접근법인 나폴레옹의 전쟁방식을 존중하는 후세 전쟁의 학도들에게 호소력이 없는 방어적, 혹은 간접 접근법의 전략가

---

580) Mackubin Owens, "General Washington and the Military Strategy of the Revolution," in Gary L. Gregg II and Matthew Spalding eds., op. cit., p. 62.

581) Stephen Ambrose, Upton and the Army, Barton Rouge, Louisiana: Louisiana State University Press, 1964.

582) Don Higginbotham Military Analysis of the Revolutionary War, Millwood, New York: KTO Press, 1977, p. 1.

583) Harry G. Summers, Jr., On Strategy: A Critical Analysis of the Vietnam War, Novato, California: Presidio Press, 1982.

였다. 소위 미국식 전쟁의 주창자들은 격멸의 전투가 신속한 결과로 지구전에 비해 우수한 결과를 약속했다. 그들은 최고 미국 전략가들의 목적이 전투를 피하는 것으로 보이는 길고 늘어지는 전쟁에는 별로 관심이 없었다.[584]

그리하여 워싱턴은 군사 전략가로서는 별로 연구되지 않았다. 어쩌다 연구될 경우에도 아주 드문 예외가 있긴[585] 하지만 그의 전략가로서의 명성은 별로 좋지 않았다. 아주 공정한 마음의 소유자에게도 군사 지도자로서 워싱턴은 18세기 전쟁을 집약하는 프레데릭 대왕(Frederick the Great)이나 19세기 군사전략의 절정을 대변하는 나폴레옹 보나파르트(Napoleon Bonaparte)보다는 덜 흥미로워 보인다. 미국의 군사적 전통을 공부하는 사람들은 남북전쟁이나 제2차 세계대전을 선호할 것이다. 대부분의 연구자들에게는 워싱턴이 아니라 그랜트(Grant), 리(Lee), 마샬(Marshall), 아이젠하워(Eisenhower), 그리고 패튼(Patton)이 미국의 군사적 전통을 집약한다. 그러나 독립전쟁의 승리에는 워싱턴이 불가결했다.[586]

조지 워싱턴이 대륙군의 총사령관이던 18세기 후반에 "전략"(Strategy)이라는 용어는 사용되지 않았다. 그때의 전쟁 기술은 전술들(Tactics)로만 나뉘었다. 전략이란 용어는 나폴레옹의 위대한 해설자인 칼 폰 클라우제비츠(Carl von Clausewitz)와 앙투안 앙리 드 조

---

584) Russell F. Weigley, *The American Way of War: A History of United States Military Strategy and Policy,* New York: Macmillan, 1971, pp. 3 – 18.

585) Dave Richard Palmer, *The Way of the Fox: American Strategy in the War for America, 1775 – 1783,* Westport, Connecticut: Greenwood Press, 1975.

586) Mackubin Owens, "General Washington and the Military Strategy of the Revolution," in Gary L. Gregg II and Matthew Spalding eds., *op. cit.,* p. 64.

미니(Baron Antoine Henri de Jomini) 남작이 등장할 때까지 발생하지 않았다.[587] 전략이라는 용어가 사용되지 않았다고 해서 전략이 존재하지 않았다는 것을 의미하지는 않는다. 전략적 연구와 전략의 근대적 개념은 클라우제비츠가 기원인데 그는 전술이란 교전에서 군사력을 상용하는 것이고 전략이란 전쟁의 목적을 위해 교전들의 사용이라고 정의했다.[588] 전략이란 과정이고 산물이다. 그 자체로서 그것은 역동적이다. 그것은 예들 들어 지형, 기술, 그리고 사회적 조건 같은 변화하는 조건들에 적응해야만 한다.[589] 일단의 조건하에서 성공할 수 있는 전략이 다른 조건하에서는 성공하지 못할 수 있다. 전략을 개발하고 실행하기 위해서는 전체를 이해하고 전쟁의 목적을 달성하기 위해서 적합한 장소에서 적합한 시간에 적합한 수단을 사용해야 할 것이다.

워싱턴은 여러 가지로 유리한 적을 상대해야만 했다. 첫째로, 영국은 막강한 해군력을 보유했다. 전함이 항해하는 한 미국의 해안과 내지 어느 곳에나 영국군이 마음대로 공격할 수 있도록 할 수 있었다. 둘째로, 영국은 잘 훈련되고 장기적으로 고용된 직업 군인들인

---

587) Carl von Clausewitz, *On War,* Edited and translated by Michael Howard and Peter Paret, Princeton, New Jersey: Princeton University Press, 1976 (초판은 독일어로 1832년 발행); Baron Antoine Henri de Jomini, *The Art of War,* London: Greenhill Books, 1992, (초판은 프랑스어로 1838년 발행).

588) Carl von Clausewitz, *op. cit.,* p. 128. 근대 전략의 기원에 관해서는, Azar Gat, "On Strategy," in *The Origins of Military Thought: From the Enlightenment to Clausewitz,* Oxford: Clarendon Press, 1989. 을 참조.

589) Williamson Murray and Mark Grimsley, "On Strategy," in *The Making of Strategy: Rules, States, and War,* ed. Murray et al. Cambridge: Cambridge University Press, 1994.

영국의 정규군과 독일 용병들을 모두 보유했다. 이 군인들은 18세기 전술의 유능한 실천가들이었다. 18세기 전술은 적에 대해 위치상의 이점을 확보하기 위해 복잡한 전투현장의 기동과 관련되고 필요하다면 창검으로 싸우는 것이다. 셋째로, 영국의 정치에서 파벌들에 기인하는 갈등이 아무리 분열적이라고 해도 조지 3세와 그의 각료들은 회의와 13개 국가에서 미국인들이 부러워할 전쟁수행 노력의 통일성을 이루고 있었다.

반면에 영국도 물론 불리한 요소들을 갖고 있었다. 우선 그들은 머나먼 거리를 극복해야만 했다. 그들의 우월한 해군력에도 불구하고 영국이 북미에 발휘하는 전투력의 투사는 엄청난 노력을 요구했다. 둘째로, 영국이 이기기 위해서는 미국의 식민지 국가들을 모두 점령해야만 했다. 그러나 북미의 엄청난 영토와 낮은 인구밀도는 주요 주민들의 중심지를 벗어난 어느 곳에서나 전장에서 군대를 유지하기 어렵게 만들었다. 그들의 해군으로부터 지원을 받지 못하는 미국의 내지에서 작전할 때 영국군은 심각하게 불리했다. 셋째로, 영국의 지휘관들은 전쟁을 위한 인민들의 지지가 바닥이라고 믿고서 한 손에 검을 들고 다른 한 손에는 올리브 가지를 들고 싸웠다. 이것이 종종 영국 사령관들로 하여금 그들이 기회를 가졌을 때에 결정타를 날리는 것을 막았다. 1776년 여름과 가을에 롱 아일랜드와 뉴욕에서 벌어진 작전의 경우인데 이 때 윌리엄 하우 장군이 워싱턴의 군대를 섬멸할 수 있는 여러 번의 기회를 이용하지 못했다. 넷째로, 경제적 현실과 다른 안전 문제들을 다룰 필요성이 미국의 반란지들에게 사용하기 위해 가져올 영국의 자원들을 제한했다. 이 현실이 영국의 사령관들이 북미에서 싸우는 방식에 영향을 미쳤다. 즉, 그들은 병력 손실이 쉽게 대체될 수 없었기 때문에 높은 사상자들을 수용할 수 없었다. 자원을 배분하는 문제는 1778년 프랑스가 전쟁에 개입했을 때 악화되었다. 그리고 마지막으로 영국의 전략은 18세기 유럽에서의 전쟁방식에 의해서 제약되었다. 당시의 전술에 따라 싸운 전투들은 대가가 컸다. 사상자들이 대체될 수 없었기 때문에 영국의 사령관들은 보통 전투를 피하려 하고 그 대신에 적의 유일한 선택이 군대의 항복이거나 붕괴인 절망적 상황으로 적을 몰고 가려고 했다.

미국의 전략적 목적은 자유의 대의를 유지하고 미국 식민지들의 독립을 확보하는 것이었다. 워싱턴에게 이 정치적 목적을 달성하기 위해서 그는 군사적 목표도 달성해야만 했다. 그것은 장소의 방어가 아니라 효과적인 군사력으로서 군대의 유지였다. 적어도 이론상으로는 미국의 목적을 달성하기 위한 가장 중요한 수단 가운데 하나는 자유롭게 되려는 미국인들의 의지였다. 미국인들은 대체로 공화주의적 이론과 급진적 휘그(Whig)의 교리에 따라 공적 자유와 개인적 재산의 공동방어를 위한 시민군을 구성한 무장한 독립적 식민지 지배자들과 자유 토지 소유자들이었다. 그러나 1775년 잠깐 군사적 동요가 있은 후에 영국의 군사적 승리가 그 결과를 의문시하게 함에 따라 전쟁에 대한 대중의 열정이 줄어들었다.

워싱턴은 영국인들을 패배시키기 위해서는 보다 많은 공화주의적 미덕과 도덕적 열정이 필요하다고 믿었다. 또한 수단의 부족은 워싱턴으로 하여금 전쟁의 대부분을 전략적 방어를 택하게 했다. 그는 한

니발이나 나폴레옹 그리고 몰트케처럼 섬멸전을 펼 수 없었다. 그는 페리클레스와 파비우스처럼 전략적 방어로 지구전을 택했다. 그것은 워싱턴이 그동안 전쟁을 수행하면서 스스로 터득한 전략적 판단에 기인한 것이다. 첫째로, 그는 유럽에서 통용되는 영국의 정규군에 의한 빛나는 전략들이 아메리카에선 아무런 쓸모가 없다는 것을 프랑스-인디언 전쟁에서 브래독 장군의 재앙적 패퇴에서 철저히 배웠다. 영국인들에게 낯선 미국의 지형을 이용한 인디언들의 전투방식, 즉 게릴라 전투의 효율성을 실감했다. 둘째로, 1776년 11월 뉴욕시를 지키기 위한 치열한 노력에도 불구하고 워싱턴 요새의 몰락을 경험하면서 워싱턴은 해군력의 뒷받침 없이 해안의 요새로서는 영국과 전면승부에서 승리할 수 없다는 것을 철저히 배웠다. 그리하여 요새 전투를 버리고 변방의 산골에서 싸우는 것이 유리하다는 전략적 판단을 했다. 당시 미국에겐 해군이 없었다.

그러나 이 지구전이라는 간접 접근법을 선택하자 그와 혁명에는 하나의 중요한 딜레마를 가져왔다. 전투의 계속적인 회피와 끝없는 후퇴는 미국 일반인들에게 미칠 불리한 심리적인 충격을 각오해야 했다. 워싱턴은 자기가 직면한 딜레마를 잘 인식하고 있었다. 즉, "만일 그가 싸워서 그의 군대를 잃으면 그는 모든 것을 잃는다. 그러나 그가 전투를 거부하면 그가 방어하려는 사람들이 상심하여 그는 여전히 모든 것을 잃을 수 있을 것이다."590) 그래서 그는 교전에 선택적으로 임했다. 워싱턴의 전략이 종종 그 성격상 파비우스적(Fabian)

---

590) Mackubin Owens, "General Washington and the Military Strategy of the Revolution," in Gary L. Gregg II and Matthew Spalding eds., *op. cit.,* p. 71.

이라고 서술된다. 그러나 로마의 파비우스는 한니발이 이탈리아를 침공했을 때 그와의 전투를 언제나 피했던 반면에 워싱턴은 그가 트렌턴, 프린스턴, 그리고 몬마우스에서 전투를 치렀던 것처럼 가능할 때는 언제나 공격을 가하려고 모색했다. 그러나 워싱턴은 그가 싸울 때에도 다음의 전투를 위해 철수할 수 있을 깃임을 확실하게 하려고 끊임없이 애를 썼다.

워싱턴의 지구전 전략은 마침내 프랑스가 미국 편에서 전쟁에 개입하도록 확신시키는 조건들을 마련하는데 도움을 주었다. 프랑스의 참전은 전쟁의 성격을 완전히 바꾸었고 그래서 워싱턴도 다시 한 번 새로운 상황에 적합하도록 자신의 전략을 적응시켰다. 그의 지구전 이라는 전쟁의 간접 접근법을 이제 정면 대결을 통해 적군을 일거에 섬멸하는 직접 접근법으로 바꾸기 시작한 것이다.[591] 프랑스와 동맹 후 프랑스의 해군력이 영국의 해군력을 견제할 수 있게 된 후에 워싱턴은 영국과 해안도시에서의 결정적 정면전투를 다시 선택하게 된다. 워싱턴은 요크타운 전투에서 빛나는 승리를 거둔다. 프랑스가 미국의 동맹국으로 전쟁에 개입하는 한 영국의 일방적 승리의 가능성은 사라졌다. 그리하여 미국의 독립을 위한 혁명전쟁은 마침내 전쟁에서 협상으로 무대가 바뀐다. 요크타운 전투의 대 패전 이후 영국은 더 이상 전쟁을 계속할 생각이 없었다. 미국의 독립은 보장된 것이다.

워싱턴의 군사적 리더십이 없이도 미국이 독립전쟁에서 승리할

---

591) 여기서 전쟁의 직접 접근법과 간접 접근법에 관한 상세한 논의를 위해서는, 강성학, <전쟁神과 군사전략: 군사전략의 이론과 실천에 관한 논문 선집>, 서울: 리북, 2012, "제1장, 21세기 군사 전략론: 클라우제비츠와 손자간 융합의 필요성"을 참조.

수 있었을까? 아마도 어려웠을 것이다. 만일 워싱턴이 아니라면 누가 그리고 워싱턴의 전략적 접근이 아니었다면 무엇이 8년 동안의 기나긴 전쟁 후에 승리를 가져올 수 있었을까? 물론 많은 요인들이 미국의 독립을 쟁취한 미국인들의 성공에 기여했다. 그것들 가운데 워싱턴의 전쟁 지도자로서 그리고 바로 군사 전략가로서 천재적 능력이 있었다. 그는 언제나 자기의 고려 사항들 중에서 정치적 목적을 최우선시했다. 그리고 전체적 전략의 그림 속에서 자신의 대안들을 조사했다. 전쟁 초기의 실수에서 교훈을 얻은 그는 끊임없이 처해진 환경에 자신의 전략을 적응시켰다. 자신의 전술적 수단의 결함을 인식한 뒤에 그는 그것에 너무 의존하지 않았다. 이런 것들이야 말로 위대한 전략가의 징표들이며 워싱턴이 진실로 미국 독립을 위한 전쟁에서 제일이었다는 이유를 설명하는데 도움이 될 것이다.

3. 용기(Courage)

용기는 모든 영웅들의 덕목이다. 8년 간의 불리한 전쟁에서 승리한 워싱턴에게 전사의 용기가 그의 덕목이었음을 강조할 필요가 없다. 그러나 동시에 독립 후 영국과의 전쟁을 피하고 평화를 이루기 위해 그가 대통령으로서 보여준 용기 또한 영웅의 징표였다. 워싱턴이 대통령으로서 겪은 최대의 위기는 1795년 제이 조약(Jay Treaty)으로 야기되었다. 미국인들은 워싱턴의 사자인 존 제이가 협상한 영국과의 비밀조약은 많은 사람들이 굴욕적이라고 발견한 요구를 하고 있음을 알게 되었다. 의회와 대중들의 폭풍이 부풀어 오르자 어떤 사람들은 워싱턴 대통령이 심지어 탄핵되기를 원했다. 시사 만화는 그가 길로틴으로 끌려가고 있는 모습을 그렸다. 그의 고향인 버지니아에서 조차도 혁명의 베테랑들이 술잔을 치켜들고 "워싱턴 장군에게 죽음을"이라는 건배사를 했다.592)

워싱턴 대통령을 향한 국민적 분노가 치솟자 어떤 미국인들은 그들이 벗어나기 위해서 혁명전쟁을 위해 싸웠던 군주인 조지 3세처럼 사치스럽게 살고 있다고 불평했다. 날조된 옛 자료들을 이용하여 여러 명의 칼럼니스트들은 워싱턴이 전쟁 중에 영국의 첩자들로부터 비밀리에 뇌물을 받았다고 주장했다. 또 다른 사람들은 워싱턴이 미국 혁명의 영광을 부당하게 독점하고 있다고 주장하면서 혁명전쟁에서 피 흘리고 죽어간 병사들의 군사적 공헌을 대통령이 훔쳤다고 비난했다. 한 우호적인 가제트는 워싱턴이 폭군과 같은 급이 되었고 자기 조국의 적으로서 절정을 이루었다고 신음했다.

워싱턴 대통령은 요람의 신생국을 질식시키려고 위협하는 대영제국과의 새로운 전쟁을 피하려 노력함으로써 자신에게 국민적 분노를 초래했다. 1794년 봄에 영국인들은 인디언들을 무장시키고 오늘날 오하이오와 미시간을 포함하는 새 국경 지역에서 정착하려는 미국인들을 공격하라고 조장했다. 영국정부는 혁명전쟁을 종결하는 평화조약에서 알리그헤니(Alleghenies)의 서부에 있는 영국의 요새들을 철수하기로 한 약속을 부정하고 있었다. 당시 영국은 프랑스와 전쟁 중이었기 때문에 영국의 선장들은 프랑스의 서인도제도와 무역하는 미국의 선박들을 나포했다. 미국과 캐나다 사이의 합의된 국경선을 부

---

592) Michael Beschloss, *Presidential Courage: Brave Leaders and How They Changed America 1789-1989*, New York: Simon & Schuster Paperbacks, 2007, p. 2.

정하고 영국의 퀘벡(Quebec) 주지사는 1년 이내에 영-미간의 전쟁을 예측했다.[593]

영국을 증오하고 프랑스를 흠모하는 토마스 제퍼슨 전국무장관은 영국에 대한 보복을 요구했다. 그러나 재부장관인 알렉산더 해밀턴은 워싱턴 대통령에게 미국이 이길 수 없는 전쟁에 뛰어들지 말도록 경고했다. 그리고 워싱턴에게 런던에 특별 사자를 파견하도록 촉구했다. 새 영-미 조약은 대서양과 5대호(the Great Lakes)에서 미국의 무역을 확보할 수 있을 것이며 그리하면 미국에게 경제와 국방력을 건설하여 국경선을 타결할 시간을 줄 수 있을 것이다. 그리고 만일 그 때 가서 어느 날 영국과 싸워야 한다면 미국은 훨씬 더 잘 준비가 될 것이다. 이러한 해밀턴의 주장에 워싱턴은 동의했다. 그러나 해밀턴이 특별사자가 되어서는 안 되었다. 그러면 그것은 제퍼슨 주의자들에게 불을 지르는 꼴이 될 것이기 때문이다. 그래서 워싱턴은 해밀턴 대신에 그가 추천하는 뉴욕의 귀족적인 대법관인 존 제이를 선택했다. 1794년 5월 존 제이는 맨해튼에서 런던으로 항해하기 전에 환송하는 군중들에게 평화의 축복을 확보하기 위해 모든 일을 다 할 것이라고 약속했다.

1795년 봄에 마침내 제이의 조약이 도착했을 때 그것을 읽고 난 후에 워싱턴은 우거지상을 지었다. 그는 자기가 그것을 승인하면 미국인들이 자기를 바다 건너 옛 억압자들에게 굴종했다고 비난할 것이라는 사실을 알았다. 그래서 워싱턴은 그것을 상원에 보내기 전에 그 조약에 반대하는 대중들의 분노를 막기 위해서 랜돌프 국무장관

---

593) *Ibid.*

에게 내각의 다른 각료들을 포함하여 지상의 모든 사람들로부터 그 조약의 내용에 대해 엄격히 비밀을 유지하라고 명령했다. 그의 후임 자들과는 달리 당시 워싱턴 대통령은 조약에 대해 대통령은 상원의 권고와 동의를 요청하라는 헌법의 요구를 글자 그대로 따랐다. 그는 상원이 투표할 때까지 제이 조약을 승인할 지의 여부를 최종적으로 결정하지 않을 것이다. 그 사이에 상·하원과 언론은 제이 조약과 워 싱턴에 대해 비난을 계속 퍼부어댔다. 특히 남부인들은 자신들의 수 출에 대한 위협인 제12조항에 의해 훨씬 더 많이 불만스러워 했다. 알렉산더 해밀턴이 상원에서 그 조약을 구하기 위해서 그 조항을 폐 기하라고 권고했고 워싱턴은 그렇게 했다. 그리하여 간신히 2/3 찬 성으로 상원에서 통과된 제이 조약이 워싱턴의 서명을 위해 대통령 관저로 보내졌다.

그러나 반대하는 언론들은 더 극성스럽게 그 조약과 워싱턴을 비 난했고 1795년 독립 기념일 자정에 한 필라델피아 군중이 조약문과 제이의 인형을 불태웠다. 다른 도시의 군중들도 뒤를 따랐다. 몬티첼 로(Monticello)의 자기집 의자에 앉아서 전투를 준비하던 토마스 제 퍼슨은 제이 조약이 미국의 친영주의자들에 의한 저주스럽고 악명 높은 행위라고 판단하고 모욕적 굴종이 전쟁을 피하는 길이 아니라 고 경고했다. 뉴욕에서 해밀턴은 제이 조약은 국가의 명예에 전혀 불 일치하지 않으며 파괴적 전쟁을 막아줄 것이라고 워싱턴을 격려했 다. 그리고 신임 재무장관인 올리버 월코트(Oliver Wolcott)는 반대하 는 데모들이 영국에게 미국이 전쟁을 추구하고 있다는 신호를 보낼 수 있다고 두려워했다. 워싱턴은 미국인들이 자신의 정부에 대항해

난폭하게 반대하여 미국민이 분열된 것을 영국인들이 보는 것이 가장 곤란한 점이라고 생각했다.

1795년 8월 12일 내각회의를 열고 제이조약에 대한 공시적 의견을 요청했을 때 랜돌프 국무장관이 여전히 반대했다. 워싱턴이 서명하겠다는 결정을 밝히자 랜돌프 국무장관은 경악했다. 8월 18일 워싱턴은 마침내 제이 조약에 서명하고 그것은 해먼드(Hammond) 영국 공사에게 보내도록 국무장관에게 지시했다. 워싱턴의 이 결정은 전국적 반대의 분위기가 여전히 팽배한 가운데 서명한 아주 용기 있는 행동이라 아니 할 수 없다. 그것은 대통령이 된 이후 처음으로 전쟁을 막고 평화를 이루려는 워싱턴의 결단이었다. 인기는 없지만 필요한 조치에 자신의 이름을 거는 그의 용의성으로 그는 자신의 인기를 인간으로서 자기의 행복의 본질적 요소로서보다는 조국에 봉사에서 일종의 도구로 더 많이 간주했다. 다행히 1796년 초에 제이 조약에 대한 조류가 찬성 쪽으로 돌기 시작했다. 워싱턴은 여론보다는 국가의 이익, 그것도 단기적 이익보다는 장기적 이익을 내다보고 내린 정치가로서 아주 용기 있는 행동으로 평가해야 할 것이다. 이처럼 조지 워싱턴은 전시에는 물론 평화시에도 전쟁을 막고 국가의 안전과 번영으로 가는 어려운 길을 택한 영웅적 정치 지도자였던 것이다.

4. 장엄함(Magnanimity)

정치학의 아버지 아리스토텔레스에 의하면 장엄함이란 인간 영혼의 탁월성(an excellence of the soul)을 지칭하는 것으로 모든 다른 인간의 덕목들을 빛나게 하는 최고의 장식이다.594) 이렇게 이해하면 장엄함은 최고의 정치적 리더십, 즉 영도력(statesmanship)과 밀접하게 관련된다. 그리하여 장엄함은 정치적 최 고위직의 의무를 탁월하게 수행하는데 요구되는 도덕적이고 지성적인 성질을 자기가 보유하고 있다는 것을 아는 사람의 고결한 자신감이다.595) 현대의 민주주의 이론은 영혼의 탁월성을 소홀히 하지만 아리스텔레스와 토마스 아퀴나스가 지도자의 위대한 덕목으로 간주했던 장엄함이 근대 민주주의 국가들 중에서 가장 성공적인 국가의 탄생에서 아주 본질적이라는 사실이 조지 워싱턴의 경력을 통해 입증되었다.596)

미국의 민주주의는 전쟁에서 기원했다. 그것은 탄생할 때 공적 장면은 어쩔 수 없이 신생국의 승리한 군사령관에 의해서 지배된다는 것을 의미한다. 따라서 그것은 왕이 될 기회를 거부하고 공화주의가 뿌리를 내리게 허용한 워싱턴에게 권력과 영광의 장엄한 초연함이 필요했다. 실제로 워싱턴의 장엄함은 군사독재 계획에 협력을 거부한데서 뿐만 아니라 다른 장교들이 그러지 않도록 설득한 그의 능력에 의해서도 역시 과시되었다. 이것은 자신의 부하들에게서 그런 칭송과 헌신을 진작하는 그의 인격의 숭고함에서 비롯되는 능력이다. 1783년 그가 각 13개 국가들에게 보낸 "국가들에게 보낸 회보"는 국

---

594) Aristotle, *The Nicomachean Ethics,* Cambridge: Harvard University Press, 1975, pp. 213－219.

595) Carson Holloway, "Introduction," in Carson Holloway, ed., *Magnanimity and Statesmanship,* Lanham, Maryland: Lexington Books, 2008, p. 1.

596) Paul Carrese, "George Washington's Greatness and Aristotelian Virtue: Enduring Lessons for Constitutional Democracy," in Carson Holloway, *op. cit.,* pp. 145－169.

가주권과 공동선의 균형을 이루고 국가적 특성을 주조함으로써 보다 완벽한 통일을 제안했다. 오직 국가적 특성을 세우고 국가연합의 시멘트를 완전히 부수고 통일된 연방국가의 권한을 완화하지 않음으로써 미국은 독립적일 수 있었다. 여기에 혁명이 현 세대의 미국인들에게뿐만 아니라 아직 태어나지 않은 수백만의 미국인들의 운명에 축복일지 아니면 저주일지가 달려있었다.

회보의 말미에서 워싱턴은 인간사에서 최상의 명예는 신에게 바쳐진다는 아리스텔레스의 관찰을 반영하듯 자연 신학의 광범위한 원칙들을 불러일으키고 아리토텔레스의 신학을 넘어 섭리와 미덕에 대한 믿음을 천명했다. 즉 그는 시민들의 가슴이 정부에 대한 굴복과 복종의 정신을 배양하게 하고 또 형제적 애정과 박애정신이 미국의 전체 시민들, 특히 전선에서 봉사한 형제들에 대해 애정을 간직하고, 그리고 마지막으로 그들의 축복받은 종교의 창조주의 특징인 정의를 행하고 자비를 사랑하며 자선과 인간애 그리고 평화주의적 마음을 그들이 갖도록 진지하게 기도한다고 말했다. 여기서 그는 하나님과 섭리에 대한 믿음을 분명히 함으로써 그의 경건한 마음을 표현했다. 후에 워싱턴은 정치세계로 들어가 헌법의 작성과 같은 말썽 많은 조치들에 관여했다. 미공화국은 평등사상에 헌신적임에도 불구하고 그것의 창업은 단일 개인의 우월한 영혼의 덕택이었다.

조지 워싱턴은 바로 이 장엄함의 덕목을 통해 그의 거룩한 영혼을 과시했고 후세의 항구적 귀감이 되었다. 즉 그는 근대 공화정부에서 가장 어려운 권력의 이양이라는 과제의 선도적 해결을 통해 미국과 더 나아가 인류 역사에서 가장 기억될 정치적 덕목을 과시했다. 8년에 걸친 독립혁명 전쟁의 종결 시에 그가 권력에 대한 욕망이 없다는 것을 입증했던 것과 꼭 마찬가지로 8년 간의 대통령직으로부터 그가 스스로 떠남으로써 세계에서 자기의 도덕적 위상을 드높였다. 처음엔 군사적 그리고 이제는 정치적 권력을 포기함으로써 워싱턴은 시대의 가장 위대한 인물로 우뚝 섰다. 그 이후, 아니 바로 그런 이유에서 조지 워싱턴 대통령은 미국의 모든 후임자들의 윤리적 "롤모델"이 되었다. 즉 미국에서 그의 모든 후임 대통령들이 따라 할 수밖에 없는 윤리적 규범을 창조했다. 어쩌면 이것이 조지 워싱턴이 미국인들과 인류에 남긴 가장 위대한 그의 유산임과 동시에 그 만이 과시한 덕목일 것임에 틀림없다. 킨키나투스가 그의 스승이었다면 조지 워싱턴은 분명히 그의 빛나는 "청출어람"이며 근대 민주공화정의 거룩한 선구자이다.

에이브러햄 링컨 이래 필적할 수 없는 인기에도 불구하고 제26대 시어도어 루즈벨트(Theodore Roosevelt) 대통령은 7년 반의 대통령 임기를 마치고 3선에 나서는 것을 사양했다. 그의 임기는 1901년 9월 윌리엄 매킨리(William McKinley)의 암살부터 그 자신의 선출된 임기가 만료되는 1909년 3월 4일까지였다. 1904년 11월 대통령 선거에서 승리한 루즈벨트는 대통령을 두 번의 임기로 제한하는 현명한 관습을 인용하면서 대통령직에 입후보하지 않을 것이라고 발표하여 당시 입후보하지 않을 것이라고 발표하여 당시 미국의 정계를 놀라게 했다. 그리고 그는 자신의 약속을 지켰다.[597]

---

597) Doris Kearns Goodwin, *The Bully Pulpit: Theodore Roosevelt, William Howard Taft, and the Golden Age of Journalism*, New York: Simon & Schuster Paperbooks, 2013, p. 1.

XV. 워싱턴의 거룩한 카리스마적 리더십: 본질과 덕목 **467**

그러나 1930년대 세계 대공황의 여파로 인한 정치경제적 곤경과 제2차 세계대전의 두려움 속에서 유일하게 예외적으로 4선까지 한 제32대 프랭클린 루즈벨트 대통령이 있었다. 그러나 그의 예외적 경우도 그의 사후 강력한 비판에 직면하여 결국 대통령의 임기를 제한하는 "수정헌법 22조"가 1951년에 의회에서 비준되었다.

> "아무도 두 번 이상 대통령직에 선출될 수 없다. 그리고 대통령직을 유지하거나 혹은 다른 사람이 대통령으로 선출된 임기의 2년 이상 대통령으로 행동한 사람은 한번 이상 대통령직에 선출될 수 없다. 그러나 이 조항은 이 조항이 의회에 의해서 제안되었을 때 대통령직을 유지하고 있는 사람에겐 적용되지 않는다. 그리고 이 조항이 작용하게 되는 임기 동안에 대통령직을 유지하거나 대통령으로 행동하는 사람이 그런 임기의 잔여기간 동안 대통령직을 유지하거나 대통령으로 행동하는 것을 막지 않는다."[598]

그리하여 워싱턴의 재임에 그쳤던 자발적 윤리규범이 이제는 헌법적 규범이 되었다. 미국인들은 정치적으로 워싱턴이 옳았음을 인정하고 그의 모범적 전례를 미국의 영원한 헌법적 규범으로 법률화시킨 것이다. 조지 워싱턴은 윌리엄 셰익스피어가 일찍이 간파한 권력의 속성을 잘 알고 그것을 철저히 경계하면서 살았던 특별한 인물이었던 것이다.

---

598) James W. Ceaser, Laurence J. D'Toole, Joseph M. Bessette and Glen Thurow, *American Government: Origins, Institutions, And Public Policy,* 2nd ed., Dubuque, Iowa: Kendal/Hunt Publishing Co., 1992, pp. 607−608.

"그러면 모든 것은 권력으로 잦아들고
권력은 의지가 되고
의지는 욕구가 되고
그리고 그 욕구는 우주의 늑대가 되리라.
그리하여 의지와 권력에 의해 배가되어
필연적으로 우주를 먹이로 하리
그리고 끝내는 자기자신마저도 집어삼키리라."[599]

---

599) William Shakespeare, *Troilus and Cressida*, 제1막, 3장.

XVI

에필로그

epilogue

"조지 워싱턴은 역사가 부여할 수 있는
자랑스러운 타이틀들 가운데 하나를 갖고 있다.
그는 자기 나라의 아버지였다.[600]
— 윈스턴 처칠(Winston Churchill)

새로운 길을 가는 천재에겐 롤모델이 없다. 그러나 역사의 영웅들
에겐 항상 롤모델(role model)이 있었다. 알렉산더(Alexander) 대왕에
겐 호머(Homer)의 일리아드(Iliad)에 나오는 전설적인 아킬레스
(Achilles)가 롤모델이었다. 줄리어스 시저(Julius Caesar)에겐 알렉산
더 대왕이 롤모델이었다. 그렇다면 조지 워싱턴 대통령의 롤모델은
누구였을까? 그에게는 로마의 킨키나투스(Cincinnatus)가 있었다. 그
래서 그는 거룩한, 그리고 현대적 용어로, 카리스마적 지도자였지만
스스로 그 카리스마적 지도자의 함정을 항상 경계했다. 즉 그는 정치
지도자의 개인적 권력욕을 언제나 멀리했고 한동안 재선을 거부하기

---

600) Sir Winston Churchill, *op. cit.,* p. 102.

도 했었다. 참으로 특별히 완벽한 자기통제력을 갖춘 역사상 그 이전이나 그 이후에도 찾아보기 힘든 그런 인물이었다. 예를 들어 말하면 자기 이전의 크롬웰(Cromwell)이나 자기 이후의 나폴레옹(Napoleon)이 아니었다. 그는 근대 정치사에서 조지 워싱턴이라는 새로운 군사지도자의 모델 그리고 동시에 새로운 정치지도자의 모델을 세웠다.

조지 워싱턴과 미국의 독립 혁명가들은 근대의 역사에서 완전히 새로운 거대한 공화국을 미국 땅에 새롭게 성공적으로 수립했으며 새로운 생활양식과 질서를 창조했다. 그 위험스러운 기나긴 과정에서 조지 워싱턴은 필요 불가결한 인물이었다. 그는 "세상에 필요 불가결한(indispensable) 사람은 없다"고 스스로 말했지만 그 자신은 미합중국의 창업은 물론이고 그것의 항구적 수성을 위한 수많은 리더십의 전례들을 남긴 "필요하고도 불가결한 인물" 이었다.[601] 미국 역사가들의 예외 없는 만장일치의 이러한 평가에 이의를 제기하는 사람들은 거의 없다.

조지 워싱턴은 자기 조국인 미국의 국부로 그리고 또 미국의 킨키나투스라고 불리웠다. 워싱턴은 위기와 최고 사령관으로서 피할 수 없는 압박에도 높은 원칙들을 고수함으로써, 그리고 은퇴 후에는 시민-농부로 돌아가고 그리고 마침내는 초대 대통령이 되어 그런 칭송을 얻었다. 그는 최종적으로 은퇴한 후에 자기가 죽은 뒤 모든 자기의 노예들을 해방시킴으로써 노예제도의 부당성을 숨김없이 인정했다. 이것은 노예를 소유한 대통령들 사이에서 참으로 독특한 행동

---

601) James Thomas Flexner, *Washington: The Indispensable Man*, New York: Back Bay Books, 1969.

이었다. 그럼에도 불구하고 20세기에 들어서 조지 워싱턴이 노예들을 소유한 농장주였다는 사실에 근거하여 그를 폄하하는 현대의 역사가들이 있지만 그들은 워싱턴이 살던 18세기 말의 지배적 사회조건과 합중국 수립의 절대적 장애들을 아주 과소평가하고 있다. 그것은 마치 기원전 로마 공화정에 노예제도가 있었다는 이유 하나만으로 로마 공화정과 그것의 위대한 영웅들을 비하하는 것처럼 별로 설득력이 없다. 먼 과거의 역사적 업적을 되돌아보면서 오늘의 관점에서 다소 미진했던 부분을 지나치게 과대평가하는 인식적 오류이다. 워싱턴은 그가 살았던 18세기 계몽주의의 어떤 좋은 학생과 마찬가지로 그는 자유를 믿었지만 그것은 오직 제한된 정도에 국한되었다.[602] 그는 분명히 종교적 신앙과 표현의 자유를 지지했다. 그는 자기의 것이 아닌 다른 가톨릭이나 유태인 그리고 심지어 마호메트 교도들의 신념에 관해서 화해적 언급을 했다.

그러나 18세기 절대군주체제가 지배하던 시대에 계몽주의 가치의 최고 시험은 정치적 자유였다. 워싱턴은 그것을 공화정에서 필요 불가결한 것으로 공식적으로 칭송했지만 그러나 정치적으로 모진 시련 속에서 그것을 버렸다. 그 시험은 그가 대통령직을 떠난 후에 연방주의자들의 "외국인과 소요행위 법안"(the Alien and Sedition)에 대한 그의 지지에서 나왔다. 이 때 그는 다행스럽게도 거리를 두고 그 법안을 다룰 수 있었다. 전직 대통령으로서 그가 어떤 정치적 압력 하에도 있지 않았다는 사실은 그의 진정한 감정의 좋은 시험을 제공한

) James MacGregor Burns and Susan Dunn, *George Washington,* New York: Times Books, 2004, p. 153.

다. 혁명적 지도자로서 그리고 대통령으로서 그의 배운 경험과 함께 1798년에 워싱턴의 개인적이고 정치적인 안전은 반란이나 반대, 그리고 일탈에 대한 그의 염려를 완화해 주었음직 했었다. 그러나 그것들은 그러지 않았다.[603]

워싱턴과 그의 노예들이 지도자와 추종자들처럼 얽매여 있었던 것으로 몽상할 수 있을 것이다 그러나 현실에서 그는 그들의 지배자였지 지도자가 아니었다. 즉 그는 지도자들이 그러는 것처럼 정치적으로 노예들을 동원한다는 것을 꿈에도 생각하지 않았을 것이며 그의 노예들도 굴레를 벗어나서 추종자들이 그러는 것처럼 그를 떠난다는 것을 감히 생각도 못했을 것이다. 워싱턴은 사적으로 노예제도에 점차 반대했다. 그러나 공적으로 그는 노예제도에 관해 침묵했다. 그는 자기가 죽거나 후에 부인이 죽으면 노예들을 풀어주라는 인정을 베풀었지만 그러나 자신의 생애 동안 그는 노예제도에 반대하는 공식적 천명을 한 적이 없었다. 그것은 어떤 비판자들이 주장하듯이 그가 어떤 종류의 인종주의자였거나 흑인 혐오자였기 때문이 아니었다. 그는 노예제 폐지를 찬성하는 공적 입장은 그가 무엇보다도 소중하게 간주하는 가치를 위험하게 하기 때문이었다. 다시 말해서 그에게는 나라의 질서, 안정, 그리고 생존에 입각한 미국의 통일이 최우선이었다. 신생 공화국의 생존에는 타협의 정신이 더 중요했던 것이다. 의심할 여지없이 그는 노예제도가 언젠가 나라의 통일을 균열시킬 갈등을 실제로 안고 있는 갈등에 대한 직감을 갖고 있었다.[604]

---

603) *Ibid.*
604) *Ibid.*, p. 158.

그 문제는 80여 년이 흐른 후에 결국 연방국가의 분열을 막고 통일을 유지하려는 남북간 내전의 과정에서 노예해방을 선언하는 에이브러햄 링컨 대통령을 기다려야만 했다.[605]

본서의 앞 장들 여기저기에서 이미 지적한 대로 조지 워싱턴을 비롯한 미국의 독립 혁명가들은 로마의 위대한 유산과 영웅들(예, 킨키나투스, 파비우스, 케이토 등)을 자신들의 말과 행동의 모델로 삼았다. 그리고 이점은 창업 시에 미국의 연방정부의 수립을 옹호했던 <페더럴리스트 페이퍼스>(*The Federalist Papers*)의 독자들에게도 아주 선명하고 명백하다. 그러므로 로마 공화정의 모델 없이 아메리카의 민주공화국은 없었다고 단언해도 좋을 것이다. 그리고 어쩌면 조지 워싱턴이 없이는 미국의 민주공화국은 없었을 것이고 미국의 민주공화국이라는 모델이 없었다면 대한민국의 민주공화국도 없었을 것이다.

이런 의미에서 조지 워싱턴이 위대한 나라 미국의 국부로 추앙을 받는 현실을 인정한다면 조지 워싱턴은 대한민국 민주공화국의 조부가 되는 것이 아닐까? 조지 워싱턴은 세계사적으로 단지 국가를 세우는 창업에 성공했을 뿐만 아니라 민주공화국의 초대 대통령으로서 민주공화국의 운영에 필요한 기본 조직의 설계와 수립은 물론 운영의 전범들(examples)을 남김으로써 모든 신생 민주공화국의 모델이 되었다. 그의 모범을 철저히 따른다면 미국 같은 세계인들이 가서 살고 싶어하는 안전하고 번영하는 나라가 되는 첩경이라 해도 결코 과

---

605) 이 문제에 관해서는, 강성학, <한국의 지정학과 링컨의 리더십> 서울: 고려대학교 출판문화원, 2017, 제2부, "에이브러햄 링컨의 리더십"을 참조.

언은 아닐 것이다.

나의 이러한 견해가 정확하다면 우선 나라의 안전과 번영에 기여하기를 염원하는 한국의 모든 정치인들이나 모든 정치 지망생들은 조용히 그러나 철저하게 조지 워싱턴의 생애와 그의 군사적 및 정치적 리더십을 공부하고 실천하려고 노력해야 할 것이다. 그리고 민주공화국의 삶을 영위하고자 하는 모든 그리고 각자 국민들도 가능하면 우리의 참 스승인 워싱턴의 공부를 통해 민주시민의 정치적 안목을 길러야 할 것이다. 그리 할 수 있다면 한국인들도 세련된 안목을 통해 올바른 국민의 대표자요 지도자를 선택할 수 있을 것이다.

끝으로 본서의 집필을 끝내면서 나는 미래의 독자들이 본서를 통해 정치적 지도자가 되려는 꿈을 꾸는 사람이든 아니든 관계없이, 마키아벨리는 비웃겠지만,[606] 모두에게 조지 워싱턴처럼(그리고 그의 숭배자 에이브러햄 링컨처럼) 로마의 위대한 정치가 키케로의 "언제나 정직이 최선의 정책"이라는 언명을 모토로 삼기를 기대한다. 리더십은 테크닉이 필요하지만 단순한 테크닉 이상이다. 어떤 의미에서 "관리가 산문(prose)이라면 리더십은 시(poetry)다. 사람들은 이성에 의해 설득되지만 감정에 의해 움직인다."[607] 우리에겐 누구보다도 감동적인 정직한 지도자가 요구된다. 그리고 더 나아가, 조지 워싱턴의 조국을 위한 "무한한 애국주의와 아낌없는 헌신 그리고 무엇보다도 그의 권력에 겸허한 거룩한 인품"을 배웠으면 좋겠다.

워싱턴의 주요 덕목인 장엄함은 그의 카리스마에서 나온 것이고

---

606) Raymond Angelo Belliotti, *Niccolo Machiavelli: The Laughing Lion and the Strutting Fox,* Lanham, Maryland: Lexington Books, 2009. P. 19.

607) Richard Nixon, *Leaders,* New York: Warner Books, 1982, p. 4.

그의 카리스마는 장엄함으로 더욱 강력하였다. 워싱턴의 장엄함은 그의 카리스마적 리더십 스타일과 서로 밀접하게 연계되어 시너지 효과를 냈다. 그리하여 그의 리더십은 천부적 자질이라는 카리스마를 통해 그의 장엄함은 거룩함으로 승화되었다. 만일 우리가 조지 워싱턴의 거룩한 카리스마적 리더십의 출현을 대한민국에서 보고 싶다면 한국인들이 조지 워싱턴에 관해 공부해야 할 것이라고 생각한다. 왜냐하면 조지 워싱턴이야 말로 우리에게 인류의 역사에서 필적할 인물이 거의 없는 참으로 보기 드문 귀중한 정치적 그리고 고결한 인간적 스승이기 때문이다.

참고문헌

강성학, <무지개와 부엉이: 국제정치의 이론과 실천에 관한 논문 선집>, 서울: 박영사, 2010.

_____, <윈스턴 S. 처칠: 전쟁과 평화의 위대한 리더십>, 서울: 박영사, 2019.

_____, <이아고와 카산드라: 항공력 시대의 미국과 한국>서울: 오름, 1997.

_____, <전쟁神과 군사전략: 군사전략의 이론과 실천에 관한 논문 선집>, 서울: 리북, 2012.

_____, <평화神과 유엔 사무총장: 국제평화를 위한 리더십의 비극>, 서울: 고려대학교 출판부, 2013.

_____, <한국의 지정학과 링컨의 리더십: 동아시아의 지정학적 변화와 국가통일의 리더십>, 서울: 고려대학교 출판문화원, 2017.

_____(역), Allan Bloom, <셰익스피어의 정치철학>, 서울: 집문당, 1982.

_____, 김동길 공저 <죽어도 사는 사람: 불멸의 링컨 유산>, 충남음성: 극동대학교 출판센터, 2018.

Allen, William B., "George Washington and the Standing Oak," in Gary L. Gregg and Matthew Spalding, eds., *Patriot Sage: George Washington and the American Political Tradition,* Wilmington, Delaware: ISI Books, 1999.

Ambrose, Stephen, *Upton and the Army,* Barton Rouge, Louisiana: Louisiana State University Press, 1964.

Anderson, Fred, *Crucible of War: The Seven Years' War and the Fate of Empire in British North America, 1754–1766,* New York: Vintage Books, 2001.

Appleby, Joyce, *Thomas Jefferson,* New York: Times Books, 2003.

Aristotle, "On Virtues and Vices," in Jonathan Barnes, ed., *The Complete Works of Aristotle,* The Revised Oxford Translation, Vol. Two, Princeton, New Jersey: Princeton University Press, 1984.

Aristotle, *Nicomachean Ethics,* trans. H. Rackham, Cambridge, Massachusetts: Harvard University Press, 1975.

Aron, Raymond, *Clausewitz: Philosopher of War,* trans. Christine Booker and Norman Stone, London: Routledge & Kegan Paul, 1983.

Azar Gat, "On Strategy," in *The Origins of military Thought: From the Enlightenment to Clausewitz,* Oxford: Clarendon Press, 1989.

Baldwin, Leland D., *Whiskey Rebels: The Story of a Frontier Uprising,* Pittsburgh, Pennsylvania: University of Pittsburgh Press, 1939.

Barileaux, Ryan J., "Foreign Policy and the First Commander in Chief," in Gary L. Gregg II and Matthew Spalding, eds., *Patriot Sage,* Wilmington, Delaware: ISI Book, 1999.

Barnes, Jonathan, ed., *The Complete Works of Aristotle,* The Revised Oxford Translation, Vol. Two, Princeton, New Jersey: Princeton University Press, 1984

Belliotti, Raymond Angelo, *Niccolo Machiavelli: The Laughing Lion and the Strutting Fox,* Lanham, Maryland: Lexington Books, 2009.

Beschloss, Michael, *Presidential Courage: Brave Leaders and How They Changed America 1789–1989,* New York: Simon & Schuster

Paperbacks, 2007.

Boyd, Steven R., *The Whiskey Rebellion: Past and Present Perspectives,* Westport, Connecticut: Greenwood Press, 1985.

Brands, H.B., *The First American: The Life and Times of Benjamin Franklin,* New York: Anchor Books, 2000.

Brookhiser, Richard, *Founding Father: Rediscovering George Washington,* New York: Free Press Paperbacks, 1997.

_____, *James Madison,* New York: Basic Books, 2011

Bruell, Christopher, "Thucydides' View of Athenian Imperialism," *American Political Science Review,* Vol. 68, (1974).

Bullock, Alan, *Hitler: A Study in Tranny,* Abridged Edition, New York: Harper Perennial, 1971.

Burns, James MacGregor and Susan Dunn, *George Washington,* New York: Times Books, 2004.

Burns, James MacGregor, *Leadership,* New York: Harper & Row, 1978.

Carrese, Paul, "George Washington's Greatness and Aristotelian Virtue: Enduring Lessons for Constitutional Democracy," in Carson Holloway ed., *Magnanimity and Statesmanship,* Lanham, Maryland: Lexington Books, 2008.

Ceaser, James W., Laurence J. D'Toole, Joseph M. Bessette and Glen Thurow, *American Government: Origins, Institutions, And Public Policy,* 2nd ed., Dubuque, Iowa: Kendal/Hunt Publishing Co., 1992.

Chernow, Ron, *Alexander Hamilton,* New York: Penguin Books, 2005.

_____, *Washington: A Life,* London: Penguin Books, 2011.

Chervinsky, Lindsay M., *The Cabinet: George Washington and The Creation of An American Institution,* Cambridge, Massachusetts:

The Belknap Press of Harvard University Press, 2020.

Churchill, Winston S. ed., *The Great Republic: A History of America,* New York: Random House, 2001.

Clausewitz, Carl von, *On War,* ed. and trans. Michael Howard and Peter Paret, Princeton, New Jersey: Princeton University Press, 1976.

Cunliffe, Marcus, *George Washington: Man and Monument,* Mount Vernon, Va.: Mount Vernon Ladies' Association, 1982.

Dallek, Robert, *Harry S. Truman,* New York: Times Books, 2008.

Day, David V., *The Oxford Handbook of Leadership and Organizations,* New York: Oxford University Press, 2014.

Department of the Army, *Army Field Manual 1* (2005), Chapter 1, at http://www.army.mil/fml1/chapter1.html.

DePlato, Justin P., *The Cavalier Presidency: Executive Power and Prerogative in Times of Crisis,* Lanham, Maryland: Lexington Books, 2014.

Diggins, John Patrick, *John Adams,* New York: Times Books, 2003.

Ellis, Joseph J., *His Excellency: George Washington,* New York: Vintage Books, 2004.

Flexner, James Thomas, *Washington: The Indispensable Man,* New York: Back Bay Books, 1969.

_____, *Washington: The Indispensable Man,* The Illustrated Edition, New York: Sterling Signature, 1974.

Forde, Steven, *The Ambition to Rule: Alcibiades and the Politics of Imperialism in Thucydides.* Ithaca and London: Cornell University Press, 1989.

Frisch, Morton J., *Alexander Hamilton and The Political Order: An Interpretation of His Political Thought & Practice,* Lanham,

Maryland: University Press of America, 1991.

Goethals, George R., Scott T. Allison, Roderick M. Kramer, and David M. Messick, eds., *Conceptions of Leadership: Enduring Ideas and Emerging Insights,* New York: Palgrave Macmillan. 2014.

Goodman, Rob and Jimmy Soni, *Rome's Last Citizen: The Life and Legacy of Cato, Mortal Enemy of Caesar,* New York: Thomas Dunne Books, 2012.

Goodwin, Doris Kearns, *Leadership in Turbulent Times,* New York: Simon and Schuster, 2018.

Gregg, Gary L. II & Matthew Spalding, eds., *Patriot Sage: George Washington and The American Political Tradition,* Wilmington, Delaware: ISI books, 1999.

Gregg, Gary L. II, "The Symbolic Dimensions of the First Presidency," in Gary L. Gregg II & Matthew Spalding, eds., *Patriot Sage: George Washington and The American Political Tradition,* Wilmington, Delaware: ISI books, 1999.

Hah, Chong-Do and Frederick C. Bartol, "Political Leadership as a Causative Phenomenon: Some Recent Analyses," *World Politics,* Vol. 36, No.1 (October, 1983).

Hamilton, Alexander, James Madison and John Jay, *The Federalist Papers,* New York: The New American Library, Ins., 1961.

Hammond, Harold Earl ed., *We hold these truths⋯: A Documentary History of the United States,* Bronxville, New York: Cambridge Book Co., 1964.

Harper, John Lamberton, *American Machiavelli: Alexander Hamilton and the Origins of U.S. Foreign Policy,* Cambridge, UK: Cambridge University Press, 2004.

Hart, Basil Liddell, *Thought on War,* London: Faber, 1944.

Higginbotham, Don, *Military Analysis of the Revolutionary War,* Millwood, New York: KTO Press, 1977.

Hillyard, Michael J., *Cincinnatus and the Citizen-Servant Ideal: The Roman Legend's Life, Times and Legacy,* Contact: Xlibris Cooperation, 2001.

Holden, Matthew, *Hitler,* London: Wayland Publishers, 1974.

Holloway, Carson ed., *Magnanimity and Statesmanship,* Lanham, Maryland: Lexington Books, 2008.

Hort, Lenny, *George Washington,* New York: DK Publishing, 2005.

Jomini, Baron Antoine Henri de, *The Art of War,* London: Greenhill Books, 1992.

Katz, Daniel, "Patterns of Leadership," in Jeane M. Knutson, *Handbook of Political Psychology,* San Francisco: Jossey-Bass, 1973.

Knutson, Jeane M., *Handbook of Political Psychology,* San Francisco: Jossey-Bass, 1973.

Kohn, Richard, "The Washington Administration's Decision to Crush the Whiskey Rebellion," *Journal of American History,* Vol. 59, No. 3 (December 1972).

_____, *Eagle and Sword: The Federalists and the Creation of Military Establishment in America, 1783−1802,* New York: Free Press, 1975.

Lamb, Brian, Susan Swain, and C-Span, *The Presidents: Noted Historians Rank America's Best and Worst Chief Executives,* New York: Public Affairs, 2019

Landy, Marc and Sidney M. Milkis, *Presidential Greatness,* Lawrence, Kansas: The University Press of Kansas, 2000.

Lynch, Christopher and Jonathan Marks, eds., *Principle and Prudence in Western Political Thought,* Albany, New York: The State

University of New York Press, 2016.

Machiavelli, Niccolo, *Discourses on Livy,* Trans., by Harvey C. Mansfield & Nathan Tarcov, Chicago and London: The University of Chicago Press.

_____, *The Prince,* 2nd Edition, Translated by Harvey C. Mansfield, Chicago and London: The University of Chicago Press, 1998.

_____, *The Prince,* Trans., By George Bull, Harmondsworth, Middlesex, England: Penguin Books, 1792.

Marshall, John, *The Life of George Washington* (1848: reprint, in 2 vols.), New York: Walton Book Co., 1930, Vol. 2.

Maurizio Viroli, *The Quotable Machiavelli,* Princeton and Oxford: Princeton University Press, 2017.

McCall, Jeremiah, *Clan Fabius, Defenders of Rome,* South Yorkshire, U.K.: Pen & Sword Books, 2018.

McCullough, David, *John Adams,* New York: Simon & Schuster Paperbacks, 2001.

McDonald, Forrest, *Presidency of George Washington,* Lawrence, Kansas: University Press of Kansas, 1974.

Meacham, Jon, *Thomas Jefferson: The Art of Power,* New York: Random House, 2012.

Mhatre, Ketan H. and Ronald E. Riggio, "Charismatic and Transformational Leadership: Past, Present, and Future," in David V. Day, *The Oxford Handbook of Leadership and Organizations,* New York: Oxford University Press, 2014.

Murray, Williamson and Mark Grimsleyed., *The Making of Strategy: Rules, States, and War,* Cambridge: Cambridge University Press, 1994.

Nagel, Ernest, *The Structure of Science: Problems in the Logic of Scientific Explanation,* 2nd ed. Hackett Publishing Company, 1979.

Nicholls, A.J., *Weimar and the Rise of Hitler,* London: The Macmillan Press, 1979.

Nixon, Richard, *Leaders,* New York: Warner Books, 1982.

Novak, Ben, *Hitler and Abductive Logic: The Strategy of a Tyrant,* Polymouth, U.K.: Lexington Books, 2014.

Nye, Joseph S. Jr., *The Powers to Lead,* Oxford: Oxford University Press, 2008.

Owens, Mackubin, "General Washington and the Military Strategy of the Revolution," in Gary L. Gregg II and Matthew Spalding eds., *Patriot Sage: George Washington and The American Political Tradition,* Wilmington, Delaware: ISI books, 1999.

Palmer, Dave Richard, *The Way of the Fox: American Strategy in the War for America, 1775−1783,* Westport, Connecticut: Greenwood Press, 1975.

Phelps, Glenn, *George Washington and American Constitutionalism,* Lawrence, Kansas: University Press of Kansas, 1993.

Rees, Laurence, *Hitler's Charisma leading Million into Abyss,* New York: Vintage Books, 2014.

Rhodes, R.A.W. and Paul 't Hart, *The Oxford Handbook of Political Leadership,* Oxford: Oxford University Press, 2014.

River, Charles ed, *The Legends of Mount Rushmore: George Washington, Thomas Jefferson, Abraham Lincoln and Theodore Roosevelt.* Made in the USA, Monee, IL, Create Space Independent Publishing Platform, 16 January 2020.

Roberts, Andrew, *Leadership in War,* New York: Viking, 2019.

Romm, James, *Dying Every Day: Seneca at the Court of Nero,* New

York: Vintage Books, 2014.

Rustow, DankwartA., ed., *Philosophers and Kings: Studies in Leadership,* New York: George Braziller, 1970.

Schroeder, Wallace ed., *Book of Movies: The Essential 1,000 Films To See,* Selected by ManohlaDargis and A.O. Scott, New York: Universe Publishing, 2019.

Sears, David O., Leonie Huddy and Robert Jervis, *Oxford handbook of Political Psychology,* New York: Oxford University Press 2003.

Selznick, Philip, *Leadership in Administration*, New York: Harper & Row, 1957.

Seneca, *How to Keep Cool,* Selected and introduced by James Roman, Princeton and Oxford: Princeton University Press, 2019.

Shakespeare, William, *Troilus and Cressida*, Cambridge: Cambridge University Press, 1957.

Smithsonian, *The American Revolution: A Visual History,* New York: DK Publishing, 2016.

Sofaer, Abraham, *War, Foreign Affairs and Constitutional Power: The Origins,* Cambridge, MA: Ballinger Publishing, 1976.

Strassler, Robert B. ed., *The Landmark Thucydides: A Comprehensive Guide to the Peloponnesian War,* New York: The Free Press, 1996.

Summers, Harry G. Jr., *On Strategy: A Critical Analysis of the Vietnam War,* Novato, California: Presidio Press, 1982.

Taranto, James, The Wall Street Journal and Leonard Leo, The Federal Society eds., *Presidential Leadership: Rating the Best and the Worst in the White House,* New York: Free Press, 2004.

Tarcov, Nathan, "Principle and Prudence: The Use of Force from Founders' perspective," in "Introduction," in Christopher Lynch and Jonathan Marks, eds., *Principle and Prudence in Western Political Thought,* Albany, New York: The State University of New York Press, 2016.

Thucydides, *History of the Peloponnesian War,* trans. By Rex Warner, New York: Penguin Books, 1982.

Time, *Alexander Hamilton: A Founding Father's Visionary Genius and His Tragic Fate,* San Bernardino, CA, 12 February 2016.

Tucker, Robert C., "The Theory of Charismatic Leadership," in Dankwart A. Rustow, ed., *Philosophers and Kings: Studies in Leadership,* New York: George Braziller, 1970.

Tucker, Robert C., *Politics As Leadership,* Columbia, Missouri: University of Missouri Press, 1981.

Waldman, Michael ed., *My Fellow Americans: The Most Important Speeches of America's Presidents, From George Washington To George W. Bush,* Naperville, Illinois: Source Books, Inc., 2003.

Weber, Max, *The Theory of Social and Economic Organization,* New York: Free Press, 1964.

Weems, Mason L., *The Life of Washington,* Cambridge, Massachusetts: The Belknap Press of Harvard University Press, 1962.

Weigley, Russell F., *The American Way of War: A History of United States Military Strategy and Policy,* New York: Macmillan, 1971.

Wills, Garry, *Cincinnatus: George Washington & The Enlightenment,* Garden City, New York: Doubleday & Company, Inc., 1984.

_____, *James Madison,* New York: Times Books, 2002.

Wren, J. Thomas, Ronald E. Riggio, and Michael A. Genovese, eds., *Leadership and the Liberal Arts: Achieving the Promise of a Liberal Education,* New York: Palgrave Macmillan, 2009.

찾아보기

• 주제 / 지명 ─────────────────────

· 주제 ·

[ㄱ]

[ㄴ]

[ㄷ]

저서목록

해외 출판

『韓国外交政策的困境』, 北京: 社會科學院 社会科学文献出版社, (2017, 중국어판)

『和平之神与联合国秘书长 : 为国际和平而奋斗之领』, 北京: 光明日报出版社, (2015, 중국어판)

『戦史に学ぶ軍事戦略 孫子とクラウゼヴィッツを 現代に生かすために』, 東京: 彩流社, (2014, 일본어판)

『Korea's Foreign Policy Dilemmas: Defining State Security and the Goal of National Unification』, Folkestone, UK: Global Orient, UK, (2011, 영어판)

국내 출판

『윈스턴 S.처칠: 전쟁과 평화의 위대한 리더십』, 박영사, 2019

『지적 자서전으로서 내 저서의 서문들』, 박영사, 2018

『죽어도 사는 사람: 불멸의 링컨유산』, 극동대학교출판부, 2018 (김동길 교수 공저)

『한국지정학과 링컨의 리더십: 동아시아의 지정학적 변화와 국가통일의 리더십』, 고려대학교 출판문화원, 2017

『평화神과 유엔사무총장: 국제평화를 위한 리더십의 비극』, 고려대학교 출판부. 2013

『전쟁神과 군사전략: 군사전략의 이론과 실천에 관한 논문 선집』, 리북, 2012

『무지개와 부엉이: 국제정치의 이론과 실천에 관한 논문 선집』, 박영사, 2010

『인간神과 평화의 바벨탑: 국제정치의 원칙과 평화를 위한 세계헌정질서의 모색』, 고려대학교 출판부, 2006

『새우와 고래싸움: 한민족과 국제정치』, 박영사, 2004

『시베리아 횡단열차와 사무라이』, 고려대학교출판부, 1999

『이아고와 카산드라-항공력 시대의 미국과 한국』, 오름, 1997

『소크라테스와 시이저-정의, 평화, 그리고 권력』, 박영사, 1997

『카멜레온과 시지프스: 변천하는 국제질서와 한국의 안보』, 나남, 1995

『동북아의 근대적 변용과 탈근대 지향』(공편), 매봉, 2008

『용과 사무라이의 결투: 중일전쟁의 국제정치와 군사전략』(편저) 리북, 2006

『유엔과 국제위기관리』(편저), 리북, 2005

『유엔과 한국전쟁』(편저), 리북, 2004

『UN and Global Crisis Management』(편저), KACUNS, 2004

『시베리아와 연해주의 정치경제학』(공저), 리북, 2004

『동북아의 평화사상과 평화체제』(편저), 리북, 2004

『동아시아의 안보와 유엔체제』,(편저). 집문당, 2003

『UN, PKO and East Asian Security: Currents, Trends and Prospects』(공편저), 2002

『The UN in the 21st Century』(공편), 2000

『주한미군과 한미안보협력』(공저), 세종연구소, 1996

『북한외교정책』(공편), 서울프레스, 1995

『The United Nations and Keeping-Peace in Northeast Asia』(편저), Seoul Computer Press, 1995

『자유주의의 정의론』(역), 대광문화사, 1991

『키신저 박사와 역사의 의미』(역), 박영사, 1985

『핵시대를 어떻게 살 것인가』(공저), 정음사, 1985

『제국주의의 해부』(역), 법문사, 1984

『불평등한 세계』(역), 박영사, 1983

『세익스피어의 정치철학』(역), 집문당, 1982

『정치학원론』(공저), 박영사, 1982

강성학(姜聲鶴)

고려대학교에서 정치학 학사 및 석사 학위를 취득한 후 모교에서 2년간 강사를 하다가 미국무부 풀브라이트(Fulbright) 장학생으로 도미하여 노던 일리노이 대학교(Northern Illinois University)에서 정치학 박사 학위를 취득하였다. 그 후 1981년 3월부터 2014년 2월말까지 33년간 정치외교학과 교수로 재직하면서 평화연구소 소장, 교무처장 그리고 정책대학원 원장 등을 역임하였다. 2014년 3월 이후 현재 명예교수로 있다.

저자는 1986년 영국 외무부(The British Foreign and Commonwealth Office)의 펠로우십(Fellowship)을 받아 런던정치경제대학(The London School of Economics and Political Science)의 객원교수를, 1997년에는 일본 외무성의 국제교류기금(Japan Foundation)의 펠로우십을 받아 도쿄대학의 동양문화연구소에서 객원 연구원 그리고 2005년 말과 2006년 봄학기에는 일본 와세다대학의 교환교수를 역임하였다. 또한 제9대 한국 풀브라이트 동문회 회장 및 한국의 영국정부장학수혜자 모임인 한국 셰브닝 동창회 초대 회장을 역임하였다. 그동안 한국국제정치학회 상임이사 및 한국정치학회 이사, 한국유엔체제학회(KACUNS)의 설립 사무총장과 제2대 회장을 역임하였고 이것의 모태인 미국의 유엔체제학회(ACUNS)의 이사로 활동하였다.

저서로는 2011년 영국에서 출간한 영문저서 ≪Korea's Foreign Policy Dilemmas: Defining State Security and the Goal of National Unification≫(425쪽. 2017년 중국 사회과학원 출판사가 번역 출간함)을 비롯하여 1995년 제1회 한국국제정치학회 저술상을 수상한 ≪카멜레온과 시지프스: 변천하는 국제질서와 한국의 안보≫(688쪽)와 미국의 저명한 외교전문지인 포린 폴리시(Foreign Policy)에 그 서평이 실린 ≪이아고와 카산드라: 항공력 시대의 미국과 한국≫(807쪽)이 있다. 그의 대표작 ≪시베리아 횡단열차와 사무라이: 러일전쟁의 외교와 군사전략≫(781쪽) 및 ≪소크라테스와 시이저: 정의, 평화, 그리고 권력≫(304쪽), 또 한동안 베스트셀러이기도 했던 ≪새우와 고래싸움: 한민족과 국제정치≫(402쪽)가 있다. 또한 2007년 대한민국 학술원의 우수학술도서로 선정된 ≪인간神과 평화의 바벨탑: 국제정치의 원칙과 평화를 위한 세계헌정질서의 모색≫(756쪽), ≪전쟁神과 군사전략: 군사전략의 이론과 실천에 관한 논문 선집≫(446쪽, 2014년 일본에서 번역 출간됨), ≪평화神과 유엔 사무총장: 국제 평화를 위한 리더십의 비극≫(328쪽, 2015년 중국에서 번역 출간됨), ≪무지개와 부엉이: 국제정치의 이론과 실천에 관한 논문 선집≫(994쪽)을 비롯하여 지난 33년 간의 교수생활 동안에 총 37권(본서의 말미 저서 목록을 참조)에 달하는 저서, 편저서, 역서를 냈다. 저자는 한국 국제정치학자에게는 어쩌면 당연한 연구주제인 "전쟁", "평화", "한국외교통일" 문제들에 관한 각기 집중적 연구결과로 볼 수 있는 ≪시베리아 횡단열차와 사무라이≫, ≪인간神과 평화의 바벨탑≫ 그리고 ≪카멜레온과 시지프스≫라는 3권의 저서를 자신의 대표적 "학술저서 3부작"으로 꼽고 있다. 아울러 2013년 ≪평화神과 유엔 사무총장≫의 출간으로 "인간神", "전쟁神", "평화神"이라는 일종의 "神"의 3위일체를 이루었다. 퇴임 후에는 2016년부터 2019년까지 한국지정학연구원의 초대 이사장을 역임했으며, 2017년 가을학기부터 2019년 봄학기까지 극동대학교 석좌교수였다. 그리고 ≪한국의 지정학과 링컨의 리더십≫(551쪽), ≪죽어도 사는 사람: 불멸의 링컨 유산(김동길 교수 공저) ≫(333쪽), ≪윈스턴 S. 처칠: 전쟁과 평화의 위대한 리더십≫(449쪽)을 출간했다. 그리고 저자의 일종의 지적 자서전으로 ≪내 저서의 서문들≫(223쪽)을 출간했다.

조지 워싱턴

초판발행	2020년 8월 30일
초판 2쇄발행	2022년 8월 1일
지은이	강성학
펴낸이	안종만 · 안상준
편 집	한두희
기획/마케팅	조성호
표지디자인	이영경
제 작	고철민 · 조영환
펴낸곳	(주) **박영사**
	서울특별시 금천구 가산디지털2로 53, 210호(가산동, 한라시그마밸리)
	등록 1959. 3. 11. 제300-1959-1호(倫)
전 화	02)733-6771
f a x	02)736-4818
e-mail	pys@pybook.co.kr
homepage	www.pybook.co.kr
ISBN	979-11-303-1069-5 93340

정 가   30,000원